天

Borderless

下

天下，在乎正义和你

天
Borderless
下

犯罪法医鉴识手册

第2版

[美] 道格拉斯·莱尔（Douglas P. Lyle）著

李立丰 译

Forensics For Dummies
2nd Edition

法律出版社 LAW PRESS · CHINA
北京

Forensics For Dummies, 2nd Edition by Douglas P. Lyle, ISBN 9781119608967

著作权合同登记号
图字：01-2020-1936

打开本书之前

诸君解囊购买这本《极简法医鉴识手册》(*forensics For Dummies*)，想必是好奇刑事司法和科学技术如何契合。作者撰写此书，恰恰基于同样的兴趣。你我，并不孤单。此去经年，《犯罪现场调查》(*CSI: Crime Scene Investigation*)[1]、《犯罪现场调查：迈阿密篇》和《犯罪现场调查：海军篇》等热播连续剧一直占据着美国有线电视收视榜的领先位置。而这足以证明，在数以百万计的普通民众眼中，“法庭科学”(Forensics Science)[2]算得上一门有趣的学问。各位在电视媒体或新闻报纸上所看到的刑事调查，似乎都取决于某些至关重要的法证鉴识结果。

本书旨在帮助读者了解法庭科学使用的技术细节、遵循的相关程序。如此一来，当各位再读到某个迷雾重重的故事，或听/看到新闻媒体的犯罪报道时，大可以随手翻阅本书，寻找事件背后的科学依据。

---

〔1〕《犯罪现场调查》，又被译为《CSI犯罪现场》《灭罪鉴证科》等，是一部深受欢迎的美国刑侦题材电视连续剧，由哥伦比亚广播公司(CBS)等机构从2000年10月起开始播映，因为该剧大获成功，随即又衍生出《犯罪现场调查：迈阿密篇》(*CSI: Miami*)和《犯罪现场调查：海军篇》(*NCIS*)等系列剧集。本书页下注，除特别说明，皆为译者所加，下文不再一一标注。

〔2〕“法庭科学”，也可翻译成“法证鉴识学”，在本书中为了便于读者阅读，译者根据不同语境使用“法庭科学”或“法证鉴识”。

有关本书

《极简法医鉴识手册》系法庭科学领域的入门书籍。本书力争以简洁明了的方式，涵盖范围广泛的专业学科。作者使用通俗易懂的语言解释相对复杂的原理，以便使普罗大众都能更为深入全面地理解法庭科学。本书吸纳了大量应用相关鉴识技术的典型案例，并且自始至终穿插案件分析，以借此说明如何利用法庭科学破解大案要案。

如果各位对法庭科学一窍不通，本书堪称绝佳的“敲门砖”。如果诸君已对相关话题知晓一二，亦可通过本书更新扩展您的知识库。

备注：科技人员通常使用的专业术语，对大多数普通人来说，多少有些晦涩难懂，因此，作者在本书中尽可能避免那些艰深晦涩的科学字眼儿。尽管如此，和其他学科类似，法证鉴识学的研究大多枯燥乏味。为了避免相关刻画描绘过于单调无趣，作者特地添加了这些技术如何应用的实操范例，并将大家耳熟能详的著名案例收录其间。这些凶案的最终侦破，毫无例外，都借助了法证鉴识的科学结论。当然，本人希望透过字里行间的些许诙谐来活跃气氛。如果各位发现本书内容毫无幽默感可言，也请记住，作者是一名医生，而不是什么搞笑艺人。

单方预设

撰写本书时，作者一厢情愿地对读者的兴趣爱好及阅读需求作出了下列揣度：

» 或者对法庭科学颇感兴趣。

» 或者是网络及电视法庭科学节目的“铁粉”。

» 或者热衷于关注电视及报纸上的刑案报道。

» 或者正考虑从事与犯罪现场调查相关的工作。

» 或者喜欢阅读侦探小说，想进一步弄清楚故事背后的科学原理。

» 或者天生就充满好奇心。

相关图标

和其他通俗读本一样，本书在页边留白处画有图标，以便引导读者检索信息，帮助各位集中精力了解自己想要寻找的东西。相关图标的含义描述如下。

仔细观察

表示读者即将看到法庭科学实践或调查领域的幕后内容。作者用该图标指代将对相关概念进行深入讨论。

案例分析

本书使用了大量真实案例来说明相关论点。而这一图标就代表这些过往的罪案故事即将登场。

贴士

为了让各位更为清楚地了解法庭科学实践的形成与发展，作者特地提供了相关历史背景或很久之前相关实例的简要说明。

识记

作者利用这个图标标记某些信息，提醒读者应当掌握一些特别值得识记的内容。

奇怪但真实

法庭科学涉及的尽是些震撼心灵的信息，如尸体、证据乃至犯罪行为本身。对于那些一心想要猎奇的读者，请关注这个图标。

技术问题

这个图标意味着作者将比平时更为深入地涉猎科学或医学解说。这并不是说相关信息晦涩难懂，而只是要对其加以详述而已。

本书之外

本书内容丰富，但读者仍可在网上获得更多信息。各位可在相关网址（www.dummies.com/Cheat Sheet/forensics）中查阅本书的备忘“锦囊”，了解如果目击犯罪发生时该如何做，抑或了解犯罪现场调查中的标准行头等“豆知识”。各位还可以在相关网址（www.dummies.com/extras/forensics）中找到一些与法证鉴识学相关的免费文章。

预期展望

法庭科学门类广泛多元，涉及自然科学与刑事调查的诸多领域。在本书中，读者虽然无法窥其全貌，但仍可以与其中很多要点不期而遇。诸君可以参考本书，将其作为深入研究的“跳板”。再看到新闻报道、侦探小说或犯罪题材的影视作品时，推荐各位翻阅这本书，以更好地了解其背后的科学原理。

目录

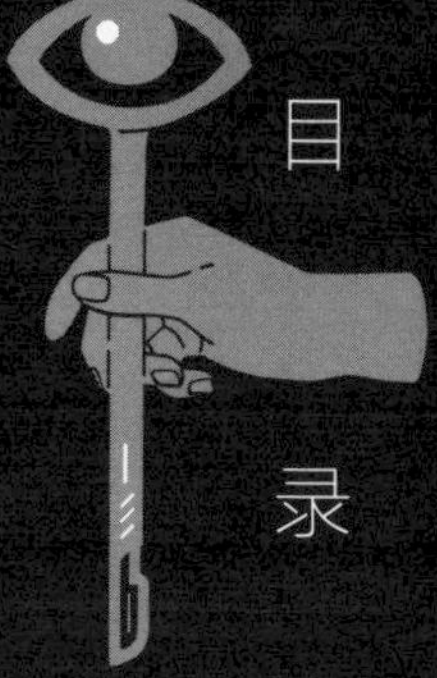

部分一 罪案侦破

第一章 走进神秘的法庭科学世界

第二章 揭开犯罪现场调查团队的神秘面纱

部分三　人体检验

部分四 试验检测

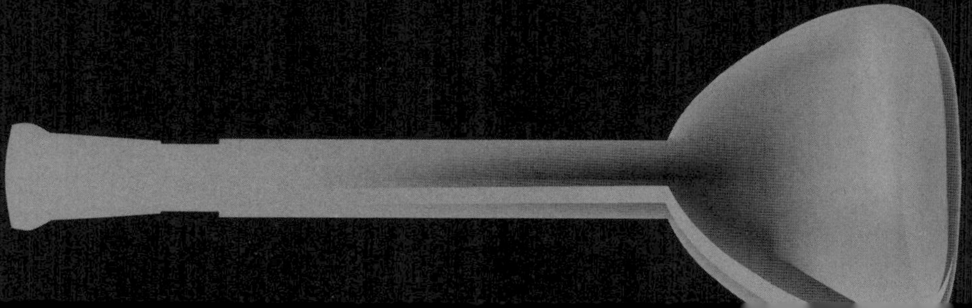

部分四 试验检测

部分五 『十』话实说

第二十章 隐秘的角落：名案如何侦破

第二十一章 好莱坞十大穿帮拍摄手法

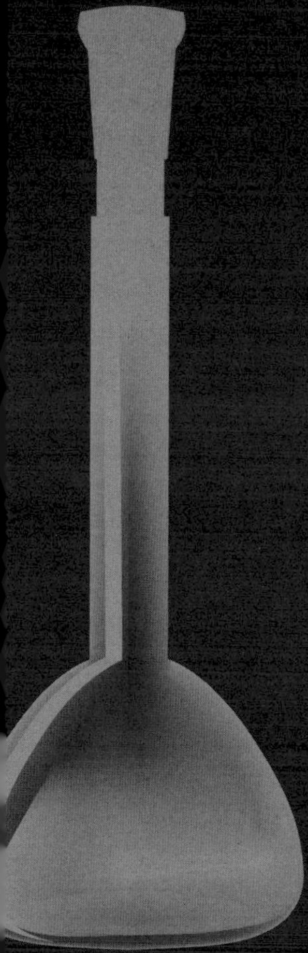

部分五 『十』话实说

部分一

罪案侦破

在这一部分，各位将

了解法庭科学的基本原理

明确法证鉴识团队的人员构成与角色分工

弄清在犯罪现场如何正确收集及保护证据

洞悉犯罪人的心理活动

第一章

走进神秘的法庭科学世界

» 定义法庭科学的概念并追根溯源

» 阐释证据交换之所以至关重要的原因

» 揭开蒙在法证鉴识组织上的神秘面纱

» 说明法证鉴识实验室的服务项目及内容

每晚，只要打开电视机，各位就可能会看到犯罪现场调查员，或“刑侦人员”（Criminalists）在犯罪现场寻找蛛丝马迹，法证鉴识实验室的技术员在评估证据时，甚至会目睹“法医病理学”（Forensic Pathology）[1]专家在节目中巨细靡遗地描述的真实或拟制案件中的尸检过程。作者并不认为新近出现的这股针对法庭科学的兴趣浪潮，源于大家对死亡的某种可怕癖好，抑或出自对暗黑不法的邪恶痴迷。在本人看来，这股兴趣浪潮之所以会出现，只是因为人们天生好奇，对科学知识兴趣强烈。还记得吗？曾几何时，大家都还在对探索浩瀚宇宙的宏伟太空计划醉心不已。法庭科学所利用的酷炫道具与神奇技艺。例如，让指纹凭空现形，利用鞋印追踪凶嫌，利用激光打印机的标志性痕迹甄别伪造者，甚至检验出最密不可查的毒药，令人目眩神迷。

在本章中，诸君将开始接触法庭科学领域的基本概念和构成要素。其中大多数问题，都将在后文中予以详述。

〔1〕“法医病理学”，是研究与法律有关的伤、残、病、死及死后变化的发生、发展规律的法医学分支学科。

界定法证鉴识：缉凶捕盗之术

识记

如果阁下生活在古罗马，想要讨论当天的新闻，就会前往“城市广场”(Forum)。作为城市的公共论坛，“城市广场”是商人、政客、学者乃至公民的社交场所，同时也是公共司法的中心舞台。诸如“谁偷了邻居的长袍？”类的案子，将会在广场上进行审理。

“法庭的”(Forensic)一词，即源于拉丁语“Forum”，即上面提到的“城市广场”，适用于任何与法律有关的事务。“法庭科学”或“法证鉴识学”(Forensic Science)，或称“刑事侦查学”(Criminalistics)，就属于科学知识在法律领域的具体应用。

法庭科学专家（如法医）和高校中的医学研究者乃至医院的大夫，使用相同的工具，参照类似的原则，只不过法庭科学专家这样做的目的，是揭示受害人的死亡过程，并在最理想的情况下，找出谁应该对此负责。与现代医院化验室或病理科招募专业人士负责“病理学”(关于人体疾病的研究)、“毒理学”(关于外源性化学物质对生物机体的损害作用的研究)和“血清学”(关于血清的研究)分析一样，现代法证鉴识实验室也会延聘法医病理学、法医毒理学和法医血清学的行家里手，充分利用其所处医学领域的专业原则和测试程序，帮助解决法律问题，并回答下列疑问：

» 受害人何时死亡？如何死亡？

» 受害人的血型是否与犯罪现场的血迹契合？

» 嫌疑人行为异常是否是吸毒所致？

科学与执法的完美结合

就在不久之前，犯罪人的身源确认以及缉捕定罪，还主要依靠目击证人的指认乃至犯罪人的主动供述。但现在，世界变得越来越小，社群关系则更加紧密，一个人的活动范围基本上仅仅取决于其梦想的大小。无论何时何地，只要有人目击犯罪的发生，就很有可能辨认出犯罪人的身份，从而案结事了。

火车、飞机和汽车改变了一切。现在的犯罪分子借助日新月异的高机动性交通工具，可以在须臾之间远走高飞，因此“挖”出这些家伙的希望变得愈加渺茫。此外，事实证明，现在的目击证言，往往缺乏可靠性（见本书第三章）。

为了确保执法部门跟上急剧变化的步伐，必须推陈出新，开发最尖端的法证鉴识技术。科学的救济途径，不再依赖目击者辨识犯罪人，或者至少不再仰仗他们才能将犯罪人与受害人或犯罪现场联系起来。“指纹鉴定”（见本书第五章）、“枪支鉴定”和“火药残留物分析”（见本书第十八章）、“毛发和纤维研究”（见本书第十七章）、“血型鉴定”（见本书第十四章）、“脱氧核糖核酸（DNA）分析”（见本书第十五章）以及许多其他科学技术，现在都被用来解决遗留下来的历史悬案。

科学和法律的结合，绝非一帆风顺。许多科学上的突破，在最终被广泛接受之前，即便没有遭遇彻底的敌视，也会备受争议。在某种科学技术手段被司法实践正式接纳之前，需要得到业界的普遍认同。毫无疑问，在法证鉴识技术得以发展之前，基础科学须发展到必要的成熟阶段。

博采众家之长

仔细观察

现代法证鉴识的发展，与科学特别是物理和生命科学的整体进步相辅相成。科学领域中的下列几个里程碑事件，极大地推动了法证鉴识的前进步伐：

» 显微镜的发明，使技侦人员得以对哪怕是最微小的证据展开分析，看到远超想象的证据细节。

» 摄影技术的发展，使犯罪现场得以被清晰记录，从而使对犯罪现场的记录不再依赖记忆或费时费力地绘图（以及相对而言更为粗犷的文字描述）。

» 对弹道轨迹物理特性的理解，使鉴识专家得以清晰直观地确定弹头的出处，从而更加精准地重建犯罪现场。

» 血液及脱氧核糖核酸证据分析的出现，使嫌犯与犯罪现场的匹配更加精确。

» 基础化学知识的飞跃，使科技人员能够鉴定出化学物质和毒物，特别是“砷”的存在，推动了法医毒理学的发展。

统揽全局：法庭科学的适用效果

你眼睁睁看着一个实施“夜盗”（Burglary）[1]的家伙深夜从某处商店溜出，随即报警。警方到场后，你指认某位熟人为嫌犯。该人被捕。然而，被打碎的商店窗户、被撬开的保险箱以及被用来盗窃保险箱的工具上的指纹，都与你所确认的嫌犯的指纹不符，相反，倒是某位保险箱惯盗的指纹与上述指纹相符。警察、检察官，更重要的是陪审团会选择相信哪种可能？毕竟，当时天色已晚、大雨倾盆，距离案发现场 100 多英尺[2]的你，只是瞥了一眼小偷，然后就转身去了酒吧，和朋友开怀畅饮。而另外，指纹的所有细节，都与一位前科累累的小偷的指纹完美匹配，这意味着指纹来自此人，且只能来自此人。哪一个证据——指纹抑或你的目击证言——更为可靠？

这一幕场景，表征了法庭科学实然，或者至少是应然的使命所在。各位在本书中所邂逅的任何一种犯罪调查技术，都旨在查明犯罪人的身份，或者将其与犯罪联系起来。

---

〔1〕“夜盗”，普通法中的一个罪名，原本是指犯罪人夜间基于实施犯罪的意图，未经居住人允许，以暴力或胁迫手段强行进入他人住宅。但现在一般认为白天闯入亦可成立本罪。

〔2〕英尺，长度单位，1 英尺约等于 30.48 厘米。

见微知著：基础鉴识业务

正确识别、收集、记录和保存证据，是绝大多数执法力量——从乡村警察到都市干探——所提供的犯罪现场调查的核心。他们需要下列清单中提到的基本技侦业务，以便侦破案件，将犯罪分子绳之以法：

» 证据侦搜：相关调查团队负责在犯罪现场收集、固定证据，并将证据运回法证鉴识实验室。无论是警察还是其他训练有素的专业人员，只要隶属于证据收集小组，就都会想办法提取一切可疑指纹（参见本书第五章），收集头发和纤维（参见本书第十七章），寻觅现场遗留的其他证据。

» 摄影小组：摄影小组负责拍摄犯罪现场、证据和尸体（只要现场出现尸体）的图像。这些照片至关重要，当属犯罪现场重建的基础蓝图，也是法庭证据开示的绝佳形式。可以翻到本书第三章，了解关于犯罪现场拍摄的更多信息。

» 证据保存：一个储存、保管证据的安全场所，显然必不可少。证据通常被存放在案发当地警察局或治安官办公室内等“闲人免进”之地，房门紧锁。证据材料一般会被妥善保存多年甚至更久，在此期间，保管链条（参见本书第三章）必须保持完整，否则就很有可能受到污染或损坏，进而失去证明价值。

物证鉴识简介

追踪痕迹证据、查核枪弹特征、检验重要文书上签名的笔迹、在显微镜下评估指纹的凸凹，都属于物证鉴识。

» 痕迹 / 微量物证：嫌疑人遗留在犯罪现场，或与受害人直接接触的任何细小的证据，如头发、纤维、油漆、玻璃或泥土，都被视为痕迹 / 微量物证。将机动车肇事逃逸事故中受害人身上发现的玻璃碎片，与嫌疑人汽车上破碎的大灯玻璃相匹配，就是一个很好的例子。更多信息请参见本书第十七章。

» 枪械鉴定：枪械鉴定涉及火器及其所抛射出来的物体——包括弹药、发射的弹头、弹壳和霰弹的鉴识工作。枪械专家利用显微镜和各种化学分析来确定犯罪所用的武器类型，并将从该火器发射的任何子弹或遗留的弹壳与可疑凶器进行比对。本书将在第十八章中介绍枪械鉴定。

» 文检鉴定：当对重要的纸质文书的年份或真实性存有疑问时，文检鉴定人员会通过笔迹分析，将样本与存疑的文书或签名进行比对。文检鉴定还可以包括分析纸张和墨水的物理、化学性质，或者书写痕迹（指在留有字迹的纸张的下一页上留下的压痕）。可能被篡改的打印或影印文书鉴识，也属于文检鉴定的专业领域。详情请参见本书第十九章。

» 指纹比对：指纹检查员将指纹与留在犯罪现场的人的手指、手掌或脚底的痕迹进行比对。在犯罪现场发现的指纹可以与从数据库或嫌疑人、受害人及旁观者处获取的指纹进行比较。本书第五章介绍了指纹比对的相关内容。

生物鉴识探究

法证鉴识不仅涉及传统物证，而且涉及生物证据，如尸体、遗骸、毒品和毒药、牙齿、咬痕、昆虫和植物材料等。同时，还包括对犯罪心理的分析。生物证据往往是使案件成功破获的关键，但更经常是使侦破功亏一篑的祸首。

例如，尸检（死后的尸体检验，将在本书第九章中讨论）几乎可以揭示所有伤害类型的性质和成因、证明一切已知毒物的存在与否，以及确定受害人死亡的最终原因和方式。仅凭这些发现，就可能锁定元凶。血液和脱氧核糖核酸分析可以确定嫌疑人的身份，并将他们与犯罪联系起来。脱氧核糖核酸和牙模记录可用于识别身源不明的尸体，植物和昆虫证据被用于推定死亡时间，建立嫌疑人与犯罪现场的联系。在第二章中，读者将了解更多与此相关的知识，以及个中的行家里手。

探访犯罪调查实验室

尽管所使用的设备大致相同，遵循的研究程序整体类似，但犯罪调查实验室与医学（临床）实验室仍然存在很大不同。后者检测的目的，显然是解决治病救人这一现实问题。与此不同，犯罪调查实验室致力于通过检验证据，建立嫌犯和犯罪之间的联系。

首个犯罪调查实验室之创建

贴士

美国第一间法证鉴识实验室，由奥古斯特·沃尔默（August Volmer）〔1〕于1923年在洛杉矶警察局创建。此后不久，芝加哥发生了臭名昭著的“情人节大屠杀”（St.Valentine's Day Massacre）。为配合此案的调查，美国首家私人犯罪调查实验室于1929年应运而生。仰仗当时美国首屈一指的枪械弹道鉴定专家卡尔文·戈达德（Calvin Goddard）〔2〕的专业素养，警方成功将这起惨绝人寰的杀人案件与“疤脸”艾尔·卡彭（“Scarface” AlCapone）〔3〕联系起来。两位曾在“验尸陪审团”（Inquest Jury）〔4〕任职的商界人士，对戈达德尤其是其对枪支鉴定的科学运用印象深刻，因而出资筹建了西北大学技侦实验室。该实验室汇集了枪械检验、血液分析、指纹痕迹等证据分析学科门类，成为后续类似实验室的先驱。

---

〔1〕 奥古斯特·沃尔默（1876年至1955年），伯克利首任警察局局长，也是犯罪学系的创始人，对推动社会治安进步做出了重大贡献，包括给警察配备自行车和汽车，以及努力建立一支更加多样化、受过大学教育的警察队伍。

〔2〕 卡尔文·戈达德（1891年至1955年），法证鉴识学者，主要擅长弹道领域的鉴定与革新，曾创建了当时最全面的弹道数据库之一，并将显微镜用于弹道比对。

〔3〕 “疤脸”艾尔·卡彭（1899年至1947年），因年轻时参与斗殴被对手打伤脸部并留下疤痕，而拥有“疤脸”的绰号，曾因心狠手辣成为20世纪二三十年代美国最有影响力的黑手党头目。

〔4〕 “验尸陪审团”，类似于“验尸官法院”（Coroner's Court），后者系源自英国的一种司法组织，可以追溯到中世纪的所谓的验尸官查验制度，专门负责对涉及暴力或死因不明的非正常死亡尸体进行检查，以核实死者身份、确定死亡原因。这一司法系统，由各郡议会任命符合资质的职业律师或其他社会贤达人士担任所谓“验尸官”，并由其移交给正式的刑事法院加以起诉。

1932 年，戈达德帮助“联邦调查局”（Federal Bureau of Investigation，FBI）创建了国家级的犯罪鉴识实验室，为全美执法部门提供几乎所有已知的证据鉴识服务。而这间实验室也成为之后联邦及各地类似鉴识机构的范本。现在，美国许多州设立了为各级执法活动提供鉴识服务的区域和地方实验室体系。

“情人节大屠杀”

在禁酒高潮期，为了控制在美国许多城市兴起的非法酒类交易，帮派斗争愈演愈烈。其中，最为血腥的，莫过于源自芝加哥黑帮宿敌“疤脸”艾尔·卡彭和“虫子”乔治·莫兰（“Bugs” George Moran）[1]之间的地盘争夺战。

案例分析

1929 年 2 月 14 日（公历情人节）晚，在位于芝加哥克拉克街的一个仓库里，莫兰的七名手下正等待一批“黑吃黑”得来的私酒。但他们并不知道，整件事乃是卡彭精心策划的阴谋。卡彭的目标，便是借机杀死主要竞争对手莫兰。莫兰本来也应出现在这座仓库内，但阴差阳错，迟到了片刻。当他到达现场时，刚好看到一辆警车停了下来，五名警察冲进了仓库。莫兰躲在一旁，听到机关枪的枪声，然后看到五个人从容走出现场，驾车离开。

真正的警察赶到后发现，七名受害人全部被子弹打成了“马蜂窝”。警方总计找到了七十枚弹壳，后来从受害人身上起获了相应的弹头。在“萨科与范泽蒂案”（Sacco and Vanzetti case）中一战成名的心脏病专家戈达德博士（参见本书第二十章），因其在枪械鉴定方面的专长被邀请再次出山。戈达德断定现场遗留的弹壳系“汤普森冲

〔1〕 乔治·莫兰［1893 年至 1957 年（George Moran）］，芝加哥黑帮头目，禁酒时代的私酒大亨。

锋枪”(Thompson Submachinegun)[1]发射后抛出的。利用最新研制的对比显微镜，他对警方配备的同类型冲锋枪抛射的弹壳进行检测，确定其中并无杀人凶器。戈达德的发现意味着凶手假冒警察作案。最终怀疑落在卡彭身上。警方突袭了卡彭手下(上述案例中的一名杀人犯)的住所，发现了两把后来被确认为本案凶器的汤普森冲锋枪。

常规鉴定程序

现代犯罪鉴识实验室和医学检验机构提供的服务项目名目繁多。其能够提供的服务数量取决于其规模和预算。州及地区层级的实验室业务全面，而基层鉴识机构却往往只能提供基本的测试服务。这些规模较小的实验室，通常选择将复杂程度较高的测试，外包给较大的区域中心鉴识机构。此外，联邦调查局的国家犯罪鉴识实验室为全国范围内的执法部门提供服务。联邦调查局的相关机构不仅能够执行几乎所有类型的测试，而且直接拥有指纹、轮胎痕迹乃至邮政服务等各种数据库及相关访问权限。

规模较大的实验室，通常按照学科门类设置单独的鉴定部门，而较小的实验室则倾向于提供综合服务，甚至可能依赖一名技术员来完成所有工作。显然，在这种情况下，大量的工作必须移交给较大的地区中心鉴识机构处理。

在犯罪鉴识实验室进行的常规程序包括：

» 指纹比对(参见本书第五章)。

» 工具记号和压痕分析(参见本书第七章)。

» 血液分析(参见本书第十四章)。

» 脱氧核糖核酸分析(参见本书第十五章)。

» 毒理学试验(参见本书第十六章)。

» 痕迹证据评估(参见本书第十七章)。

---

〔1〕“汤普森冲锋枪”，20世纪初结束定型，并由美国陆军军械部小武器部队主任约翰·汤普森准将负责组织生产，以连射火力猛烈闻名。

» 枪械检查(参见本书第十八章)。

从神话到现实:法庭科学的这些年

贴士

第一位法医并非来自现实中的科学界,而是出自虚构的小说。亚瑟·柯南·道尔(Arthur Conan Doyle)[1]爵士笔下的夏洛克·福尔摩斯经常运用指纹学、文检鉴定和血液分析等科学知识来解决其所调查的犯罪行为。事实上,在第一部以福尔摩斯为主人公的小说《血字的研究》(*The Study in Scarlet*)[2]中,福尔摩斯就发明了一种化学物质,可以确定污渍是否为血迹。

无独有偶,马克·吐温也在其创作的两本小说,即《密西西比河上》(*Life on the Mississippi*)[3]以及《傻瓜威尔逊》(*Pudd'nhead Wilson*)[4]中谈及了指纹鉴定,这足足让指纹鉴定技术被广泛承认的进程提早了十几年。

现实生活中的首位法证鉴识专家,当属汉斯·格罗斯(Hans Gross)[5]。1893年,他开创先河,发表了首篇关于在刑事调查中运用科学知识及相关程序的论文。

---

〔1〕 亚瑟·柯南·道尔(1859年至1930年),英国作家,在代表作《福尔摩斯探案集》里塑造了成功的侦探人物——夏洛克·福尔摩斯,小说的故事结构、推理手法和奇巧的构思都给该类题材的小说树立了范本。亚瑟·柯南·道尔是当之无愧的文学大师,其将侦探小说推向了一个崭新的时代。值得一提的是,日本著名漫画家青山刚昌所绘《名侦探柯南》的主角江户川柯南的名字,即部分源自亚瑟·柯南·道尔。

〔2〕 中译本可参见[英]亚瑟·柯南·道尔:《血字的研究》,俞步凡译,上海社会科学出版社2012年版。

〔3〕 中译本可参见[美]马克·吐温:《密西西比河上》,张友松译,百花洲文艺出版社1992年版。

〔4〕 中译本可参见[美]马克·吐温:《傻瓜威尔逊》,张友松译,百花洲文艺出版社1992年版。

〔5〕 汉斯·格罗斯(1847年至1915年),奥地利法证鉴识学家。

1901 年，卡尔·兰德斯坦纳（Karl Landsteiner）[1]发现，人类的血液可以被归类，并设计出沿用至今的 A、B、O 血型系统。1915 年，利昂·拉蒂斯（Leone Lattes）[2]发明了一种确定具体血型的简便方法，并立即开始将其用于刑事调查。如今，虽然无法单纯凭借 A、B、O 血型系统识别个人身份，但却可以借此为一些嫌疑人开脱罪责，否定亲子关系，以及重建犯罪现场。

早在 20 世纪初，戈达德就已改良出一种在显微镜下的弹道比对系统，借此可以确定其是否发射于同一支武器。同样，阿尔伯·特奥斯本（Albert Osborn）[3]在他的经典著作《文书求疑》（*Questioned Documents*）中所设定的文检鉴定的基本原则，一直沿用至今。

窥视法庭科学的工具箱

犯罪现场调查员负责发现、收集、保护和运输各类证据到犯罪调查实验室。尽管行事风格或有不同，但被这些技侦人员带到现场的常规装备及用品包括：

» 犯罪现场警戒隔离带——用于封锁和保护现场。

» 记录现场和证据的照相机和 / 或录像机。

» 用于绘制现场示意图的画板和画笔。

» 一次性防护服、口罩和手套。

» 手电筒——用于暴露特定类型证据的激光、紫外线和红外线的替代光源。

» 用于收集头发、纤维和液体证据的放大镜、镊子和棉签。

» 收集和运输证据所需的纸塑证据袋和玻璃试管。

---

〔1〕 卡尔·兰德斯坦纳（1868 年至 1943 年），奥地利著名医学家、生理学家，因在 1901 年发现了 A、B、O、AB 四种血型中的前三种，获得 1930 年诺贝尔奖。

〔2〕 利昂·拉蒂斯（1887 年至 1954 年），犹太裔意大利学者。

〔3〕 阿尔伯·特奥斯本（1858 年至 1946 年），美国文检鉴定学科奠基人。

» 指纹收集耗材，包括墨水、印卡、胶带、各种粉末和暴露试剂，如“鲁米诺”(Luminol)[1]。

» 用于制作轮胎、鞋类和工具标记印模的注模工具。

» 收集血液和其他体液的血清试剂盒。

» 收集和保存昆虫证据的昆虫学工具包。

» 危险品处理工具包。

法庭科学的压舱石：“罗卡交换定律”(Locard Exchange Principle)

识记

你与另一个主体、另一处空间或另一种物体的每一次接触，都会导致物质的交换。如果各位养有宠物，这种物质交换恐怕不言自明。看看你的衣服吧，上面很有可能沾有猫或狗的毛发——如果想让衣服看起来干净整洁，麻烦恐怕还在后面，但这对法证鉴识来说，可谓是难以置信的福音。你也可能会意识到，这些毛发会被转移到私家车、办公室，以及任何你经常去的地方。

这种现象，被称为“罗卡交换定律”，法国高级警员埃德蒙·罗卡(Edmond Locard)[2]博士首先注意到了这一点，而“物质交换”，正是现代犯罪现场调查的基础。利用这一原理，法医科分析员可以通过分析痕迹/微量物证（任何一丁点儿蛛丝马迹），如衣服上的纤维、汽车上的头发或鞋底的黏液，来确定嫌疑人的行踪。

---

〔1〕“鲁米诺”，又名发光氨，化学名称为3-氨基-苯二甲酰肼($C_8H_7N_3O_2$)，常温下是一种黄色晶体或者米黄色粉末，是一种比较稳定的人工合成的有机化合物，多在犯罪现场用于检测肉眼无法观察到的血液，可以显现出极微量的血迹形态（潜血反应）。

〔2〕埃德蒙·罗卡(1877年至1966年)，法国犯罪学家。

“罗卡交换定律”应用考察

举个例子，假设你有两个孩子和一只猫。你出门处理一些杂事，包括去家具店、洗衣店和一个朋友家，你的朋友有一个孩子和一条狗。从法证鉴识学的角度来看，这一系列事件中蕴藏了大量的宝贵信息。

每一次驻足，你都会留下一点自己的痕迹，包括：

» 来自你自己、你的孩子和你的猫的毛发。

» 来自你的汽车和家里的衣服、地毯和家具上的纤维。

» 指纹和鞋印。

» 鞋子上的污垢和生物质。

» 生物材料，如你不小心割伤了自己，在地板上留下的一滴血，或者擤鼻涕后，扔进垃圾桶的纸巾。

但这还不是全部。还可以在任何地方收集类似的材料：

» 你在家具店里坐过的每一张沙发或椅子上的纤维，都会蹭到你的衣服上，这其中当然还包括在你之前曾在这些地方就座的顾客留下的头发和纤维。

» 各种类型的纤维都会流经空气和通风系统，并在洗衣店的每位顾客身上附着下来。

» 你朋友以及她的孩子，还有宠物狗的毛发，与你朋友家的地毯和家具上的纤维一样，都会沾在你身上。

» 纤维、毛发、污垢、灰尘、植物和砾石通过鞋子和裤子，遗留在你脚下的任何地方。

简言之，仅仅是没事溜达，你就成了一个步行的痕迹 / 微量物证工厂。

解读犯罪现场的蛛丝马迹

溜达之后，对你的衣服和鞋子的检查，基本上为我们提供了你的旅行记录。如果那天晚上有人在你朋友不在的时候抢劫了她的房子，技侦人员就会发现你的指纹、你的头发（包括你的孩子和猫的毛发），还有你的房子和汽车地毯的纤维。他们可能也会把你和犯罪现场联系起来。

当然，你可能会提供不在场证明（我倒是希望如此），并为你的痕迹/微量物证出现在犯罪现场说出些正当理由。盗贼当然无法合理说明为什么自己的痕迹/微量物证会出现在现场，而这意味着对于每一处指纹、每一丝头发和每一根地毯纤维的存在，嫌疑人都需要给出令人信服的解释。

认定犯罪要素

识记

通过侦查犯罪现场牢牢锁定犯罪嫌疑人，是犯罪现场调查的基本功能之一。对指纹、血液、脱氧核糖核酸、纤维、污垢、植物、油漆、玻璃、鞋印和胎痕的分析，以及法庭科学实验室所做的每一项测试，都是为了在凶嫌和犯罪之间建立联系。

在许多情况下，证明犯罪嫌疑人曾到过犯罪现场，就已经迈出了证明其有罪的第一步。被砸坏的银行金库门板上的指纹，残留在强奸受害人体内的精液，或者一辆肇事逃逸汽车的挡泥板上的油漆痕迹，都会将嫌疑人与犯罪现场紧紧锁定在一起，而这些人显然可能无法为自己平白无故地出现在犯罪现场提供正当理由。

第二章

揭开犯罪现场调查团队的神秘面纱

- 澄清技侦人员的职责分工
- 了解法庭科学的相关专业
- 厘清法医的职责
- 走近法证鉴识人员
- 在法庭上提交专家证言

荧屏上的法医团队简直无懈可击：凡是你能想到的研究领域，都会有一位专家，还有各种夺人眼球的仪器设备能够帮助其分析任何证据。不幸的是，即使是执法管理面积最大、鉴识技术最进步的司法管辖区的情况也并非如此，更别说那些规模较小的偏僻之所了，在这些规模较小的司法管辖区，往往只有单个或为数不多的法证鉴识人员帮助警方履行所有必要职责。

通常情况下，这都是资金短缺所致。事实上，大多数法庭科学实验室资源严重不足。这一事实促使作家简·伯克（Jan Burke）[1]创建了"犯罪调查实验室项目"网站（https://Crime Lab Project.wordpress.com），该网站有助于提高公众对这一国家级难题的认知。

最先抵达犯罪现场的执法人员，通常是警察。他们在确定犯罪行为的性质、发生的确切位置并保护现场安全后，召集专业犯罪现场调查人员对证据进行记录和收集，然后将其运至犯罪调查实验室进行进一步的检验。究竟由谁来履行这些职责，取决于司法管辖区的资源架构。

---

〔1〕 简·伯克，生于1953年，美国知名女作家，擅长撰写推理、犯罪题材小说，曾斩获多项大奖。

识记

大型犯罪调查实验室可能设有一个专门的“犯罪现场调查组”(CSIU),由受过证据鉴定、收集和保存培训的专业人员组成。他们还擅长开展许多必须在犯罪现场进行的实地查验和筛选测试。尽管确切的头衔和职责因司法管辖区而有所不同,但大体可以将这些专业人员分为两类。本书使用“技侦人员”或“犯罪现场调查员”这个概念来形容负责处理物证的专业人士,而“法医”或“验尸官”,则是指在出现受害人死亡的案件中负责处理尸体的鉴定人员。

证据收集:技侦人员在行动

“技术侦查人员”,即“技侦人员”,作为一个相对较新的概念,并不容易被加以定义。这是因为其中囊括的能力水平、责任范围和训练内容参差不齐。有些技侦人员,如负责血清及化学物质检验的专业技师,显然可以被归入科技人员之列。而另一些人,如负责指纹和枪械检验的专业人员,则可能是没有受过真正科学训练的退役警员。还有一些,则是受过在职培训的技术人员。

不管这些人各自的专业背景或教育程度如何,无一例外,技侦人员都需要围绕证据开展工作。这可能具有多重意涵,从寻找血样中的毒物痕迹到鉴定纸质文书的真伪,但无论如何,所有这些都可被纳入技侦人员的职责范围。

识记

不管各位曾在影视剧作品中见识过何种剧情,但技侦人员不是警察(尽管,在某些情况下,他们可能曾经担任过警察)。他们不能依法配枪,无权审问嫌疑人或证人,更无法执行逮捕。技侦人员不治疗伤者也不处理尸体,只负责收集并分析证据。仅此而已。

技侦人员的常见职责分工包括：

» “犯罪现场调查员”：这些俗称“CSI”的家伙，负责实地踏访犯罪现场，固定、收集、保护一切证据，并将其运回犯罪鉴识实验室。他们通过绘图和拍照等方式记录现场，或通过指导到场的专业绘图人员或摄影师进行这项工作。

» “隐匿指纹检查员”：这些专业人士负责检查指纹、手印 / 掌纹和脚印，并将其与从嫌疑人手指上、其他犯罪现场或指纹数据库提取的指纹样本进行比对。本书第五章可以让各位读者了解指纹的相关内容。

» “枪械查验员”：其职责包括检查和鉴定枪支，比较弹头和弹壳，搜索和鉴定火药残留物。可在本书第十八章找到相关内容。

» “工具痕迹检查员”：与人的手指一样，作案工具留下的明显痕迹，也可能会将其与犯罪现场联系起来。工具痕迹检查员负责将遗留在现场的可疑痕迹与作案工具进行比较。本书第七章将介绍相关做法。

» “文检鉴定员”：这些专业人士负责审查各种文书，以确定其真实性以及书写者的真实身份，并寻找对文书原始内容的一切篡改涂抹之处。他们还可能被要求确定特定文书是否源自某台打字机或复印机。欲知详情，请参见本书第十九章。

» “痕迹 / 微量物证检验员”：这些专业人士负责分析、比对头发、纤维、玻璃、土壤和油漆，以确定检材的类型和来源。本书第十七章将为读者提供更多有关痕迹 / 微量物证分析的细节。

《犯罪现场调查》效应探析

相信各位一定对热播美剧《犯罪现场调查》及其许多衍生剧目耳熟能详。尽管从科学角度评价，剧情偶有穿帮，但其的确给观众营造出某种不切实际的即视感：尖端酷炫的装备，以及犯罪现场调查员及实验室技术员的实际工作状态。但是，和其他更具科学性的电视节目，比如《法证档案》(*Forensic Files*)[1]一样，这一题材的影视作品提高了公众对法庭学科的认识，并将观众引入了犯罪调查的技术世界。

这些节目以及公众对犯罪现场调查程序认识的日益增高所导致的意外后果之一，便是所谓《犯罪现场调查》效应。对于这种效应是否真的存在意见不一，专家也众说纷纭。但不管怎样，让公众沉浸于法庭科学的世界，自然会影响甚至改变其对刑事侦查乃至检方公诉的看法。肯定论者，指出了这种效应存在的三个主要领域：公众（包括从中遴选出来的陪审员），法官、检察官和辩护律师，以及罪犯。

备受关注的案件一旦见诸报端，公众似乎就会立即关注是否存在脱氧核糖核酸证据。如果有，疑犯一定有罪；如果没有，恐怕就是无辜的。但事实上，脱氧核糖核酸分析只在很小比例的案件中发挥作用，占比可能不足5%。大多数犯罪都依靠精干的警察，而不是借助犯罪调查实验室最终得以侦破。这种态度自然会进入法庭，陪审员会询问同样的问题：为什么没有脱氧核糖核酸证据？是不是警方的工作存在失误，导致脱氧核糖核酸证据没有被加以收集？因为被告是无辜的，所以才缺乏脱氧核糖核酸证据吗？由此可见，《犯罪现场调查》效应导致检方和辩方的工作变得复杂。如果陪审员希望控辩双方提供法证鉴识结论来支持他们的论点，那么无论是检方还是辩方，都需要为相关证据的缺失提供解释。

那么罪犯呢？他们当然也会收看这些节目，从而窥探到执法机关和犯罪调查实验室到底能耐几何。进而，罪犯在破门而入时会戴上手套以免留下指纹，在强奸过程中会戴上避孕套以避免留下脱氧核糖核酸证据。总之，罪犯会采取一切措施以避免罪行暴露。幸运的是，知识是把双刃剑，正如各位在本书其余部分所看到的那样，罪犯可能会绞尽脑汁避免留下某种证据，但同时却忽略了其他同样可恶的证据。

---

〔1〕《法证档案》，国内多译为“法医档案”，系美国纪录片风格的电视节目，其揭示了如何利用法证鉴识学来破解暴力犯罪、神秘事故和突发疾病等疑难案件的细节。该电视剧节目自1996年起在美国TLC电视台播出，2011年停播。

而这，是件好事。

从血液分析到昆虫鉴定：专业法证鉴识人士

如果需要查明受害人的死亡原委，或者鉴定在犯罪现场发现的一株叶片，就可能需要分别找到受过病理学或植物学训练的人负责。这些活跃在各大法庭科学领域的专业人士，堪称法证鉴识团队中最为训练有素、技术最为纯熟的一个群体，其中包括：

» 病理分析人员："法医病理分析人员"（Forensic Pathologist），是指经过病理学专业培训的执业医师，负责研究疾病的性质及其引发的人体器质功能改变。此外，法医病理分析人员往往还会接受法医学专业的具体科目培训，而这便是病理学在司法活动中的具体应用。

法医病理分析人员负责验尸，并在尸体检验过程中收集相关证据。俗称"法医"的这个群体，综合运用尸检报告、警方简报、医疗记录（如有显示）、嫌疑人和证人笔录、犯罪调查实验室证据评估的结果，以及其他沙中取金的方法得出判断结论。法医病理分析人员还会检查侥幸死里逃生的受害人，以确定受伤的原因和时间，在袭击、强奸或虐待案件中，尤为如此。本书的部分三，在法医病理学方面着墨颇多。

» 人类学分析人员："法医人类学分析人员"（Forensic Anthropologist）研究人类骨骼遗骸，以确定死者的年龄、性别和种族，厘清受害人可能遭受的疾病或伤害，并估算死亡时间。

法医人类学分析人员不仅需要检测案发后找到的遗骨，还需要检查其被发现的位置和环境。他们还会使用毒理学、化学和脱氧核糖核酸分析手段。法医人类学分析人员所承担的其他责任可能包括查明大规模灾害中遇难的受害人，以及埋葬在"乱葬坑"中的死者身份。读者可在本书第十章找到更多关于法医人类学的背景介绍。

» 齿科专家："法医齿科分析人员"（Forensic Odontologist），即从

事法证鉴识的牙科医生，通过将牙齿拓模与先前的 X 光片、牙模或照片进行匹配，帮助认定尸体的身源。由于牙釉质是人体内最坚硬的物质，法医齿科鉴定可以帮助调查人员识别凶杀受害人、大规模灾难受害人以及其他人类骨骼遗骸。法医齿科分析人员一般会将嫌疑人的牙齿与残留在受害人身上或奶酪甚至苹果等食品上的咬痕进行比对。与此相关的深入情报，参见本书第十章。

» 昆虫分析人员：昆虫学是研究昆虫的学科。“法医昆虫分析人员”（Forensic Entomologist）凭借对苍蝇和以尸体为食的其他昆虫的生命周期的认知，来确定受害人死亡的大致时间。同样，法医昆虫分析人员利用昆虫栖息地的知识，来确定某具尸体是否已经遭人移动。更多信息请参见本书第十一章。

» 精神病专家：“法医精神病专家”（Forensic Psychiatrist）可能被要求判断某人的心智状态，抑或某人接受审判、签署文书或给予知情同意的行为能力。在自杀案件中，法医精神病专家可能会被要求进行心理画像，以确定死者可能的求死动机。

法医精神病专家也可能被要求为相关方面提供某个未知罪犯的心理特征。查阅本书第四章，可了解法医精神病学的最新进展。

» 血清分析人员（Serologist）：血清实验室既要处理血液和其他体液，如唾液和精液，又要确定这些体液中是否存在抗原和抗体。在一些实验室中，血型、亲子鉴定，甚至连脱氧核糖核酸分析，都是由“血清分析人员”进行。更多内容请参见本书第十四章。

» 毒理分析人员：毒理学是研究药物和毒物的学科。“法医毒理分析人员”（Forensic Toxicologist）确定生者和死者体内是否存在特定药物或毒物，通常是为了评估这些物质导致行为异常或致人死亡的因果过程。法医毒理分析人员还负责确定司机是否处于迷醉状态，抑或受雇者是否违反了公司的药物使用政策。更多细节请参见本书第十六章。

» 植物学分析人员：检查植物残留物是“法医植物学分析人员”

（Forensic Botanist）的任务之一，有时对侦破罪案至关重要。植物碎片、种子、花粉和土壤可将嫌疑人与犯罪现场联系起来。例如，在嫌疑人衣服上发现的花粉，可以与位于乡间的犯罪现场的花粉相匹配，这表明嫌疑人曾出现在同一地区。植物和花粉的证据也可以显示尸体曾遭移动。与法证植物学相关的更多信息，请参见本书第十七章。

犯罪鉴识的头头：验尸官

“验尸官”（Coroners）和“法医”（Medical Examiner）负责确定死因和死亡方式，监督证据的分析过程，并在法庭上陈述己方的调查结果。二者经常与警察合作，并通过向警察提供最终得出的检验结果，帮助警察开展调查。这两个职位的权责，涵盖死亡事件调查的方方面面。

识记

验尸官和法医这两个概念，通常可以互换使用，但二者至少在理论上是完全不同的（详见下一章）。无论采用哪种制度，在死亡调查中，验尸官或法医的职责都大同小异。本书将在后续部分选择使用“法医”一词，尽管有些司法管辖区习惯聘请验尸官来处理与死亡有关的法律问题。

检视两种犯罪鉴识体系

在美国，存在两种不同类型的犯罪鉴识体系：验尸官体系和法医体系。幸运的是，目前的发展趋势正在向后一种体系倾斜，尽管法医体系还远远不够完善。

不幸的是，验尸官作为经选举或任命产生的职位，并不需要候任者具备特殊的医疗或鉴识技能。唯一的标准似乎是寻求当选者或谋求任命者的个人能力。验尸官可以是治安官、媒体人、你家附近的咖啡馆老板，也可以是所在地的殡葬从业者。他们往往很少或根本没有经过任何医学训练，甚至不具备任何相关经验。

围绕这一职位的政治博弈从过去的几十年一直持续到今天，并促使许多司法管辖区要求验尸官必须为持照医生。这意味着只要是内科医生、产科医生或皮肤科医生即可，不一定非得是病理学专科医师，当然更不必是法医病理分析人员。因此，验尸官实际上可能缺乏履行职责的必要资质。验尸官体系的这一缺陷，催生了法医体系。

识记

理论上来讲，法医须为获得行医执照的医生，其中许多人还受过病理学和法医病理学的专业培训，这意味着理想状态下，法医应该是受过病理学专门培训，或者具备法医病理学经验和培训经验的医生。法医病理分析人员，是指接受过额外的法医培训的临床病理分析人员，通常负责犯罪调查实验室，监督验尸及刑事伤残鉴定等方方面面的工作。法医病理分析人员的工作核心是进行法医尸检，借此确定具体死因及死亡方式。

理想状态下，每个司法管辖区都会有一名法医，而其作为获得资质认证的法医病理分析人员，有权履行法医办公室的所有法定职责。

仔细观察

众所周知，这个世界并不尽如人意，甚至直到今天，美国的许多司法管辖区，仍选择由非医学科班出身的地方公职人员担任负责死亡调查的验尸官和法医。这显然是一个省钱省事的实用方案，这些地区一般居民数量有限，缺乏聘请专门法医病理分析人员的正当性。在这种情况下，在验尸官 / 法医之外，还有多种选择来提供所需的专门病理鉴识服务。

如果某司法管辖区所承认的验尸官 / 法医不是病理分析人员，也没有行医执照，就必须与相对而言规模更大的地区或州立法证实验室签订病理检验以及实验室检测合同，或聘请法医病理分析人员担任助理验尸官或法医。在验尸官或法医办公室的法律授权保护下，助理验尸官随后进行尸检，出庭作证，并监督本地的犯罪鉴识实验室运营。

验尸官 / 法医职权之厘清

验尸官和法医职责各不相同，但其中许多都与死亡的医学调查有关，包括：

» 确定死亡原因和方式。

» 确定任何无名尸体的身份，即所谓"身源确定"。

» 推断死亡时间。

» 监督从尸体中收集相关证据。

» 寻找致命因素，如疾病。

» 将创口与可能用来致伤的凶器联系起来。

» 见证或签署死亡证明。

在履行上述职责时，验尸官或法医将利用现存的信息情报，调用证人证言、走访犯罪现场、审查收集的证据和犯罪鉴识实验室的测试结果。如果其恰巧身为病理分析人员，则进行尸检也属于这项工作的组成部分。

此外，验尸官或法医还可履行与死亡无关的其他调查职责。其中包括：

» 检查生者的受伤情况，确定致伤原因和时间。

» 出庭并提供专家证言。

» 督导犯罪鉴识实验室的工作（某些地区）。

跟随验尸官的脚步

面对无法解释的死亡结果，法医通常会采取系统性案件评估方法。这种方法类似于医生在诊治病人时所采取的方法。好的医生会完整记录患者病史，安排患者进行全面体检，安排适当的实验室检测体检结果，并作出明智的诊断。只有在上述程序完成之后，医生才能开始治疗。

另外，法医显然无法从死者那里直接了解既往病史，但可以从警察报告，医疗记录，证人证言以及与死者家属、执法人员和其他医务人员的面谈当中获得信息。为了帮助收集所需信息，法医（在某些司法管辖区）有权或经法院授权可以发出传票，合法要求某人提供信息或证据，如血样、指纹或鞋印等。

如果看不到任何证明存在致命创伤的迹象，法医就会通过查阅病历来寻找自然死亡原因，可能会与死者之前的主治医生讨论死因，或者在必要时进行尸检。借此可能会得出该人系自然死亡（如心脏病发作、糖尿病或任何其他疾病）的结论。

然而，当缺乏自然或明显的死亡原因时，法医会探索其他死亡方式的可能，寻找不太明显的创伤、毒药或药物，以及其他意外、自杀或他杀而死亡的迹象。

分析完成后，法医将提交报告，阐述案情要点，并就死亡原因、机制和方式得出结论。

识记

死亡方式，是指法医根据导致死亡以及围绕这一结果出现的所有情节所发表的意见。对此，法院、执法部门、律师或受害人家属可能会接受，也可能表示异议。即使法医认定死者系他杀，检察官也可能不予认可，并且拒绝提出刑事指控。同样，死者遗属也可以根据各种理由，特别是在死者被法医认定为自杀的情况下起诉验尸官办公室，要求其变更死亡方式的鉴定结论。

法医的观点绝非一成不变，如果存在新的证据表明先前所认定的自然死亡可能根本不是那么“自然”，则法医的观点可能会随之改变。

和死人打交道：尸检技术

验尸官办公室的技术人员是验尸官/法医伸出的触手，堪称验尸官派驻现场的代表，在停尸房和法医一起工作。这些技术人员，通常就是在有人死亡的犯罪现场处理尸体的那些伙计。

识记

作为法医的助手，技术人员对尸体得行使合法的权力。犯罪现场可能是警察和技侦人员的领地，但尸体，则由法医全权负责。

验尸官办公室的技术人员，可执行以下操作：

» 对尸体进行初检。

» 获取核心（肝脏）体温，而其对确定死亡时间至关重要（参见本书第十一章）。

» 当场拍摄尸体照片。

» 收集尸体表面痕迹或昆虫的证据。

» 将尸体打包并运送到停尸房。

技术人员还可以协助法医在停尸房执行所有检查职责，并可以执行或帮助执行尸检：

» 在法医的指导下准备验尸报告。

» 就验尸官办公时的有关问题与公众、媒体和执法部门进行沟通。

» 向死者家属解释尸检程序及其结果。

作为专家证人出庭作证

在分析涉案证据之后，法证鉴识团队的某些成员，可能会被要求出庭并对其作出解释。专家证言往往是案件成败的关键，专家——无论是法医、犯罪现场调查员、毒理分析人员，还是其他关键人物——都可以应控方或辩方传唤出庭作证。反过来，他们的证言可能会遭遇持不同意见的对方专家证人的批驳。

法医经宣誓需要履行的职责，便是在法庭上陈述事实，并根据这些事实提出公正的意见。法医一般需要独自负责在法庭上出示证据，因为从许多方面来看，法医可被视为是隶属于法庭的官方工作人员。法医可能会要求自己的下属或犯罪鉴识实验室的工作人员出庭举证，但法医本人需要对法庭负最终责任。

法医可能会被要求就涉案证据加以讨论并作出解释，同时就证据向法官和陪审团提出专家意见。在这方面，法医既是一名科技人员，又是一名教育人士。陪审团通常只会以常人能够理解的方式听取各方提交的复杂科学信息。而在其他情况下，法医必须展现自己的精深专业知识和高超的沟通技巧，从而与其他持有不同意见的专家进行正面交锋。

解构司法体系

美国的司法系统本质上属于“对抗式庭审模式”，这意味着控辩双方都在试图压倒对方。检方和辩方律师想尽办法提出有利于己方的证据，并尽量扭曲与其相悖的证据以支持己方的论证逻辑。这种“屁股决定脑袋”的视角会使法证鉴识专家立场僵化。控辩双方都可能外聘专家，借此支持或反驳法医提交的证言。而对方请来的专家证人，甚至也可能是法医病理分析人员、毒理分析人员、枪械专家以及其他法证鉴识领域的业中翘楚。

每个专家都需要在陪审团面前证明自己具有合格资质，这意味着双方律师都会询问对方专家证人的资历背景、培训经验、专业领域、教学职位、相关领域的出版著述，以及被认为会支持或削弱专家真实水平的任何其他问题。

一般来说，要求专家出庭作证的一方对这位己方专家证人所提出问题相对容易，且态度积极，而反方则会对该专家证人提出更为严厉的问题，借此弹劾或反驳其专业资质及相关证言。专家证人必须做好准备应付可能令人不安的刁钻问题。

出庭作证的专家需要态度诚恳，进退有据，尽量避免夸大己方观点，同时让自己的诚实表达听起来清楚、简明、可信。也就是说，专家对自己的观点既不能显得太确定，也不能显得太不确定。前者可能失去陪审团的信任后者可能损害专家的可信度。

科学的标准化

许多刑事案件中常用的，以及本书所讨论的调查程序，从来没有受到过充分的科学检验。咬痕分析、毛发纤维分析甚至指纹等痕迹/微量物证，都曾在法庭及科学界备受质疑。事实上，此类技术大多没有经历过足够令人满意的准确性或可靠性评估。这是否意味着相关测试不应再被视为可行的法庭科学程序？当然不是。这仅仅意味着必须对在分析中所使用的技术以及检验人员的资质给予更加完善的定义及标准化建设。

2009年，美国“国家科学院”(National Academy of Sciences, NAS)[1]启动了一项题为“加强美国法庭医学：前进之路”的研究。此后，“国家标准与技术研究所”(National Institute of Standards and Technology, NIST)[2]、“科学领域委员会”(Organization of Science Area Committees, OSAC)[3]等组织在法庭科学标准化方面取得了长

〔1〕美国“国家科学院”，成立于1863年，是由美国著名科学家组成的科学组织，属于民间非营利的荣誉性自治组织，是美国科学界最高水平的四大学术机构，即“美国国家科学院”“美国国家工程院”“美国国家医学院”“美国国家自然基金会”之一。

〔2〕“国家标准与技术研究所”，成立于1901年，原名“美国国家标准局”(NBS)，1988年经美国总统批准改为“国家标准与技术研究院”，直属美国商务部，从事物理、生物和工程方面的基础和应用研究，以及测量技术和测试方法方面的研究，提供标准、标准参考数据及有关服务，在国际上享有很高的声誉。

〔3〕“科学领域委员会”，由“国家标准与技术研究所”管理，是一个由法证鉴识从业人员和代表政府、学术界和行业各级的其他专家组成的协作机构。

足的进步。前述组织的目标是，使每个科学程序在美国的每个犯罪鉴识实验室都得到可靠、可复制的统一适用，并为法庭科学各个领域的专业人士制定标准，考核资质。这项任务庞大复杂，还需假以时日才能完成，但是这些组织，以及其所建立的工作组和委员会，正在朝着正确的方向迈进。

此外还有检验人员主观偏见、懒惰渎职甚至腐败犯罪的问题。近年来曝出了许多所谓"专家"篡改或凭空捏造证据的丑闻。所谓凭空捏造，是指在根本没有实际检测的情况下便得出结论的造假行径。在脱氧核糖核酸、指纹、咬痕和其他犯罪鉴识技术的现实应用过程中，都可以看到个中端倪。上述组织的部分工作，便是揪出这些害群之马，并将其彻底赶出法证鉴识的圈子。

这对目前法证鉴识学的现状意味着什么？简单地说，证据的质量以及鉴识人员的专业技能和诚实信用，对鉴识结果的可靠性来说至关重要，任何提高可靠性的举措，都可谓是积极的变化。例如，如果在犯罪现场发现了质量较好的指纹，并由具备资质的专业人士进行检查比对，则鉴识结果就非常可靠。尽管还没有对指纹技术进行真正的科学评估，但事实是，在全世界业已采集的数以百万计的指纹中，还没有发现任何两枚指纹是完全相同的。即使是同卵双胞胎，也有不同的指纹。因此，法证鉴识学当属健全完备，而其所需要的，仅仅是标准化的统一应用。

逐步解开案件"真相"

庭审争讼的真正目的，与其说是揭示绝对真相，不如说是提供足够的证据，以便陪审团能结合适用该案的法律规则，得出其可以理解的真相。由于某些证据获取不当、受到污染，或存在过分渲染与某种偏见的嫌疑，法庭无法采信（在审判时纳入考量范围），因此在某种程度上要厘清真相，绝非易事。

各位或许可能会暗自琢磨："如果排除了某些证据，又怎么能找出绝对真相呢？这难道不是在用一半的数字来解一整道数学题吗？”这种想法基本上是正确的，但对此法证鉴识专业人士也无能为力，其只能在法律允许的范围内开展工作。也就是说，其只能提供法院允许其提供的信息，并且必须发表真实、公正的意见以及对这些意见加以充分解释。这样做有助于陪审团尽可能接近事实真相。

弄明白专家证人的角色

法官通常在专家证人如何向陪审团提供信息方面为自己留有很大的回旋余地。大多数专家证人只能回答问题。如果离题太远，法官将对其加以阻止。另外，专家证人被允许偏离正常的诘问模式，因为他们经常需要对证言中的技术性概念进行解释。事实上，专家证人是在给法官和陪审团上课。例如，对于一般的陪审员来说，仅仅从一系列问题（有些甚至都没有答案）中了解脱氧核糖核酸证据，显然较为困难。保证专家证人有机会解释什么是脱氧核糖核酸，如何进行测试，以及测试结果意味着什么，可以使陪审员对证据有更深刻的理解和更正确的评估。

仔细观察

专家证人很少会把话说死，在面对对方的质疑时，更是如此。聪明的专家证人善于使用诸如“相似”“一致”“无区别”“兼容”“具有诸多特征”之类的概念加以表述。这是为什么呢？事实是，法庭科学的结论很少是绝对的，如果有的话，也只是陈述了一种可能性而已。例如，除了同卵双胞胎之外，没有两个人的脱氧核糖核酸是相同的，但出庭作证的专家，永远不应说现场遗留的脱氧核糖核酸“绝对匹配”被告的脱氧核糖核酸。相反，这位专家证人应该说其与嫌疑人以外的人匹配的概率是十亿分之一。这几乎是，但不完全是，绝对的。

确保证言满足法庭采信标准

技术问题

根据“弗莱诉美利坚合众国案”(Frye v. United States)[1]的相关判旨，不管涉案信息由何方提供，法官都会要求证据背后的科学原理是真实且成立的，而不是在缺乏任何科学依据的情况下依据主观偏好编造的伪科学。

1923年，哥伦比亚特区巡回法院审理了测谎（适用测谎仪）结果是否可作为定案依据的问题。“弗莱诉美利坚合众国案”这一具有里程碑意义的判决，确立了向法院提交证据的科学要求，即后来的所谓“弗莱标准”。该标准规定，如果已经“充分确立”并在科学界获得“普遍接受”，则法院可以接受专家作出的有关“公认的科学原则和发现”的证言。这种接受态度，意味着控辩双方可以在庭审过程中提出全新的科学测试结果，但条件是，这种测试需要经过彻底的科学推敲并被普遍接受。

“弗莱标准”虽仍在许多司法管辖区得到遵循，但最近已被“道伯特诉陶氏制药公司案”(Daubert v. Merrell Dow Pharmaceutical, Inc.)[2]或《联邦证据规则》第702条取代，其中规定，法官可酌情接受专家证言以“理解证据”和“确定有争议的事实”。1993年，美国联邦最高法院维持并扩大了第702条规则的适用范围，认为“弗莱标准”的“普遍接受”条款不是绝对的，因此，在特定案件中，法官享有更大的自由裁量权，以决定可以采信何种专家证言。为了进一步为法官提供帮助，联邦最高法院提出了若干准则。要使一项全新的科学技术或理论为法院所接受，其必须满足下列要求：

» 接受测试和同行评议。

» 实现并公认维持了标准化。

---

〔1〕 Frye v. United States, 293 F.1013(D.C.Cir.1923).

〔2〕 Daubert v. Merrell Dow Pharmaceutical, Inc.509 U.S.579(1993).

» 差错率已知且可接受。

» 得到普遍认可。

上级法院的裁决基本上意味着一项技术或理论如果要被法庭加以采信，就必须得到阐明、测试、审查、接受，而其准确性必须得到持续监控。

科学证据和专家证言是否得以采信，往往由律师和法官在审前听证环节，通过陪审团根本不知情的动议加以决定。如果专家提出的证据符合"弗莱诉美利坚合众国案"或"道伯特诉陶氏制药公司案"所设定的标准，法官将允许陪审团听取相关专家证言。否则，法官可将该证据排除在庭审活动之外。

第三章

证据收集与保护

- 查看犯罪现场
- 认定证据类型
- 获取搜查令
- 收集和保存证据
- 找出尸体的下落

犯罪现场就像一张拼图，对调查人员来说，如果足够幸运，散落的碎片就会被整齐地拼凑在一起。然而，在大多数情况下，只能从两三套不同拼图的碎片中加以遴选并尝试组合，他们手上虽然掌握大量片段，但却极不完整。同时，调查人员经常不得不处理一些压根儿就不存在的虚假信息。

由于破案和定罪都有赖于证据，侦查人员在犯罪现场需要采取有条不紊的取证处理方式。这些专业鉴识工作者努力保护任何有价值的蛛丝马迹，不遗漏任何重要线索。程序走完后，调查人员会对曾经发生的案情，形成自己的一整套看法。如果工作开展顺利，他们会最终窥得犯罪的全貌。在本章当中，作者将告诉各位调查人员处理证据的具体手段，以及在犯罪现场的工作实态。

犯罪现场评估

首名警员到达现场后，就须严格遵循标准流程，借此保障自己以及在场的所有人员的安全；保护证据不受损害、污染或灭失；记录现场发生的一切。遵循这些程序，并在犯罪现场调查员到达之前保持对现场的控制，为获得证据以查明案情、缉捕罪犯提供最大帮助。如果不遵守相关要求，可能会导致案件迟迟悬而未决，或导致大家心知肚明的犯罪人逍遥法外。

划分主体现场与关联现场

犯罪现场的数量可能远比乍看起来要多得多。事实上，可能存在不止一个犯罪现场，这主要取决于犯罪的方式，更不用说犯罪地点了。因此，犯罪现场被区分为主要的第一现场以及次要的第二现场。“犯罪主体现场”（Primary Crime Scene），即所谓“第一现场”，是指犯罪发生地。“犯罪关联现场”（Secondary Crime Scene），即所谓“第二现场”，是指虽然在某种程度上与犯罪有关，但不是实际犯罪发生的所在地。

仔细观察

例如，在银行抢劫案中，银行是主体现场，而用于逃跑的汽车和小偷的藏身处则是关联现场。如果凶手在某人家中行凶，但将受害人的尸体弃置河中，则受害人的家是主体现场，而歹徒的车辆和河边弃尸的地点则是关联现场。

通常情况下，主体现场提供的证据远多于关联现场，但也并非总是如此。有时需要犯罪现场调查人员处理的，只包括与第一现场关联的第二现场，如连环杀人犯的抛尸地点。在这种情况下，调查人员可能暂时找不到真正的谋杀现场，因此不得不利用在关联现场找到的证据来帮助警方挖出凶手的身份或确定主体现场的位置。调查人员能够根据从受害人身上发现的售价高昂或难得一见的地毯的纤维来确定制造商、销售商，并最终追踪到买家名单或铺设相关产品的地点。这样做可以大大缩小调查的范围，并将警察的调查矛头，引向犯罪主体现场及犯罪人。

赶赴犯罪现场

无论是因为有人拨打报警电话、接到指挥中心的电台调度，还是直接接获相关人员的通报，率先抵达犯罪现场的警员都必须尽一切努力限制最初报案者的活动，禁止其进入犯罪现场。任何报案者都可能目睹了案发经过，或者看到或听到了某些可疑的细节。

但是，由于警员无法知道报案者究竟是证人还是嫌疑人，允许其进入犯罪现场可能意味着证据出现丢失或遭到污染。毕竟，犯罪人可能：

» 认为主动报案会让自己洗脱嫌疑。

» 试图销毁或转移罪证。

上述两种情况并不少见，所以最先到达的警员需要以合乎逻辑且井然有序的方式接近犯罪现场，保护证据和可能在场的其他人。否则，就可能会对其本人、同事、受害人、证人、嫌疑人，甚至犯罪人造成伤害，或者导致证据遭到破坏或灭失。

做出反应的警员首先必须将自己的人身安全作为首要关切，确保犯罪人并未留在现场或继续构成威胁。只要犯罪人依然留在犯罪现场，警员就应对其加以控制并给予保护。其次警员应继续救助在场的受害人——根据需要提供急救，并调来紧急医疗服务。完成上述重要任务后，警员转而着手保护犯罪现场。

仔细观察

此外，警官可能需要对嫌疑人和证人采取强制措施，并将他们分开关押，以避免串供——也就是说这些被采取强制措施的家伙可能会共同编造一个故事，并将其告诉警方。但是，在这个阶段，警方可能还不知道每个人的真实身份：证人可能被当成嫌犯，而所谓的嫌犯实际上可能是有用的证人。此外，因为此时警方可能缺乏理由或合法根据拘留某些证人，所以必须获得离开现场的每个人的准确身份信息及联系方式。

识记

犯罪现场保护的核心，便是之前提到的“罗卡交换定律”（参见本书第一章）。“罗卡交换定律”指出，任何两个人相互接触时，都会交换或转移微量物质，如头发、纤维和指纹。每一个进入犯罪现场的人，都会留下在场的证据；在其鞋子、衣服或手上带走重要的痕迹/微量物证；或者以其他方式损坏或改变现场遗留的证据。因此，必须立即限制一切证人和嫌疑人再次进入现场。

犯罪现场的保护与处理

犯罪现场的规模大小可能差异巨大，警方必须做好迅速确定犯罪现场范围的准备。这项任务并不像看上去那么容易。犯罪现场可能是一间单人房、一整栋房子，甚至可能是整个街区。而这只是主体现场而已。

识记

犯罪现场至少包括：

» 犯罪发生的准确所在。

» 犯罪现场的进出通道。

» 关键证据，如谋杀案中的尸体，“夜盗”案件中的保险箱或柜子，或可疑火灾中的整个过火建筑的位置。

犯罪现场可以用警戒线、路障、汽车甚至站岗的警察封锁。只有绝对必要的现场处置人员才被允许入内。这种限制往往比想象的更难实现。受害人的家人或邻居可能情绪不稳定，因此拒绝离开现场。当然，新闻记者通常能找到聪明的方法混入犯罪现场，更不用说刑警队长或其他高阶警官了——他们可能会一把推开一个奉命让一切闲杂人等不得入内的低阶巡警。此外，永远不能低估周围看热闹的旁观者的好奇心。

封锁现场后，最早抵达的警员需要登记安全日志，这基本上是一个签到表，所有进入现场的来访者必须签字确认。这种人流控制手段，在很多方面有助于调查工作的开展，尤其是在发现不明指纹和鞋印时，借此可以限制必须接受检查的人数。如果调查人员被排除在外，那么剩下的指纹就很可能指向犯罪人。

犯罪现场调查员首先要做实地勘查，了解现场情况，并琢磨出收集证据的方法。在勘查过程中，犯罪现场调查员通常不会直接检查任何特定证据，而是在开始烦琐的证据搜查和收集工作之前，总览全局。

搜证存档

在处理犯罪现场的过程中，必须将发生的一切，通过笔记、示意图和照片，甚至可能是录像加以记录。相关侦搜记录，不仅包括现场和证据，还包括周围地区，特别是犯罪人可能的出入通道。

被指定的记录员，负责准确记录犯罪现场及周围出现的所有活动。有时，记录员会使用录音机，回头再将口头笔记转录为文字。无论如何，笔记必须详细，包括对现场的总体描述，全部证据性物品的准确清单，何时、何地、由谁发现，以及由谁将证据运到犯罪鉴识实验室。记录员还要对现场拍摄的每一张照片进行鉴定并予以登记。

需要尽快拍摄现场照片，以便显示完好状态下的现场状态。必须在挪动或移除任何证据（或尸体，如果有的话）之前拍摄照片。拍摄几张现场全景图显然是个不错的主意，如果现场恰好在室外，应该从多点位、多视角拍摄现场周边区域的照片。每件证据的特写镜头，以及谋杀案中尸体（当其还处于犯罪现场时）上的任何可见伤痕，都至关重要。视频具有包含声音的优点，因此可以保留调查人员的现场评论。但无论是否以及如何拍摄视频，仍然需要拍摄静态照片，毕竟后者提供了更高的细节分辨率。

对于所有伤者，包括嫌疑人，都需要拍照存证，以获取全身画面和一切伤痕的特写画面。这些照片究竟是在现场还是在医院（甚至在手术室）里拍摄，取决于伤害性质。在犯罪现场可以拍到磕碰、瘀伤和擦伤的照片，但枪伤和刀伤等的照片，则可能要等到受害人被送往医院后才能加以拍摄。

仔细观察

在被记录的物体或证据的大小至关重要的情况下，摄影师需要在镜头中纳入一个参照系。尺子最为理想，但其他常见的物体，如香烟盒、圆珠笔或汽车钥匙，都可以在紧要关头发挥作用。

现场示意图也非常重要，因为其显示了每一项证据与其他物品或身体的相对位置关系（见图示 3-1）。每一份证据材料的位置都被绘制在插图内，或者根据其与两个固定点（如墙壁、灯柱或步道）的距离来加以定位。这样做可以提供每个物体的精确图形坐标。现场绘制的示意图看上去可能较为粗糙，但实则要求极为精确。为了清晰和美观，可以事后重新绘制。现在，还有若干计算机程序可以帮助生成清晰整洁的现场示意图。

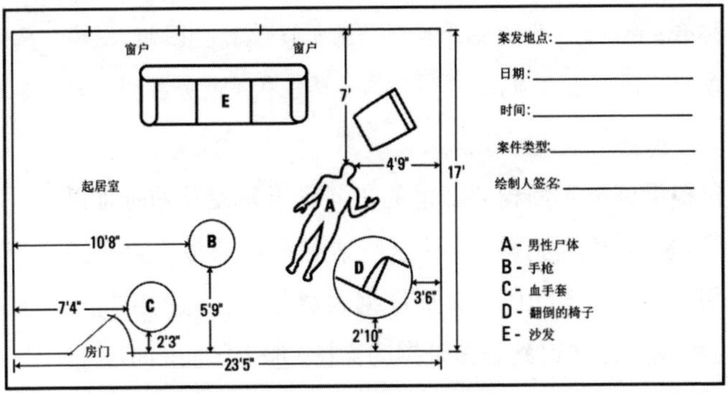

图示 3-1　犯罪现场示意图必须清晰明确，并标注每项证据的坐标位置
南·欧文（Nan Owen）插图

犯罪现场重建

对犯罪现场进行初查之后，调查员开始对犯罪进行主观推测，重点是事件可能的发生顺序，以及犯罪实施期间在场的每个人的位置和姿态。

在确定嫌疑人的真实性或证人的可靠性时，下列信息可能至关重要：

» 可能揭示犯罪人一举一动的鞋印。

» 可能表明犯罪人触摸过某件东西的指纹。

» 可能确定进入现场地点或撬压保险箱或锁柜位置的工具痕迹。

» 可能展现犯罪人、受害人、犯罪过程中任何其他在场者实际和相对位置的血迹、子弹轨迹、枪伤和创伤的角度和严重程度，以及受害人的受伤性质。

» 可能意味着死者在被害数小时内曾遭移动的客观变化（参见本书第十一章）。

仔细观察

调查人员会查看每一份物证，以评估其是否支持警方此前推测的相关犯罪过程，同时考虑犯罪现场以外从犯罪鉴识实验室获得的信息、受伤人员的就医记录以及法医提供的尸检报告。任何与警方推测的犯罪逻辑不符或存在明显出入的地方，都必须想办法加以弥合；否则，预设的犯罪推理必须加以改变。因此，随着越来越多的证据浮出水面，犯罪现场的重建也在不断完善。

技侦人员应根据证据不断检验此前的犯罪场景预设并随时加以调整，同时应避免任何凭空猜测，无论这些猜测看起来多么合乎逻辑。调查人员可能依据逻辑相信，某项证据因嫌犯的行为而出现灭失，但是如果这种观点无法得到确凿证据的支持，那么此前的相关推理就必然遭到质疑。

如果在凶案发生的房子后门外发现了一把枪，根据逻辑常识，应该是犯罪人在逃跑时丢弃的。虽然这只是其中一种可能性，但如果没有确凿的证据，排除其他可能性就将会变得非常困难。即便调查人员清楚，这把枪被扔在那里，是为了让这起杀害家人案看起来像是窃贼为了摆脱受害人的纠缠而犯下的谋杀案。当然，枪上死者配偶的指纹，或配偶鞋子上沾染的受害人血迹等证据，可能会改变上述推理。但是在对现场重建过程中的所有证据加以考虑并作出解释之前，调查人员无法得出任何绝对结论。

伪造犯罪现场

伪造，是指犯罪人试图使现场看起来与现实情况不同。最常见的伪造手段，自然是使谋杀看起来像自杀或意外。嫌疑人可能会移动尸体或清理某些区域。比如说，丈夫用钝器猛击妻子的头部，将其活活打死。然后打扫卧室，把妻子的尸体搬进卫生间，放在浴缸里，再打电话给医护人员，声称妻子在洗澡时不慎摔倒。

其他常见的犯罪现场伪造伎俩包括：

» 杀人犯打破了一扇窗户或撬开了一把锁，并让某件上了保险的珍贵珠宝不翼而飞，以便使自己的监守自盗看起来更像是窃贼谋财害命。

» 偷偷地给配偶食用致命剂量的酒精类饮料和镇静剂，然后伪造一张遗书，企图让自己的杀人行径看起来像受害人自寻短见。

» 一个人实施保险诈骗，然后伪造现场：珠宝不知所踪，窗户被撬开。当然，消失的珠宝肯定买了保险。

» 犯罪人放火（从而构成了纵火罪）以掩盖另一项罪行，可能是谋杀、挪用公款，甚至“夜盗”。犯罪人希望这场火灾——本身就是伪造现场的行为——将所有的潜在犯罪证据毁于一旦。

证据的类型划分

识记

证据是指用来确定犯罪存在的任何东西。通过证据，可以将嫌疑人与犯罪现场联系起来，证实或反驳其所提出的不在场证明或陈述，确定犯罪人或受害人的身份，免除无辜者的责任，促使嫌疑人自认其罪，或引导刑事侦查的顺利进行。

并非所有的证据都具有同样效力。事实上，根据特征性状以及可靠性的不同，证据可以被分为许多种类。例如，目击者证言，就与现场留下的头发或衣服分别属于不同的证据类型。

直接证据还是间接证据

识记

证据可以是直接的，也可以是间接的。直接证据可以用来证明事实。典型适例，便是目击者证言以及嫌疑人的有罪供述。另外，间接证据则要求法官和/或陪审团对所发生的事情作出间接判断或推断。例如，如果在犯罪现场发现的指纹或毛发与嫌疑人的指纹或毛发相匹配，陪审员可能会推断该指纹或毛发确实属于被告人，并且可能会因为在犯罪现场发现了相关指纹或毛发，遂认定被告人曾经到过犯罪现场。

间接证据并不属于绝对证据；相反，只是提供了关于所发生事情的一般概念。大多数情况下，通过法证鉴识后得出的证据都是间接证据，尽管直接证据，如证人证言、受害人陈述或嫌疑人供词，可能会影响法庭科学专业人士对检验结果的解释或对犯罪现场的重建意见。

奇怪但真实

间接证据往往比直接证据可靠得多。众所周知，目击者不善于识别嫌疑人或回忆事件。毕竟，人们倾向于解释发生的事情，而不是简单地像电影重播一样无缝回放。

此外，间接证据更客观，更有可能提供可信的答案。目击证人的陈述，存在50%出错的可能，但指纹和脱氧核糖核酸证据则往往能够准确地将涉案个人与地球上的其他70余亿人区分开来。

物理证据与生物证据之界分

鉴识证据可以大体分为两个基本类别：物理证据和生物证据。物理证据存在非生物或无机物的形式，如指纹、鞋印、车辙、工具痕迹、纤维、油漆、玻璃、药品、火器、弹头和弹壳、文书、爆炸物、石油副产品或提纯助燃剂。然而，生物证据则包括血液、唾液、尿液、精液、头发等有机物，以及木材、植物、花粉等植物检材，当然还有被昵称为“克拉丽丝”(Clarice)[1]的虫茧。

弄懂证据重建

识记

任何有助于执法人员更好掌握犯罪现场发生的事情的证据，都被认为属于重建证据。破碎的玻璃或撬开的门窗经常会暴露犯罪人的出入路径，只要确定窗户是从里面还是从外面被打破，就可以知道犯罪人的行径方向。从鞋印、血迹或子弹轨迹中获得的证据，可以精确地锁定每个人在房间里的位置，还原犯罪事件发生的具体方式和顺序。受害人是从前面还是从后面受到攻击，是被一招毙命还是经过了长时间搏斗，以及谋杀发生时主要嫌疑人是否在现场，这些都是厘清犯罪现场的重要组成部分。

证据重建的观察进路是，用其帮助犯罪现场调查员确定是谁，何时，在哪里，以何种方式，做了什么。这也有助于确定相关方诚实与否。

查证关联证据

简言之，关联证据将嫌疑人与犯罪现场、受害人或其他证据联系起来。指纹、脚印、头发、纤维、血液和其他体液、刀子、子弹、枪支、油漆以及其他物体和物质，甚至土壤，都能将嫌疑人与现场联系起来。

关联证据的效果也可能适得其反，证明嫌疑人的指纹、头发或血

---

〔1〕“克拉丽丝”，出自奥斯卡获奖影片《沉默的羔羊》(*The Silence of the Lambs*)，讲述了实习特工克拉丽丝为了追寻杀人狂“野牛”比尔的线索，前往一所监狱访问精神病专家汉尼拔博士，汉尼拔给克拉丽丝提供了一些线索，其中就包括死者喉咙里有个小手指大的虫茧。据昆虫专家分析，这是源于亚洲的一种蛾，该蛾被称为“地狱昆虫”。最终克拉丽丝找到了“野牛”比尔，并将其击毙。

液与在犯罪现场发现的指纹、头发或血液不同，由此引发对犯罪由其他人实施的合理怀疑。

区分类型证据与个体证据

识记

一般来说，所有形式的证据都具有类型性或独特性。类型特征并非特定对象独有的属性，而是可以将其列入一组类似对象中的共同特点。个体特征则将证据缩小到单一的个体来源。

枪杀受害人的手枪类型，就属于类型证据。例如，如果子弹来自一把点三八口径的手枪，则地球上每一把相同口径的手枪都可能是潜在的凶器。然而，在一把点三八口径手枪上发现的嫌犯指纹（个体证据）表明，凶器就是这把，而非其他点三八口径手枪。如果置人于死地的弹头也能与这件特定凶器完美匹配，结论就会变得更加正确。

或者，如果从犯罪现场采集的血型检测显示是B型（类型证据），那么凶手可能是成千上万个具有此血型的人中的任何一个。如果嫌犯是B型血，即便存在血型证据，其仍然也只是嫌疑人。以此为基础，可以对嫌疑人的脱氧核糖核酸（个体证据）和血液证据中的脱氧核糖核酸进行检测，以确定二者是否匹配。然而，如果嫌犯的血液是A型，就可以据此排除其是血液源头的可能。

凭借单一的孤证，很少能作出有罪认定，但其却可以而且经常被用来免除某人的罪责。然而，如果根据多种类别的证据将特定嫌疑人与犯罪和现场联系起来时，这些证据的分量，将会使定罪变得更能站得住脚，而这，正是韦恩·威廉姆斯（Wayne Williams）的亲身经历。

案例分析

1981年12月，因警方发现的纤维类型证据，威廉姆斯作为“亚特兰大儿童谋杀案”中的被告人出庭受审。在几名遇难者身上发现了总计28种不同类型的纤维。这些纤维的化学成分和光学特性，与从威廉姆斯家和汽车中提取的纤维样本匹配。蓝色、黄色、白色和黄绿色的各种合成纤维与取自威廉姆斯厨房和卧室的床单、地毯和汽车衬垫的纤维相似。同时被发现的，还有威廉姆斯所养宠物狗身上的毛发。威廉姆斯被判有罪。

在威廉姆斯的案子中，大量的类型证据使巧合的概率变得极低。其他人留下类似纤维和毛发的特殊组合的概率可谓微乎其微。虽然类型证据本身并不足以在犯罪嫌疑人与特定现场之间建立绝对的关联，单项类型证据拿出来证明力不强，但与特定嫌疑人相关特征匹配的类型证据大量存在，的确增加了该犯罪嫌疑人出现在犯罪现场的可能性。少数类型证据在统计学意义上的价值，甚至不亚于指纹。

仔细观察

最个人化的证据类型，是指纹和脱氧核糖核酸。就像没有两片完全相同的雪花一样，不存在指纹完全相同的两个人。脱氧核糖核酸证据也是如此，当然，同卵双胞胎除外。痕迹/微量物证，如弹头上的膛线（参见本书第十八章）、鞋印、轮胎痕迹和工具痕迹，都可能是唯一的，因此具有个体特征。断裂或撕裂模式也可以成为个体证据；玻璃破裂、纸张撕裂和布料断开的方式，在每个案件中都是独一无二的。当一块从犯罪现场取下的玻璃碎片，和一块在嫌犯破碎的头灯上取下的玻璃碎片，像拼图那般严丝合缝结合在一起时，这两块玻璃碎片显然存在一个共同的出处。

识记

分析个体特征的首要原则是，没有两样东西是完全相同的。没有两把枪能用同样的方式在弹头上留下膛线；没有两块玻璃会以同样的方式破裂成碎片；也没有两双鞋或两套汽车轮胎的磨损方式一模一样。

证据分析

大多数物证和生物证据的鉴识分析，无外乎是为了达成如下两个目的：鉴定和比对。鉴定特定的物品或物质到底是什么。白色的粉末是可卡因吗？棕色的痕迹是凝固的血迹吗？经检验后，法庭科学专家可以发表声明，断定有关物质存在还是不存在，或者检验结果具有包容性，无法排除特定物质的存在。

比对，是指将已知物品或物质与从犯罪现场收集的可疑证据加以比较，以确定二者是否有共同来源。指纹、头发、血迹来自嫌犯吗？肇事逃逸受害人衣服上的油漆残留与嫌疑人汽车上的物质是否相符？比对从犯罪现场提取的指纹与从嫌疑人身上获得的指纹后，审查员可以宣称二者匹配，从而让嫌疑人如坐针毡，或者宣称两者不匹配，彻底洗刷嫌疑人作为指纹来源的冤屈。检验人员也可能会发现无法排除相关可能性，这或许是因为犯罪现场的指纹质量太差。如果这种情况存在，则嫌疑人既没有被排除，也无法借此被定罪。

识记

犯罪现场调查员利用证据来建立联系，即嫌疑犯与特定的人、地或物之间的联系。例如，在嫌疑人的衣服上发现了受害人的头发，就足以表明二者存在某种程度的接触，从而将其联系在一起。在抢劫、谋杀或强奸现场，嫌疑人的指纹、血液或精液将其与犯罪现场紧密相连。对于现实所发现的留有嫌犯指纹的凶器，相关方无疑需要进行大量解释。毫无例外，上述情况都将犯罪的要素（人、地、物）与嫌疑人联系起来。

调查人员还试图将多个犯罪现场与单个犯罪人联系起来。例如，如果在两个或多个现场发现了特定的鞋印或相同的指纹，则此证据可能会将现场与某个嫌疑人联系起来。即使调查人员尚未发现任何嫌疑人，这种联系也能在不同的现场被作为线索，为调查人员苦苦追寻的罪犯增加些许具象的特征。

犯罪现场调查员收集证据的技能和犯罪鉴识实验室分析程序的精确性，共同建构起上述关联性。一旦关联成功，相关证据就可能会被法庭采信，并促使法庭作出入罪决定。

证据侦搜

找到证据可能非常简单：有人报警，声称发生盗窃，当警察到达时，受害人开门迎接，并向其展示撬开窗户的位置、家用保险箱的位置和犯罪人的逃跑路线。但是，在其他情况下，证据的可能位置并不总是与犯罪现场有关，警察也不会被邀请进入证据可能所在的区域。

例如，凶器或其他重要证据，如受害人的血迹或头发，可能出现在嫌疑人的家中或车里。这些物品可以提供重要的间接证据，证明嫌疑人确实是犯罪行为人。然而，要进入并搜查嫌疑人的住所或车辆，调查人员需要向法官提供法官可以接受的搜查理由，并最终获得法官所签发的搜查令。

申请搜查令

《美国宪法第四修正案》保护公民“不受不合理的搜查和扣押”〔1〕，这意味着警员和犯罪现场调查员在搜查证据时需要持有搜查令。搜查令必须具体说明搜查的时间和地点以及调查人员正在寻找的物品，而且必须根据“正当理由”(probable cause)〔2〕获得搜查令，

---

〔1〕《美国宪法第四修正案》规定：“人民之人身、住房、文件与财物不受无理搜查扣押之权利不得侵犯；除非有正当理由，经宣誓或代誓宣言确保，并特别开列应予搜查之地点与应予扣押之人或物，不得颁发搜查或扣押证。”参见《美国宪法及其修正案》，朱曾汶译，商务印书馆2014年版，第14页。

〔2〕“正当理由”，是指根据《美国宪法第四修正案》，公民的人身、住所权利受宪法保护，搜查逮捕的条件因此存在严格限制，只有当执法人员所了解的事实和情况或者所得到的可以合理信赖的信息，足以使一个正常而谨慎的人相信犯罪正在发生或者已经发生，即存在“正当理由”时，才可签发搜查令或逮捕令。

而这种根据需要十分可靠且得到法官批准。只有执法人员才有资格申请获得搜查令。律师和私人调查员，抑或你我这样的普通人，则无权申请。

仔细观察

获得有效搜查令所需的步骤如下：

1. 准备“宣誓书”(Affidavit)[1]

宣誓书必须说明要搜查的地点、要搜查的物品以及警方认为该物品在该地点的原因(正当理由)。

2. 准备搜查令

这一步骤的结果是，法官签署正式文书，准许搜查。

3. 获得法官签署的搜查令

警官必须向法官出示宣誓书和搜查令。如果法官认为存在搜查的正当理由，就会签署搜查令，使其正式生效。

听起来很简单，不是吗？但在某些情况下，获得搜查令可能非常困难。最可能亮红灯的问题，便是是否存在正当理由。警方必须提出一个强有力的、具体的理由，以证明自己相信要搜查的物品就在某个特定地点。仅凭直觉或怀疑是行不通的。比如说，一个军火贩子设立了某处秘密仓库，从而可以从那里出售自己的武器，警方观察到这位身份暴露的不法商人带着可能装有枪支的木箱来来去去。也许警方甚至了解到这位中间商到底都向谁出售了非法武器。综合起来，这些因素不再仅仅是单纯的预感，而是提供了确凿的证据，证明到达和离开房屋的包装物内，都藏有武器。

另一个问题是，搜查令必须明确说明警察所寻找的对象。因此，警方倾向于将一切可能存在的涉案物品悉数囊括在内。如果警方在对搜查令中所列物品进行合法搜查时，碰巧发现了其他证据，在大多

[1] “宣誓书”，是指根据普通法传统，以宣誓人的名义作出的书面陈述，一般由宣誓人在监誓人监督下制作、签署并附誓，以确保其真实性。

数情况下，这些证据也可以被合法查扣。

仔细观察

如果搜查令的目标是一个装着武器的箱子，就只能搜查可以隐藏这种包裹的区域。房间、阁楼、壁橱和地下室是可进行搜索的场所，但厨房的抽屉却不可以。所以，如果警察私下打开抽屉时找到一把枪，则既不能实施扣押，也不能将其作为证据在法庭上加以使用。因此，警方试图在搜查令中包括一些小件物品，借此扩大搜查范围。在涉及非法贩售枪支的案件中，警方可能会在搜查令中纳入毒品，而毒品几乎可以藏在任何地方。如果法官认为有正当理由搜查毒品，那么警察就可以据此检查厨房的抽屉，甚至撤开面包盒看个究竟。

申请搜查令的困难是，必须明确定义要搜查的区域。如果搜查令载明要搜查一所房子，但没有明确提到车库和仓库，那么这两个区域便成了搜查禁地。如果搜查令列出的是车库，而不是里面的汽车，那么警方可以查看的只能是车库，但不能触碰停在里面的汽车。

无令侦搜

在某些特殊情况下，警察可以在没有搜查令的情况下进行证据侦搜。美国联邦最高法院规定，满足下列任何一个条件，即可在没有申请搜查令的情况下进行搜证：

» 紧急情况：当发生紧急情况，如人的生命或健康受到威胁时，警方可以在没有申请搜查令的情况下进入建筑物或其他结构体（包括车辆）。在这种情况下发现的任何证据，都可以在法庭上得到采信。然而，警方不能在紧急情况下进入并离开，然后在晚些时候再返回寻找证据。第二次进入，必须申请搜查令。

» 证据行将灭失：这一例外适用于嫌疑人或其他行为人或外部影响，如建筑物发生火灾，导致证据面临灭失风险。

» 合法逮捕：只要有人被合法逮捕，就可以搜查嫌疑人及其直接控制的任何财产，如房屋或车辆，以寻找证据。

» 同意搜查：人身、财产面临搜查的当事人向警方表示同意后，便不再需要搜查令。

证据收集与保存

若缺乏证据，即使是再令人发指的罪行，也可能得不到应有惩罚。检方被要求排除合理怀疑地证明被告人实施了被指控的罪行，即使在最理想的情况下，这也不是一件容易的事。没有证据，这几乎是一项无法完成的使命。正因如此，保护现场和证据，才成为当务之急。

事实上，在处理证据时的谨慎细致或粗心大意，将直接影响执法部门进行调查、起诉犯罪的能力，因为证据可能会受到损害、污染，甚至灭失，从而使犯罪鉴识实验室变成摆设，同时这样的证据也无法得到法官的采信。即使是设备最昂贵、技术最先进的犯罪鉴定实验室，也很少会选择使用遭到损坏或篡改的证据，因为法院很少允许将此类证据提交给陪审团审议。

犯罪鉴识实验室或执法机构的规模、预算和组织架构，通常决定了由谁负责收集证据（参见本书第二章）。不管是谁，实际收集证据材料者，都需要接受有素的技术培训。

区域搜查

收集证据的第一步是找到证据，这意味着必须采取井然有序的方法搜查犯罪现场。许多物品，如尸体和武器，可能很容易看到；但其他物品，特别是较小的检材或微量证据的收集，则需要调查人员付出辛勤努力。在凶杀案中，调查人员的目标是出入通道以及尸体附近的区域；在抢劫案中，被撬开的保险箱、橱柜或抽屉，则是很好的工作起点。

调查人员寻找证据的方式，取决于犯罪现场的规模和实际布局。在杂物间的地板上寻找纤维证据，与在半英亩的土地上寻找弹壳，存在很大不同。然而，在这两种情况下，搜查都必须彻底、有序。

仔细观察

在犯罪现场寻找痕迹/微量物证时（参见本书第十七章），调查人员通常遵循几何图形法（见图示 3-2）。其可以使用交叉网格模式、肩并肩的线性模式、分区模式，或者展开或收缩的螺旋模式。螺旋可能从尸体或遭到破坏的保险箱开始向外移动，也可能从犯罪现场的外围开始向内环形渐进，朝着实际犯罪行为发生的地点移动。首先将较大的区域划分为网格或区域，以便使用上述某种方法仔细检查每块较小的区域，旨在仔细搜索目标区域的每一寸地面。

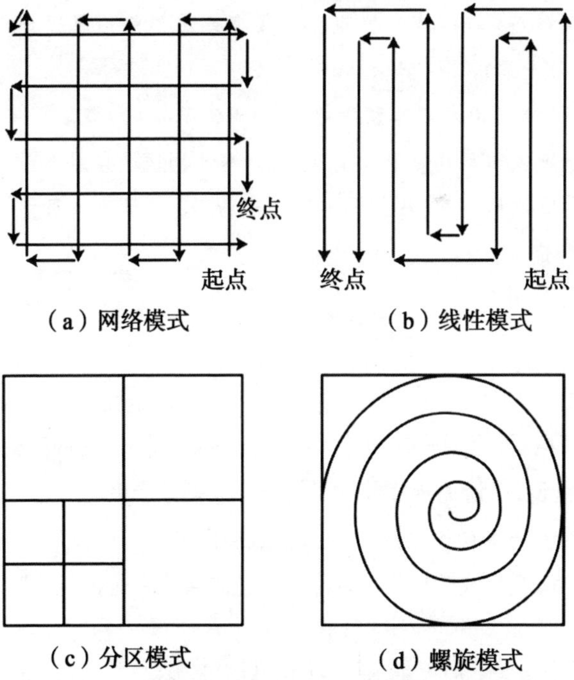

图示 3-2　搜索模式取决于搜索地域的规模及具体位置

南·欧文 插图

证据采集

在收集证据时，调查人员首先从特别脆弱或可能灭失、损毁或污染的证据，如血液、纤维、头发、指纹、鞋印和轮胎痕迹开始。在户外犯罪现场收集证据时，这种方法尤其有用，因为那里的风雨侵蚀，会使局面复杂化。

仔细观察

调查人员使用以下技术手段收集易于湮灭的证据：

» 对于现场遗留下的指纹，首先进行拍照，然后加以提取，或者转移到调查人员可以带回犯罪鉴识实验室的材料上。本书第五章将为各位读者介绍调查人员如何发现、收集指纹的全部内情。

» 工具痕迹、鞋印或车辙也会在提取或压模前拍照存档（参见本书第七章）。

» 用替代光源寻找纤维和头发，并使用镊子加以收集。

» 对于地毯和家具使用吸尘器，且对应不同区域启用全新的吸尘袋，以收集头发、纤维和其他在现场不易为调查人员发觉的痕迹物证材料。

证据包装

发现并收集证据后，必须对其加以保护。现场收集的每一份证据都需要给予单独包装，以避免损坏和交叉污染。大多数干爽的痕迹/微量物证，可放置于药剂师使用的小型折叠纸袋内。也可以使用信封、罐子、塑料药瓶、纸袋或塑料袋。物品在运送到实验室前，需要使用塑料袋密封。

另外，液体证据通常被放入牢不可破的密封容器中保存。对于可能含有挥发性物质的固体证据，如被认为含有碳氢化合物的助燃剂残留物（典型适例就是纵火犯通常使用的汽油或煤油）也需要采取上述手段。在不密封的状态下，这些残留物可能在被测试前就蒸发殆尽。干净的油漆桶和密封罐可以很好地保存此类证据。

潮湿的生物证据必须放在非密封容器中，从而有助于其风干；否则，水分会导致霉菌及细菌生长，进而导致样品腐烂并最终遭到破坏。一般来讲，应当将血衣挂起来，让其彻底风干。等到生物证据干燥后，再用密封容器包装保存。

有时，很难，甚至根本不可能在不造成损害的情况下从现场移除证据。撬开窗户的工具在窗台上留下的痕迹，既可以在现场处理，也可以将整个窗户或窗框移除并带回实验室。同样，混凝土墙中的弹孔既可以在现场处理，也可以小心地移除墙体的一部分，以便日后进行实验室评估。

证据样本处理

识记

证据收集的另一个重要方面，便是适当获取所谓“控制样本”（Control Samples），即从已知来源获取的样本，用来供检测人员将从犯罪现场获取的样本与之进行比对。

对照样品可能来自受害人、嫌疑人或现场发现的物品。对于在现场发现的某种纤维而言，只有在从嫌疑人车辆脚垫上发现了作为控制样本的纤维时才最有价值。这样，如果能从汽车上提取已知或控制样本，就可以将其与在犯罪现场发现的未知样本加以比对。一旦匹配成功，就可以把嫌犯与犯罪现场牢牢锁定在一起，或者证明受害人曾经出现在嫌犯的车里。从受害人和嫌犯身上采集的控制血样，可以与现场发现的不明血迹的样本进行比对，以确定其中一人是否曾经流血。

控制样品有时与现场所发现的证据材质相同。例如，如果怀疑一块烧焦的地毯样品含有用于引燃的液体残留物，最好将其与不含可疑物质的已知同类地毯进行比较。从未着火区域采集的地毯样品通常可以作为控制样品。如果烧焦的地毯中存在某种可疑的化学物质，但控制样品中不存在，则实验室检测人员就可以更为确定其确实是一种外来化学物质，而不是地毯或其黏合剂的原本化学成分。

维持监管链条

如果缺乏连续不断的证据流转记录，证明证据从犯罪现场到实验室，最终到法庭都是安全可靠的，相关证据就可能会在法庭上被拒绝采信。任何称职的辩护律师，都会对任何无法排除外界污染的证据的真实性和完整性提出质疑。这就是每一个处理过证据的人，作为相关证据从犯罪现场到法庭开示这一完整监管链条的一个环节，必须登记存档的缘故。

任何发现证据的人，都会做出标记以供日后识别，这有时包括在证据上写上或涂上自己的姓名或其首字母缩写。当然，这种方法只有在不会损害证据或改变证据的任何具体识别特征的情况下才可适用。例如，调查人员可能会在现场发现的弹壳侧面涂写其姓名首字母。在法庭上，调查人员可以借此断定该弹壳正是在现场发现的弹壳。

然而，并非所有类型的证据都可以加以直接标记。调查人员可能不会在弹头上刻上自己的姓名首字母缩写，因为这样做会改变子弹侧面的条纹，而这些弹道恰恰被用来识别子弹的来源。改变弹道将使其与枪支的匹配变得更加困难。因此，像弹头这样的证据，通常会被放进一个证据袋，由找到证据的人在袋子上标记并签写姓名首字母。证据袋上的识别信息包括案件编号，物品的名称和描述，发现者的姓名或首字母缩写，发现和追回的任何证人的姓名以及发现的日期、时间和地点。

有些物品在放入证据袋前需要特殊包装。例如，可以使用湿的棉签采集血样。干燥后，再将棉签放入密封的玻璃管中，并在玻璃管上标记收集者的姓名首字母和日期。玻璃管被放进一个同样有标记的证据袋。然后，采集者可以通过识别样品管和证据袋上姓名首字母的方式，合理地证明这是自己收集的样品。

仔细观察

每一个接手证据的人，都需要在证据袋上签名，或签上姓名首字母并注明日期，然后负责保持证据袋的完整性，直至将其交给下一个人（或监管链条中的下一环节）。其工作流程如下：

» 警官在凶杀现场发现了一枚弹壳；他收集了这枚弹壳，做了标记后将其放进一个做好标记的证据袋，然后把袋子交给一名犯罪现场调查员。

» 犯罪现场调查员将证据运回实验室，并在签字确认后，将其交给犯罪鉴识实验室的技术人员。

» 在对证物进行测试评估后，犯罪鉴识实验室技术人员签字确认，然后将该证据交给警察部门的证据保管员（警局内部负责证据封闭管理的执法人员）。

» 证据保管员将证据存放在安全场所，并在需要的时候予以调取。例如，检方可在签字确认的情况下提取证物并在法庭予以开示。

如果证据的监护链条完好无损，则每一位经手者——从发现该证据的警官到证据保管员——都可以作证，法庭上出示的物品确实是现场收集、实验室检验的物品。

查找失踪遗体

没有尸体就意味着没有犯罪，对吧？答案也许是肯定的，但在更多时候，这意味着涉案尸体被隐藏得极好。当一具尸体（以及提供的关键证据）始终找不到时，调查人员需要依靠一些历经时间考验的技术来对其加以查找。法庭科学的这个分支，看起来特别有趣，并且不断发展壮大。

在寻找尸体时，调查人员使用任何既存证据以缩小搜索范围，证人陈述可能至关重要。例如，证人可能发现了嫌疑人的车辆，或在偏远地区发现了受害人的一些衣服，从而将调查引导至特定的方向。调查人员在寻找失踪尸体时，还会使用许多常态性以及高技术手段，包括：

奇怪但真实

» 向下方看：假设警方认为尸体被埋在一条偏僻道路附近，而那里的地形是，道路的一侧地势高，一侧地势低。在这种情况下，调查人员一般会朝山下的方向搜索，因为把尸体弄下山比运上山容易得多。就这么简单。

有趣的是，尸体埋得越深，日后凹陷的程度越大，一个原因可能是因为大量的泥土经过翻动后，会出现更大幅度的沉降。另一个原因则可能是，随着墓穴的加深，尸体上泥土的重量增加，会导致骨骼塌陷得更早、更彻底。

» 使用追踪犬：如果给追踪犬提供带受害人的衣服等随身物品，就可以让其沿着气味按图索骥找到埋尸地点。经过专门训练的尸体搜寻犬，非常善于寻找腐烂肉体的气味，经常能在较浅的墓穴甚至水中找到被抛弃的尸体。然而，墓穴越深，这种方法遇到的困难就越大。

» 分辨植被的变化：在挖掘过程中翻动土壤，会改变墓穴覆盖区域的土壤条件，而尸体的存在也会导致土壤上面覆盖的植被改变。土壤的压实程度、湿度、通气量和温度的变化，可能催生不同于墓地周围植被的植物物种。同样，由于土壤条件的变化，在特定地区具有代表性的植物在藏尸地点附近可能更丰富，或生长得更厚、更密。更不用说腐烂的身体可以作为肥料。这种变化甚至肉眼可见，从高空俯视，尤为如此。

» 从空中查看现场：空中侦察和摄影，通常加上热成像，将对警方的寻尸活动有所帮助。新翻的泥土相较于未被翻动的泥土散热更快，用热成像设备扫描时显示温度更低。或者，腐败的尸体会释放热量，因此与周围区域相比，可能显示出可测量的热辐射差异。

» 寻找尸体腐败的副产品：如果怀疑某个区域埋有尸体，可以使用特殊装置进行搜索，这些装置可以定位腐烂过程中的热源、氮素和其他副产品，或者测量土壤物理性质的变化。探地雷达基本上可以洞察地面，并精准定位被掩埋的尸体。

» 电流测量：导电率测量通常被证明具有一定可用性。埋在地下的物体会给土壤增加水分，而水分增加了土壤的导电性。将两个金属电极插入土壤，测量在二者之间传导的电磁信号。电流的变化经判读，可以指示尸体的埋藏地点。

» 磁场测量：使用简单的金属探测器可以定位受害人身上佩戴的珠宝或皮带扣。同样有用的还包括测量土壤磁性的特殊装置。土壤通常含有少量的铁，因此具有低水平的电磁反应。因为埋藏尸体的区域的土壤占地较小，所以表现出的磁性反应水平甚至更低。通过土壤上方的磁记录仪可以帮助定位任何具有低磁反应性的区域。

第四章

洞悉犯罪分子的内心世界

» 了解法医精神病学

» 熟悉法证心理测试方法

» 洞悉欺骗的伎俩

» 判断行为能力与精神状态

» 走进连环杀人犯的内心世界

与毛发、鞋印或武器不同，罪犯的内心动机绝非一目了然，根本无法使用显微镜研究，或使用化学试剂分析，这使得犯罪心理分析成为一种完全不同的存在。尽管如此，相关研究依然发展迅猛，不仅可以帮助调查人员去伪存真、厘清事实，还可以通过提供通常令人震惊的准确描述，为“挖”出谁才是真正的犯罪人提供指导。

调查人员使用物理和生物证据来确定凶手身份、作案过程以及犯罪性质。而犯罪精神病学则有助于查明犯罪原因。“为什么犯罪”，往往才是最有价值的破案信息，毕竟，几乎绝大多数犯罪，均存在不同程度的动机。

法医心理专家的角色定位

当法律问题遭遇心理分析，就该轮到犯罪心理学家出场了。然而，这种结合十分棘手，因为心理分析的医学层面和法律层面经常存在龃龉。临床医学、精神病学及其在法证鉴识领域的“近亲”，在目标和方法方面，存在明显差异。

法医心理分析人员（精神病医生或心理医生）可履行下列职责：

» 对嫌疑人进行心理测试。

» 评估犯罪人的精神状态。

» 推断犯罪人犯罪时的精神状态。

» 确定相关方受审、作证、缔约及从事其他法律活动的行为能力。

» 判断嫌疑人是否存在欺骗和“诈病”（假装不正常）的迹象。

» 为犯罪人和受害人进行心理画像。

专业犯罪精神病鉴定员在履行上述职责时，会利用各种医疗记录、警方报告、证人证言及其他刑事证据，并进行检查测试与心理评估。

法医心理专家与临床心理医生的区别

临床精神病学旨在通过营造信任关系改善患者的病情。一旦成功，病人便会敞开心扉，从而让精神病医生知晓制订正确的治疗计划所需要了解的相关隐情。整个过程具有合作属性，精神病医生一般不会对病人作出道德或价值评价。

隶属不同领域的犯罪精神病学，与此恰恰相反，具有对抗，而非合作属性。法律的目的，便是作出责任方面的道德认定，因此属于一种评价体系。刑事司法中精神病学的目标不是治疗处遇，而是剖析罪犯的个性，揭示隐藏的动机。简言之，被试者和犯罪心理医生，经常处于一种博弈状态。

识记

在临床领域，病人有充分的理由直抒胸臆。毕竟，病人和医生都希望让病情有所好转。然而，在司法场域下，被试者有很多动因撒谎或欺骗，特别在碰巧有罪的时候，他们会想尽办法隐瞒自己的行为以及内心的真相。被试者同样希望将自己铤而走险的疯狂动机隐藏在内心深处，从而可能会捏造或夸大症状，以凭空编造出“精神失常”（Insanity）等抗辩事由。他们很可能把精神病医生看作敌人，而不是知己朋友或治疗专家。

精神状态的鉴识为何十分重要

法医心理专家可以参与刑事和民事事务。在刑事领域，他们可以应控方、辩方或法官传召参与案件审理。这些专业人士经常参与的案件类型包括凶杀、抢劫、劫持、攻击、殴打以及性犯罪。他们可能会被要求：

» 确定接受审判者的精神状态或行为能力。

» 评估被试者对现实和责任的理解程度。

» 判断嫌疑人实施犯罪行为时的具体犯意。

» 为调查者提供询问证人、讯问嫌疑人时的必要信息。

» 对于可能实施犯罪的嫌疑人进行心理画像。

在民事案件中，法医心理分析人员可能被要求确定被试者是否具有签署遗嘱和合同、管理个人事务、投票、照顾自己或他人、提供证言或受审的行为能力。虐待子女、配偶，也是常见的涉案领域，类似的情况还多发于涉及儿童监护权、性骚扰、身体残疾或情感纠纷等问题的案件。

在明显属于自杀的情况下，法医心理专家可能会被要求对死者进行心理剖析（见后文“受害人的描摹：受害人学”），以确定受害人是否可能自杀，以及毒品和酒精、经济问题或社交困难是否导致了受害人的死亡。

评价内心

了解嫌疑人的心理状态，往往会对确定犯罪成立与否的法律程序产生重大影响。这种心理状态可能会受到中风等身体疾病的影响，或者受到精神分裂症等精神疾病的左右。法医心理专家通过各种各样的测试，确定究竟什么才是压倒被试者的最后一根稻草。

精神状态测试的目的，是借此发现任何可能存在的精神疾病，并重建被试者的思维过程并评估其认知能力。根据访谈和测试结果，心理医生会对被试者的精神状态、行为能力和神志健全程度发表自己的意见。

仔细观察

控辩双方的律师，经常会主张这些测试问题。心理医生可以评估嫌疑人过去以及现在的精神状态，但不一定能够精准确定犯罪时的精神状态，所以任何此类判断都只是猜测而已。这一论点在许多方面不可谓不正确，但通过适当的测试和访谈，法医心理专家通常可以作出准确的评估并提出意见。

从医学史与心理测试入手

初次检查被试者时，法医心理专家需要明确被试者是否存在导致自身思维力或理解力异变的任何神经或精神方面的问题。医学问题，如中风、某些肝肾疾病、头部外伤和诸多药物的摄入，会影响被试者的评估结果。例如，中风可以改变一个人的认知能力，使其无法形成完整和连贯的思想，而这种疾病可能损害大脑控制语言、听觉、情绪以及其他功能的区域。因为这些医学情况会极大地影响被试者在精神状态评估中的表现，所以在进行心理测试之前，必须解决这些问题。

许多处方药物和违禁药物，都会改变服药者的大脑功能。治疗癫痫、糖尿病、心脏病、失眠的药物，甚至包括减肥药，以及基本上所有已知的镇静剂和兴奋剂，都会影响精神功能测试的结果。

具体来说，应当审查被试者的医疗、工作和服役记录，如果被试者系犯罪嫌疑人，还应审查并认真考虑警方报告和证人笔录、犯罪现场照片和尸检报告（在涉及死亡的情况下）。除此之外，审查的内容还包括血液测试，也许还有专门的脑部测试，如“脑电图”（EEG）、“脑部磁共振成像”（MRI）或“计算机断层扫描”（CT）的结果。如果这些检查结果正常，心理医生就会对被试者进行评估和测试。

走进精神病人的内心世界

测试被试者的心理健康程度、智力水平、人格类型、认知能力和心理素质的选项众多。心理专业人员会根据案件和被试者的具体情况选择测试内容，询问恰当的问题。

» “人格量表”（Personality Inventories）旨在确定被试者的基本人格类型，包括态度、行为、思维过程、信念、情绪反应和社交能力。这些测试，可能揭示被试者存在的反社会倾向、强迫症以及其他疾病，其特点是高度标准化且稳定可靠。

常见人格量表包括“明尼苏达多相人格量表”（Minnesota Multiphasic Personality Inventory，MMPI）、“密林临床多轴人格量表”（Millon Clinical Multiaxial Inventory，MCMI）和“加利福尼亚心理量表”（California Psychological Inventory，CPI）。而各位读者很有可能曾在学生时代，接受过不止一次的此类测试。

» “投射测验”（Projective Testing）被用来评价被试者的个性和思维过程。这些测试没有人格量表那么标准，显得更为主观。测试者用其来洞察被试者如何思考，以及如何看待自己、他人和整个世界。通过这种测试，经常能够发现驱使被试者从事特定行为的困扰和幻想。这一测试通常划分为如下三类：

· “罗夏测验”（Rorschach Test），一种著名的墨迹测验。被试者被要求观察一系列抽象的墨迹，并描述他所看到的内容。通过解读被试者所描述的图象，可以揭示其个性、思维过程以及与现实的联系。这项测试还可以提供有关被试者内心幻想的线索。

· “投射绘画”（Projective Drawing），与罗夏测验相似，但这种方法要求被试者画出图形，然后进行分析。被试者可能被要求画一座房子、一辆车、一棵树、一位异性，或一个可怕的场景。绘画可以揭示被试者的内在思维过程以及主观幻想。例如，如果被试者画的是一座着火的房子、被刺伤的女人,或是树枝被折断的无叶树,类似这样的绘画可以帮助测试者观察被试者的内心世界。

· 在"主题统觉测验"(Thematic Apperception Test, TAT)中,被试者需要配合图片创作故事。这种测试方法同样可以揭示被试者的内在思想和幻觉迷思。例如,面对一张男女交谈的照片,被试者所讲述的故事可能是两人正在计划如何举办他们的婚礼,或者围绕金钱发生争吵,抑或两人正在讲被试者的坏话。每个故事,都表明了不同的精神状态。

» "智力和认知测试",旨在评估被试者的智力水平、心理状态、思维过程,以及对自身行为的理解能力。这些信息对于确定被试者是否具备接受审判的行为能力与责任能力,至关重要。最常见的智力测试,便是"韦氏成人智力量表"(Wechsler Adult Intelligence Scale, WAIS),其被用来评估被试者的"智商"(IQ)。

询问正确的问题

在完成上述测试并对结果进行评估后,法医心理专家将对被试者进行访谈,深入探讨测试过程中发现的相关问题。

一般来说,法医心理专家首先需要想办法让被试者感到放松,并获得对方的信任,这样,被试者才能畅所欲言。与被试者所经历的童年时光以及其家庭、社会交往相关的简单的侧面提问,通常能发挥作用。如果被试者曾遭受可能影响其精神状态或心理健康的疾病或伤害,也需要对其加以探讨。

随着法医心理专家不断尝试确定被试者对其生活中过去和现在事件的态度,相关问题也会逐渐变得更为深入。归根结底,问题的焦点当然集中在导致被试者实施出现在法医心理专家面前的具体涉案行为的原因之上。

仔细观察

和实际案件行为相比，法医心理专家对嫌犯的动机往往更感兴趣。例如，如果被试者攻击了他人，访谈的问题主线，就将被设计成确定被试者为什么这样做，及其行为时的相关感受。如果被试者为此感到羞耻和内疚，意识到自己错了，就意味着其与同样情况下对于相关行为感到愤怒、怨恨，抑或为自己的所作所为找借口甚至认为自己有权报复的人，存在很大不同。

适用备受争议的技术手段

两种访谈技巧，即催眠以及对被试者使用特定药物，极富争议，但在真实乃至虚构的讯问过程中，又的确都会出现。

催眠，可以让被催眠者进入一种恍惚且高度放松的状态，借此帮助嫌疑人和证人回忆某些事件乃至细节。但问题是，假装进入催眠状态难度不大，所以通过这种技术获得的任何信息都需要被加以佐证。此外，受催眠影响的人往往很容易受到暗示的影响，因此仅仅通过询问问题，就可以改变其对某些事件的记忆。这些新的记忆有可能成为他们真实记忆的一部分，从而影响其将来可能提供的任何访谈内容或法庭证言的真实性。并非所有的法庭都允许曾接受过催眠的证人出庭作证。

虽然没有真正的“诚实药”，但某些物质的确可以降低被试者的抑制和抗拒能力。“硫喷妥钠”（Sodium Pentothal）是经典的所谓“诚实药”。这种短效的巴比妥酸盐类物质会引起服食者的困倦和兴奋，促使其进入滔滔不绝的健谈状态。然而，和催眠一样，通过这种方式收集到的任何信息都是存疑的，很可能在法庭上面临挑战。

如何与骗子打交道

犯罪分子会信口开河。否则，警察的侦调工作显然要容易得多，只要坐等罪犯主动投案认罪即可。然而，事实当然并非如此。无论是伪造证据，编造不在场证明，虚构犯罪现场，还是在法庭上撒谎，罪犯会利用一切机会，篡改、歪曲和捏造真相。在其他情况下，证人会对嫌疑人进行虚假指认，或者无辜者会作出不实的有罪供述。虽然这些人可能本意不想撒谎，但结果却是提供了虚假信息。

识别撒谎的罪犯

歪曲、夸张和欺骗，是法医心理专家的克星。嫌疑人极有可能撒谎，不管他们是将法医心理专家视为敌人还是可能的欺骗帮凶。毕竟，如果嫌疑人能让法医心理专家相信自己所说的——如对罪行一无所知，或者其实已经疯了——是真话，就将为自己在法庭上找到一个可能的盟友。

比如说，某位嫌疑人实施了可怕的强奸和谋杀罪行，还同时表示自己其实喜欢并尊重女性，而事实与此恰恰相反。嫌疑人可能大肆编造过去的人际关系和性爱经历，篡改、捏造宗教信仰和内心情感，夸大负面反应和情绪影响，而其这样做的最终目的，就是希望被宣布缺乏行为能力或精神失常，从而逃避承担任何责任。这种夸大其词，通常是去掉嫌疑人想让自己被诊断为某种众所周知但富有争议的病，如创伤后应激障碍、多重人格障碍，或者最近在新闻中看到的其他症状。

“诈病”（Malingering），是一种特殊的欺骗形式，在此过程中，被试者想尽办法，让某种身体残疾或精神缺陷看起来比实际情况更为糟糕，甚至完全假装出了问题。或者，被试者可能会尝试让自己的真实缺陷看起来不那么严重。幸运的是，“明尼苏达多相人格量表”和其他几项测试都包括表征这种欺骗行径的测量依据。

精神病医生、警察、律师和其他许多经常与犯罪人或嫌疑人打交道的人，逐渐掌握了如何揭穿骗局的方法。虽然缺乏多快好省的“硬杠杠”，更没有普世可靠的技术手段，但较为常用的方法包括：

» 寻找紧张迹象：许多人在被执法人员询问时会变得神情紧张，但有时紧张的迹象表明此人在撒谎。直出虚汗、瞳孔扩大（散开）、手唇发抖、眼神飘忽、说话迟疑或语速过快，都可能表明被试者在说谎。

» 注意肢体语言：被试者的坐姿或动作也会将谎言暴露于无形。可能表明说谎的身体动作包括扭动手腕、步履踉跄、垂头丧气、轻敲手指以及坐立不安等。

» 使用“神经语言规划”（Neuro-linguistic Programming，NLP）：“神经语言规划”是指通过解读一个人的眼球运动来确定其精神状态的技术。例如，在回答问题时向上和向旁边看，可能意味着被试者正在回忆他所看到的东西。然而，这项技术极具争议，几乎没有任何科学依据的支撑。

» 解读微表情：微表情是指人类面部转瞬即逝的表情变化，通常只持续很短一段时间。这种变化，多见于试图压抑情绪的人身上。微妙之处在于，需要区分这些表情发生变化的原因是许多人在与法医心理专家、执法人员交谈时感受到的自然恐惧，还是正在进行的欺骗行径。

揭穿目击证人的编造

众所周知，目击者并不可靠。这是因为，非常不幸，人的记忆力并不十分可靠。一个人回忆任何特定事件细节的能力，会随着时间的推移而递减，反之，会自然而然地用一厢情愿认为应该发生的事情来填补空白。个人信仰、偏见、动机和期望进一步影响了这种无意识的努力。再加上目睹恐怖或威胁所带来的压力，记忆出错或发生改变的条件也就水到渠成了。

闻声识人，听起来（一语双关）更不可靠。偶尔证人会被要求通过声音来识别罪犯。除非待确定的声音非同寻常或极其独特，否则这种尝试缺乏可靠性。

催眠肯尼斯·比安奇 (Kenneth Bianchi)

案例分析

20 世纪 70 年代，一系列令人发指的强奸和谋杀犯罪，让洛杉矶陷入了危险境地。受害人的尸体被扔在洛杉矶境内的山坡上，肉身入眼即是，因此幕后杀人犯被称为“山坡绞杀手”。经过漫长而复杂的调查，警方终于在洛杉矶逮捕了安杰洛·布诺（Angelo Buono），在华盛顿贝灵厄姆逮捕了他的堂兄弟比安奇。

比安奇利用从大学心理学课堂和电影《三面夏娃》（*Three Faces of Eve*）〔1〕、《心魔劫》（*Sybi*）〔2〕中窥探到的心理知识，为自己编造出了一份疯狂的辩护词，假装罹患“多重人格障碍”（the Multiple Personality Disorder，MPD）。比安奇表示，另一个邪恶自我，史蒂夫，杀死了这些年轻的妇女，而他，比安奇，则是无辜的，只是邪恶的史蒂夫的一个棋子或者分身而已。

比安奇的演技太好，接连将好几位精神病医生玩弄于股掌之中。催眠专家马丁·奥恩（Martin Orne）医生对比安奇进行了测试。奥恩医生通过催眠，“唤醒了”比安奇体内的史蒂夫。但是，机关算尽的比安奇还是露出了马脚。当他化身为史蒂夫的时候，曾多次称史蒂夫为“他”，而不是“我”。如果他当时真的是史蒂夫，就不会用第三人称代词“他”。还有一次，比安奇被介绍给了一个想象中的人，这个人比安奇认识，但史蒂夫不认识。比安奇和这个不存在的人握手。看到一个想象中的人，意味着比安奇已经产生了幻觉，而这并不是“多重人

〔1〕《三面夏娃》，1957 年上映的美国悬疑电影，女主人公是一名平凡的家庭主妇，一直饱受抑郁、失眠和头痛的折磨，最终找到了男主人公，一名心理医生，希望借助他的力量拯救自己。男主人公在使用催眠后惊讶地发现，在女主人公的体内居住了另外两个人格，她们一个理智而独立，另一个则魅惑又放荡，更令人吃惊的是，男主人公在和这 3 个人格相处的过程中，渐渐发现自己已经无法自拔。

〔2〕《心魔劫》，1976 年上映的美国惊悚电影，女主人公因为童年的悲惨经历，竟然发展出 13 种不同人格。

格障碍”的组成部分。最后，奥恩医生告诉比安奇，“多重人格障碍”患者只有一个其他人格这极不寻常，在大多数情况下，患者都具有几个其他人格。就在这时，比利出生了，赋予了比安奇三种不同的人格特质。

把戏被揭穿后，比安奇认罪，并同意担任检方的污点证人，指控自己的堂兄弟安杰洛，以换取宽大处理。

虚假认罪的处理方式

虚假认罪，比人们想象的更为常见。作出不实认罪的人，不一定是想欺骗警察；他们可能只是感到困惑、疲倦、愤怒，或者想从审讯室内脱身。这些人的精神可能会存在问题，从而认为自己做了坏事，或者他们可能曾经不止一次幻想过实施同样类型的犯罪，以至于已经根本无从分辨这一切是在做梦，还是真的现实。

奇怪但真实

虚假认罪对普通人来说，可能没有意义，但却总是会在身边上演。每每新闻在报道耸人听闻的谋杀案时，几乎可以肯定，会有二十多人报警认罪！想想这幅场景。

虚假认罪的出现，在很多情况下是因为犯罪分子认为这样可以转移警方对其犯下的其他犯罪的注意力。例如，嫌疑人可能主动承认自己偷了一辆车或抢劫了一家商店，但声称对同一时间发生在另一地点的谋杀一无所知。如果真的犯了抢劫罪，这位嫌疑人就不可能是凶手。同样，真凶的朋友或家人也可能会出于保护的目的，主动顶罪。

然而，还有些人会莫名其妙地认罪。在此过程中，诸多心理因素会发挥作用：比如内心自卑、惧怕警察、渴望出名，或者希望借此取悦当局或某些人。很多人都有根深蒂固的内疚感，可能需要通过坦白犯罪，让自己埋藏起来的内心负罪感——无论是真实的还是想象的——因肉体受到刑罚而减轻。

此外，酒精或毒品的出现，也会模糊判断，导致混淆、错误记忆和胡编乱造，进而使人无法确定自己是否有罪。警察可能会告诉醉酒的嫌疑人，唯一一个和死者共处一室的人就是他，从而让醉酒的嫌疑人开始相信，也许自己的确杀了人，尽管已经根本无从想起。如此一来，就会导致虚假认罪。警察的某些审讯策略，也会导致虚假供词。孤立无援和疲惫不堪会让人的意志崩溃，最终，直接认罪似乎比继续受审来得更容易。如果讯问者采用有人扮演“黑脸”、有人扮演“白脸”的技巧，嫌疑人就可能选择认罪，错误地认为这样扮演“白脸”的“好”警察就将为其提供保护，从而使自己可以免受“坏”警察的“迫害”乃至法律的制裁。

为了揭穿嫌疑人的谎言，讯问者会采取各种技巧策略。警方可能会以不同形式反复纠缠同一个问题，或者顾左右而言他，然后突然杀个回马枪，直奔主题。然而，有时候，这些技巧会让无辜者如入云里梦中，稀里糊涂地供认有罪。

评估能力与心智正常与否

精神病医生可以参与刑事司法程序的所有阶段：审前、审中和审后。在审前阶段，精神病医生常常被要求确定嫌疑人是否具有接受审判、提供证言、了解权利，甚至供认有罪的行为能力。法庭不会接受缺乏行为能力者或精神病人的认罪。

确认被告人的行为能力

接受审判的行为能力，反映了被告人理解指控、指控可能产生的后果、法庭的运作以及法官和律师所扮演角色的能力。如果对这些问题缺乏了解，被告人就无法得到公正的审判。例如，被告人可能存在错觉，认为法官是自己的祖父，或偏执地认为法官和律师会合伙陷害自己。这两种错觉都与现实背道而驰，会影响被告人参与辩护的能力。行为能力检验，还会确定被试者是否有作出有罪供述、出庭作证、放弃“米兰达权利”（保持沉默并由律师代理的权利）、接受或拒绝精神失常抗辩，甚至被处决的充分能力。

导致被告人缺乏行为能力的常见精神障碍包括：

» 痴呆，主要由先天或发育异常、脑部损伤或感染导致。

» 特定类型的药物或酒精依赖。

» 器质性脑病综合征（脑结构或功能异常），常见于中风、肿瘤或感染。

» 导致偏执或严重焦虑状态的神经官能症。

» 伴随着现实认知改变的精神病和精神分裂症。

在案件审理过程中，精神病医生可以出庭，就嫌疑人犯罪时的精神状态提出自己的专业意见，也可以在嫌疑人将精神失常作为抗辩的情况下，就法律意义上的精神失常问题作证。在审后或量刑阶段，精神病医生就可以解决被告人到底是要被送入治疗机构还是监狱的问题，或就被告人的人身危险性或将来的再犯可能性提出意见。在死刑案件中，精神病医生甚至可能被要求就被告人是否具备受刑能力、应否被处决发表看法。

精神失常的大致判断

识记

精神病医生不能对被告人是否精神失常下定论，因为这里的精神失常是一个法律概念，而不是一种医学状态。因此，是否精神失常只能由法官或陪审团决定。精神病医生可对是否存在精神障碍作出诊断，并向法院提出自己的结论，但最后的决定依据取决于法律，而非医学。

精神失常，是一个模糊易变且含混不清的概念，在不同的司法管辖区，可能存在不同的情况。然而，大多数法院坚持“南顿”规则（the

McNaughten Rule)[1]，简单来说，该规则被用来判断嫌疑人是否因为罹患精神障碍，无法理解自己行为的性质和后果。换言之，如果行为人在案发时不知道自己的行为是非法的，或者无法改变自己的非法行为，就可以被判无罪。

1984 年，国会通过了《精神失常综合犯罪法》(the Omnibus Crime Code for Insanity)。该法规定，如果行为人无法理解自己行为的违法性，就可以凭借精神失常抗辩被判无罪。“理解”一词与“明知”一词存在很大不同，前者意味着比简单的明知程度更高的理解水平。

技术问题

“南顿”规则与《精神失常综合犯罪法》所列定义，涉及犯罪成立事实上需要两方面的条件：犯罪行为，或所谓的“犯行”(actus reus)，以及犯罪心态，或所谓的“犯意”(mens rea)。

限制行为能力，属于特殊形式的精神失常。其定义也因司法管辖区而异。限制行为能力的基本原则是，犯罪过程中的某些条件或情节，削弱了嫌疑人改变行为或区分是非的能力。换言之，嫌疑人无法形成犯罪的直接故意或基于特定目的行事。

被告人主张限制行为能力，意在试图减轻刑事罪过，或至少减轻自己的责任程度。而这种主张，可能只是一种抗辩策略，也可能的确属实。例如，被告人杀死了与他人通奸的妻子，并主张自己是在一怒之下才冲动杀人，因此不应为自己的行为承担责任（暂时性精神失常），而事实上，他数周前就已经开始秘密策划这场谋杀。与之相对，因长期滥用可卡因或甲基苯丙胺（冰毒）而罹患偏执妄想症的行为人，可能缺乏策划谋杀的行为能力，从而使自己的罪责程度从一级谋

〔1〕“南顿”规则，普通法系中著名的精神失常法律认定标准，1843 年，英国根据精神病人南顿(Mc Naghten)刺杀首相秘书的案例，制定了这一规则，并得到广泛适用。相关介绍可参见本书译后记。

杀变为二级谋杀。[1]

追踪惯犯

惯犯，或所谓“连续犯罪人”(Serial Offenders)，给执法带来了特殊问题。不管是连环强奸犯、爆破犯、杀人犯，还是其他重复性犯罪的实施者，其实施的犯罪的连环性质，以及其经常与随机挑选的受害人之间没有明显联系的事实，都迫使执法人员不断研发新技术加以应对。

大多数谋杀案的犯罪动机，都容易辨识，如谋取经济利益、寻仇报复或掩盖其他罪行。因此，任何凶杀案调查的早期阶段的注意力一般集中于那些获悉受害人死亡并可能从中获利的人身上。这种方法

〔1〕 一般来讲，犯意，是区分杀人罪不同层级的关键标准。以美国加利福尼亚州法中的规定为例，一级谋杀要求“明示的恶意”(Express Malice)，即杀人的事先决意或转移故意。事先决意是指被告人在实施杀人行为之前形成的心态，检方也不需要证明被告人经历过深思熟虑或者经历任何特定的时间过程。二级谋杀则建立在“默示恶意”(Implied Malice)的基础上。司法实践中，对于事先决意的证明，并不要求检方证明被告人对于受害人的仇恨或者敌意。司法实践中，只要能够证明被告人故意从事犯罪行为；威胁他人生命是该犯罪行为自然且盖然的结果；被告人在行为时，知道自己的行为会危及他人的生命；及行为人故意实施了任意不顾他人或胎儿生命的行为即可。例如，被告人为了让两岁的孩子能够安静，在孩子的水瓶中放入了可卡因，导致其脑部水肿死亡。加利福尼亚州最高法院最终判定，司法指导意见中“任意不顾他人生命”的表述，不会使得陪审员在将其理解为一种对生命的威胁的主观判断方面产生误解。也就是说，一位理性的陪审员，如果认定被告人明知行为可能具有导致他人死亡的高度盖然性，仍然继续行为的，就属于任意不顾他人生命。在受害人是胎儿的时候，司法实践不要求被告人认识到胎儿的存在。例如，被告人枪杀了自己的前女友，导致其体内已经 13 周大的胎儿死亡。虽然当时受害人还没有表现出怀孕的体征，也没有证据证明被告人知道受害人怀孕，但仍然可以根据“默示恶意”，认定受害人谋杀罪名成立。尽管明示和默示的恶意被用来区分不同层级的谋杀，重罪谋杀规则并不要求这一犯意。相反，因为公众关注震慑在实施重罪的过程中，因为故意或过失导致他人死亡的情况，因此对于这一情况认定所谓的严格责任。因此，如果实施重罪的犯罪人具有从事犯罪，帮助或教唆该重罪的犯意，就可以将其推定为需要对发生在这个重罪过程中的杀人负责。早在 20 世纪初，美国司法机关就已经开始适用所谓“转移故意”的概念。假设 X 意图杀害 Y，但是子弹错过了 Y，而杀死了 Z，即使 X 的故意是为了杀死 Y 而不是 Z，但 X 的行为，还是导致了他人的死亡，因此应当认定其杀死了 Y。法庭通常使用转移故意原则来避免行为人对于其错误造成的非预见性的行为结果逃脱罪责。行为人的故意，而不是其行为的结果，成为决定性的因素。例如，被告人在机动车内，使用自动武器，向公园内特定目标扫射，造成无辜第三方死亡的，被认为可以适用转移故意，证明被告人的谋杀罪名成立。过失杀人是在没有事先决意的情况下实施非法杀人的犯罪，包括三类情况，即自愿性过失杀人、非自愿性过失杀人以及机动车肇事致人死亡。加利福尼亚州成文法规定，谋杀要求事先决意。而事先决意也是区分谋杀与过失杀人的要素。事先决意分为明示与默示的恶意。明示恶意是非法剥夺他人生命的蓄意。参见李立丰：《美国刑法评注》，社会科学文献出版社 2021 年版相关部分。

意义非凡，因为绝大多数凶杀，发生在熟人之间。但大多数连环杀人犯和强奸恶魔，却都以陌生人为“猎食”对象。这些犯罪人的动机更为私密且个人化，深藏于行为人的内心深处，并不容易被发现。更常见的是，即使能够洞察惯犯的动机，在普通人看来也似乎毫不合理。但对于真凶来说，情况却并非如此。

甄别杀人累犯

连环杀人犯，是指杀了不止一名受害人的凶手。根据杀人地点和顺序的不同，这种涉及多名受害人的杀人犯罪，可被分为如下种类：

» 大规模杀人犯：此类凶手在一个地方一次性杀死四名以上的受害人。大规模杀人犯通常计划明确，希望借此向社会发出特定信号。典型情况，就是那种走进自己此前的工作场所，开枪扫射，打死数人的刽子手。而其犯案动机，通常是与同事或雇主之间存在的宿怨。

» 疯狂杀人犯：这些凶手在两个或多个不同地点杀死多人。杀人犯罪存在背后动机，但在连续杀人行为之间没有所谓冷却期。相反，凶手不断地杀人、藏匿、逃跑，计划实施下一次攻击。疯狂杀人犯横冲直撞，从一个地方转移到另一个地方，从一个城市流窜至另一个城市，甚至跨州作案，身后留下惨死的尸身。疯狂杀人犯，最终的下场往往是在与执法部门的对峙中自戕而死。

» 连环杀人犯：这些凶手在不同的时间和地点，杀死不止一名受害人，不同杀人行为之间存在冷却期。间歇冷却期的出现，是因为凶手通过杀人，暂时满足了行为背后的动机需求。两次杀人的时间间距，可以持续数周、数月甚至数年，让凶手有时间从高潮体验中放松下来——直到再次魔火攻心。凭借间歇冷却期，可以将连环杀人犯和疯狂杀人犯区分开来。

疯狂杀人犯安德鲁·库纳南 (Andrew Cunanan)

案例分析

街谈巷议中，安德鲁·库纳南被描述为一名高级男妓，善于迎合有钱的年长男性同性恋者。当纸醉金迷的花花世界在1996年年底开始分崩离析前，他一直混迹于富有的享乐主义者的圈子当中。1997年4月中旬，库纳南购买了一张去明尼阿波利斯的单程头等舱机票，1997年4月27日晚，他在情人大卫·马德森（David Madson）的公寓里，用锤子将28岁的杰弗里·特雷尔（Jeffrey Trail）活活敲死。5天后，在大约50英里外的一处湖边，库纳南朝马德森的头部开了一枪后，开着两人从特雷尔家里开走的红色吉普车，踏上了逃亡之路。

库纳南随后潜入芝加哥，在那里与时年72岁的房地产大亨李·米林（Lee Miglin）开始交往。在用剪枝剪和园丁锯将米林折磨致死后，库纳南开着米林的雷克萨斯高级轿车向东行驶。1997年5月9日，他在新泽西州彭斯维尔开枪打死威廉·里斯（William Reese），并偷走了死者的红色雪佛兰皮卡，转头向南。此时，他已经被联邦调查局列为十大通缉要犯之一。

库纳南最终在佛罗里达州迈阿密市落网。1997年7月14日上午，他在乔瓦尼·范思哲（Gianni Versace）[1]居住的豪宅“卡萨·卡萨里娜”（Casa Casuarina）门前，向乔瓦尼·范思哲的头部连开两枪。几天后，看门人费尔南多·卡拉拉（Fernando Carreira）把警察叫到自己负责照料的船坞。在那里，警方发现了疯狂杀人犯的标准真实下场——库纳南用自己杀害马德森和里斯的枪自杀身亡。

〔1〕 乔瓦尼·范思哲（1946年至1997年），意大利著名服装设计师，范思哲品牌创办人，曾获得美国国际时装设计师协会奖、最富创意设计师奖等多个奖项。

找出“禽兽”

在理解、处理连环凶手方面，这个社会总是存在困难。连环强奸犯和连环杀人犯似乎与其他社会公众相去甚远，因此，一直以来，对其都缺乏合理的处理方法。这些凶手通常属于心理变态者或反社会者，而这两个概念可以互换使用。反社会者倾向于以自我为中心（利己、自恋），操纵他人，情感浅薄，缺乏同情，很少自责。这些家伙常常肆无忌惮地撒谎，甚至试图愚弄最聪明的讯问者。

仔细观察

连环强奸犯和连环杀人犯有很多共同点。事实上，他们可能只是处于理智“滑坡”的不同阶段。许多连环杀人犯都是从强奸开始铤而走险，最终变本加厉发展到谋杀，借此掩盖罪行，或增加自己的病态快感。

驱动这些犯罪人的性心理，往往在其青少年时代就已经初露端倪，并随着个体在青春期逐渐成熟，进入成年期后越发增强。其中许多连环凶手（虽然不是所有人）都具有曾遭受身体的、心理的、性虐的成长背景。由此，这些人可能会创造一个充满幻想的保护世界，好让自己免受虐待。随着幻想的不断升级，一些惯犯开始暴露出喜好性侵害与暴力的特征，这些特质可能会酝酿数年，甚至长达数十年，直到犯罪人最终开始将其付诸实施。

幻想在连环凶手的暴力犯罪中扮演着重要的角色。早期，这种幻想可能是易变、无害的，但随着这些人在内心世界将其加以模拟演练，年复一年，幻想变得更加精致。这些人头脑中的狂野想法最初往往非常简单，但更富想象力的罪犯，可以对其加以细化。在很多情况下，性侵和暴力往往会纠缠在一起，直到混成一团，无法分割。

当连环犯罪人寻找受害人时，实际上是为自己编织的幻想寻找角色。他们可能会寻找某一类型，或具有特定外观的对象。例如，泰德·邦迪(Ted Bundy)[1]所寻找的,是深色头发且梳成中分的女性。很明显,这样的异性代表着这位冷血杀人犯幻想中的人物预设。

这个例子点出了关于这些幻想的一个重要事实:其内容往往非常具体。想想自己曾经的那些幻想。做白日梦或幻想某事时,细节会使虚幻的过程变得更加愉悦,无论经历了多少次,幻想的这些细节通常保持不变。这到底是为什么?理由非常简单,这种幻想令人感到安慰,可以满足一些深层次的心理需求。对于惯犯来说,情况也是如此;然而,这些连环凶手往往热衷于性暴力幻想,并且最终可能会将其在真实世界表现出来——这是犯罪人与普通人之间的一个巨大区别。

这些幻想的具体细节,可供精神病医生为凶手进行心理画像。因为凶手的幻想往往是具体、重复的,而其所导致的犯罪行为的某些要素也因此是具体、重复的。杀人犯的"签名",就是这个概念的体现(参见后文关于"区分作案手法和'罪犯签名'"的部分)。

目前的通说认为,暴力型惯犯无法改头换面、重新做人。这一看法显然存在争议,但有一个不争的事实:许多法律业已出台,以保护公众免受这些罪犯的侵害。暴力惯犯会面临很长的刑期,即便从监狱或精神病院获释后,仍会受到监视。此类罪犯入住的社区,会向本地居民发出这里存在暴力惯犯的通知。

贴士

早在20世纪30年代,美国就有法律规定,性犯罪人必须接受专业医疗人员的评估和治疗。到了20世纪60年代,几乎每个州都设立了这样的项目。很快,负责诊断、治疗这些性侵狂徒的医生就意识到,这些家伙并非常人。这些罪犯既不属于

〔1〕 泰德·邦迪(1946年至1989年),原名西奥多·罗伯特·考维尔(Theodore Robert Cowell),1973年至1978年活跃于美国各地的连环杀手。在其于1978年2月最后一次被捕之前,曾两次越狱成功,他承认自己犯下了超过30起谋杀,最终,他于1989年在佛罗里达州因其最后一次谋杀而被执行死刑,因在狱中协助警方分析另一起连环杀人案,而被影片《沉默的羔羊》设定为人物原型之一。

通常的病人类型，也不适用通常的治疗方案。到了 20 世纪 90 年代，美国许多州相继关闭了这些专门的治疗中心，取而代之，更长的监禁刑渐趋常态。

需要注意的是，驱动连环杀人犯的动机各有不同。这个概念在不同专家那里，具有不同的含义，但总体来说，大体上类似于本书目前描述的所谓“性虐型连环杀人犯”。这些杀人犯大多受性暴力幻想驱使。其他的动机类型包括愤怒（对少数族裔或整个社会的不满）、图财（如经营寄宿公寓的小老太太杀死房客后继续兑现死者的养老金支票）、权力 / 控制 / 刺激（为了杀人而杀人），以及精神疾病（由严重精神障碍引起的），如此种种，不胜枚举。

犯罪人画像

如果连要找什么都不知道，又怎么可能找得到？通过“画像”，或者查看证据，对可能实施相关罪行的行为人类型作出最佳推测，有助于调查人员牢牢掌握自己需要追查的对象。一般来说，经过专门训练的联邦调查局探员，会通过查看犯罪现场、尸检数据、受害人以及设想凶手在犯罪前和犯罪后可能实施的行为进行评估。为罪犯画像时，需要回答如下问题：

» 凶手是如何接近受害人的？

» 凶手对受害人到底做了什么？

» 凶手是否试图掩盖罪证，如果是，如何掩盖的？

» 受害人吸引凶手下手的特征为何？

» 出于什么动机或幻想，凶手要在特定的时间、地点，以特定的方式伤害受害人？

在连环谋杀案中，罪犯通常被称为不明主体，又称不明嫌犯。通过对犯罪现场的分析，可以为不明嫌犯的类型提供线索。这种分析现在被称为“犯罪人画像”。尽管凭借单纯的画像，可能无法找到确切的犯罪人，但其往往有助于警方缩小调查范围。除了预测其他涉案证据的下落外，画像还可能呈现不明嫌犯的下列特点：

» 生理及心理特征。

» 居住及工作区域。

» 犯罪实施前的各种过往。

» 犯罪后可能实施的某些行为。

最后，犯罪现场可能会显示不明嫌犯的作案手法和犯罪签名的各个方面。查看后文关于“区分作案手法和‘罪犯签名’”的相关部分。

犯罪人画像，由当年隶属于联邦调查局的“行为科学部”所进行的一项研究演变而来。这些研究旨在更为深入了解暴力罪犯。随着调查人员对暴力犯罪人整体了解的增加，一种更为有用的调查工具应运而生。通过犯罪现场分析，描摹犯罪人的个性和动机的线索，为犯罪人画像，这种方式越来越受欢迎，被认为是追踪连环犯罪人的关键。犯罪行为人不仅会留下物证，还会留下行为和精神证据，这一前提使技侦人员认识到，这些证据可能是锁定犯罪人的关键。

最近，上面提到的行为科学部已经独立，并发展成为美国“国家暴力犯罪分析中心”(National Center for the Analysis of Violent Crime, NCAVC)，该中心下辖五个部门：行为分析一、二、三、四部以及“行为研究和指导部”。全部工作都旨在为联邦调查局和其他执法机构提供基于行为调查的支持。

剖析的基本原则之一是行为反映个性。人们的行为方式取决于个体性格、心理需求和内心恐惧。犯罪人画像，就是试图从犯罪现场表现出来的行为中寻找罪犯性格的线索。通过这些线索，可以洞察凶手的作案动机、智力水平和复杂程度，以及选择特定受害人的原因。

疯狂炸弹客来信的字里行间所透露的信息

案例分析

犯罪人画像分析的首个重大成功，早在这一技术成为警察常用的侦查策略前就已经出现。1940年11月16日，“曼哈顿爱迪生联合电力公司”(Consolidated Edison)办公室的窗台上，发现了一枚炸弹，上面贴着一张手写的便条，写着“送给爱迪生联合电力的这群混蛋”。尽管疯狂炸弹客在第二次世界大战期间出于爱国主义精神销声匿迹了一阵子，但在1941年至1956年，疯狂炸弹客数次发动爆炸袭击，并多次写信恐吓爱迪生联合电力公司。一次疯狂的炸弹袭击导致一家剧院中的多名受害人丧命。随后，警方邀请詹姆斯·布鲁塞尔(James Brussel)医生参与案件的侦破。布鲁塞尔作为精神病分析专家，因善于分析犯罪和推测可能的犯罪人类型而声名远播。

在研读了疯狂炸弹客的恐吓信和相关警方报告后，布鲁塞尔得出结论，犯罪人是一名中年男性，多疑内向。布鲁塞尔推测，这个疯狂的爆炸犯对爱迪生联合电力公司的深仇大恨，可能源于此前在那里的工作经历。布鲁塞尔还认为，这名男子受过良好教育，可能是斯拉夫族后裔，与一位年长的女性亲戚住在一起，工作极其整洁细致，善于使用工具。布鲁塞尔预测，抓获嫌犯时，他会穿得很整齐，很可能是一身双排扣的西装。

事实上，在一封信中，炸弹客透露，他对1931年9月5日发生的一件事感到特别愤怒。警方查阅爱迪生联合电力公司的相关记录，发现公司当天曾发生锅炉爆炸，并造成乔治·梅特斯基(George Metesky)受伤。梅特斯基随后给该公司写了一封投诉信。警方将那封信与疯狂炸弹客的信进行比较后，发现了许多类似的表述。当警方在梅特斯基家中对其实施逮捕时发现，这位嫌疑人时年54岁，波兰裔，未婚，和两个姐姐住在一起。当时，他正穿着一套双排扣西装。

犯罪心理调查

依据犯罪现场遗留的证据，厘定罪犯特征的基本方法之一，便是将罪犯分为以下三类：

» “有条理的犯罪人”（Organized Offenders）：此类犯罪分子的犯罪手法更为复杂，犯罪行为具有明显的计划性。有条理的犯罪人智力正常，甚至往往十分聪明，往往有固定工作作掩护，并与配偶和家庭维持积极的社会关系。即使为自己的幻想所驱使，此类犯罪人仍然保持足够的控制力，以避免冲动。他们会为实施犯罪加以准备甚至从事预演。有条理的犯罪人往往以特定的受害人或特定类型的受害人为目标，并使用限制人身自由等控制措施来保持受害人的唯命是从。他们会携带接触并控制受害人所需的工具，并避免留下任何证据。如果杀人，他们通常会隐藏或处理尸体，很可能在动手前就已经选择了用来抛尸的垃圾场。

» “无条理的犯罪人”（Disorganized Offenders）：这些罪犯通常独居或与亲戚住在一起，智力低于平均水平，失业或从事低端的底层工作，很多都罹患精神疾病。无条理的犯罪人往往表现得较为冲动，或者说对自己幻想驱动的需求几乎毫无控制力。此类犯罪人很少使用阴谋诡计来获得受害人的信任，而是选用猝不及防的暴力攻击，以压制受害人。犯罪现场经常被其弄得一团糟。无条理的犯罪人一般不会提前制订计划，也不会随身携带工具，而是使用任何方便的东西。如果杀人，他们通常把尸体留在现场，很少努力避免留下证据。有些人甚至在受害人死后还会与其发生性接触。

» “混合型犯罪人”（Mixed Offenders）：有些罪犯会在犯罪现场留下庞杂的信息。虽然存在表明犯罪计划和复杂手法的证据，但袭击行为本身却显得疯狂混乱，这可能意味着行为人对于根深蒂固的暴力幻想的某种控制。

为罪犯画像的专家，已经发展出不同类型的描述符号，或者描述犯罪人类型的具体方式。在连环杀人犯画像中使用的一些描述符号：

» 年龄：大多数连环杀人犯都在二三十岁。

» 性别：大多数为男性。

» 种族：大多数凶手不会实施跨种族犯罪。这意味着，一般来说，白人罪犯杀死白人，而黑人罪犯杀死黑人。

» 住所：有条理的犯罪人更有可能结婚，有家庭，并受到朋友的喜爱。无条理的犯罪人，由于精神状态不稳定、不成熟，往往独居或与家人住在一起。

» 邻近性：犯罪人住所与犯罪现场的位置关系十分重要。大多数凶手会选择在离家近的地方杀人，这一点在最初的几名受害人身上体现得尤为明显。离家近的地方，对于犯罪人来说无疑属于舒适区。然而，有了经验，凶手可能会将自己的犯罪边界越扩越远，远离老家。

» 社交技巧：像泰德·邦迪那样，使用诡计诱捕受害人的杀人犯，通常都掌握极佳的社交技巧，而使用闪电式攻击的杀人犯，则不太善于与人交谈。

» 工作和服役经历：有条理的犯罪人往往具有稳定的工作，更有可能曾从军队正常退伍。无条理的犯罪人往往非常不稳定，根本没有办法长期工作或服完兵役。

» 受教育水平：相较于无条理的犯罪人，有条理的犯罪人一般受教育程度更高。

使用这些描述符号，专家可以精确描绘出特定类型的犯罪人形象，即犯罪人画像。该画像可以帮助警方了解特定的嫌疑人，并在审讯嫌疑人时发挥重要作用。了解犯罪人的类型，有助于调查人员设计正确的问题，并利用审讯过程中的一切可能压力点，在嫌疑人编造的谎言中引蛇出洞，甚至迫使其最终认罪。

画像在确定犯罪现场是否被伪造时也起着重要作用。伪造，意味着改变现场的外观，使谋杀的方式或原因看起来与实际不符。典型的例子是：丈夫一怒之下杀了妻子，然后清空抽屉和壁橱，掀翻家具，打破门锁或窗户，使其看起来像是窃贼作案。当调查人员发现妻子遭到重击以及刺伤多达20处时，怀疑的视线便落在了丈夫身上。窃贼一般不会如此残忍地杀死受害人，宁愿杀完人就跑。如果杀人手段过度残忍，通常涉及个人恩怨，而愤怒是常见的潜在驱动力。

犯行纪念与“犯行奖章”

许多罪犯会从犯罪现场拿走一些东西。金钱、珠宝、电子设备和其他通常可以出售的贵重物品，可能都会被洗劫一空，当然，拿走的东西还包括犯罪证据，比如凶器或用过的避孕套。然而，连环犯罪人，则往往拿走没有经济或证据价值的物品。但是，不管是什么，被拿走的物品，对犯罪人而言，都有一定的意义，会被其用于在以后的幻想中重温犯罪过程。一些杀人犯选择拿走受害人佩戴的首饰、衣服，甚至驾照。还有些杀人犯会则残忍地切下受害人的某些身体部位。

区分作案手法和“罪犯签名”

“作案手法”(Modus Operandi, MO)，主要是指罪犯用来实施犯罪的工具和策略。这并不算是一个什么新概念，甚至可以追溯到19世纪80年代英国西约克郡骑警团警长阿切利(Llewellyn William Atcherley)〔1〕，他经过不懈努力，总结设计出认定犯罪分子作案手法的十条规则，并得到了“苏格兰场”(New Scotland Yard)〔2〕的采用推广。

“阿切利规则”主要考察下列要素：

---

〔1〕 卢埃林·阿切利(1872年至1954年)，曾在英国陆军服役，后进入警界，在法证鉴识领域作出了一定贡献。

〔2〕 “苏格兰场”，是英国首都伦敦警察厅(Metropolitan Police Service)的代称。“伦敦警察厅”负责维持包括整个大伦敦地区(伦敦市除外)在内的地区的治安及交通秩序，于伦敦的威斯敏斯特市，离上议院约200码，是英国首都大伦敦地区的警察机关，1829年在内政大臣罗伯特·皮尔主导之下成立，也负担着如配合指挥反恐事务、保卫皇室成员及英国政府高官等重大的国家任务。

» 犯罪地点。

» 进入现场的位置。

» 进入现场的方式。

» 犯罪过程中使用的工具。

» 犯罪现场被拿走的物品类型。

» 实施犯罪的时间。

» 犯罪人的不在场证明。

» 犯罪人的共犯。

» 往来犯罪现场的交通方式。

» 不寻常的犯罪特征，如杀死受害人家的狗，或留下嘲弄警察的字条或物品。

所有这些要素，都涉及犯罪人的行为方式或作案手法，往往会涉及凶手认为遂行犯罪和逃离现场所必需的东西。随着不明嫌犯为了避免事情败露，不停寻找更好的方式实施谋杀或其他犯罪，作案手法往往也会“与时俱进”。犯罪分子一直在努力改变潜入犯罪现场的方式、实施犯罪的伎俩、伪装现场的手段、发动袭击的时间和地点，以及其他犯罪策略，以让犯行更难暴露。

与作案手法相反，罪犯签名属于与完成犯罪或逃脱责任无关的行为。签名在某种程度上对罪犯很重要。在受害人生前对其加以肉体折磨（如用钝刀子杀人），或在其死后残害尸体或将其摆成奇怪姿势，以及从犯罪现场拿走特定物品作为纪念或奖励，都属于罪犯签名。这些行为，多受到凶手的心理需求和精神幻想的驱使。

与作案手法不同，罪犯签名永远不会改变。虽然也可能会随着时间的推移而不断改进，但基本签名会始终如一。例如，如果连环杀人犯选择以宗教方式，将受害人摆出祈祷或十字架等姿势，则在随后的继续作案过程中，可能会不断添加蜡烛、十字架或其他仪式物品等细节。虽签名似乎已经改变，但其基本形式和主题，却一以贯之。

仔细观察

罪犯签名稳定的原因，在于其背后的驱动力。所谓“签名”，直接源于不明嫌犯的内心幻想。这些幻想在其人生的初期就已经发展出来，经过多年的精神重塑，逐渐变成一种痴迷的变态心理。在犯罪过程中，不明嫌犯强迫受害人根据自身幻想中的脚本作出反应。而有如“签名”般的行为特征，只是凶手为了实现个人幻想的方法或手段而已。因为幻想永远不会改变，所以“签名”就会始终如一。

解读“卡明·卡拉布案”中的犯罪线索

案例分析

1979年，殁年26岁的教师弗朗辛·艾尔维森（Francine Elveson）的尸体在她的公寓楼顶被人发现。死者赤身裸体，曾被人用钢笔和雨伞插入阴道，并被最终肢解。艾尔维森的尸体被摆成了象征犹太教好运的“斋”（Chai）[1]的形状。周围的人都知道，死者生前曾佩戴过一个斋形吊坠，而凶手显然把吊坠带走当作纪念品。

联邦调查局的一份资料显示，凶手缺乏条理，似乎没有什么明显的计划，犯罪现场的情况暗示，这是一场由凶手的某种幻想驱动的谋杀。作案者可能是一名失业的白人男性，年龄在25~35岁，清楚受害人居住楼宇的布局以及受害人的习惯。这些因素意味着凶手很可能认识受害人，或者至少曾经与其谋面。凶手还知道，公寓的屋顶属于私人物业，可以确保自己偷偷完成袭击和谋杀，并在没有被发现的情况下脱逃。谋杀的仪式性和虐待性，以及使用物品实施强奸的事实表明，犯罪人性能力不足，无法与异性保持稳定关系。犯罪人可能患有

〔1〕“斋”，犹太教符号，用希伯来文 ~ח 表示，由两部分组成，分别代表8和10，合计为数字18，而18对于犹太人来说代表好运，常被做成项链等配饰。

某种形式的精神疾病，可能曾在某个时候被送入过精神病院。相关线索，让警方把重点放在卡明·卡拉布（Carmine Calabro）身上。这位男性未婚、失业，三十多岁，经常探望与受害人住在同一栋公寓楼的父亲。卡拉布正在一家精神病院接受治疗，谋杀发生时他未经院方允许便擅自出院。警方调查发现，卡拉布的牙印与受害人身上的咬痕吻合，最后，其被判有罪。

受害人的描摹：受害人学

受害人评估，往往会给犯罪人画像增加浓墨重彩的一笔。受害人特征的研究，被称为受害人学，基本上是要建立一种衡量因个人、职业和社会生活因素而最终成为受害人的风险的方法。对受害人的生活方式和习惯的详细了解，为评估提供了线索，可以帮助说明犯罪人为什么在特定的时间地点选择了这个特定的受害人。根据相关信息，可以将受害人分为如下风险类别：

» 高风险受害人，经常生活在高危环境中。妓女，尤其是站街女，显然属于这一类型。她们通常在晚上工作，与陌生人频繁互动，愿意上陌生人的汽车，因此很容易成为犯罪分子的目标。其他高危行为包括吸毒、滥交等不良生活方式，上夜班以及与具有犯罪人格的人交往等。

» 低风险受害人，一般待在家中，或者在家附近工作，不去不熟悉的地方，晚上锁门，有稳定的工作和众多朋友。

» 中等风险的受害人，介于上面两个极端之间，此类受害人可能在离家近的地方工作，有锁门习惯，但性生活可能十分混乱，偶尔会在晚上独自外出。

仔细观察

罪犯根据自己的幻想和目标的脆弱程度，来选择特定的受害人。其中有些属于随机性受害人。高风险的受害人相较于低风险的同类，更容易处于受伤害的位置，但二者都可能在错误的时间出现在错误的地点。其他惨死的受害人，则是因为符合犯罪人幻想中的主角人设。犯罪人可能会花上几天或几周的时间寻找合适的，最符合自身幻想的下手目标。其他同样容易受害的人群，则会因不符合犯罪人的胃口而被放过。

一种特殊的受害人画像方式，便是“心理剖析”（Psychological Autopsy），这种剖析，往往出现在受害人死亡方式不明的情况下，也就是说，调查人员不知道受害人的死亡是意外、自杀还是他杀。为了帮助作出定论，精神病医生会调查受害人的医疗、就学、工作和服役历史，采访死者的家人、朋友和同事，评估尸检、警察和证人报告。所有这一切的目标，都是评估受害人是否属于会因生活压力太大而自杀的人群，抑或因为生活方式不良而易成为凶手的目标。

划界：凶手的领地

毫无疑问，想必各位在电视上观看过自然类纪录片，讲述者会讨论某种捕猎者的“领地”或狩猎范围。捕猎者同样会利用这些边界，缩小自己对难以捉摸的狮子或老虎的搜索范围。对连环杀人犯来说，画像也能发挥类似的作用。

分析犯罪人的攻击模式，可以为调查者提供有价值的信息，并最终锁定犯罪人。这种被称为“地理画像”（Geographic Profiling）的技术，基于下列前提：对于连环凶手来说，和狮子或老虎一样，一定存在某处“舒适区”，供其自由地实施犯罪。在绘制地形示意图时，一般需要了解受害人被掳走的地点、实际的袭击或谋杀发生的地点，以及弃尸地点。一旦发生多起袭击事件，画像者就需要处理若干此类位置信息，然后在地图上对其加以定位，从而划定凶手的活动范围。

凶手的活动范围，可能显示谋杀集中在一小块区域，这意味着凶手的移动效率低下，可能没有汽车或工作。相反，如果范围很广，犯罪人很可能具有较高的机动性，并且拥有一辆为了物色受害人而长期使用的里程表数值很高的机动车。无论范围是小是大，犯罪人都可能居住、工作在这一舒适区之内或附近。

一般来说，缺乏条理性的杀人犯，因为没有稳定的工作，以及罹患精神疾病，往往无法维持社会关系或制订复杂的犯罪计划，因此舒适区范围相对较小，活动边界有限。有条理的杀人犯则能够提前计划并长途奔袭，因此活动领域更广。

识记

对于调查人员来说，确定首个受害人至关重要，因为大多数连环杀人犯的舒适区，通常都是从很小的范围开始，并随着杀人次数的增多而不断扩大。第一个受害人，很有可能是在离凶手的家或工作地点较近的地方被掳走的。

如果受害人的尸体在案发后不久便被发现，确定犯罪顺序就变得相对简单。但是，如果受害人露宿街头或者身为妓女，即便下落不明也很可能无人问津，被掳走的日期便无法确定。同样，如果尸体被丢弃在偏远之所，受害人遇难的顺序，就有可能与尸体被发现的顺序不符。在这种情况下，可以延聘法医人类学专家参与调查，以评估死亡的大致时间。掌握这些信息，对于确认凶手至关重要。

犯罪人与犯罪现场的关联

连环犯罪人，或者惯犯，极难落网。他们随机伤害陌生的受害人，缺乏明显的作案动因，而且频繁下手。同样，“自动指纹识别系统”（Automated Fingerprint Identification System，AFIS；将在本书第五章中加以讨论）可以帮助执法部门迅速匹配来自不同犯罪现场和嫌疑人的指纹，联邦调查局的数据库，也可以将连环凶手与此前收集的犯罪及个人资料加以匹配。前面提及的“国家暴力犯罪分析中心”，率先在全美范围内建构起第一个此类数据库，收录了美国本土所有的暴力犯罪数据。此举进一步催生了“暴力犯罪拘捕计划”（Violent Criminal Apprehension Program，VICAP）的发展，这项基于网络的侦查工具，通过档案分析，串联谋杀、性侵、失踪及不明身份的遗体等信息情报。

在犯罪现场采集的数据，被输入“暴力犯罪拘捕计划”数据库。负责谋杀个案或系列谋杀案的调查人员，可以创建相关犯罪现场的文书，并将其与来自全国各地的其他文书进行比较，借此将其正在调查的犯罪与其他犯罪联系起来。例如，调查人员分析了某处谋杀现场，发现受害人被打结的绳子勒死，并被砍掉双手，沉尸湖中。他便可以将这些信息输入案件文书，并将其与存储在“暴力犯罪拘捕计划”数据库中的其他个案资料进行比对。任何具有类似特征的犯罪，都会被识别出来，调查人员可以通过审查这些犯罪档案，确定是否可能是同一犯罪人实施了两起罪行。如果这一判断得到了其他证据的佐证，就可以将两起谋杀案串并处理，并最终将真凶缉拿归案。

部分二

证据分析

在这一部分，各位将

了解技侦人员如何发现肉眼难辨的指纹并利用其与嫌犯的指纹加以比对

确定血迹的形状和位置

弄懂如何通过鞋子以及脚印分析一个人的行走特征

洞悉火灾造成的特殊情况及留下的独特证据

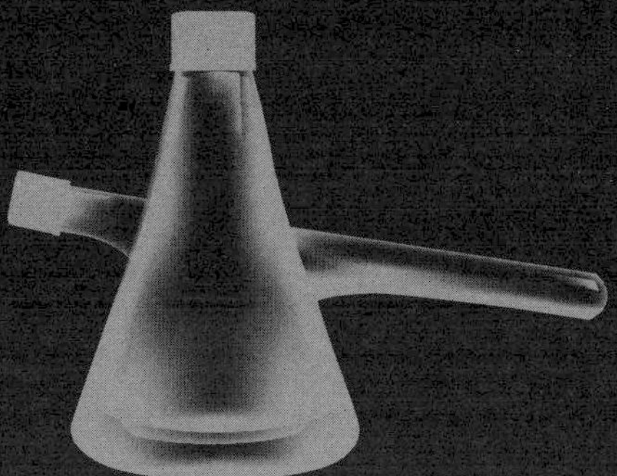

第五章

指纹：人类的名章

» 指纹的认定

» 痕迹 / 微量物证的分类与比对

» 痕迹 / 微量物证的发现与收集

无论是通过阅读报纸杂志，还是借由观看影视节目，人们都会了解到，在现实或虚构的刑事案件中，指纹都扮演着至关重要的角色。这种印记，通常是警察破案追凶——甚至是几十年前发生的陈年老案的不二法宝。

尽管指纹识别现在已成为标准做法，但警方、技侦和法院对指纹特殊性的认可，并非一蹴而就。

本章将解释指纹识别技术背后的科学原理，简要发展历史，以及在犯罪现场发现、提取指纹的一些方法。

指纹知识速览

在明亮的灯光下，透过放大镜，仔细观察你的“指肚”（用于触摸和抓握的指尖背面的平缓部位）。你会看到曲线、圆形和拱形的纹路。这些指纹，由称为“褶皱”（Grooves）的狭窄缝隙和称为“脊纹”（Friction Ridges）的凸起组成。按压油墨后留下的指纹印模，就是“脊纹”形成的图案。

仔细观察

指纹，赋予手指摩擦力，借此，人们能够拿起一个杯子，捡起一根针，分出一张纸，或挑出一丝纤维细屑。想象一下，如何在没有吸附纸张的情况下翻阅本书。如果没有这种皮肤纹路，玻璃杯将很容易从手中滑落，也将无法拿起扫帚清理地面。如果缺少这种指纹特征，我们都将变得“毛手毛脚”。

指纹的进化，使人类在用手工作时不再笨拙，反而变得高效。事实上，握紧棍子以及投掷石块的能力，对于我们的先祖来说，可能攸关生死。毕竟，如果武器不断从指尖滑落，或者投掷的石头毫无准头，又怎么可能猎杀麋鹿充饥呢？指纹的进化发展，让艰难而危险的生存变得相对容易。现代人，则利用自己的指纹转动把手，拿住钢笔，握紧方向盘，以及投掷垒球。然而，除此之外，指纹还具有其他功用，这一点在迫切需要一种可靠的鉴识手段的今天，体现得尤为明显。

贴士

在人烟稀少的古代，部落居民往往不足三五十人，大家彼此熟识。如果某位远道而来的外人，想要寻找当地的隔壁老王，想必任何人都可以为其指点迷津。但是，随着人类的繁衍、城市的扩张、治理的发展，身源确认变得越发困难，已经没有人认得隔壁老王。这就意味着寻找一种可靠的身源确认方法变得迫在眉睫，不仅是为了锁定嫌犯，对于合同诈欺、骗领养老金等涉及重要身份信息的情况，也是如此。

身体测量：指纹出现之前

“人体测量学”（Anthropometry），是一门测量人类躯体的科学，可以被视为在身源确认以及个体差异领域的首次尝试。

1883 年，法国警官阿方索·贝迪永（Alphonse Bertillon）[1]利用

〔1〕 阿方索·贝迪永（1853 年至 1914 年），法国刑侦专家。

人体测量技术，开发了第一个真正系统的个人身源确认系统。贝迪永确信，人类的骨骼从 20 岁左右开始，到死都不会改变大小，而且每个人的骨骼尺寸都是独一无二的，并由此创造了一个身体测量系统，后来被称为“贝迪永法”（Bertillonage）。根据他的计算，任意两人适用“贝迪永法”测量值相同的概率为 $2.86 \times 10^8 : 1$。

贝迪永认为，每个人都可以通过关键部位的测量，如头部的直径和伸出的手臂的跨度来加以区分。很长时间内，这一方法得到了美国许多司法管辖区的采用，但到了 20 世纪初，“贝迪永法”的光彩不再。根据测量者的个体差异，测量结果的失真各有不同。对于两个体态、体重和体型类似的人，适用这种方法得出的计算结果相差甚微，正因为存在这种缺陷，“贝迪永法”逐渐退出了历史舞台。

科技发展：指纹史

贴士

向前追溯 3000 年，指纹逐渐从艺术品上的防伪标记，转变为罪犯的签名，其中关键节点如下：

· 史前：古代陶工会在自己的作品上按压指纹，以表明身份（或作为签名）。

· 公元前 1000 年左右：中国人用按压手印及指纹的方式签署法律文书（甚至包括有罪供述）。至于这种做法属于一种仪式，还是一种真实的身份认证手段，目前尚无定论。

· 1685 年：“博洛尼亚大学”（University of Bologna）[1]解剖学教授马尔切洛·马尔皮吉（Marcello Malpighi）[2]率先认识到指纹的图案，并用“箕型”（Loops）和“斗型”（Whorls）等概念，来描述他在人

---

〔1〕“博洛尼亚大学”，始建立于 1088 年，是意大利一所久负盛名的综合研究型大学，被誉为欧洲“大学之母”，是世界范围内广泛公认的、拥有完整大学体系并发展至今的第一所大学。

〔2〕马尔切洛·马尔皮吉，1628 年至 1694 年，意大利分析员。

类指尖上看到的“变化的纹路和图案”。

·1823 年:“布雷斯劳大学”(Breslau University)[1]的约翰内斯·普金杰(Johannes Purkinje)[2]设立了九种基本指纹模式和分类规则,从而奠定了现代指纹分类系统的基础。

·1858 年:英国官员威廉·赫歇尔爵士(Sir William Herschel)[3]要求印度孟加拉邦的土人签署合同时按上手印,以防止合同和养老金分配中的欺诈行为。而他也许是第一个注意到手印具有独特性的欧洲人,赫歇尔爵士发现,自己的手印在 50 年内没有改变,而这也成为将指纹发展为物证鉴识工具的一个重要事实依据。

·1880 年:曾在位于日本东京的“筑地病院”(Tsukiji Hospital)的医生亨利·福尔德(Henry Faulds)[4]写道,指纹可以用于个人身源确认,并表明指纹可以用于甄别罪犯。福尔德发现,将粉末喷涂在潜在的(看不见的)指纹上,会让其现出原形。他还曾使用这种方法,为一名被指控偷东西的嫌犯成功开脱,此人的指纹与真正的小偷留在窗户上的指纹不符,而真正的小偷后来面对铁证供认不讳。

·1892 年:弗朗西斯·高尔顿爵士(Sir Francis Galton)[5]出版了经典教科书《指纹》(*Finger Prints*),而这,也是关于这一主题的第一本专著,高尔顿在书中描述了指纹的种类,并将其称为“箕型”“斗型”“弓型”。更重要的是,高尔顿提供了令人信服的证据,证明没有两枚指纹完全相同。

---

〔1〕“布雷斯劳大学”,即现在的“弗罗茨瓦夫大学”(University of Wrocław),正式建于 1702 年(前身建立于 1505 年),是波兰共和国第二古老的大学,其创始人为神圣罗马帝国哈布斯堡王朝皇帝利奥波德一世。

〔2〕约翰内斯·普金杰,1787 年至 1869 年,波西米亚(中世纪欧洲地名,大致与现在的捷克共和国重合)分析员。

〔3〕威廉·赫歇尔爵士,1833 年至 1917 年,英国贵族,殖民地官员。

〔4〕亨利·福尔德,1843 年至 1930 年,英国传教士、医生,曾在位于日本东京的“筑地病院”执业,在《自然》杂志上率先发表关于指纹独特性的论文,并建议英国警方采用,但未果。值得一提的是,本书原文将筑地病院的英文翻译为“Taukiji Hospital”,明显与日语发音及表达方式不符,其中,“Taukiji”中的“a”疑为“s”,特此更正。

〔5〕弗朗西斯·高尔顿,1822 年至 1911 年,英国维多利亚时代科学家。

阿根廷拉普拉塔市的一位警官胡安·伍塞蒂奇（Juan Vucetich）[1]，也设计了一种指纹分类系统，并于1894年出版了研究指纹问题的专业书籍。这种方法，在南美很多国家沿用至今。

阿根廷也是第一个利用指纹破案的国家，1892年6月18日，一位名叫罗哈斯（Rojas）的妇女的孩子惨遭谋杀。她试图指认谋杀者是一个名叫维拉斯克斯（Velasquez）的男人，但调查人员发现，罗哈斯的情人曾说，如果没有孩子，就会和她结婚，同时，警方还在现场发现一个与罗哈斯右手拇指匹配的血指纹。这位蛇蝎恶母，最终承认自己亲手弑儿。

· 1897年，赫尔曼·韦克尔（Herman Welcker）[2]发现，自己在1897年留下的指纹与41年前（1856年）留下的指纹，没有任何变化，从而支持了威廉·赫歇尔爵士的发现。

· 1899年，爱德华·亨利爵士（Sir Edward Henry）[3]设计了一种五类指纹分类系统。而其也成为当今英美所采用的鉴识制度的基础。

· 1910年，托马斯·詹宁斯（Thomas Jennings）成为美国第一个因指纹证据而被定罪的人。詹宁斯在芝加哥因谋杀罪受审，并被判有罪，被告上诉，之后被维持原判，而这也使本案成为在法庭上运用指纹证据的标志性事件。

案例分析

在威尔·韦斯特（Will West）案中，人体测量学的丧钟，听起来像是一出滑稽的巧合。1903年5月1日，威尔·韦斯特作为刚入狱的新犯，来到堪萨斯州"利文沃斯监狱"（Leavenworth Penitentiary）。负责记录的狱卒觉得这个家伙很眼熟，但新来的犯人否认曾经入狱服刑。请想象一下，当威尔·韦斯特的人体测量结果与利文沃斯监狱的另一名囚犯威廉·韦斯特（William

〔1〕 胡安·伍塞蒂奇（1858年至1925年），阿根廷人类分析员、警官。

〔2〕 赫尔曼·韦克尔（1822年至1898年），德国人类学家。

〔3〕 爱德华·亨利爵士（1850年至1931年），英国高级警官，曾担任伦敦市警察局局长等要职。

West)的测量结果完全吻合时监狱看守们的惊讶。这两个人看起来真的很像,好像双胞胎。他们被带到同一个房间,但彼此否认是兄弟。指纹有助于监狱当局区分这两个威字辈儿的坏蛋。测量头颅直径的做法,就此告终。利文沃斯监狱立即宣布放弃人体测量,转而使用基于指纹的鉴识系统来核查囚犯身份。一个月后,纽约的“辛格监狱”(Singh Prison)也如法炮制了这种做法。

威尔·韦斯特和威廉·韦斯特之间的相似,绝非奇怪的巧合。1980 年发表在《警察科学与管理杂志》(*Journal of Police Science and Administration*)上的一份报告显示,这对难兄难弟,实际上是同卵双胞胎,他们的指纹有很多相似之处,耳朵的形状也几乎相同(除了同卵双胞胎之外,这在任何情况下都是不寻常的)。此外,这两个人都分别给相同的兄弟、相同的五位姐妹以及相同的叔叔阿姨写信。

19 世纪末,贝迪永极不情愿地同意在自己的“贝迪永法”中添加指纹检测。然而,他只将右手指纹增加进来。如此一来,铸成大错。

案例分析

1911 年 8 月 21 日,达芬奇名画《蒙娜丽莎》在巴黎卢浮宫博物馆被盗。小偷在保护达芬奇杰作的玻璃上留下了清晰的拇指印。虽然阿方索·贝迪永此前曾经收集过元凶的指纹,但不幸的是,贝迪永没有建立分类系统,帮助调查人员搜索自己收集的数千张档案卡片。贝迪永和助手花了几个月的时间查阅比对,但没有结果。两年后,警察逮捕了小偷维琴佐·佩鲁贾(Vicenzo Perugia)。他的指纹和犯罪现场发现的指纹相互吻合。原来佩鲁贾的指纹一直都沉睡在贝迪永的档案之中。但现场发现的指纹来自佩鲁贾的左手拇指,而贝迪永的档案中只有佩鲁贾右手拇指的指纹,所以始终未能匹配成功。

斗型还是箕型

识记

指纹识别的有用性取决于三个原则：

» 指纹为个人独有，没有任何两人的指纹是相同的。每个人的指纹都是独一无二的。即使同卵双胞胎拥有相同的脱氧核糖核酸，也有不同的指纹。

» 指纹一生不变。人生来的指纹和死后的指纹别无二致。如果有人烧伤或刮掉指肚的皮肤，指纹或许会消失一段时间，但随着皮肤自我修复和伤口愈合，指纹还会原封不动地出现。然而，更为严重的损害，伤及深层皮肤，可能会留下永久性的疤痕，并防止指纹重新合并。尽管如此，完全抹去指纹依然十分困难，任何试图抹去指纹留下的疤痕，都会创造出全新的个性特征，供检验者用来进行匹配。

» 指纹识别，体现了为分类提供基础标准的一般模式。每个人的指纹都可以被纳入某种特定类型，而所有人的指纹都不同程度地反映了这些类型所具有的共同特征。因此，可以对指纹进行系统分类，减少查找匹配项时必须搜索的档案数量。

采集嫌犯的指纹

各位读者，很可能曾在某些时候被人采集过指纹。希望这是出于工作要求，而不是作为刑事调查的一部分。如果是后者，你的指肚先被按在墨水垫上，然后放在指纹卡上，当然，会弄得哪儿都是，一团糟。现在，有许多类型的数字扫描仪器，既可以收集相同的信息，又不会造成混乱。执法机构现在甚至可以手持数字设备在现场采集指纹。

迪林杰无法磨灭的指纹

案例分析

约翰·迪林杰(John Dillinger),美国历史上臭名昭著的罪犯之一,曾被称为头号公敌。为了躲避警察,他不惜进行面部整形手术,并试图用酸液去除指纹。迪林杰被为人不齿的“红衣女郎”[1]出卖后,在“芝加哥传记剧院”(Chicago’s Biograph Theater)门外被枪杀。尽管迪林杰生前费尽心机磨灭自己的指纹,但在停尸房采集的指纹仍然与档案中的指纹相符,从而证明死者确实是迪林杰。

让辨识更加容易:指纹的类型化

任何分类系统的目的,都是通过发现被分类对象之间的共同特征,来减少混沌、增加秩序。例如,图书馆按涉及主题等科目的不同组织书籍,使读者不必在书架上漫无目的地徘徊数小时或(更有可能)数天。伐木场按类型、宽度和长度对木材进行分类,杂货店则按照意面的形状配售不同的酱料。你明白什么意思了吧。

指纹档案也是如此。这种文书,只有在能够大量存储并快速搜索匹配项时才会发挥作用。联邦调查局拥有超过两亿份指纹文书。想象一下,一一比对将是何等艰难!将指纹按照不同类别加以组织,会让未知指纹的检索、匹配变得更加容易。

按照弓型、斗型、箕型和其他纹型的组别建构指纹体系

1685 年,马尔切洛·马尔皮吉发现了指纹上的图案,并将其命名为斗型和箕型。200 多年后,弗朗西斯·高尔顿爵士于 1892 年发现了

---

〔1〕“红衣女郎”,是指妓女安娜·卡帕那斯(Anna Cumpanas),本案中,她联系了警方,用迪林杰的消息来换取自己在美国的永久居留权。她告诉联邦调查局的探员,迪林杰正和另外一个妓女在一起,次日她将和他们一起去看电影,并同意穿着红色裙子,以保证警方能够在剧院前辨认出她的身份。

弓型指纹。

箕型、弓型和斗型（见图示 5-1）仍然是指纹识别匹配的基础，因为尽管每个人都有，但其呈现的特征却独一无二。每个人的指纹，都可以被划入上述三类纹型，而任何人的任何一枚指纹，纹型都各不相同。

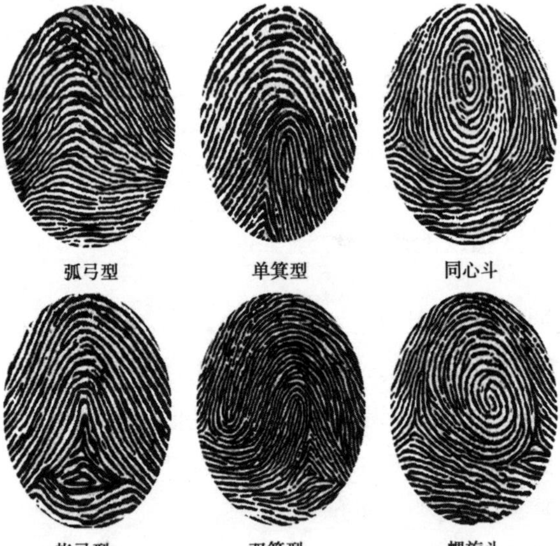

图示 5-1　指纹中常见的纹型　南·欧文 插图

弓型纹

弓型纹是指脊线在指肚中心上升所形成波浪状的图案，可分为“弧弓型”（Tented Arches）和“帐弓型”（Plain Arches），后者在中心部位的隆起比前者更为尖锐。弓型纹只占全部指纹的 5% 左右。

箕型纹

箕型纹是指由多条脊线相互叠压形成的图案。人类脊线中大约 60% 的图案属于箕型纹。根据脊线相对于前臂、桡骨和尺骨的方向，这种纹型又被细分为两种类型：

» “桡骨向箕型纹”(Radial Loops),脊线层叠起方向指向桡骨或拇指。

» “尺骨向箕型纹”(Ulnar Loops),脊线层叠起方向指向尺骨。

斗型纹

斗型纹看起来像是脊线环绕而成的小旋涡,其在人类指纹中的占比为 35%,共分为四类。

» “环形斗”(Plain Whorls),呈现出类似于牛眼一样的同心圆,或像弹簧一样的螺旋图案。

» “囊形斗”(Central Pocket Loop Whorls),形同箕型纹,但末端带有斗型图案。

» “双箕斗”(Double Loop Whorls),两个箕型纹交汇后形成的 S 形环状图案。

» “异形斗”(Accidental Loop Whorls),与其他斗纹略有不同,呈不规则的环形图案。

“亨利体系”的发展

曾担任英属印度孟加拉邦警察总监的爱德华·亨利爵士,多年来一直致力于指纹分类系统的研究,于 1899 年最终完成了后世所称的“亨利体系”(the Henry System),并在美国和英国沿用至今(后来被稍加修改完善)。

仔细观察

根据亨利体系,个体的指纹,需要根据十枚指纹中斗型纹出现的具体位置而赋值。某些手指上出现的斗型纹,比其他手指上的斗型纹得分要高。赋值的目的,是把用来比对的指纹,缩小到得分相同的同一组别。

亨利体系,将指纹档案分成 1024 组,从而缩小了指纹检索的范围。但实际的匹配工作，仍然需要手工完成，这意味着亨利体系本身不会进行自动匹配，而只是减少了指纹检验人员必须浏览的档案数量而已。

身处现在的计算机时代，指纹档案得以数字化并被存储为计算机数据。如此一来，分类匹配的速度得以加快。不过，即便匹配成功，最终的决定还是由人通过对相关指纹的视觉比较来加以完成。

认定技术的加速发展："自动指纹识别系统"

因为罪犯几乎从来不会留下全套指纹，所以依靠十根手指的指纹认定系统存在缺陷。"自动指纹识别系统"应运而生。

贴士

"自动指纹识别系统"于20世纪60年代登上历史舞台，是联邦调查局和当时的美国"国家标准局"(National Bureau of Standards)，即现在的"国家标准与技术研究所"合作的结果。随着联邦调查局的数据库中收录的指纹档案越来越多，寻找一种更为高效的指纹存储、检索和匹配的方法成为燃眉之急。想象一下，数百名特工坐在数百张办公桌旁，埋头翻阅数以千计的指纹卡，寻找与一名被指控的连环杀人犯留下的部分指纹相符的指纹。正义女神虽然开始行动，但显然速度缓慢。

"自动指纹识别系统"的计算机扫描并对指纹进行数字编码，将这些信息存储在海量数据库中，可以每秒搜索数千份指纹文书，同时尝试将其与未知的一组（十枚）指纹，甚至是单个或部分指纹加以匹配。目前的"自动指纹识别系统"，可以在不到一秒钟的时间内检索一批（50万份）指纹。

通过计算机实现匹配后，接受过指纹比对专业训练的检测员，会对匹配成功的一个或多个指纹文书进行人工检查。即使是在计算机时代，最终的比对，依然还需要由受过训练的指纹专家通过目测加以完成。

仔细观察

计算机不仅可以以炫目的惊人速度匹配指纹，还可以通过微小的数字操作来提高指纹档案质量。借此，指纹的亮度和对比度得以增强，模糊的图像可以变得更为清晰，所有这些，都会让指纹变得更为清晰，更容易被用于匹配。

尽管“自动指纹识别系统”拥有不可思议的力量，但在指纹计算机比对领域，并不总是鲜花遍地。在系统开发初期，其硬件设备由不同的服务提供商设计并制造，但这些计算机无法实现全部兼容。除此之外，也不是所有司法管辖区都采购了“自动指纹识别系统”。这意味着采集自纽约的一组指纹，可能属于一名罪犯，但他的指纹档案，却存储在芝加哥的数据库中，由于二者无法搜索彼此的数据库，因此根本无法找到可以匹配的指纹。联邦调查局在美国联邦层级，建设了一个全美数据库，并且正在通过与“国家标准与技术研究所”展开合作，使不同的系统标准化，以便在所有司法管辖区内实现指纹数据库的并库检索比对。制度仍不完善，还需予以改进。

“自动指纹识别系统”取得实效：“暗夜跟踪狂”案

案例分析

1984年6月至1985年8月，美国南加利福尼亚州地区发生了一系列残忍的强奸谋杀案件，使整个地区陷入惊恐中。而凶犯，则被称为“暗夜跟踪狂”(the Night Stalker)。

“暗夜跟踪狂”通常在切断电话线后，利用夜色掩护，通过未上锁的房门进入受害人家中。在射杀了在场的成年男性之后，凶犯再对女性受害人实施强奸。而这一切，通常就发生在女方配偶惨死的床上。这个家伙有时也会但并不总是杀害女性受害人。该系列案件最后的受害人，是一对居住在加利福尼亚州米申维耶霍(Mission Viejo)的夫妇。凶手向躺在床上的丈夫头部开枪，随即强奸了丈夫身边的妻子。

女性受害人和受伤的丈夫，奇迹般地在袭击中幸免于难。命中注定，案发后，邻居家一个十几岁的小孩看见有黑衣人开车离开了凶杀现场，并记下了车牌号。这台此前被盗的汽车，于两天后被发现弃置在某处，警方从车内采集到部分指纹。

当时，洛杉矶警察局刚刚安装了一套全新的自动指纹识别系统，每秒可以比对 6 万多份指纹档案。通过该系统，汽车上遗留的不完整指纹，在几分钟内就匹配成功。如果采用传统的手工方式（而不是自动指纹识别系统）进行类似的检索，想要把洛杉矶警察局所收集的 170 万张指纹卡比对完，指纹专家可能要花上整整 67 年的时间。

“暗夜跟踪狂”，是一名来自得克萨斯州埃尔帕索的 25 岁流浪汉理查德·拉米雷斯（El Paso）。媒体曝光了他的照片，洛杉矶东区有居民因此认出了正在试图盗取汽车的拉米雷斯，并将其当场制服。警察及时赶到，将其从愤怒的民众手中救了出来。1989 年 11 月 7 日，陪审团判处拉米雷斯死刑。

锁定可疑指纹

指纹的遗留，通常存在三种方式，这在很大程度上取决于指纹的遗留过程及遗留地点。例如，在墙上留下皮肤油脂的指纹，显然要比在垃圾袋上留下的指纹更容易被发现，毕竟垃圾袋上没有任何可见物质来增强指纹的可见性。

识记

下面简要介绍一下调查人员可能会发现的指纹类型及地点：

» “显性指纹”（Patent Prints），通常出现在行为人手上沾染血迹、墨水、油漆、污垢甚至油脂的情况下。

» “塑性指纹”（Plastic Prints），具有三维立体特质，通常出现在行为人按压柔软物质，如石蜡、油灰、腻子、肥皂、凝固的黄油甚至灰尘的场景。

» “隐性指纹”(Latent Prints)，一般无法通过肉眼识别，必须借助特殊的光照或处理后才能现形。

显性指纹和塑性指纹可以加以拍摄，所得照片可以被用于指纹匹配。通常需要从一定角度侧向补光，增加亮度以增加对比度，除此之外，不需要采取任何其他手段，即可使这些指纹符合存档要求。不过，即便罪犯没有留下明显的指纹，其身源确认仍然不无可能，当然，方法肯定要复杂一些。追踪隐性指纹的工具，可以如手电或墨粉一样简单易得，可以如化学反应和激光显影一样复杂莫测，也可以如强力胶水一样简单无比。

使用何种方法，取决于与指纹接触的物质表面。对于硬面，调查人员通常使用粉末，而对付多孔表面，则通常需要化学物质的助力。有些指纹，会在紫外线甚至是普通的手电光下现出原形。

寻找隐性指纹

无法用肉眼立马看到，并不意味着没有指纹残存。人的手指不断被汗液与油渍覆盖，而这些汗液和油渍，将遗留在你触摸过的任何物品上。

人类的手指、手掌甚至脚底的皮肤内面都存在提供摩擦力的脊线，上面布满毛孔，作为汗腺的出口。尽管这些特殊的腺体分泌的汗液中仅仅含有较少的油脂，但当你触摸头发、面部或身体任何汗腺富含油脂的部位时，手指就会沾上油脂、盐分和污垢。当你再接触到另一个物体时，就会将上述代谢物残留在上面。

识记

寻找潜在指纹的最佳地点，是坚硬光滑的表面，如凶器、工具或罪犯留下或可能触及的物体、打开的抽屉、移位的家具以及进出现场的通道。简言之，犯罪人可能接触过的任何地方，都可能会留下指纹。

仔细观察

寻找隐性指纹时，简单的方法，往往就是最好的方法。用手电筒从特定角度射出的侧向光线，无论是否借助放大镜，都可以成功将指纹纳入视野。因为当暴露在激光和紫外线下时，隐性指纹的脊线实际上会反射荧光（发光），因此可以利用这些光源将其加以暴露。回想一下20世纪70年代，如果各位一把年纪的话：这种效果就像看“黑光海报”（Black-light Posters）[1]一样。同样可以对以这种方式曝光的指纹加以拍摄，然后与数据库上的已知指纹进行比对。

让指纹现形的物理手段

指纹粉可以附着在水分和油脂的残余物上，从而暴露脊纹的图案。此类粉末具有多种颜色和类型。技侦人员所使用的指纹粉颜色，力争与背景表面形成最大限度的对比。其中最为常见的，是由炭黑或木炭制成黑色粉末，以及由铝粉或钛粉制成的灰色粉末。

仔细观察

除此之外，磁性粉也得到广泛使用，此类指纹粉同样具有不同颜色。使用时，会利用一种特制的磁刷，而其实际上根本算不上刷子。磁刷没有软毛部分，也不会接触指纹，因此不太可能损坏或污染指纹。在很大程度上，磁刷更像是一根魔杖，利用微弱的磁力松散地吸附磁性粉末。这种所谓的刷子在经过指纹时，会导致磁性粉末沉积起来，指纹随即迅速进入视野。其他特殊的指纹粉还包括荧光粉。使用后，指纹会在激光

〔1〕“黑光海报”，主要是指利用荧光颜料绘制的海报，20世纪50年代开始，随着能在紫外黑灯下呈现令人目眩的光泽的各种荧光涂料推向大众市场，这种海报开始在滥用毒品等亚文化群体中大肆流行，供其营造虚幻的氛围及独特的身份属性。

的照射下发出荧光。使用指纹粉对指纹加以处理后，即可以对指纹进行拍照，并对其加以提取。提取工作，一般是通过在指纹上轻轻地放置一条透明胶带的黏性表面来加以实现。揭开胶带时，指纹图案会粘在胶带上，然后将相关片段固定在卡片上，以便日后检查匹配。因为一旦出现污损，指纹便无法使用，所以提取指纹需要非常稳定的技术。如果指纹是在不规则的表面上，就无法利用胶带对其加以提取，技术人员可以使用凝胶或硅基塑型工具包。这种工具包也可用于收集犯罪工具留下的印痕。

让指纹现形的化学手段

在多孔表面上发现的隐性指纹，可以利用化学物质加以处理，这些化学物质通过与指纹残留物的某些成分发生反应来显示脊线纹型。反应产生了另一种更为清晰可见的化合物。用于曝光指纹的常用化学品包括：气化氰基丙烯酸酯（Cyanoacrylate Vapor）、熏碘（Iodine Fuming）、茚三酮（Ninhydrin）和硝酸银（Silver Nitrate）。

气化氰基丙烯酸酯

奇怪但真实

“氰基丙烯酸酯”是什么？你可能知道它的商标名——强力胶。是的，就是强力胶。你几乎可以在任何五金或模型商店买到的那种胶水。但事实上，强力胶的成分中，98%都是氰基丙烯酸酯，而后者已经成为一种非常有用的法证鉴识工具。当加热或与氢氧化钠混合时，氰基丙烯酸酯释放出与指纹残留物中的氨基酸发生化学反应的蒸汽，从而形成白色的隐性指纹。

利用氰基丙烯酸酯让指纹现形后，可以就地拍摄，或用与指纹结合的荧光染料处理。这样处理后的指纹，会在激光或紫外线下发光。

以这种方式检查指纹的物品，经常被放置在所谓的熏蒸箱里的蒸汽中。由此产生的烟气印模相当稳定牢固，这一点从强力胶的角度来看，也并不意外。现在，警方不再在犯罪现场设置烟熏箱，而是经常使用手持式的简易装置，加热掺有荧光染料的氰基丙烯酸酯小药筒。这个“魔杖”释放的烟雾直接喷向隐性指纹，让技侦人员在固定指纹的同时对其加以染色。

碘熏

碘晶体遇热，会释放出碘蒸汽，并被送入发烟室，在这里，碘雾与隐性指纹中的油脂结合产生褐色的指纹。因为这种指纹显影很快就会褪色，所以必须马上拍照或用淀粉水溶液喷洒固定，通过后者处理的指纹，可以保存数周或数月。

茚三酮

茚三酮是执法人员的主要法宝之一，多年来一直被用来显示隐性指纹。带有隐性指纹的物体，会被浸入茚三酮溶液中或被喷上茚三酮溶液。由于茚三酮和指纹留下的油痕之间的反应非常缓慢，潜在的指纹可能需要几小时才能呈现出紫蓝色。但如果把待检物体加热到80~100华氏度可以加速这个过程。茚三酮对显示在纸上的指纹非常有用。

硝酸银

硝酸银是黑白照相胶片的一种成分。当鉴识人员将潜在的指纹暴露于硝酸银时，指纹残留物中存在的盐（氯化钠）分子中的氯化物与硝酸银反应，形成氯化银。这种无色的化合物在紫外线照射下会形成或变得可见，并显示出黑色或红棕色的印记。

让指纹更加明晰：数字技术的应用

通常情况下，指纹或者指纹的残部，都不甚清楚。某些微小细节可能非常模糊，或者很难看到。现在，数字技术的介入，帮助解决了这个问题。将指纹扫描到计算机中，然后接收若干计算机程序的处理，而这些程序可以增强、改进和清理此前计算机生成的指纹图像。改变光线、对比度、清晰度和背景图案，可以使先前模糊的指纹图象变得更加清晰，从而加快匹配过程并使匹配结果更为精确。

深入挖掘指纹的潜力

随着现代法庭科学技术的发展，指纹可以揭示的，不再仅仅是脊纹组成的图案。指纹痕迹，由身体油脂、氨基酸、盐分、污垢和细胞碎片组成。这种细胞碎片内含有脱氧核糖核酸，通过现代脱氧核糖核酸分析（脱氧核糖核酸部分的细节参见本书第十五章），可以对其从生命科学的角度加以分析刻画，从而为执法部门提供非常有用的识别信息。这通常被称为“触碰脱氧核糖核酸”，因为其是通过简单触摸一个物体而留下的生物证据。此外，指纹残留物可以供有关部门进行毒理学分析。借此可以确定此人是否曾使用过各种毒品，如可卡因、大麻或尼古丁。

第六章

血泊：惊悚的拼图

» 研究血液特征

» 识别血迹模式

» 查实虚假报案

毫无疑问，人类更愿意把血液留在自己的体内，但如果各位意识到血液在人体之外也非常有用，似乎可以令人稍感释然。犯罪调查人员可以从犯罪现场发现的血迹中推断出大量的犯罪事实。在事故、自杀或犯罪现场留下的血迹，可以借此确定到底发生了什么，帮助技侦人员破案，或者就这一点而言，它是确定犯罪是否已经发生的关键所在。

血迹的形状和分布，为调查人员提供了犯罪发生时受害人和嫌疑人的起始位置以及后续运动轨迹的线索。血液还可以揭示疾病、药物或酒精的存在，并且可以通过对其进行脱氧核糖核酸分析，确定受害人和嫌疑人的身份。

了解血液特征

除了留下血型和脱氧核糖核酸证据外，因为运动方式及凝结程度，血液证据对犯罪现场而言，同样十分重要。上述特征取决于血液的成分。了解血液在体内外的运作方式，可以帮助调查人员弄清血迹的来龙去脉。

血浓于水

血液是一种复杂的物质，由液体和固体组成。作为一种液体，血液具有与包括水在内的其他液体相同的物理性质：在重力作用下位移流动，并倾向于在低洼地区聚集。血液会扩散并覆盖物体表面或任何容器的形状。这种液体具有粘度（稀稠程度的浓度）和表面张力（液体分子相互吸引产生的弹力性质）。表面张力促使某种液体聚集在一起，并将滴状液体拉成球形。

仔细观察

与水不同，血液是一种鲜活的、可呼吸的液体，真可谓血浓于水，当然，还会凝结。你可以在血浆中找到细胞成分，如红细胞、白细胞、血小板以及各种蛋白质。凝血过程往往与这些因素有关。血液凝结时，会分离成固态的暗红色凝块和透明的黄色液体，后者也被称为血清。

识记

仅凭肉眼判断，血浆和血清看起来颇为类似，但二者存在重要不同：

»“血浆”是全血中的液体部分，含有凝血过程中的蛋白质。可以使用离心机分离血浆和全血，而离心机是一种快速旋转血液试管的装置，借助离心力使细胞在底部沉淀，将血浆留在顶部。

»“血清”则是血液中的蛋白质完成使命，血液凝结并缩成一团后留下的液体。

只要血液还在体内流动，就一直会保持液体状态。人死后，心脏停止跳动，无法带动血液在人体内循环，血液停滞凝结。如果血液离开人体，则会在很短时间内便凝成血块。

血块内部

毫无疑问，不慎被面包刀划伤，或从自行车上摔下来后，你会看到，血液一旦离开身体，就会开始凝结。血液的正常凝血时间，为3~15分钟，但凝血时间的个体差异较大，可能会受到某些疾病，如血友病和某些类型的白血病，以及各种药物，包括抗凝药的影响。

当血液开始凝结时，会形成一个闪闪发光的暗红色胶块。随着时间的推移，血块开始收缩，并从中分离出淡黄色的血清。鉴识人员用血液凝固的状态作为粗略指标，估计血液流出的大致时间。如果血液还是液体，那么出血时间应该就在几分钟之前。如果已经成为带有光泽的胶状，出血应该已经过去半小时到至一小时。如果血液已经分离为血块和血清，出血时间则可能已经过去了一小时甚至更久。当然，这个时间表非常概括、宽泛，毕竟个中情况千差万别。

喷溅状血迹，一定出现在死亡之前，因为当时血液还在体内流动。接触血迹，则可能发生在死亡后，但后者只能由犯罪人（或笨拙的调查员）才能造成，如在受害人死亡后继续接触受害人或踏入血泊之中。

渗透状、喷溅状及滴落状血迹

血液流出人体的方式多种多样。根据情况，血液可以滴落、渗出、流出或喷溅而出。每一种血液运动，都会留下可识别的血迹或呈现喷溅状态。在后面的内容中，将对各种情况加以详细介绍。如果不加以控制，任何持续性失血，都可能因失血过多导致死亡（流血致死）。

血液痕迹可能包含下列信息：

» 血迹来源。

» 导致出血的工具类型。

» 受害人遭受物体打（撞）击的方向。

» 受害人、犯罪人、旁观者所处的相对位置。

» 攻击过程中受害人和犯罪人的所处位置与运动轨迹。

» 受害人遭受打击或枪击的次数。

» 嫌疑犯与目击者的可信度。

被动形成的血迹中所蕴藏的线索

被动血迹的形成不是因为外力作用，而是因为引力定律。从身体渗出、滴落或涌出的血液会顺势流淌，在伤者或死者身上或附近的最低处聚集成血泊。楼梯、坡道，甚至是轻微的斜面，都能在血液凝结之前将其带到相当远的地方。喷涌而出或快速流淌的血液，会明显聚集在一起，并出现在比滴落或渗出的血液更远离身体的地方。缓慢渗出的血液，会在远离人体之前就凝结成血块。

伤者的伤口、沾满鲜血的武器、犯罪人的手臂、桌面或任何抬高的物体上，都可能滴血。肩膀中枪或被刺伤，会导致血液顺着手臂流下来，并从手指上滴落。同样，血液可以从逃跑的犯罪人手中的刀子、棍棒或其他武器上滴落下来。

通常，当少量血液从更大的血源中分离出来时，会形成血滴。由于表面张力，血滴在接触表面或被另一物体接触之前保持球形。血滴不会单纯因为从空中掉下而分散成更小的血滴。但如果落在桌子的边缘，或者被摆动的手臂及武器击中，血滴就会散裂。否则，血滴会像球体一样自由下落，直到滴在地板或其他表面上。

当血滴落在特定物体表面时，就会向各个方向分散，并在接触点周围形成圆形喷溅痕迹。血迹的形状和大小取决于血滴的大小、下落的速度、以何种角度接触表面以及接触的表面类型。

技术问题

血滴在下落时会加快速度，直至达到最大自由下落速度。血液的最终速度大约是每秒 25 英尺，而只有在下降距离达到 20~25 英尺后，这个速度才能达成。但当血滴从 1 英寸降到 7 英尺左右时，其所产生的圆形喷溅图案也会随之增大。从高于 7 英尺的高空坠落的血滴的喷溅图形直径，则不会出现显著增加。单个血滴的喷溅图形直径，通常为 13~22 毫米不等，这取决于其移动的距离和体积大小。

当血滴以直角（90°）接触物体表面时，喷溅图案在接触点周围形成一个均匀的圆形。如果血液接触物体表面的进入角度较小，则会形成一个细长的椭圆形图案，窄端或尖端，与血滴的行进方向保持一致（见图示 6–1）。

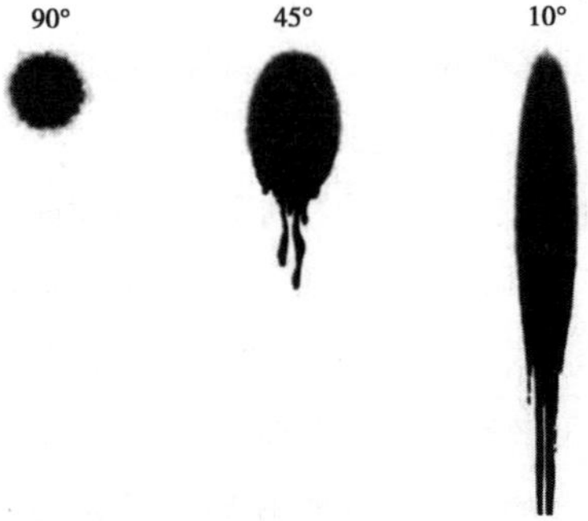

图示 6–1　血迹图案的大小和形状显示了其接触物体表面的角度
南 · 欧文 插图

血液接触的物体表面，会改变喷溅痕迹的大小和形状（见图示 6-2）。坚硬、光滑的表面，如玻璃、瓷砖或抛光后的大理石，相较于粗糙、不规则的表面（如未完工的木材或混凝土），所产生的喷溅面积，要小得多。

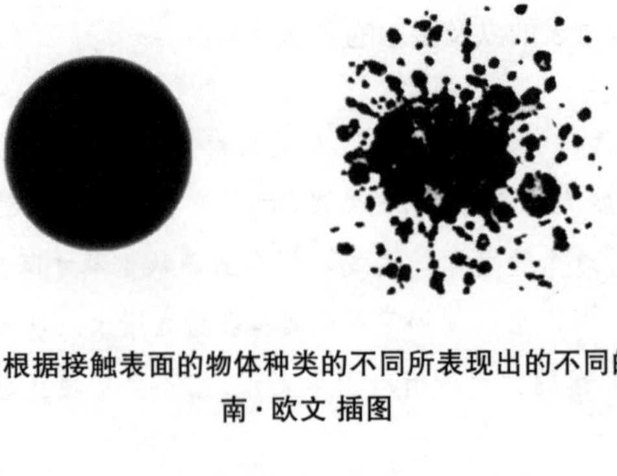

图示 6–2　根据接触表面的物体种类的不同所表现出的不同的血滴样态
南 · 欧文 插图

仔细观察

技侦人员在分析血迹时，二次或放射状溅落血迹，通常会给其制造麻烦（见下文“喷溅血迹分析”）。如果较大血滴落在坚硬的物体表面，微小的二次血滴可能会包围原来的圆形血迹。由于这些血滴接触物体表面的角度小于90°，二次血迹被拉长，但这些放射状血滴被拉长的尾部，往往指向接触开始的方向，而不是行进的方向。

喷溅血迹分析

当重力以外的力量作用于血源时，就会发生喷溅血迹。这种力量可能是如心跳或受害人的呼吸等人类身体自然的内部活动，也可能是如枪击或钝器创伤等外力。

喷溅血迹可能基于若干种不同的机理产生，其中包括刺伤、殴打、枪击、动脉出血、抛甩出的血液、喷溅或吹溅的血液。“吹溅血”（Expirated Blood）是指从受害人肺部或呼吸道排出的血液。每次受害人呼气时，血液都会从他的口鼻处喷涌而出。

确定凶手如何下手

喷溅血迹模式有助于法医确定血源、血源在犯罪现场的位置以及产生血迹的机制。这些关键信息，可以向调查人员显示犯罪人和受害人在袭击发生时所处的位置。

每一滴血，都从一个独特的方向以一个独特的角度接触物体表面。接触角，是血滴接触物体表面的角度，方向则是血滴所遵循的运动过程。鉴识人员使用量角器或为此专门开发的一个计算机程序，计算出接触角。

调查人员借助每块血迹的方向进行以下认定：

» “会聚点”（Point of Convergence）：追踪两条或多条喷溅路径的直线相交点，并用二维表示（见图示6-3）血源相对于喷溅路线的总体位置。在犯罪现场，调查人员根据接触的角度，在每块血迹上拉起绳子；而这些绳子的交会处，便是交会点。

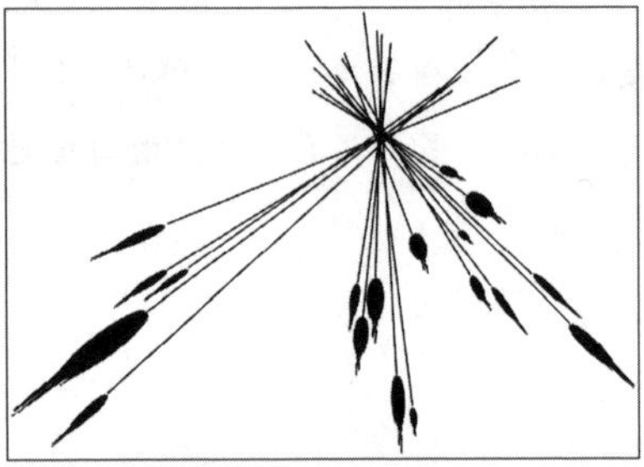

图示 6-3　每一条血迹经过的轨迹，在汇聚点交叉重合

南·欧文 插图

» “血源点”（Point of Origin）：不仅跟踪路径，同时还跟踪两个或多个喷溅血滴与物体表面的碰撞角度（见图示 6-4），指示血源总体空间位置的三维表示。通过拉伸细绳或将激光束指向每个污点的接触角度，调查人员可以找到血源点。

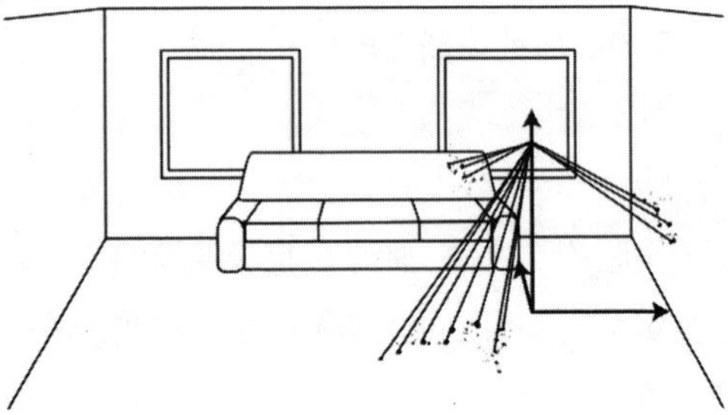

图示 6-4　方向和接触角度揭示了血迹的来源

南·欧文 插图

犯罪现场调查员的报告，通常可以为血源分析提供一系列可能的来源位置。例如，在暴力袭击现场，对地板、墙壁和沙发上的喷溅血迹进行分析，可能表明血源点距离墙壁 4~6 英尺，距离沙发 2~4 英尺，距离地板 4~6 英尺。这些估计表明，造成流血的创伤发生时，受害人可能站在墙壁和沙发附近。如果技侦人员发现血源点距离墙壁

4~6 英尺，离沙发 2~4 英尺，但距离地板只有 1~2 英尺，受害人可能在失血性创伤发生时平躺在地板上。

解读血迹空白

血迹空白，是指没有血迹喷溅的区域，否则，那里本来应该会出现血迹。通常，这个空白的存在，表明犯罪人站在这个位置，而其身体阻止了血溅到身后的物体表面上。例如，如果有人遭到严重殴打，调查人员在墙壁或家具上发现除了受害人一侧的各个方向，都存留喷溅血迹，那么，犯罪人就很可能在袭击过程中站在这个位置，并阻挡了喷溅的血迹。

仔细观察

发现嫌犯身上或衣服上存在血迹，为调查人员证实其在袭击发生时就在现场提供了佐证。喷溅血只在血液接触物体表面的过程中才会发生。因此，发现嫌疑人衣服、手臂或面部存有喷溅血，意味着其在袭击发生时一定离受害人很近。在袭击后出现的人身上发现的血迹，比如不小心在衣服上沾上了血，则不会显示出喷溅的痕迹。这些信息有助于调查人员确认或驳斥有关嫌疑人在袭击期间是否在现场的说法。

喷溅血分型

识记

调查人员用如下两种方法对“喷溅血迹”（Projected Blood Spatters）进行分类：

» 按速度分类：这种血迹分型的方法，不仅着眼于物体接触血源的速度，而且着眼于接触时血滴离开血源的速度。该系统将喷溅分为低速、中速和高速。这些子类别，为说明接触对象和喷溅机制提供了指南。

» 按喷溅类型：该分型系统将喷溅血分为以下三种主要类型：

·“冲击状”(Impact Spatters)，通常出现在殴打、刺伤、枪击或任何其他异物接触受害人的时候。

·“喷溅状”(Projection Spatters)，通常出现在因动脉破裂、抛甩或呼吸喷出的血液所造成抛射性喷溅。下一节将详细介绍这些模式。

·“组合状”(Combination Spatters)，同时具备冲击状和抛甩喷溅状特征，通常在犯罪现场发现。被刺伤胸部或颈部的受害人，可能会留下来自攻击力的冲击喷溅血迹和来自动脉出血、吹溅血及和抛甩导致的抛射喷溅血迹的组合型图案。

调查人员发现，这两种血迹的抛射喷溅分型都很有价值，并在许多领域都有重叠。

低速喷溅血迹

当物体以低于每秒 5 英尺的速度接触表面时，就会产生低速喷溅。这种接触会产生相当大的喷溅面积，其直径通常约为 4 毫米，甚至更大。

产生低速喷溅的机制，存在如下几种。常见的例子包括仅在重力作用下从伤口或沾满血迹的武器上滴下的血滴。如果血源静止不动，血滴就会垂直下落并形成圆形的血迹。但是，如果血源保持移动，如受伤的受害人逃跑或携带染血凶器的犯罪人逃跑，则血滴就会以一定角度接触地面，产生细长的带有棘突的血迹，或是沿着运动方向延伸的抛射状血迹。

仔细观察

假设手上沾满鲜血的犯罪人站在受害人的尸体旁边。血滴到地上，留下一个圆形的血迹。如果犯罪人开始在屋子里走动，掉下来的血滴就不再以直角落在地面。犯罪人移动的方向，会影响血滴离开手的方向。这些血滴以一定角度接触地面，形成椭圆形斑点，尾巴细长，指向行进方向，这一点，可参见图示 6–1。技侦人员跟踪血迹的尾部细端，以确定犯罪人在犯罪现场内的行踪，以及凶手的逃跑路线。沿着这条轨迹，调查人员很可能会找到其他有用的证据，如一件被丢弃的凶器或血迹斑斑的衣服。

“动脉出血”（Arterial Bleeding），也被认为属于低流喷溅血。如果在袭击、自杀未遂或事故中动脉受损，可能以喷涌或喷射形式失血，这取决于动脉的粗细程度、受损状态以及衣服或其他物体是否覆盖了创口。动脉的正常喷血，会导致线性和流注状血迹（见图示 6–5）。当受害人继续失血时，血型与伤口的距离、血迹长度和出血量可能会稳步下降，并导致其血容量和血压不断降低。

图示 6–5　血迹中的血滴形状和图案　南·欧文 插图

另一种低速血源，是从物体上抛甩出来的血液，或者是由于离心力而从物体上甩出的血液。“抛甩状血迹”（Cast-off Patterns），通常发生在犯罪人使用武器进行一系列的弧线打击时。调查人员往往会在墙壁和天花板上发现此类血迹。

仔细观察

与抛甩血迹相关的喷溅模式，往往属于一条相当均匀的血滴轨迹，反映了物体行进的弧线（见图示 6–5）。确定这些抛甩血迹的会聚点和接触角度，可以揭示犯罪人挥舞武器时的位置。在某些情况下，估计犯罪人的身高，甚至估计犯罪人是右手还是左手——或者至少是用哪只手实施了打击——都是可能的。

此外，调查人员发现，可以借助抛甩血迹的数量，说明受害人至少遭遇的打击次数。因为并不是每次挥舞武器都会产生抛甩血迹，犯罪人可能实施了多次打击，但不可能施加比抛甩血迹数量更少次数的打击。

中速喷溅血迹

中速喷溅血迹来自每秒移动速度 5~100 英尺的物体。这些喷溅血迹通常比低速血滴形成的喷溅痕迹要小，直径 1~4 毫米不等。中等喷溅血迹，来自钝器或尖锐物体的接触和喷溅出的血液。用钝器打击时产生的喷溅血，导致血液从打击区域向各个方向扩散。与低速喷溅血迹一样，对血迹的方向性和冲击角度进行分析，有助于确定血源点。有关方向性和冲击角的讨论，请参见第六章前面的“确定凶手如何下手”相关内容。

如果伤口出现在面部、喉咙或肺部，血液与呼出的空气混合，形成一个血雾，并产生喷雾喷溅血迹。这种雾状图案，可以在受害人和犯罪人身上及其周围找到。

高速喷溅血迹

当物体以超过每秒 100 英尺的速度接触受害人时，会产生高速喷溅痕迹。由此产生的喷溅面积往往非常小，直径通常小于 1 毫米，并出现雾状残留。

子弹高速运动，由此会产生高速喷溅血迹。血迹出现在子弹贯穿人体的入口和出口附近，但表现情况存在差异，这主要取决于子弹是打入身体，还是反弹进入身体。

识记

与枪伤入口相关的血迹，被称为反吹血迹或“回溅血迹”(Back Spatter Pattern)，这意味着血沫沿着与子弹路径相反的方向运动。回溅血经常出现在射手身上或武器上，甚至出现在极近距离射击的枪管内。在枪伤出口附近发现的血迹，被称为“直溅血迹”(Forward Spatter)。在直溅血的情况下，血滴沿着子弹的方向运动。

将一杯水从纱窗里泼出去，水就会一直流过窗纱。那是直溅。把同一杯水倒在墙上，水就会像回溅那样，反弹回来。

牢牢锁定转移状血迹

当被血液浸湿的物体接触到未被血迹污染的物体时，就会产生所谓“转移状血迹”(Transfer Patterns)。血迹斑斑的指纹和鞋印，就属此类。犯罪人可能会试图用刷子清理血污，或跪在血迹上，或擦拭武器、双手或衣衫，从而将受害人的血迹转移到自己的衣服上。将转移状血迹与受害人的血迹进行比对，可能有助于破案。

像指纹和鞋印一样，浸透鲜血的布料，会留下一个可识别的图案。比如说，一名犯罪人跪在受害人旁边的地板上，在不知情的情况下把血污转移到了自己裤子的膝盖部位。逃跑后，他靠在车门上，从而转移了血迹。凶手裤子的纺织纹路，也可能随之转移。如果调查人员发现了这种图案，就可以利用织物纹理来确定犯罪人穿的是哪种类型的衣服。不管怎样，对嫌疑人衣服上转移血迹进行分析，如果能将血迹的脱氧核糖核酸与嫌疑人加以匹配，就能将嫌疑人与犯罪现场和受害人联系起来。脱氧核糖核酸的相关介绍，参见本书第十五章。

山姆·谢泼德案

1954 年 7 月 4 日，玛丽莲·谢泼德(Marilyn Sheppard)在家中被棍棒打死。她的丈夫，山姆·谢泼德(Sam Sheppard)医生，在其所谓的入侵者袭击中幸存下来。他报告说，自己在试图保护妻子时被人打昏。房子似乎被洗劫一空，而谋杀则好像是入室抢劫的一部分。

调查人员注意到谢泼德的手上、身上或衣服上并没有血迹，他否认在报警前自行清理过。正常情况下，这似乎可以免除谢泼德的罪责，但完全没有血迹的情况，反倒让警方困扰不已。鉴于袭击的残酷性，凶手身上一般会沾满鲜血，其中一些鲜血，应该在搏斗过程中转移到谢泼德身上。此外，谢泼德手上没有血迹——如果像他说的那样，还曾检查过妻子血迹斑斑的脖颈处的脉搏，显然是不可能的。此外，谢泼德还表示自己的手表、钱包、戒指和钥匙都不知所踪，而他相信一定是遭到凶手洗劫。事实上，警察在离房子不远的地方发现了一个装有丢失物品的袋子。但袋子和钱包上都没有血迹。上面难道不会沾染嫌犯血淋淋的手上的血迹吗？难道谢泼德医生的裤子、手腕和手上不会留下凶手拿走钱包、钥匙、手表和戒指后的转移血迹吗？可是，什么都没有发现。

然而，谢泼德的手表上有喷溅的血滴，表明手表在致命打击发生时就在受害人附近。如果血迹是在谢泼德医生摸脉搏的时候接触到受害人的脖子所致，那么这些血迹应该呈现为转移型血迹，而不是喷溅型血迹。

警方认定，谢泼德极有可能用棍棒打死了自己的妻子；然后清洗掉手上和身上的血迹；把房子弄得像是遭遇夜盗，并把犯罪现场布置得井井有条；将自己的手表（没有注意到上面沾染的血迹）和其他物品放在袋子里；把袋子扔到了警察会发现的地方。在很大程度上是基于血迹证据——或者缺乏血迹证据——谢泼德被判谋杀罪名成立。

但故事并没有就此结束。入监服刑 10 年后，谢泼德获释，美国联邦最高法院推翻了此前对其作出的有罪判决，主要理由是大规模的审前宣传，使公平审判变得不可能。第二次审判于 1966 年 11 月 1 日开始，血迹证据再次发挥了至关重要的作用，但这次的庭审，却成了专家对决的现场。代表验尸官办公室出庭的专家证人再次提出，谢泼德手表上的血迹属于喷溅型，这意味着被告人在致命打击发生时一定在场。辩方团队由当时还算年轻的李·百利(F.Lee Bailey)〔1〕领衔，成功避免了重蹈一审时没有传召专家证人反驳检方血液专家的覆辙，邀请了当时著名的犯罪分析人员保罗·柯克(Paul Kirk)〔2〕博士出庭质证。柯克质证说，手表上的血迹，系属谢泼德检查妻子颈部脉搏时产生的转移型血迹。11 月 16 日，陪审团作出“无罪”的裁决，谢泼德因此重获自由。围绕这一案件的争议，一直持续到今天，两次审判的专家意见以及陪审团认定，堪称大相径庭。受谢泼德的故事启发，后来还拍摄了广受欢迎的电视连续剧以及与电视剧同名的电影力作《逃犯》(*the Fugitive*)〔3〕。

通过血迹重建犯罪现场

受污染的证据，根本算不上证据，因此调查人员必须及时、合乎逻辑地记录血迹及其喷溅类型。警察、消防和救援人员，可能会改变或污染血迹证据，犯罪现场任何不必要的人员行走，同样如此。因而，调查人员需要立即并持续管控犯罪现场。不考虑地处交通繁忙的公共场所，室内犯罪现场的血迹通常可以保存足够长的时间，以供调查人员获得所需的信息。然而，户外现场受到环境的影响，因此地处公共场所的犯罪现场，需要调查人员更为紧迫地收集信息。

仔细观察

调查人员仔细拍摄血迹照片。最初的照片需要捕捉现场的全景。随后的照片逐渐随着个别血迹移动。摄影师拍摄具体血迹时需要足够靠近，以揭示所有需要的细节，并应在镜头中包括一个尺子或其他测量设备，以提供参考的比例尺。在凶

〔1〕 李·百利(1933 年至 2019 年)美国著名刑辩律师，曾代理“辛普森案”等诸多轰动一时的大案要案，世人对其辩护手法褒贬不一。

〔2〕 保罗·柯克(1902 年至 1970 年)美国化学家、痕迹物证鉴定专家。

〔3〕《逃犯》，1993 年拍摄的一部美国电影，曾荣获金球奖等声誉，而在此之前，同样以谢泼德医生涉案事实为基础的同名电视剧，于 1963 年上映，广受好评。

杀案中，调查人员首先检查尸体和任何相关的血迹或喷溅物。尸体被移走后，调查人员再将注意力转移到其他喷溅痕迹上。

有些血迹是隐性的（肉眼看不见）。调查人员经常使用“鲁米诺”以将这些隐藏的血迹暴露出来。鲁米诺作为一种化学物质，与血液中的血红蛋白发生反应，产生可发光的复合物质。这种化学物质非常敏感，因此在检测血液时，需要将其浓度降低至 1/1000000。调查人员将房间变暗，并在怀疑有血迹的地方喷洒鲁米诺溶剂。当有血迹存在时，污渍就会发出蓝白色的荧光，摄影师则会拍摄发光的图案。

鲁米诺还可以通过显示血迹，表明犯罪人的行动或逃跑路线，以及拖动痕迹，显示是否有人曾经移动过尸体。借助这种非常敏感的化学物质，裂缝、空隙甚至有人试图清洗过的地方的血迹，都会暴露无疑。

需要注意的是，许多物质都会干扰或混淆适用鲁米诺所进行的化学分析结果。常见的包括漂白剂和其他清洁剂，某些油漆和清漆，甚至一些果汁。

在摄影师拍摄了足够数量和种类的照片后，犯罪现场调查人员将完成后续分析，并撰写调查报告，其中可能包括受害人和犯罪人在犯罪各个阶段的相对位置、所受伤害的数量和类型，以及事件发生的确切顺序（请参见下文了解分析人员如何收集这些信息）。

综合判断：以一起拟制案件为例

张三和李四嫌隙颇深，已经达到了剑拔弩张的敌对状态。李四拿着一根 2 英尺长的金属管，踹开张三家的门，进到屋中，却发现张三早已恭候多时，而其举起手中的那把点三二口径的手枪，朝李四的左臂开了一枪。

李四见状火冒三丈，用金属管猛击张三的面部。张三站立不稳，丢下武器，转身逃跑。李四不依不饶，又用金属管打了张三几下，张三则从客厅撤退到走廊，他家到处铺装着实木地板。

连续打击之后，张三跪倒在客厅尽头，并挣扎着爬进铺着地毯的卧室。他头朝下倒在床和床头柜旁边。李四继续实施殴打，直到将张三活活打死。然后，李四跑回走廊，穿过厨房，走出后门。上面渲染的案情令人毛骨悚然，但却十分常见。

在摄影师拍摄现场照片以及法证病理学技术人员（参见本书第二十二章）移走尸体后，犯罪现场调查员检查了业已掌握的每一件证据。以下便是他找到的东西，以及这些物证被发现的具体所在：

» 入口通道：在入口墙壁和前门门框上，沾染来自李四手臂伤口的高速喷溅血迹。后来的脱氧核糖核酸分析显示，血迹与从李四身上获得的样本相符。张三的面部遭受打击后口鼻流血，并落到地板上，产生圆形的血迹。在墙上、地板和李四身上，还残留着张三喷出的血雾痕迹。

» 客厅和走廊：张三在逃跑过程中，继续喷溅出血雾。在其前往卧室路上经过的地毯、墙壁和家具上，都发现了这种雾状喷溅血迹。同时，张三脸上的伤口还在继续流血。然而，掉落地面的血滴，不再留下圆形的痕迹，主要原因在于其那时正在移动。血迹拉长，沿着撤退防线呈现棘突状痕迹。当李四继续殴打张三的头部时，中速冲击喷溅血迹向各个方向扩散。一些滴落到地板，另一些则喷溅在墙壁、家具和李四身上。血滴的方向性和接触角度表明，血源（张三的头部）位于离地板 5~6 英尺的位置，并向卧室移动。在其倒下的走廊尽头，源头分析显示，血源离地不足 3 英尺。

» 卧室：地毯上残留有滴落及喷溅的雾状血迹，但由于地毯的质地，体现得不太清晰。同样的情况，也适用于李四的打击造成的持续冲击喷溅血迹。床铺、墙壁和床头柜检出中等速度的冲击和喷溅血迹，李四继续殴打，张三最终停止了呼吸。调查人员发现，喷溅血迹模式，只存在于张三头部转动的方向，而冲击喷溅血迹，可以在各个方向检出。调查人员还发现了一处未曾沾染血迹的空白区域，李四站在倒下的张三身上，实施了最后一击。

» 逃跑路线：调查人员发现血迹斑斑的鞋印从走廊、厨房一直延伸到后门。低速喷溅的血迹显示，李四逃跑时，血液从其手臂和金属管上滴落下来。

» 李四：如果警察在李四洗澡并更换衣服之前便将其抓获，还可能在他的手上、脸上发现血污。即使有时间清洗，警方依然可能会找回其作案时身着的衣服，并在衣服袖子和衬衫的前面、裤子的正面以及鞋帮上显示冲击喷溅的血迹。李四鞋底的缝隙残留有血迹，鞋底花纹则与现场留下的血脚印吻合。当然，李四身上的枪伤也需要解释清楚。根据血迹证据，技侦人员可以重建现场，并确定事件发展的确切顺序。如果李四的供述与事实不符，现场的血迹证据就会让他狠狠地栽个跟头。

第七章

压痕：现场的指针

» 根据鞋印确定罪犯身份

» 鉴定轮胎痕迹以作为证据使用

» 分析并利用工具撬压痕迹

» 识别纤维形态

“走好 / 当心脚下”（Watch where you step），对罪犯来说显然是一个不错的建议。当然，对农场工人来说也是如此。现实当中，有许多嫌犯，就是通过鞋印和特定犯罪现场联系起来。即使鞋子往往属于大量生产的工业产品，同一品牌和尺寸的鞋子会出现在很多人的脚上，但每个人特有的步态特征，仍然可能让其现出原形。

轮胎和工具，也会留下通常被归为类型证据的压痕（参见本书第三章），这意味着可以用其排除某些类型的鞋子、轮胎或工具，但不能据此全部肯定特定类型的鞋子、轮胎或工具与案件相关。鞋底或轮胎的花纹，可以用来确定产品的尺寸和厂家，而这些信息可以帮助侦查人员将调查重点放在特定产品的销售者和购买者身上，从而缩小对犯罪人的搜索范围。

投足之间：作为证据的脚印

一旦“鞋印吻合”，罪犯往往发现，自己已经穷途末路了。鞋印、压痕等证据，对刑事案件的侦破具有多重价值。不仅可以据此推测某人曾经到过犯罪现场，还可以用来证实或反驳嫌犯的不在场证明。例如，某位邻居声称，自己到隔壁借用白糖时，发现女主人躺在厨房地板上，被钝器打死。这位邻居表示，当时房门没有上锁，而目睹惨状后，他还检查了邻居的脉搏，并拨打了 911 报警电话，在现场等候警察的到来。这位邻居坚持自己并没有前往受害人家中的其他地方。如果警方在受害人家里的其他位置，如卧室空空如也的首饰盒附近的硬木地板上，发现了这位邻居的鞋印，则此前其所讲述的那个故事，听起来就变得不够真实。

痕迹 / 微量物证还可以显示犯罪现场的出入地点。在被撬开的窗子外面的花园的松软黑土中留下的鞋印，与室内地板上的泥土和污迹匹配，足以表明罪犯进入现场的地点。而穿过后门的血迹，则表明这里是罪犯逃离现场的出口。在瓷砖或地板、楼梯、台面、窗台、梯子，甚至椅子上留下的痕迹 / 微量物证，都可以用来揭示犯罪人在现场内的行动轨迹。

捋着鞋印穿过犯罪现场，有助于调查人员集中精力寻找证据。在一所失窃住宅的几个房间里发现痕迹 / 微量物证后，调查人员就会集中搜索这些区域。追踪逃跑路径，可以引导调查人员按图索骥找到犯罪人丢弃凶器或衣物（如口罩或手套）的地方。最好的证据，往往就在犯罪人身后。

鞋印也可以供警方串并案件。在不同犯罪现场发现相同的痕迹 / 微量物证，表明可能是同一犯罪人所为。这种串并（参见本书第三章）往往对破案至关重要。个别犯罪现场采集的证据可能用处不大，但与其他现场存留的证据相结合，往往会发挥重要作用。

仔细观察

例如，假设调查人员在第一个犯罪现场发现了一根深棕色的头发，在第二个犯罪现场发现了雪佛兰车专用的蓝色地垫纤维，在第三个犯罪现场发现了血迹，表明凶手是左撇子，身高大约 6 英尺。分开来看，每一项证据对调查人员破案几乎没有什么帮助，但如果存在同一鞋印能够将上述三起案件联系起来，并表明作案者为同一个人时，就会勾勒出一幅更加清晰的画面。一名身高 6 英尺左右的左撇子男性，头发深棕色，开着一辆铺着蓝色地垫的雪佛兰车。尽管上述画像仍然没有提供确凿无疑的证据，但还是为警方提供了相对更为完善的犯罪人描述。

现场遗留的多枚鞋印，可以意味着案件涉及多人，甚至可以帮助警方确定具体涉及的人数。当调查人员发现三种不同类型的鞋印时，就可以说至少有三个人参与其中。当然，涉案者可能人数更多，但并没有留下任何鞋印痕迹。

鞋印的类型与应用

灰姑娘可能是唯一穿着玻璃鞋出席舞会的美女，但很少有嫌疑犯会脚踩一双如此容易分辨的鞋子。大多数鞋子的尺寸和形状，都是针对不同性别和年龄的消费群体所设计，并被大量生产出来。至少这意味着嫌犯与鞋印的匹配变得相当困难。调查人员首先要确定鞋子的尺寸和制造商，然后再研究使鞋印变得与众不同的特征。个性化特征，来自不同的磨损模式、缺口破裂，这种特征要么留在鞋底，要么被犯罪人留在现场。鞋印对打击犯罪的执法机关来说至关重要，以致联邦调查局采取措施，与鞋类制造商合作维护鞋底图案数据库。

你的鞋子每天都要踩踏各种各样的物体表面，如硬木、瓷砖、地毯、松软的土壤、被雨淋过或被雪覆盖的人行道。走路的时候，人的鞋底会出现磨损、擦伤和刮碰，会带走泥土、污渍、油脂、水分和碎屑。这些物质当中的大部分，都会在这双鞋接触的其他物体表面被采集到，从而让留下的鞋印变得独一无二。

识记

鞋印的三种基本类型包括：

» 显性鞋印："显性"一词的意思是可见的。穿着者如果经过某种物质（如污垢、油漆或血液），就会在行走时留下此类的足迹痕迹。

» 塑性鞋印：在泥泞、积雪或其他柔软、可塑的物体上行走留下的塑性或三维痕迹。

» 隐性鞋印：隐性鞋印肉眼无法识别，当鞋底积聚的一层薄薄但看不见的油脂和污垢被转移到坚硬的物体，如玻璃、纸张、纸板或抛光的木头、瓷砖，甚至混凝土地板表面时，就会产生隐性鞋印。

按图索骥 / 以鞋寻人

鞋印痕迹，通常被视为类型证据，因为只能借此识别鞋子的尺寸大小及制造商家，也就是说，虽然可以将搜索范围缩小到若干嫌犯，而但却无法准确识别究竟是谁实施了犯罪。

然而，鞋印的某些具体特征，可以被用来指向特定的行为人。如图示 7-1 所示，每个人磨损鞋底的方式或有不同。有些人走路外八字，有些人走路磨鞋跟，还有些人则习惯拖行。脚掌的着地方式，决定了鞋底的磨损程度与类型。

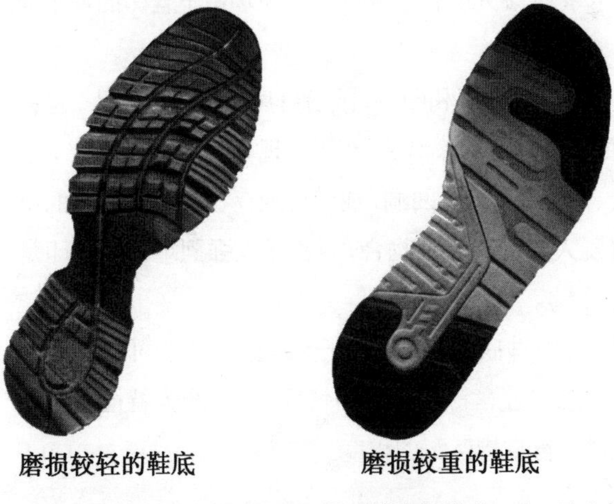

磨损较轻的鞋底　　　　磨损较重的鞋底

图示 7-1　调查人员所比对的嫌犯鞋子的磨损模式　南·欧文插图

此外，日复一日，人类的正常活动，经常局限在相同的物体表面；

而具体的表面类型，却因人而异。也就是说，上班族一天中的大部分时间，都踩在地毯上，他们的鞋底磨损模式，与经常行走于碎石或粗糙的混凝土上的建筑工人的鞋底磨损模式，存在很大的不同。

关注个体穿着模式

找出一双旧鞋看看鞋底。不同部位的鞋底花纹、磨损情况也不尽相同。也许脚跟部位，或是脚掌外侧区域，要比鞋子的其他部位磨损得更严重。

再看看别人的鞋底。虽然比较对象最好出自同一品牌、同一款式甚至同一尺码，但比较不同品牌、款式、尺码的鞋子仍然可以区分出个人不同的穿着模式。

穿着模式的不同，本质上意味着每个人都会留下独特的鞋印。而且通常情况下如果一双鞋的印记可以与现场遗留的鞋印相匹配，就可以排除其他人的到场。磨损模式使鞋印成为个体证据（指向具体嫌犯的证据，参见本书第三章），而不仅仅是类型证据。这种个人穿着模式，可能让技侦人员将嫌疑人的鞋子与在犯罪现场留下鞋印的鞋子等同起来。

鞋底上的切口、裂缝、刮痕和凹洞，或者鞋底上黏附的石头，也会使鞋印变得非常独特。无论何时，只要在犯罪现场发现的鞋印显示了鞋底的尺寸、样式、磨损、裂缝或凹洞，或者可能存在的一个嵌入的小石子的图形，与嫌疑人的鞋印完全吻合，就都足以强烈地表明鞋印是嫌犯所穿的鞋子留下的。

当然，案发数月后，鞋底的磨损可能已经改变，凹洞可能部分磨平，小石子可能已经松动脱落。当这些事情发生时，个人特征可能会灭失，或改变到无法进行直接匹配的程度。

找出步态模式

鞋印还提供了步伐步态、走路风格、步幅长度以及穿鞋者体态的信息。技侦人员甚至可以凭借鞋印断定穿鞋者是扁平足还是内八字。虽然通常情况下，此类证据并不可靠，但步幅长度和步幅宽度依然可以帮助调查人员估计穿鞋者的身高，或研判此人是否有跛行或任何其他不寻常的走路特征。例如，个子瘦高的嫌疑犯不太可能留下间隔小、步幅短的鞋印。

脚印的采集

保护犯罪现场，意味着保护现场遗留的所有证据，包括鞋印和其他痕迹 / 微量物证。调查人员必须时刻注意行凶者的行踪，甚至是可能的行踪，这样才能避开犯罪现场遗留相关痕迹的区域，直到成功采集相关物证。同样，需要被排除的鞋印，往往来自执法人员，他们在现场鞋印得到保护之前便进入犯罪现场。将属于侦查人员的鞋印加以排除，可以防止稍后在犯罪鉴识实验室进行鞋印比对时出现混淆。为了避免造成混乱，调查人员在检查犯罪现场时，都应该在鞋子外面套上医用鞋套。

仔细观察

对于显性鞋印，通常只是进行简单的拍照。这些通过此前沾染的泥土或鲜血留下的痕迹，拍摄起来较为容易。然而，其他的鞋印，则可能需要通过改变摄影角度或补充高强度光源的方式，以产生足够清晰的脊线图案和拍摄照片。无论光线如何，照片都必须正面拍摄，与物体表面呈直角，并位于相机取景器中心位置。这样做可以减少图像失真，从而可供警方进行更为精确的比对。在照片中还应包括一把比例尺或其他测量装置，以便调查人员更为准确地确定鞋印的尺寸。

寻找隐性鞋印

隐性鞋印，肉眼不易看到，往往由相对干净的鞋子遗留。人的鞋底不断收集、沉积各种物质碎屑，如油脂、灰尘和细小的碎屑颗粒。

这样的鞋子接触到干净的物体表面，便会留下一个模糊的鞋印。即使是干净的鞋子，也会在玻璃、地板、桌子、台面或其他经过抛光、打蜡的地方，留下由些许油脂或污垢所构成的表面痕迹。

寻找隐性鞋印，需要和寻找隐性指纹一样细致。坚硬的地面、零散的纸张、杂志和面积稍大的碎玻璃片，都是寻找此类鞋印的绝佳表面。受害人附近和出入现场的位置附近，通常是搜索隐性鞋印的最佳地点。

仔细观察

隐性鞋印的处理方式与采集隐性指纹的手段相似。通常可以掸上指纹粉后拍照，或者使用特殊胶带提取。对于由灰尘或细小的污垢组成的隐性鞋印，鉴识人员可以通过静电提升装置，产生静电电荷，将鞋印转移到专门为此设计的提升膜上。而血液成分的隐性鞋印，则通常是使用鲁米诺试剂加以暴露（参见本书第六章）。

塑性鞋印的搜证

塑性鞋印，存留于柔软的、可延展的物质，如泥土或雪的表面。对此，可以通过拍摄照片的方式加以提取，同时使用有角度的光源来凸显鞋印的深度和细节。雪地和沙土上的鞋印，会产生特殊的问题，即颜色很浅，便使在摄影图像中追求成像的对比度变得异常困难。对此，可以通过在鞋印上喷涂一层深色液体来加以解决。

在对印痕进行拍照后，技侦人员通常会对鞋印进行三维塑模，以供后续利用注模与嫌疑人的鞋子进行更好的比对。做法是：首先，在鞋印周围放置一个金属或木制框架。其次，将石膏——一种坚硬耐用的灰泥——小心地倒入鞋印中，并让其凝固。在石膏完全变硬之前，注模者会将自己姓名的首字母刻在石膏上面，这样在法庭上就可以十分简洁明快地识别出鞋印注模证据的采集者是谁。

仔细观察

在稀泥或沙中进行鞋印注模时，石膏的重量会使鞋印变形或位移。因此，在浇注前需要用虫胶清漆或丙烯酸喷涂，以增强鞋印的硬化程度和支撑力，防止浇注石膏造成的任何损坏或变形。

留在雪地里的鞋印，因为极易变形，所以会造成特殊的问题，当然，雪还会融化。对于雪地里面的鞋印塑模，石膏几乎没有什么用处。然而，这并不是说一切都会消失。可以在翻模前使用“雪印蜡”（Snowprint Wax），一种可以像丙烯酸一样固定雪中足迹的产品。

技术问题

人踩在地毯上，并在地毯上留下模糊的凹痕时，就会产生一种特殊的三维鞋印。鞋印的凹缩程度，会随着时间的推移而逐渐消失，但有时，利用侧向光源照射，会显示这些微微凹陷的脚印痕迹。“全息干涉术”（Interference Holography）也可以用来暴露地毯上残留的脚印。这项技术使用不同激光束照射并产生鞋印的全息图像，然后记录在相片上。虽然全息干涉术无法揭示太多细节，但的确有助于确定鞋的尺寸和整体结构。

进行比对

在对犯罪现场的鞋印进行拍照、提取或注模后，调查人员将其与从嫌疑人鞋印上获得的鞋印进行比对。在嫌犯的鞋底涂上墨水，然后将其转印到一张纸或醋酸纤维上。鉴识人员在比对鞋印时，首先通过目测的方式确定二者是否有相同的鞋底和整体类似的磨损模式，然后使用放大镜——有时甚至是低倍显微镜——来寻找细小切口和疤痕，而这些细节，恰恰是比对个人特征的关键。

检查鞋印的鉴识人员，会作出鞋印是否匹配，或者结果不确定的结论。后者意味着检查者无法得出肯定性结论。

沿着轮胎痕迹顺藤摸瓜

贴士

一百多年前，犯罪分子的活动空间还相当有限，只能依靠步行或骑马在当地的社区或城镇徘徊。当时远离自家外出作案的手段少得可怜。想想看：一两个小时内，你能靠双脚或骑马走多远？然而，汽车的出现，极大地改变了罪犯的作案半径，使其获得了极大的流窜性，能够从一个城市到另一个城市，从一个州到另一个州，甚至从一个国家到另一个国家，在更为广阔的天地内实施犯罪行为。

紧跟在汽车后面出现的，便是一个新的法医调查领域。车辆经常留下或带走痕迹 / 微量物证。汽车玻璃和油漆，会留在事故现场或肇事逃逸的路上，从而帮助调查人员确定汽车的厂牌、型号、颜色和年份，并缩小对车主的搜索范围。对汽车内部进行仔细处理，就可以发现与犯罪人或受害人有关的血液，以及诸多其他类型的痕迹 / 微量物证。和指纹、鞋印一样，汽车的轮胎也会留下与车辆、现场以及车主和司机联系在一起的特有痕迹。

虽然汽车轮胎无法在坚硬的沥青或混凝土路面上留下压痕，但还是可能会留下其他痕迹。如果此前曾碾压过泥浆、油漆或血液，这些物质就会被轮胎黏附并转移到路上。轮胎还会黏附路面上的油脂和污垢，如果后来经过路边的一张纸或一个纸箱，就可能会留下一条清晰的轮胎痕迹。

许多这样的胎印，如由焦油或油漆成分形成的痕迹，可以维持很久，但其他由材料性质脆弱，如泥土或鲜血形成的胎印，则会随着时间的推移而逐渐变质。因此，在移动纸张或纸板之前，必须拍摄现场的胎印痕迹。

混凝土或铺筑道路上，可能会残留隐性（看不见的）轮胎痕迹。同样，轮胎也会在路面上留下“填充油”（Extender Oils），即轮胎制造商用来让自己的产品更加柔韧耐用的添加物。

特定轮胎中存在的填充油，因制造厂商和轮胎年份各有不同。因为这种化学物质在紫外线下会发光，进而暴露出轮胎胎面花纹，鉴识人员可以拍照并与其他轮胎痕迹进行比较。然而，由于沥青在紫外线下也会发光，所以在沥青覆盖的道路普遍存在的情况下，这种技术用处不大。

轮胎在行驶过的泥泞土路、松软路肩、积雪及野外道路（包括草坪或田地），都会留下塑性或三维车辙。

轮胎痕迹证据分析

识记

像鞋印一样，轮胎痕迹往往是类型证据。尽管胎面花纹的设计可能指向特定的制造商和轮胎尺寸，但通常无法借此说明造成车辙的确切轮胎。将犯罪现场的轮胎痕迹与数据库中存储的已知设计印痕相匹配，可以将调查人员的注意力集中在轮胎相似的车辆上，从而缩小嫌疑人的范围。包括联邦调查局负责维护的包罗万象的数据库在内，全美范围内有好几个轮胎花纹设计数据库，可在这一过程中为执法部门提供帮助。

确定制造厂商

状态较好的轮胎车辙或印痕，会提供有关轮胎尺寸、胎面设计、制造商，甚至安装该轮胎车辆的转弯半径等信息。车辙轨迹还可以显示所有四个轮胎的相对位置，如果某种车辆的轮胎在设计、制造和磨损方面与众不同时，这一点就显得尤为重要。此类变化并不罕见，因为轮胎经常一次更换一两条，而后来更换的轮胎，往往不同于原厂用胎。

轮胎存在如下几个有助于分类和识别的设计特征（见图示 7–2）。

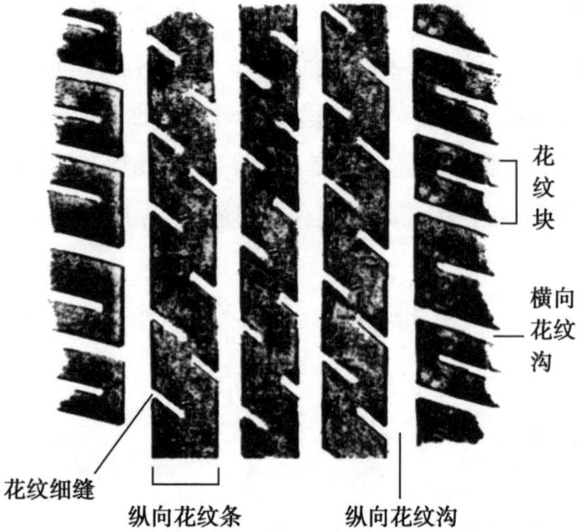

图示 7-2　调查人员比对现场胎印与可能制造车辙的轮胎时需要仔细观察的常见特征　南·欧文 插图

» “轮胎花纹”：轮胎胎面遍布纵向交替的“花纹条”凸起与“花纹沟”凹槽，二者通过“横向花纹沟”以大约直角交错排列，这种交叉将胎面凸起部分分割成若干被称为“花纹块”（Wear Bars）的方形凸起。在花纹块的接触面上，则分布有被称为“花纹细缝”（Sipes）的微小凹槽，虽然各种型号轮胎的花纹差别很大，但上述基本特征堪称标配，并出现在大多数轮胎的胎面上。

» 花纹块：轮胎表面的凹槽之间，存在上面提到的橡胶凸起，即所谓花纹块，或“磨损指示点”。这种凸起高出花纹沟所处的橡胶面约 1/16 英寸，这要比纵向花纹沟和纵向花纹条的高度低得多。花纹块的存在目的，是显示胎面磨损的程度，当胎面完全暴露时，就应该予以更换。如果产生的是二维的平面胎痕，那么此条轮胎想必已经显著磨损。否则，在三维注模时，花纹块应清晰可见。

» 胎噪处理：如果仔细观察汽车轮胎，就会发现胎面设计不仅仅是花纹条、花纹沟、花纹块的单调重复。相反，这些设计元素的尺寸存在微小的变化。典型的横向花纹往往存在三种不同的尺寸，但在更好的轮胎上，你可能会发现多达九种不同的尺寸。这些横向花纹尺寸变化的目的，旨在提高轮胎的牵引力并降低噪声。在高速行驶时，轮胎容易发生振动。如果胎面设计完全一致，会产生谐波，并增大振动幅度，进而造成更大的轮胎噪声。轮胎花纹模式的微小变化，可防止振动和谐波的累积，从而降低轮胎噪声。

除了帮助确定轮胎的类型和样式外，胎印证据还可以揭示涉案汽车的其他信息：

» “轮距”，可以根据轮胎痕迹的中心到与之相对的轮胎的中心进行测量。

» “轴距”，可以根据汽车偏离直线转弯时前轮轮毂中心和后轮轮毂中心之间的距离进行测量。

» “转弯半径”，可以根据车辆转弯时留下的胎印所形成的圆圈的最短半径进行测量。

上述特征因车型而异，因此有助于缩小搜索范围。例如，通用公司的“凯迪拉克”比大众“甲壳虫”拥有更宽的轮距、更长的轴距和更大的转弯半径。

以辙核车

识记

轮胎经常受到自身磨损和道路危险的影响，从而产生缺陷，使轮胎产生独特性，并与同型号、同尺寸的其他轮胎区别开来。

不同汽车的不同轮胎之间的磨损模式差别很大。通常情况下，轮胎无法完全对齐并保持平衡（而且胎压也并不总是保持稳定），因此某一侧会比另外一侧磨损更甚，即所谓“吃胎”。此外，轮胎作为一个圆形，周围的磨损模式可能有失均匀，这意味着会出现因过度磨损而导致的扁平部分。类似地，轮胎上还可能会出现割伤、撕裂和凹痕，堆积如岩石、钉子和锋利的玻璃等碎片，从而为轮胎痕迹增加独特的属性。

仔细观察

有时，犯罪现场可以找到两条、三条甚至四条轮胎的印痕。收集每一条痕迹并确定产生相关胎印的轮胎在涉案车辆上的各自位置，就变得非常重要。刚刚出厂的新车，通常四轮都配备有相同品牌的轮胎，但对于旧车而言，很可能是一条或多条更换后的轮胎。如果嫌犯拥有的车辆轮胎与犯罪现场遗留的轮胎痕迹相匹配，且该车的四个轮子配备了不同品牌的轮胎，对嫌犯而言显然绝非好事。如果轮胎的磨损和缺陷模式也与现场痕迹完美对应，作为车主的嫌犯恐怕就要束手就擒了。

轮胎痕迹的获得

把车开过坚硬的路面或硬纸板之类的物体，就会留下一条二维的轮胎痕迹。小雨过后，在邻居家的草坪上转圈，则很可能会留下三维的车辆运动轨迹。同样的痕迹也会出现在任何可延展的表面，如泥土或雪地上。调查人员运用不同的技术来处理这些不同类型的轮胎痕迹。

二维胎印

仔细观察

调查人员通常从 90° 的垂直角度拍摄二维图像，这对于防止任何扭曲变形至关重要。他们还会将一把尺子放在车辙附近，以捕捉照片中轮胎的尺寸和胎面花纹。

某些情况下的二维轮胎痕迹是隐性的，对此，调查人员经常使用激光和其他替代光源捕捉车辆的运动轨迹，以便对其加以拍摄。

嫌疑车辆轮胎上的花纹，一般通过在轮胎上涂墨水，然后用其在长卷白纸上滚动和拓印，并将结果与犯罪现场的轮胎印痕进行比较得出的。捕获整条胎面花纹非常重要，因为胎面上的降噪花纹以及由于各种缺陷引起的不规则图案，是进行匹配比对的关键。仅仅获得一英尺左右的胎纹，可能会将某些关键信息排除在外。

三维胎印

调查人员在有角度侧光光源下拍摄三维印象，可以增加照片的细节和深度。拍完照片后，他们会利用类似于制作塑料鞋底的技术对胎纹进行注模。和照片相比，注模显示的细节更为丰富，对于胎纹深度和设计元素轮廓的反映更为准确，对于轮胎痕迹磨损模式的任何异常暴露得更为细致，因此更适合比对。照片则不太可能揭示上述细节。

还可以用墨水让注模在纸上留下二维印痕，然后与现场发现的任何其他二维印痕或从可疑车辆上获得的印痕加以比对匹配。

作案工具的撬压痕迹

虽然看起来可能一模一样，但同一制造商制造的同一种工具，均存有微小变化，使其具有像指纹一样的独特可辨性。即使是大批量生产的产品，从同一个模子上刻下来，也存有细微的缺陷，使彼此区别开来。使用后，工具会产生刻痕、刮痕、擦痕和其他小缺陷，并借此进一步对其加以区分。这些微小的甚至微观的缺陷，都属于个体特征，只要工具投入使用，就可以识别出来。

工具痕迹的类型与应用

经常从工具上发现并可由工具上转移的标记物分为以下三类：

» 当工具被压入柔软材料（如油灰、填缝料或厚油漆）中时，会出现“凹痕”。在磨合过程中楔入窗户密封件的螺丝刀头可能会在柔软的填缝处，甚至在窗户本身的木质、塑钢或金属部分留下凹痕。类型特征，如工具的宽度和深度，通常是通过这些压痕予以显示。例如，调查人员甚至可以确定窗户上的撬痕是由一把特殊尺寸的螺丝刀造成的。然而，即便存在可能性，用一把特定的螺丝刀来匹配压痕，也是十分困难的。

» 当工具在物体表面上滑动时，会出现“划痕”（Sliding Marks），凿子、螺丝刀和撬棍楔入门柱或窗封时，也常常会产生划动痕迹。这些工具可以在木头、金属、油漆或其他材料上留下线状或条状的图案。痕迹的具体形状因工具而异，且经常显示工具的制造和使用缺陷。这些缺陷可能非常明显，足以与嫌疑人的工具产生决定性的匹配。

» “切割痕”（Cutting Marks），是通过切割材料的工具留下的。钢丝锯和螺栓切割器通常在钢丝、螺栓和锁钩的切割边缘留下线状条纹。由于这些刀具中许多系手工打磨，因此产生的条纹图案可能是特定刀具所独有的。因此，检验者可以得出结论认为，该图案系被检验工具所产生。可用于比较的最佳切割表面是软金属，如铜和铅，因为其材质更容易保留刀具刀刃留下的切割痕迹的微观细节。

仔细观察

在犯罪现场寻找工具撬压痕迹的最佳地点，是进入建筑物或围墙的入口。窗户、房门、橱柜和保险箱也是常见的证据采集位置。切割痕迹通常出现在锁链或搭扣处。

工具压痕的采集

在仔细检查并拍摄工具痕迹后，技侦人员将其移除（如果可能的话），并带到实验室进行进一步分析。门、窗、锁或链，可以全部带到实验室。鉴识人员对任何不能移动的压痕痕迹进行翻模。有几种翻模材料可供选择，但最通用的似乎是橡胶或硅基材料，如“米可罗西尔”（Mikrosil），因为这些材料往往可以体现压痕的细微细节。

识记

在任何情况下，都不应将被怀疑用于犯罪的工具置于与印痕接触的位置。换言之，调查人员可能会忘记自己曾努力试图将被怀疑的作案工具塞进倒模的现场工具痕迹中。这样做会改变压痕的形状，从而使其在法庭上毫无用处。

技术问题

在实验室里，用于比对的显微镜（见下文“一次使用两个显微镜”），可以保证检查者并排放置两幅图像，以便更容易比较更精细的细节。仔细检查犯罪现场的压痕、刮痕和切割痕迹，可以发现显微镜下的线条、凹槽和条纹，检查员可以利用被怀疑用于作案的工具进行比对。通常情况下，鉴识方使用被怀疑的作案工具进行切割，最好是切割成一种较为柔软的材料，以保留由工具工作表面缺陷引起的独特条纹，且不会损坏工具。然后在比较显微镜下将犯罪现场的切割面与实验室制作的切割面进行比较，如图示 7-3 所示。

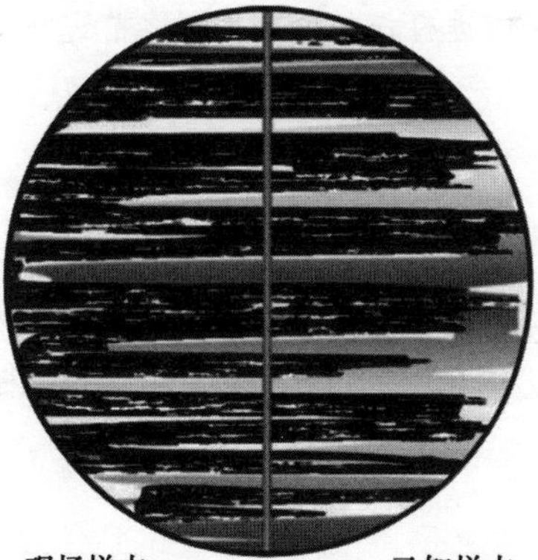

图示 7-3　通过比较显微镜看到的犯罪现场的工具痕迹和被怀疑作案工具留下的样本痕迹　南·欧文 插图

有时在铅质线材上留下的切口，不足以让鉴识人员进行精准的比较。为了尽可能准确地再现犯罪现场，调查人员必须以同样的方式切割相同的材料。例如，如果犯罪人曾利用螺栓切割器破坏一把锁，而法证鉴识实验室备有与被破坏的门锁及怀疑犯罪人使用的作案工具类似的试验材料，检验方就可以尝试利用螺栓切割器，以与作案者相同的角度和压力切割试验锁具。然后在比较显微镜下对比犯罪现场和实验室制作的切割痕迹。

螺栓切割器和类似的设备可能会给犯罪鉴识实验室带来特殊的问题，因为其刃口相对于待切割的物品要大。为了进行准确的比较，实验室模拟的切割，必须使用与犯罪分子所使用的切割器具相同的部位。检验者可以使用刀具在工作表面的不同区域进行多次切割，但这样做十分耗时，并可能会损坏刀片，因此无法进行进一步的比较。

仔细观察

幸运的是，通过化学检测，可以在刀具的刃部发现被切割物体或材料的痕迹。例如，许多锁都有锌涂层。对刀片进行锌元素检测，可以准确地显示出在刀片上切割的位置，并使检查员能够在同一位置进行切割，从而进行更准确的比较。为避免对刀刃造成污染，应在进行任何比较切割之前进行此类化学测试。

调查人员或实验室技术人员也可能被要求评估压迫痕迹。许多非法制毒工厂会将其产品压缩成片剂。用于此目的的压片机通常会在药片表面留下明显的标记。对压片机和可疑药片进行显微镜下比对，可能成功匹配结果。

一次使用两个显微镜

“比较显微镜”（Comparison Microscopes），是犯罪鉴识实验室的一种主要工具，可以确保检查员同时对两个待检物体进行并排比较。当需要对物证进行工具痕迹或其他详细的比较时，这种显微镜就派上了用场。比较显微镜基本上是由两组固定的显微镜组成，二者之间用固定装置桥接。固定装置中包含一系列透镜和目镜，可以将每个物体的图像投射到一个类似双目望远镜的观察设备中。观察者看到的是一分为二的圆形视野，左边是显微镜下的待检物体，右边是显微镜下的比对样本，可参见图示 7-3。然后观察者比较两个样本的微观细节。比较显微镜最常用于犯罪工具痕迹和子弹膛线比对，但也用于比较头发和纤维等物品。

于纤维处发现事实

纹路痕迹不仅仅源自手指、鞋子和工具，织物、皮革和其他材料也会留下痕迹 / 微量物证，尽管其并不常见，也很少用作独立证据。

最常见的织物印痕来自手套。就像人的指尖一样，手套可以吸收油脂、污垢和皮屑，然后在表面沉积显性或隐性的纹路。有时在犯罪现场留下的图案，可以用来与嫌疑犯手套进行比较。

皮质手套在使用时容易起皱、皲裂、破损。这些缺陷图案，可以制成独特的印刷品。由棉布和其他织物制成的手套也会留下编织图案的印记，任何在印花上出现的拉扯、撕裂或其他缺陷，都可使调查人员据此与可疑手套进行关键匹配。

仔细观察

手套纹路的处理方式，与收集指纹证据的方式类似。用照相机拍摄显性纹路的照片，隐性手套纹路则被掸上指纹粉后拍照提取。静电装置可用于提取留在灰尘中的手套指纹。

其他织物也可能留下印痕。例如，当衣服沾染血迹、油脂或污垢时，就可以通过接触墙壁或其他物体来加以转移。在汽车挡泥板上的污垢和油脂中，也往往可以发现肇事逃逸中受害人衣服上的织物印痕。

第八章

火海：纵火的可能

- 理解火灾常识
- 认定火灾原因
- 助燃剂的使用
- 火场调查
- 引燃爆炸物

火，对于烘烤棉花糖或煎炸牛排而言至关重要，但同时也会严重破坏证据。火灾或爆炸现场的评估极为困难。这项任务，通常由接受过专门调查可疑火灾训练的火调人员负责。他们经常需要面对证据被火烧毁，遭到严重破坏的犯罪现场。此外，消防员的灭火努力，也会导致现场证据遭到破坏。

纵火案的成功调查，将克服上述障碍，回答两个基本问题：起火点在哪里？纵火的原因是什么？火调人员将利用物理和化学证据找出答案。根据这些发现，调查人员通常可以确定火灾是意外发生还是遭人纵火（故意点燃）。

简单地将氧气和一种可以燃烧的物品（如纸张或汽油）结合在一起，并不会产生火焰。还需要点别的东西才行，这就是“热量”。去掉燃料、氧气或热量这三种要素中的任何一种，都不会产生火焰。

擦燃火柴：火灾的发端

火，表面是迷人的，它对人类有极大的吸引力。无论是对壁炉内闪烁炉火的赞美，还是对在明火上烧烤食物的实用和美味的褒扬，大多数人都觉得火着实迷人。也许这一切，源于我们的先祖与火的密切关系，火是他们唯一的热源和光源。也许是火的幻化本性，深深吸引了我们。而说到纵火，可能只是火的原始破坏力或者燃料的吸引力作祟吧。

人们故意纵火的原因多种多样，但如此作为，必定有所图。

罪犯纵火的最常见原因包括：

» 掩罪灭迹：纵火者经常通过放火来掩盖自己犯下的其他罪行，如盗窃，甚至是谋杀。贪污公款者可以纵火焚毁公司账目；从公司仓库监守自盗的雇员可能希望一把大火能掩盖自己曾经的一念之差。毕竟，如果账簿或库存悉数葬身火海，又怎么能有人确定是否丢失过东西？由于存在这种可能的动机，火调人员一般会希望在火灾现场发现闯入及失盗的蛛丝马迹。

» 保险诈欺：还有一种纵火的原因是纵火犯想要一夜暴富，或房屋、仓库的投保金额高于其市场价值。这些家伙有时还会在放火前从大楼里搬走此前投保的贵重物品，希望能在没有真实损失的情况下得到保险标的的理赔。简直是“人心不足蛇吞象。”

» 寻仇报复：对另一个人的刻骨憎恶或深仇大恨，也许会驱使头脑发热的纵火犯烧毁仇家的房子或生意。

» 杀人杀己：火很少被用来作为自杀或谋杀的手段，因为对自杀来说，这样做太痛苦，对谋杀来说，这样做的后果太不可预测。在火灾中发现的尸体，通常是在火灾发生前就被杀死的。

» 恐怖主义：某个人或某个团体可能会通过焚烧建筑物的方式制造恐惧或发表政治宣言。

欲盖弥彰

为了掩饰或湮灭谋杀罪证而纵火的杀人犯，可能不知道自己这样做可能导致的化学反应。建筑火灾的燃烧时间或过火温度，通常不足以让尸体化为灰烬。火化时，尸体可以暴露在1500华氏度（815摄氏度）左右的温度下两小时或更长时间。如此高温只有在长时间持续的情况下，才会使人的尸体化为灰渣。建筑物燃烧的温度可能达到

500~2000 华氏度（260~1100 摄氏度），但由于火灾会迅速消耗可燃物（建筑物本身），所以高温并不会持续太久。因此，这种火灾不太可能彻底将人体化为无形。事实上，在火灾现场发现的被严重烧焦的尸体，其内部往往保存得非常完好。验尸官 / 法医仍然可以通过尸检搜索创伤、中毒的迹象，并且往往能够成功采集到脱氧核糖核酸证据。

判断起火点及蔓延方式

火灾现场是一个危险的场所，火调人员在靠近时必须非常谨慎。地板塌陷、横梁倒掉的情况并不少见。其他常见的危险，还包括破碎的玻璃、锋利的钉子、易燃的材料、有害的气体以及石棉（多见于老旧建筑）。因此，在进入调查之前，必须得到结构工程师的同意。

在火灾被扑灭、工程师宣布建筑物可以安全进入后，必须尽快开始调查取证工作。此时，调查取证工作最大的敌人，便是时间：许多引起或加速火势蔓延的挥发性物质，会迅速消散殆尽。

识记

火灾发生地点的确定，是火灾以及纵火调查的基础。评估火灾发生地点的材料性质，可以帮助调查人员判断火灾是意外还是有人蓄意纵火。

起火点位于超载的墙上插座附近，意味着一场意外失火，但在远离任何电源的仓库角落的一只烧焦了的汽油罐附近找到一个起火点，则表明这一切都是纵火者的所作所为。当然，纵火犯可能会故意让墙上的插座超载，希望借此引燃火势。但这种方法是否奏效往往不可预测，因此，大多数罪犯采用更为直接的点火方法。

借助他人所见所闻

火调小组成员在现场勘验并采集样本的同时，消防调查主任或消防执法官将走访目击者，目击者或许可以提供一些重要线索。有人可能在火灾的早期阶段就目睹了一切，而此人的描述可以引导调查人员找到一个或多个起火点。某些助燃剂和可燃材料会产生标志性火焰及特定颜色的烟雾，因此对火焰情况的描述，可能有助于确定起火原因。例如，汽油会产生黄色火焰及白色烟雾。

调查人员可以利用证人证言来帮助：

» 确定起火点。

» 确定火灾是意外失火还是遭人纵火。

» 确定纵火者是否使用了助燃剂。

寻找起火点

确定火灾的起火点，需要了解火势在建筑物内的燃烧路径。火灾通常从起火点向上蔓延，但这种模式可能受到建筑结构和装饰材料的影响——电梯井可能会将火头拉向一个方向，合成地毯中的化学物质也会导致不寻常的燃烧模式。然而，通常，最大的损害就发生在起火点附近。调查人员经常在这个区域发现使用某种类型的点火器或助燃剂的痕迹。

请注意，上文虽然提到最严重的破坏区域通常位于起火点附近，但情况并不总是如此。最严重的焚烧场所，往往发生在燃料、氧气和热量这三个要素的最佳组合地点。可能起火点位置附近的通风状况实际较差，但随着火势蔓延，到达通风较好的区域后，火焰燃烧得更旺，造成的损失也更大。水火无情，从来都不容小觑。

识记

不仅是因为开窗或楼梯井处的通风导致火势蔓延，用于建筑或装饰的材料，也是助长火情的要因之一，这些因素会在远离真实起火点的区域造成更大的损害，从而进一步扰乱火灾调查人员的视线。

在确定了起火点后，调查员有时甚至可以在建筑结构严重受损的情况下追溯火势的蔓延路径。相反，沿着火线一路回溯，可能会最终找到起火点。

调查人员还可以通过寻找燃烧物质的 V 形模式来追根溯源。火势倾向于上升蔓延，使其以 V 形样态燃烧墙壁或其他垂直立面，V 形模式的底部或尖部指向火灾的起源。同样，在此处储存的燃料和其他易燃液体，不仅会干扰确定真正的起火点，而且会干扰火调人员寻找与纵火相关的助燃剂，因为其本身也是助燃剂。

类似地，纵火犯可能在一栋建筑内引发多起火灾，或在整个建筑内或周围洒下一条汽油或其他助燃剂形成的连续路径，从而造成多个或大片的起火点。

仔细观察

调查人员通过评估火灾对建筑结构材料的影响，来估计任何特定地点的火灾强度。如果火势非常强烈，钢梁就会弯曲，玻璃则在 1500 华氏度 (815 摄氏度) 左右融化。墙壁和地板上的开裂和剥落（掉下）表明此处曾经存在高热区域。同样，木梁、地板和墙壁可能会烧焦，留下看起来像是鳄鱼皮似的鳞状图案。一旦出现这种情况，较小的鳞片倾向于靠近火源的最热点。过去很长一段时间以来，鉴识人员都认为，剥落和鳞状痕迹，意味着纵火者使用了助燃剂，但这些迷思现在已被证伪。这些发现，如前所述，仅仅意味着火势在该区域达到了足够高的热度，足以催生这些变化；但类似的迹象，也可以在没有助燃剂的情况下发生，并且可以远离实际的起火点。

如果起火的建筑物配备了烟感探测器系统，那么各个探测器触发报警的时间顺序，可以帮助调查人员确定火灾经过建筑物的路径，并最终确定起火点。

液体和气体燃料对调查者而言，算是一个较为特殊的问题，因为其更容易扩散，也更契合任何空间的内部形状。如果纵火犯把汽油倒在地上，汽油就会扩散整个房间，流下楼梯，然后渗入地下室。一旦点火，火势会跟着液体迅速蔓延，使起火点的位置变得极其分散。气体燃料，如天然气，则向四面八方扩散，直到装满整个内部空间。纵火犯引发火源后，这些燃料就会遇火爆炸。在这种情况下，可能无法找到精确的起火点。

还原起火过程

调查人员找到起火点后，就会开始寻找潜在的起火原因。他们会研究火灾发生和蔓延的环境和因素。人为因素，无论是意外的还是有意的，都位居调查者列出的潜在原因之首。

调查人员对起火点附近地区进行彻底搜查，寻找发火装置及助燃剂。潜在的发火装置包括电线、油灯、蜡烛、香烟、壁炉、精密的电子计时器以及所谓“自燃”（Spontaneous Combustion）。

奇怪但真实

自燃（引发火灾的一种内部化学反应）相当罕见，但当可燃材料被放置在一个狭小的空间时——例如，当浸过油料的抹布被放在一个封闭的小盒子里时，就可能发生自燃。油料会缓慢氧化并释放热量。如果浸油的抹布被放置在一个密闭的空间里，热量就无处散发，并可能会累积达到油或抹布的燃烧温度。

对这些可能火源的分析，有助于火调人员将火灾分为自然火灾、意外失火或故意纵火。自然火灾是由闪电等自然事件引起的。电线老化或未熄的烟头则可能导致意外失火。当然，如果存在电子或可燃定时装置，肯定存在人为纵火。

点火

点火装置从简单到复杂，不一而足。其中最为常见的，恐怕便是火柴。纵火犯经常点燃火柴，然后将其扔到一边，相信由此引发的大火会彻底将其销毁。但要让火柴残骸消失其实并不容易。火柴的头部含有硅藻，而硅藻是生产火柴时所需要使用的土壤中存在的单细胞生物。

技术问题

这些微小生物的外壳含有二氧化硅，属于能够挺过大火灼烧的坚硬化合物。有趣的是，火柴制造商往往使用不同的材料，因此会在其所生产的火柴中留有不同类型的硅藻。因为每一种硅藻都具有独特的外壳结构，识别这些残留的外壳，往往能识别纵火者所使用的火柴品牌。

另一种技术门槛低却行之有效的点火装置，可以通过把蜡烛放置在一堆纸上加以实现。蜡烛燃尽后，余火引燃了纸张，从而成功点火。纵火犯甚至可以在易燃的窗帘下，把点燃的香烟放在一盒打开的火柴上，从而制造出一个简陋的计时点火装置。

点火系统也可以是复杂的电子定时装置。可以使用计时器或修改的闹钟计时，电路闭合后，就触发点火启动开关。这些装置的建造，受到的唯一限制，便是纵火者的创造力大小。

如果对现场进行彻底搜查，并发现了蜡烛残留物、烟头或电器的残骸，调查人员就已经查获了可能的点火装置。

火上加油：助燃剂

当调查人员无法找到火灾的自然或意外起因时，就必须考虑有人纵火。像点火装置一样，“助燃剂”，或是使火燃烧得更快的东西的存在，暗示着一种蓄意为之的恶行。纵火犯几乎总是会使用助燃剂，因为简单地把火柴扔在一堆纸上或把香烟扔在床上，其结果都是不可预测的。纵火者当然希望自己点燃的火苗会真的烧成熊熊烈火。

识记

助燃剂可以是固体、液体或气体。固体助燃剂包括纸张、黑火药以及引火柴。液体包括汽油、煤油、乙醇及油漆稀释剂。典型的气体助燃剂包括天然气和丙烷。

纵火犯最常使用液体，特别是汽油和煤油，作为助燃剂；然而，即使在一个结构受到严重破坏的建筑物残骸中，依然可以发现这些助燃剂的影子。它们会浸润在地毯和砖墙里，渗入地板和缝隙中，并沉积于地表下。此类残余的助燃剂在大多数火灾现场皆能幸免，而调查人员在可疑的火灾现场，努力寻找的正是这些残余物质。

采集现场样本

调查人员从起火点周围采集样本进行化学分析。有时，还会调配经过专门训练的消防犬帮助调查人员嗅出助燃剂的痕迹，以获得最佳样本。火调人员还使用化学探测器，如“蒸汽示踪分析仪”（Vapor Trace Analyzer, VTA），筛选材料中的助燃剂残留物（请参见“利用蒸汽示踪分析仪探测助燃剂”部分，了解其工作原理）。

检测材料，越早收集越好。纵火犯选择的助燃剂，通常是石油类碳氢化合物，如汽油和煤油，而这种汽化物会随时间不停消散。为了防止这一重要证据的灭失，调查人员将收集到的任何现场材料放置在无孔、密封的容器中，如干净的油漆罐和玻璃罐里。对此，塑料袋有害无益，因为塑料能与碳氢化合物发生反应，使挥发性气体有机会通过受损材料挥发出来。

除了从过火区域采集样本外，调查人员还从未过火区域采集相同材料的样本。例如，如果怀疑含有助燃剂残留物的样本，恰好是被烧焦的地毯的一部分，则火调人员应尽可能从未烧焦的区域取下相同的地毯样品进行比较。

仔细观察

许多地毯、亚麻地板块和瓷砖黏合剂含有挥发性碳氢化合物，鉴识人员在测试助燃剂残留物时，可能会发现这些碳氢化合物。一块未燃烧的地毯，通常会为其提供未受污染的样品，用来和可疑样品加以比对。通过比较燃烧和未燃烧的部分，实验室鉴识人员可以将外来碳氢化合物从地毯或其他材料中分离出来。

利用蒸汽示踪分析仪探测助燃剂

技术问题

“蒸汽示踪分析仪”是一种极其灵敏的专用气相色谱仪（在“深入挖掘可疑样本”部分讨论），用于测试潜在助燃剂残留物周围空气中的易燃碳氢化合物残留物。这种仪器一般配置有一个喷嘴、一个加热元件和一个温度计。调查人员通过蒸汽示踪分析仪的喷嘴抽取疑似助燃剂所在地附近的空气样本。样本经过加热元件。如果样本燃烧，会升高探测装置内的温度，而这种温度波动会被记录在温度显示屏上。温度的升高，为调查人员提供了假定的证据，证明该区域存在易燃残留物。调查人员从现场进一步采集结构材料样本，并将其送到犯罪鉴识实验室进行更为彻底的分析。

深入挖掘可疑样本

调查人员把收集到的材料带到犯罪鉴识实验室进行分析。这些材料可能包括烧焦的木头、地毯，甚至空瓶子。分析的第一步，便是从碎片中提取任何可能的化学助燃剂。

技术问题

实验室技术人员使用多种方法来识别任何可疑化合物，包括：

» “顶空进样”（Headspace Vapor Extraction）：将材料置于

密闭容器中，碳氢化合物经自然挥发，将在顶空或处于密闭容器中的材料上方的充气区域产生富含挥发气体的聚居区。加热样品会加速这一过程。然后用注射器将蒸汽从容器中取出并进行测试。

»“溶剂萃取”（Solvent Extraction）：将样品放入装有溶剂，如氯仿、四氯化碳、二氯甲烷或二硫化碳的容器中。溶剂溶解样品材料，分离出碳氢化合物，然后进行分析。

»“蒸汽蒸馏”（Steam Distillation）：烧焦的材料被加热，蒸汽被收集并冷凝。然后检查产生的液体中是否有挥发性碳氢化合物。

»“蒸汽提纯”（Vapor Concentration）：将样品在封闭容器中加热，并在容器中放入木炭，最后取出吸附了挥发性碳氢化合物的木炭。就像冰箱里一盒打开的小苏打能吸收“气味分子”并保持冰箱气味清新一样，木炭也能很容易地吸收空气中的碳氢化合物分子。然后用溶剂提取木炭上吸附的碳氢化合物，并对碳氢化合物进行分析，以确定其性质和类型。

深入挖掘可疑样本

通过上文中提到的某种技术分离出可疑化合物后，技术人员将使用即将讨论的一种或多种鉴识方法，更为细致入微地观察这些化合物。

“气相色谱法”

识别化合物的方法之一，便是识别其每一部分的惰性气体，即所谓“载气”中的移动距离。“气相色谱法”（Gas Chromatography，GC）正是以这种方式，将化合混合物迅速分离成单个组分。

技术问题

技术人员将液体样品注入量器的一端，并对其进行加热蒸发。蒸汽进入色谱柱，与移动的“载气”一起流动，直到到达检测器。各种化合物以不同的速度运动，因而彼此分离。在这个转变过程中，不同的化合物在不同的时间到达检测器。检测器向记录器发送信号，记录器打印一个表示检测到的每种化合物的图形。该图即为“色谱图”(Chromatograph)(见图示 8-1)。

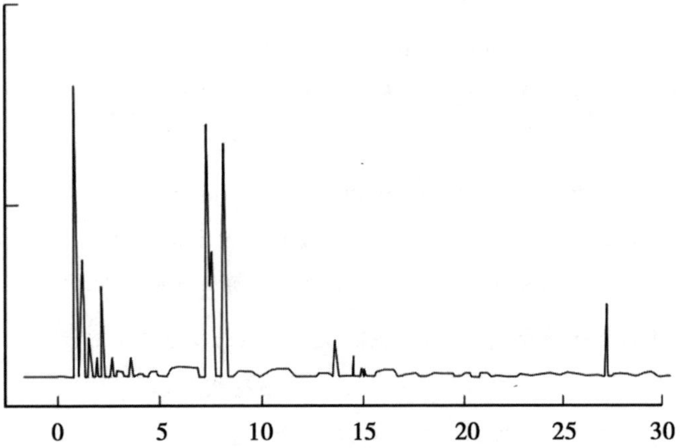

图示 8-1　气相色谱图，其中每个波峰都代表着检测样品中的某种未知成分
南·欧文 制图

通常，技术人员只需要“气相色谱法”的分析结果以确定未知样品的成分。但如果需要进一步的信息，还可以结合气相色谱结果或质谱或红外分光光度结果加以研判。

“质谱法”

没有两种物质具有相同的化学“指纹”，而每种化合物的这种特殊属性，都可以用“质谱法”(Mass Spectroscopy，MS)来加以测定。

质谱仪通过高能电子束轰击待检测化合物，高能电子束会导致化合物碎裂。碎片通过电场或磁场时根据各自的质量不同相互分开。然后，计算机将未知化合物的裂解模式与已知的裂解模式进行比较，并由技术人员进行核查，借此找到一种能揭示未知物质组成的匹配物。

“气相色谱法”和“质谱法”可以直接联用。这种组合被称为“气相色谱质谱法”(GC-MS)。气相色谱仪将分离出的气态化合物直接送入质谱仪,质谱仪测定化合物的质谱。几乎任何物质,都可以用这种组合来加以识别。

“红外分光光度法”

每种化合物都具有不同的红外吸收光谱,可以用“红外分光光度法”(Infrared Spectrophotometry, IR)对其光谱进行鉴识。这种方法可以测定所述化合物吸收的红外光量,并产生所述化合物的化学指纹。红外光谱也可与气相色谱联用,气相色谱—红外光谱联用可快速得到与气相色谱—质谱联用同样准确的结果。

依据测试得出结论

仔细观察

尽管技术人员无法确定特定碳氢化合物样品的确切制造厂商,但通过对未知样品和从可疑区域采集的样品进行对比分析,可以追踪销售作为未知样品的助燃剂的特定服务站或商店,如五金店、家装店,甚至工艺美术商店。

尽管不能完全依赖上述调查方法,但样本检测者,可能会表示接受检测的样本可能(甚至高度盖然性地)来自某个特定的来源。

出现死亡结果的火灾调查

纵火可能不是火灾现场唯一存在的犯罪,不幸的是,这里往往还躺着一两具尸体。然而,虽然在火灾现场发现了尸体,但并不意味着受害人死于火灾。死亡的原因和方式,需要法医和凶案技侦人员检查确定,只要尸体出现在现场,他们就会出现。侦查人员利用诸如尸体的位置和吸入烟雾的证据等线索，确认受害人的身份并找出死亡原因。

法医必须回答一个非常重要的问题：火灾发生以及火势蔓延期间，受害人是否还活着？如果受害人还活着，火灾可能是一场意外，但如果凶手/纵火犯以为受害人已死，而事实上这位可怜的家伙当时还活着，当然可能成立谋杀。如果火灾确属人为纵火，而法医确认火灾开始前受害人便已死亡，那么谋杀显然更有可能。

确定死亡原因和死亡方式，取决于尸检过程中对火灾现场和尸体的仔细评估。法医通过几个方面的观察，包括尸体所处的位置、尸体血液和组织中一氧化碳的浓度水平以及肺部和呼吸道中是否存在烟尘等，作出相关认定。

位置、位置还是位置

尸体所处的位置非常重要。受害人死亡的地点、尸体的状况以及尸体周围的物品，为调查人员提供了有关此人死亡（以及火灾本身）的重要信息。

比如，尸体是在床上发现的，而法医确定死者的死因系吸入烟雾导致窒息。火灾调查人员则得出结论，火灾由一根与被褥接触的香烟引发。在这种情况下，死亡可能是偶然的。但受害人真的吸烟了吗？如果没有人能为侦调人员澄清这个问题，法医可以通过测量受害人尿液中的尼古丁含量对其加以回答。尼古丁水平较高，显示受害人确实是个吸烟者。如果结果相反，则香烟很可能是纵火的工具。

吸入式中毒

吸入烟雾和一氧化碳导致的窒息（或缺氧），是大多数与火灾有关的死亡的元凶。法医检测受害人血液和组织中的一氧化碳的含量。正常水平应低于5%，吸烟者的相关含量可能略高于此。

在一氧化碳中毒（Carbon Monoxide Intoxication）的受害人体内，

其饱和浓度则在45%~90%。发现高浓度的一氧化碳含量，表明受害人死于吸入烟雾和一氧化碳，但发现低浓度的一氧化碳含量，则意味着受害人在火灾发生之前或当时便已死亡。人体内一氧化碳的浓度水平的解释，也取决于对死者自然疾病的评估。患有严重冠状动脉疾病的老年人和健康的年轻人相比，仅需较低浓度的一氧化碳便可致死。

奇怪但真实

“一氧化碳中毒”，即血液中一氧化碳含量过高，不仅会导致死亡的结果，而且常常会使受害人在烧死前便已无力逃生。随着血液中一氧化碳含量的增加，人失去了思考和正常活动的能力。如果血液中一氧化碳的含量达到20%，会导致头晕和困惑感；浓度在35%左右，人体就会变得虚弱、丧失协调力和方向感；一旦浓度超过50%，受害人便会失去意识，并最终死亡。因此，即使受害人还活着，火灾开始时还有时间逃生，一氧化碳中毒，也可能使其心有余而力不足。

仔细观察

尸检过程中，一氧化碳中毒的受害人，往往会表现出一些显著特征，其中之一就是独特的颜色。一氧化碳吸入体内时，会与红血球中的血红蛋白结合，产生一种鲜红色的碳氧血红蛋白化合物。如果受害人的血液、肌肉和器官呈现鲜红色，则受害人很可能死于一氧化碳吸入，但过硬的铁证，还在于血液和组织中的一氧化碳浓度水平。

除了血液中一氧化碳含量较高之外，在死者口腔、喉咙、肺部和呼吸道中发现的煤烟表明，死者在大火燃烧时还活着，之所以吸入这些物质，是为了获得哪怕一丁点氧气。相反，如果一氧化碳含量低，且呼吸道内没有存留任何烟灰，进行尸检的法医就会考虑其他的死亡原因和方式，而凶杀的可能性极高。

如果火灾现场发现的焦黑尸体曾被捆绑、堵嘴并被射杀，该如何处理？法医会检测死者血液中一氧化碳的含量以确定死因。是枪击还是烈火杀死了受害人？法医如果发现受害人的呼吸道和肺部存在高浓度的一氧化碳和烟尘，就会得出结论，死者并没有被子弹打死，而是死于火灾引起的一氧化碳中毒。如果受害人血液中一氧化碳含量较低，则枪击导致其死亡的可能性就相应增大。如果犯罪涉及两名罪犯，这一发现对检方而言就变得至关重要。如果其中一人扣动扳机，另一人负责点火，则前者是杀人凶手，后者是同谋共犯。

蜷缩而死："斗拳状姿态"

奇怪但真实

很多人认为，蜷缩成胎儿体位的尸体表明，烈火上身之际，受害人还活着，且临死前遭受了巨大的痛苦。但这种假设根本就不成立。一具燃烧的尸体通常呈"斗拳状姿态"(Boxer's Posture)。双腿和手臂弯曲，拳头在下巴下面收拢。你可以把这种姿势理解为某人因剧痛而蜷缩成一团；然而，火灾发生时，高温灼烧使身体肌肉脱水，导致肌肉收缩，从而导致死者尸体实际上出现了这种姿势。

爆炸情况评估

爆炸和火灾类似，都是由燃料、氧气和热量的混合物引起的化学反应，区别仅仅在于反应的速度。火灾消耗可燃物质（木材、纸张、树木）的速度比爆炸慢，而后者几乎瞬间就可将可燃物质（汽油、炸药）消耗一空。除此之外，爆炸的部分原因还在于可燃物质遭到了空间限制，即存在所谓"包围体"。如果在一个毫无限制的开放空间点燃可燃物质，其只会燃烧，但是如果你把这些可燃物质紧紧地压缩在一个密闭的容器里点燃，就会发生爆炸。

爆炸给调查人员带来了诸多难题。爆炸装置和周围的结构框架，即使没有完全毁于一旦，也会受到严重破坏。除非发生二次火灾，调查人员通常可以相对容易地确定起火点；然而，在爆炸的情况下，发现装置碎片、点火器或计时器，可能会非常困难。

爆炸物定性

按照爆炸物所产生的压力波的传导速度，可以将其分为高能爆炸（爆轰）和低能爆炸（普通爆炸）。普通爆炸的压力波传导速度，通常低于每秒 1000 米，而爆轰的压力波传导速度，可能高达每秒 8500 米。

最易得、同时也最常用的低能爆炸物，一般为黑火药及无烟火药。糖和氯酸钾的混合物，也是一种常见的低能爆炸物。设置爆炸物的罪犯，并不需要掌握复杂的科学知识。

技术问题

高能爆炸物，根据其温度、摩擦或机械冲击的敏感性，可分为如下两类：

» 对于上述影响异常敏感的“起爆药”（Initiating Explosives）。由于可能意外引爆，自制炸弹很少使用起爆药，这种高能炸药更多地用于制造导火索和雷管，借此引爆其他不太敏感的非起爆材料。“雷汞”（Mercury Fulminate）和“叠氮铅”（Lead Azide）常用于上述用途。

» “非起爆炸药”（Noninitiating Explosives）。其往往性质不太敏感，在商业和军事应用中更为普遍。这些爆炸物包括炸药、“三硝基甲苯”（TNT）、“四硝酸季戊四醇”（RDX）和“环三聚甲基三硝胺”（PETN）。尽管在这里仍然可以找到炸药的影子，但硝化甘油基炸药已基本被硝酸铵基炸药取代。“铵油炸药”（ANFO），是硝酸铵和燃料油的混合物，属于一种易制备的炸药。

贴士

"硝酸铵"(Ammonium Nitrate)系一种富氧氧化剂,常用于制作化肥。用这种物质制造的炸弹,被发现与"俄克拉何马城爆炸案"(Oklahoma City Bombings)[1]和"1993年世贸中心爆炸案"(1993 World Trade Center Bombings)[2]有关。

爆炸现场调查

爆炸现场或火灾现场的搜索,均需要注意细节。发现爆炸装置、点火装置和计时器的碎片,对于确定所用爆炸物的类型以及最终确定爆炸责任人而言,至关重要。除了发现此类碎片外,调查人员还将搜索方向指向收集碎片,以检测几乎总是存在的未爆残留物。

仔细观察

通过显微镜对爆炸残存碎片进行检查,可能会发现黑色粉末或火药残留,根据其颗粒的颜色和形状,可以很容易识别二者。显微镜检查后,实验室技术人员使用可以溶解大多数炸药的溶剂(丙酮较为常见)对爆炸物残留加以冲洗,然后使用薄层色谱、气相色谱、质谱和红外光谱分析得到溶液。可以通过综合适用上述检测手段,对炸药的性质加以鉴识。

在查明罪犯所使用的具体爆炸物之后,调查人员的重点是找到相关爆炸物的卖方和买方。

〔1〕"俄克拉何马城爆炸案",是指1995年4月19日发生的一起针对美国俄克拉何马城市中心联邦大楼发起的本土恐怖主义炸弹袭击,该袭击造成大量人员伤亡。

〔2〕"1993年世贸中心爆炸案",是指1993年2月26日针对纽约世界贸易中心发起的本土恐怖主义炸弹袭击,该袭击造成了人员伤亡及重大财产损失。

部分三

人体检验

在这一部分，各位将

了解法医尸检的真相

确定死亡原因和方式

确认受害人身份

找出确定死亡时间的方法

见证刑事调查员如何通过如枪伤、咬痕等创伤侦破刑事案件

熟悉不同类型的窒息能够给法医留下什么线索

第九章

尸检：抽丝剥茧查明死因

» 介绍死亡：原因、方式和机理

» 理解法医病理分析人员的角色

» 逐步深入法医尸检

» 总结尸检报告中的发现

死人，也会“说话”，只是需要借活人代言罢了。死亡前后身体出现的变化，揭示了受害人所患的疾病、所受的创伤、所中的毒素等。尸检即检查尸体以确定死者死亡的原因，便是准确解读亡灵留言的最佳方法。

死亡的认定标准及其宣告

想象你被人活埋。生活在 19 世纪之前的人们，有充分的理由担心此般遭遇，因为当时听诊器尚未发明，而死亡的判定，更多的是一种臆测游戏，而不是什么科学的探寻。微弱的心跳，意味着你很有可能会被宣布死亡——但会在尸体行将下葬前突然“亡者归来”。幸运的是，这样的日子已成过去，但在人们能够正确地让逝者入土为安之前，医学界确实经历过大量错误的尝试。

寻找死亡的确认方法

奇怪但真实

确认死亡，从来都不是一个简单的决定。酒精、药物、心脏病发作、严重感染、出血、休克、脱水和其他情况都可能使所谓的受害人昏昏欲睡、手脚冰冷、呼吸脉搏微弱，看起来已经死亡——虽然事实上并非如此。

因为生命存在的迹象很难准确解释，所以早在科学发展之初，就出现了如下几种确定人是否死亡的方法，其中包括：

» 拉拽舌部和乳头。

» 向腹内灌注浓烟。

» 将“火炬花”（Kniphofia，俗称 Hot Pokers）[1]插入体表各处开口。

奇怪但真实

最后，在 17 世纪，出现了被称为“疑死观察室”（Vitae Dubiae Asylums）[2]的医疗机构，逝者在彻底死亡之前，会被安置在小床上，等待腐烂。尽管这一过程对死者的家人来说稍显残忍，但借此至少可以使人们能自信地宣布死亡，避免了当时时有耳闻的“活埋”。

贴士

听诊器的发明，使医生能够确定患者是否仍有呼吸和心跳，从而使宣告死亡变得相对客观。心电图机作为一种记录心电活动的仪器，后来也被研究出来，两种仪器的结合，赋予医生更趋客观的死亡检测手段。进入 20 世纪，出现了“心肺复苏术”（CPR），进而研发出能够使心脏和肺部在人死后仍能工作的呼吸机和起搏器。事情一下子又变得复杂起来。这些科技发展，催生出“脑死亡”这一概念，也就是说，尽管心脏和肺部可能还在工作，但大脑已经死亡。

仔细观察

目前，宣布一个使用呼吸机并存在心跳或脉搏的人死亡，需要证明其大脑中已经没有了电信号的活动，这需要使用一种

〔1〕“火炬花”，百合科，火把莲属多年生草本植物，株高可达 100 厘米，茎直立，叶丛生、草质、剑形。

〔2〕“疑死观察室”，十七八世纪出现在法国、德国等地的一种医疗机构，被怀疑没有去世的“死者”被放置在特殊设计的观察室内，其环境极易导致尸体腐败，但同时也安排了铃声报警系统，以供诈死者求救。但因为尸体的特殊形状，经常会出现误报。

叫作“脑电图”(EEG)的设备进行检测，或者通过核磁扫描来确定脑部已经处于缺血状态。即便如此，在这种情况下宣布死亡依然存有争议，同时引发对脑死亡的不同定义。

如果患者是因为头部中弹、被酒驾者撞伤或其他可疑手段需要借助呼吸机来维持生命体征，那么其死亡确定，就成为验尸官或法医需要负责的问题。如果受害人死亡，对枪击者、肇事司机或其他犯罪人提出的指控将会变得更加严重。在真的拔掉呼吸机的插头之前，医生必须绝对确定受害人没有任何生存的希望。否则，医生可能与患者的死亡脱不了干系。

死亡原因及致死机理的认定

识记

简言之，“死亡原因”(Cause of Death)，就是导致个体死亡的原因。心脏病发作、枪伤和头部遭到钝器打击并颅内出血，都可能是致人死亡的原因。在此类疾病或伤害的作用下，受害人生理状态发生改变，最终引发死亡结果。致死机理，则是导致生命停止的实际生理变化或身体内部工作状况的变化过程。

例如，心脏中枪作为死因之一，可体现为多种致死机理，包括心跳停止（心脏骤停）、失血过多（血竭）或败血症（血液感染）。类似地，头部遭遇钝器打击形成的外伤，可以导致受害人死于直接脑外伤（脑挫伤）、颅内出血（脑出血）或脑组织周围出血（硬膜下或硬膜外血肿），所有这些都可能导致脑组织遭受压迫并导致呼吸停止（窒息）。同样，一种死因可以由多种机理导致。

相反，同种机理可能由多种不同的原因导致。枪伤、刺伤、溃疡出血或肺部肿瘤破裂，都会导致一个人失血致死。在上述情况下，失血和休克都是异常的生理变化。

仔细观察

比如，一名男子被酒驾者所开汽车撞倒，受了重伤。医护人员赶到后，将该男子送往医院，但其因伤势过重最终不治身亡。一方面，汽车撞击造成的挫伤可能造成致命的脑部损害，而酒驾的司机可能会因这名男子的死亡而受到刑事指控。另一方面，如果伤势没有那么严重，且受害人死于心脏病发作，急救人员和医院专家未能准确识别病因并加以治疗，那么谁应该为这名男子的死亡负责？死亡原因是汽车碰撞造成的外部挫伤，还是突发的心脏疾病？

在死亡机制不明确的情况下，需要法医或验尸官（参见本书第二章）评估证据，以确定死亡的真正原因和致死机理，这可能会影响随后刑事或民事诉讼（如果有的话）的具体走向。

四种死亡方式揭秘

死亡方式，是导致死亡的一系列事件的根本原因。换句话说，死亡方式回答了下列问题：

识记

» 死亡是如何发生的？为什么发生？

» 谁或什么引发了死亡事件？有何意图？

» 死亡结果是由受害人、他人、不幸事件造成的，还是天意使然？

死亡的四种模式包括：

» 自然死亡：自然死亡是大自然工作的产物，因为死亡，恰恰是疾病过程的自然结果。常见的自然死亡原因包括心脏病、癌症、肺炎和中风。自然死亡，也是迄今为止人类最多的致死类型，占调查案件的一半以上。

» 意外死亡：意外死亡是指由一系列意外事件所造成的死亡结

果。跌倒、车祸和家庭触电，都是意外死亡的适例。

» 故意致死：故意致死是指由死者以外的其他人亲手造成的死亡结果。

» 死因不明：在这种死亡事件中，法医无法准确识别或确定死亡结果所属的适当类别。

正如相同死因可以引发许多不同的致死机理，任何死因都可以对应几种不同的死亡方式。头部中枪而死虽然不可能属于自然死亡，但却可能是他杀、自杀或意外事件。

虽然通常情况下法医能够确定死亡方式，但这种确定并不总是易如反掌，甚至可能根本不可能。例如，吸毒过量者的死亡方式，很可能是意外或自杀（也可能是他杀，但从来都不属于自然死亡）。如果死因是吸毒过量，无论受害人或他人的意图为何，尸检和化验结果都应该完全相同。也就是说，无论是受害人误算了摄入剂量（意外死亡）、故意过量吸食（自寻短见），还是服用了致命剂量——例如，向受害人出卖毒品的上线认为受害人向警方告密，因而故意向其提供了比其平时习惯注射的“更纯”的海洛因，以至于受害人注入体内的毒品纯度是“正常”纯度的四五倍，法医的解剖结果都是一样的。简单地说，没有一成不变的方法来确定死者是否因为意外、故意或他人的行为而吸毒过量。由于这些原因，此类死亡往往被列入“死因不明”一类。

识记

只有自然死亡是由疾病引起的。其他类别涉及创伤或吸毒，可能导致民事或刑事诉讼。当然，即使是自然死因，也可能被认定为意外、他杀，甚至是自杀。例如，罹患某些严重疾病的人，可能会因为不慎误服过大计量药物，或者因为疾病发作（意外死亡）而让法医感到困惑。或者上述病人可能会放弃治疗，停止服用药物，结果命丧黄泉（主动寻死）。此外，如果危重病人未能寻医问药或及时入院，同时身后留下大笔遗产令人垂涎，那么阻止死者接受医疗救护的那个人，可能会被指控犯有杀人罪。

心脏病发作后因为手术失误等医疗事故而死，属于另一种非自然死亡的事例。虽然心脏病发作可以算作自然死亡原因，但与之对应的死亡方式可以被视为意外死亡（通常被委婉地称为“医疗事故”），医疗事故诉讼也可能随之而来。同样，罹患严重心脏病的受害人可能会在街上与犯罪人搏斗时，心脏病突发而死。死因依然是心脏病发作，但其死亡方式却可能被认定为他杀。

追踪法医病理学

正如读者诸君可能思忖的那样，确定死亡的原因、机理和方式，需要对人体生物学的里里外外有透彻的了解。因此，尸检应由专门研究疾病如何影响人体机能的病理学医生负责进行。

贴士

病理学或疾病研究的医学专业，最早可以追溯到 19 世纪，到了 20 世纪中叶，病理分析人员开始分科。法医病理学经过有关方面认证，于 1959 年成为独立的专业。

法医病理学医生关注的医学研究，涉及法律，特别是刑法的具体适用。此外，法医病理分析人员更有可能面对伤害鉴定。尽管如此，在其处理的病例中，超过一半死亡依然涉及疾病造成的死亡结果。法医病理学医生进行尸检（法医鉴识）所产生的证据，往往必须以其作为专家出庭发表的专家意见等专家证言形式提交给法庭。专家证言的更多内容，参见本书其他章。

仔细观察

希望成为法医病理分析人员的病理学医生，除了需要修完最少 13 年的大学、医学院以及临床病理学医生的专业课程外，通常还要在法医病理学领域见习 1~2 年。详情请参见本书第二十二章。

弄清楚什么是法医病理学

法医病理学医生通常负责进行法医尸检，尽管在某些地区，隶属于医院的病理学医生也可能被指定为法医并承担这一职责。在一些司法管辖区，甚至会让所在地没有受过法医病理学专业培训的殡葬从业者进行尸检。

进行医学尸检，一方面，旨在确定与死亡有关的医学因素，并寻找死者可能罹患的任何疾病。另一方面，法医尸检的最初目的，不仅是确定死亡原因和死者生前存在的病症，而且还要确定死亡的时间、机理和方式。

决定需要尸检的对象

法医通常会调查存在下列情况的死者：

» 体表创伤：由意外、凶杀或自残造成的伤害引起。

» 非同寻常：发生在看起来不自然或可疑的情况下。

» 突如其来：在症状出现后几小时内便被宣告身故。

» 出乎意料：发生在一个一般人看起来身体健康的人身上。

仔细观察

规制法医尸检的法律，因司法管辖区的不同而存有差异，但通常情况下大体类似。在大多数地区，每年去世的人口占比约为 1%。其中约 1/4 的死亡事件会引起法医的关注。在大多数死亡事件中，负责在死者生前对其进行救护的医生会签署死亡证明，而法医一般会接受医生的判断，同意死亡系自然原因导致。当主治医师对某一特定情况感到不安，或认为死亡可疑时，法医就会介入。

所谓“可报告死亡”以及“验尸官负责的案件”，系指任何必须交由验尸官或法医调查的死亡事件。构成可报告死亡的案件因司法管辖区而异，但是验尸官或法医通常会参与并进行尸体解剖即尸检，其常见情况有以下几种：

» 暴力致死（事故、凶杀、自杀）。

» 工作场所内发生的死亡事件，通常是由于创伤、中毒或接触毒物所引发。

» 可疑、突然或意外死亡。

» 在监禁期间或被警方拘留期间发生的死亡事件。

» 接收医疗救护后，在入院 24 小时内发生的死亡，或死者入院时便处于昏迷状态且在死亡前从未恢复意识的情况下出现的死亡事件。

» 医学或外科手术过程中发生的死亡。

» 医疗专业人员、孕妇本人或并不具有相关资质的人进行流产过程中出现的死亡结果。

» 意外发现已知或不明尸体（发现尸体）。

» 通过火葬或海葬方式处置尸体之前的必要程序。

» 应法院请求。

并非所有上述情况都需要进行尸检。对此，法医具有决定权。在审查过程中，法医可选择如下几种处理方式。

如果死因显而易见且并不可疑（例如，患有严重心脏病的患者在家中死亡），法医就可以在签发死亡证明之前，接受救助受害人的医生所报告的死亡原因。

如果死因异常或存疑，法医可以通过尸检，帮助确定死亡的真正原因及方式。在这种情况下，法医可以进行完整或部分尸检。例如，如果一位健康的年轻人因为头部遭遇钝器打击死亡，则法医可能会认为对其没有必要进行彻底尸检，只需要对其头部进行检查即可。部分尸检节省时间和金钱，法医通常只需做最少的工作就可以作出所需的判断。

进行尸检

尸检旨在确定某人是如何、何时以及为什么死亡的诸多事实。在验尸过程中，法医使用各种各样的工具，运用大量直觉判断来确定发生了什么。从受害人指甲缝里发现的碎屑到其胃里的残留物，都能为法医提供线索。尸检一般循着从整体到局部的步骤，首先从尸体体表着手。

在法医工作量允许的情况下，尽快着手处理特定的尸体显得至关重要，因为尸体的腐败速度极快；但是，在冷藏库中待四五天，通常不会对尸体造成任何妨碍调查的损害。

识记

每位病理学医生都有自己独特的工作方式，但在很大程度上，法医尸检遵循共同的程序。许多步骤如出一辙，另外一些程序则按照不同的顺序执行，这取决于具体的死亡情况。

尸体身份核实

无论何时，只要死亡成为刑事诉讼的主题，死者的身份就不能存在任何疑问。如果身份未经证实，从尸体上收集的任何证据，在法庭上都没有什么用处。

然而，一般来说，个人的身份是不容置疑的。家人或朋友通常会站出来确认这些信息。如果没有，照片、指纹和齿科记录可用于身份的证明。调查人员如何发掘张三或李四的身份的更多信息，请参见本书第十章。

尸体外检

只要有可能，在犯罪现场就需要对尸体进行彻底的外部检查，包括寻找明显创伤或疾病的证据。

在许多情况下，现场的实际因素如缺乏充足的光线和空间等，限制了当场检验的可能。然而，法医或其中一名验尸技术人员应在尸体被移动或移走之前前往现场，观察尸体的位置及其与其他犯罪现场证据的关系，如罪犯的出入路径、武器、鞋印、指纹、血迹，或者其他犯罪现场的痕迹 / 微量物证。

在犯罪现场检查期间，法医必须非常谨慎小心，不得触摸或移动尸体，以免丢失或污染与尸体有关的任何证据。

仔细观察

出于同样的原因，当法医或技术人员从犯罪现场转移尸体时，也必须特别留意。在遭遇外伤致死的案件中，特别是在怀疑死者生前与他人发生口角时，需要在移动尸体之前在受害人的手上覆盖纸袋，以保护任何痕迹证据，如受害人指甲缝残留的组织碎屑或血液痕迹。通常会使用干净的床单或塑料包裹尸体，然后将其放在干净的裹尸袋里。借此，搜寻收集从尸体上掉下来的任何痕迹证据，并防止异物混入或污染来自现场的证据。

抵达停尸房后，尸体被人从裹尸袋中取出，搁置在尸检台上。犯罪鉴识实验室的技术人员则将床单和裹尸袋带回实验室，他们需要在上面寻找头发、纤维、污垢、油漆痕迹和其他痕迹 / 微量物证。

测量称重

对任何尸体进行实际尸检的第一步，应是确定尸体的高度和重量。法医会记录包括年龄、性别、头发和眼睛的颜色在内的体表信息。

尸体照相

无论尸体是否穿着衣服，在尸检的不同阶段，都需要对尸体进行拍照留证。死者面部、身体正面和侧面的照片十分重要，在其身份尚未完全确定的情况下，尤为如此。每一个疤痕、胎记、纹身和不寻常的身体特征都应被记录在案。同时还必须充分记录每一处伤痕。

检查受害人衣物

法医接下来需要检查死者所穿衣物，寻找：

» 微量证据，如头发、纤维、枪弹残留物、精液、唾液或血迹。任何发现都需要拍照后收证。

» 可能与身体受伤部位保持对应的衣物破损处。例如，可能与尸体上发现的枪伤或刺伤吻合的受害人衬衫上的缺口。

经过上述初步检查，死者身上的衣物被小心褪下，以避免任何痕迹证据的灭失，并被送往犯罪鉴识实验室进行处理。

确定死亡时间

接下来，法医需要确定肌肉僵硬，即“尸僵”（Rigor Mortis）的状态，以及是否在何处出现血液沉淀，即所谓“尸斑”（Livor Mortis），有关确定死亡时间的更多信息，请参见本书第十一章。知道尸体被发现时的体位以及尸斑的位置，可以借此查明尸体死后是否被移动过。

X 光检查

虽然不是每次尸检都会进行 X 光检查，但其的确能提供关键证据。伤口处的 X 光片可以显示受伤的程度，以及造成伤口的物体的整体形状和尺寸大小，而这有助于识别凶器。例如，X 光片有时会显示刀尖已经折断，残存在伤口深处。

仔细观察

X 光检查在鉴识“枪伤”（GSW）时用处特别大，因为弹头轨迹往往不可预测，特别是当其击中骨头时，甚至可以在身体内部呈现异乎寻常的运动弹道。例如，子弹可能进入受害人的胸部，击中肋骨或脊柱，通过横膈膜向下偏转，并落在骨盆区域。如此一来，对胸部进行广泛的探查，并不能找到弹头的下落，但 X 光片却可以精准显示弹头的位置。

弹头往往会在体内变形甚至碎裂，留下可以进一步显示子弹穿过身体路径的大量细小弹片。X 光片通常有助于跟踪子弹的运动轨迹，帮助确定子弹的最终落点，以便将其取回检查。

搜寻痕迹 / 微量物证

需要对头发、纤维和其他异物以及血液和精斑等痕迹 / 微量物证进行检查、拍照和收集。在伤害致死案件中，受害人的指甲经常会出现折断或刮痕，如果其与犯罪人搏斗，就可能会在指甲里发现犯罪人的头发、血液或组织。在性侵案件中，需要仔细梳理受害人的阴毛，以寻找强奸犯的体毛，同时需要用拭子在死者阴道和肛门检查是否残存有凶手的精液。法医还从受害人的头部、眉毛、睫毛和阴部采集毛发样本，与尸体上或周围发现的任何外来毛发进行比较。从尸体上收集的所有痕迹证据，都被送到犯罪鉴识实验室作进一步的评估。

在所有的痕迹证据，特别是指甲缝残留的碎屑或指甲上的刮痕成功提取完毕后，才会采集死者的指纹，因为如果掰开死者的手指提取指纹，就可能会导致此类微量证据出现灭失或污染。

伤痕检验

无论是旧伤还是新伤，都是法医尸检的检查项目。每一处损伤，都要进行检查、拍照，并在尸体示意图上作出标记，从而表明其在身体上的位置和相对于解剖标志的位置，如头顶、脚跟、身体中线或与伤口同侧的乳头。

这些细节，可能都是犯罪现场重建的重要因素。伤口的确切位置，往往表明犯罪人的身高，或者习惯使用右手还是左手，这反过来又有助于锁定嫌疑人或排除嫌疑人的罪责。例如，嫌犯可能太矮，不能向下挥动凶器刺伤身高 6 英尺的受害人的脖颈位置。

仔细观察

法医常见的三种伤害类型为：

» “挫裂创”(Lacerations and Contusions)：对挫裂伤(砍伤或切伤)进行拍照和测量。确定每一处伤口的深度，并搜索残存的武器碎片，如刀尖等。测量并拍摄钝挫性创伤造成的瘀伤或挫伤(Contusions/Bruises)。如果挫伤广泛分布在受害人的胳膊、大腿和躯干,瘀伤和割伤表明发生了搏斗或受害人在死前受到了折磨。手臂和手掌处的瘀伤和割伤可能表明受害人试图避开犯罪人的伤害。这种伤痕类型,又被称为“防御创”。受害人遭人用手或系带勒死时,喉部周围可见挫伤痕迹。

» “刺创”(Stab Wounds):在出现捅刺伤的情况下,法医需要仔细确定存在多少伤口,然后测量每处伤口的宽度、深度和长度。法医还会试图确定致命伤,以及伤口是由单刃刀具还是双刃刀具造成的。在不止一名犯罪人参与犯罪的情况下,这一信息可能至关重要,因为这将可能直接影响如何对犯罪人提出指控。真正致死受害人的凶手,将面临更为严厉的指控。

在一些激情杀人或手段特别凶残的杀人案中,尸体表面可能存在多处伤口,以致连伤口的准确数量都无法统计。如果出现此类情况,法医会确定伤口的最小数量。“犹豫伤”,一种由好不容易鼓起勇气制造致命伤口的人所造成的细小伤痕,往往意味着死者试图用刀自杀。

» “枪弹创”(Gunshot Wounds):测量并拍摄枪伤的伤口,估测弹头的射入角度和发射时枪与身体的距离(参见本书第十八章)。X 光片有助于追踪子弹穿过身体的路径,并确定其最终的停止位置。在解剖过程中,这些信息不仅有助于法医找到弹头,还可以用于评估子弹可能对任何内部器官和组织造成的损伤的程度。

如果查获了凶器,法医会将其与伤口进行比较,以确定伤口是否系该凶器所致。X 光检查为此方面的鉴定提供了相当大的助益。若嫌疑人使用的凶器的尺寸与受害人颅骨凹陷程度或肋骨骨折程度相仿,就可使其作为重要证据被加以采信。

尸体解剖

作为尸检的组成部分，解剖通常会在恐怖电影或警匪片中作为刺激桥段出现，因为这个时候，尸体会被开膛破肚，供人内检。法医进行尸体解剖的步骤包括：

做出切口

法医会在尸体胸腹部做一个 Y 形或类似的切口（见图示 9-1）。这个切口有三条方向，切口两翼从尸体双肩一直延伸到胸骨下端，而干线则从腹部中心一直延伸到耻骨联合部。然后用锯子或剪刀切开肋骨和锁骨，取出胸板，露出胸腔内的心脏、肺部和血管。

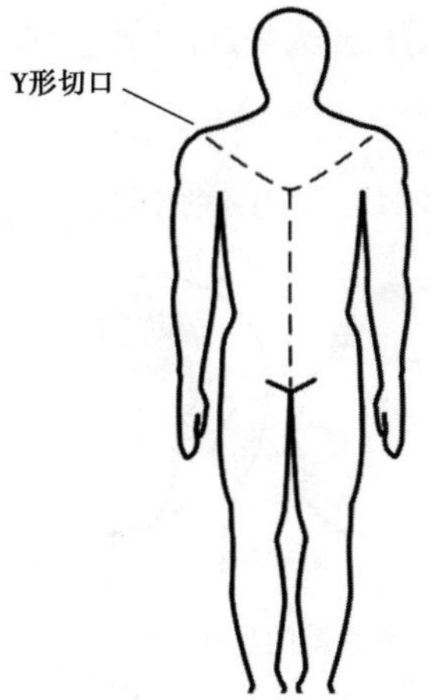

图示 9-1　在大多数尸检中使用的 Y 形切口能够帮助法医取出胸板，检查并取出心肺　南·欧文 插图

摘除心肺

死者的心脏和肺部可以按照顺序切除，但更常见的是整块切除。用于分型、脱氧核糖核酸分析（必要时）和毒理试验的血液通常取自心脏、主动脉或外周静脉。

检查腹腔

心肺摘除后，法医集中检查死者腹腔，需要对其中的每个器官进行称重和检查，取组织样本进行显微镜检查。

样本采集

法医需要检查死者胃容物，并取样进行毒理学分析。如果能确定受害人摄入最后一餐的内容和时间，就可以帮助法医确定死亡时间（参见本书第十一章）。除胃容物外，法医还会采集眼（目）部玻璃质、胆囊内的胆汁、尿液和肝组织样本，并提交毒理学测试（参见下一部分“嗅出化学品中的线索：毒理学”）。

开颅探脑

法医会寻找颅外和/或颅骨骨折的证据，然后打开颅骨查看大脑。首先，从一只耳朵后侧沿头顶上方向另一只耳朵后侧做横向切口（见图示 9-2），以便向前剥落头皮，露出颅骨。其次，使用锯子切除一部分颅骨以露出大脑。法医首先对大脑进行原位检查，然后将其取出进行彻底检查并采集组织样本。

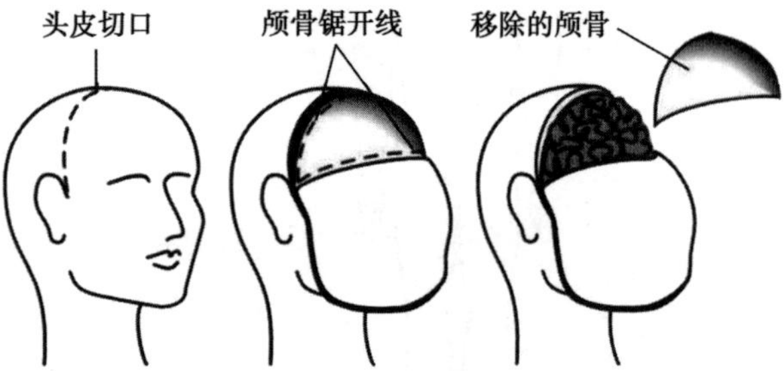

图示 9-2 尸检过程中摘除大脑的步骤 南·欧文 插图

尸体复原

在对所有器官加以检查并采集样本供以后的显微镜观察后，死者的脏器被送回体内，并缝合切口。尸体随后交给家人埋葬。

极富创造力：“肯尼斯·巴洛案”

案例分析

1957 年 5 月 3 日晚，在英国布拉德福德市，护士肯尼斯·巴洛（Kenneth Barlow）把一名医生叫到自己住处。医生发现巴洛的妻子死在了浴缸里。巴洛报告说，他在 23 时醒来时发现情况不对。在试图使妻子苏醒未果后，他打电话叫来了医生。巴洛说，妻子当天晚上呕吐、出汗，并且高烧了好几小时。

法医大卫·普莱斯医生（David Price）在现场注意到两件不寻常的事情。首先，巴洛的睡衣干净整洁，如果如其所言，其曾对倒在浴缸里的妻子实施心肺复苏，这一细节就显得不同寻常了。其次，警方在厨房里发现了两个用过的注射器。巴洛说他用该注射器给自己注射青霉素以治疗“砍头疮”（Carbuncle）[1]。事后对注射器的测试结果的确显示有青霉素残留。

尸检结果并未给这名年轻女子的死亡提供任何解释。但普莱斯医生相信，巴洛，一个有能力使用注射器和药物的护士，给妻子注射了某种东西，并杀死了她。普莱斯医生用放大镜仔细观察了死者的每一寸身体，最后在死者的臀部发现了两处细小的注射痕迹。根据巴洛的描述，他的妻子很有可能死于低血糖（血糖水平显著偏低），而这又是生前注射胰岛素所致。鉴于当时没有胰岛素测试，普莱斯进行了一项不同寻常的试验：他从注射部位周围选取组织并将其注射到老鼠体内。这些老鼠很快死于低血糖症。

案件通过审理，认定巴洛给妻子注射了胰岛素，并在其昏迷的时候把其放在浴缸里，使其活活被淹死。普莱斯医生的彻底检查与极具创造力的证明，确保巴洛被定罪，并被判终身监禁。

嗅出化学品中的线索：毒理学

解剖过程中收集的体液和组织，被送往毒理学实验室进行药物和毒物测试。以下便是可能出现的测试结果：

» 胃容物和眼部玻璃质可能显示出受害人在死亡前几小时内摄入

〔1〕“砍头疮”，中医和民间称长在后颈部的“痈”为砍头疮。它是一种比较严重的外科疾病，属于多个相邻的毛囊及其所属皮脂腺或汗腺的急性化脓性感染，致病菌为金黄色葡萄球菌。

的任何药物。

» 尿液和胆汁可能表明受害人在过去几天使用过何种药物。

» 头发可能显示出死者生前长期摄入重金属（砷、汞和铅）的迹象，以及其他药物，如“迷奸水”（GHB）[1]的使用。

» 血液对于测定酒精和其他药物的含量特别有用。

提交正式尸检报告

从尸检中发现了一切可能发现的东西后，法医会在尸检报告中总结自己的发现，而其所制作的尸检报告作为法律文书，可能成为法庭诉讼的重要组成部分，应控方、辩方或法官的要求提交给法庭。至于其是否公开，则需要根据法官或者法医的自由裁量权加以决定。

法医的最终正式尸检报告，包括其在检查过程中发现的所有细节，以及其对死亡原因和方式得出的任何结论。

仔细观察

无论是初步报告还是最终报告，法医通常在提交时都异常谨慎。他们往往会等待实验室结果（如毒理学报告）出炉后才制作报告，或者先提交一份初步声明，并在其他结果到手时予以更新。

因为法医的认定意见常常决定案件诉讼的成败，所以虽然不同病理学医生准备最终正式报告的风格迥异，但内容却必须包括某些相同的重要信息。

典型的尸检报告包括：

» 尸体及其外部特征的完整描述。

---

〔1〕“迷奸水”，即 γ－羟基丁酸，全名 Gamma-Hydroxybutyrate，又称“液体迷魂药”或“G 水”，是一种无色、无味、无臭的液体，于 20 世纪 60 年代初开始作为麻醉剂使用，后来由于发现存在不良副作用，一般作为安眠药使用，并被广泛滥用。

» 任何明显伤痕的情况说明。

» 中枢神经系统（大脑和脊髓）存在疾病或损伤的记录。

» 颈部、胸部、腹部和骨盆的内部检查，包括在任何内部器官中发现的任何异常或损伤的精准描述。

» 对尸检时取出的器官组织进行显微镜检查时发现的任何异常情况的描述。

» 毒理学检查结果。

» 其他实验室检测结果。

» 包括对死亡原因、机理和方式的评估在内的病理学意见。

值得注意的是，官方尸检报告和法医的最终结论并非一成不变。如果法医发现新的证据，或者如果姗姗来迟的测试结果改变了之前的意见，则可以对报告加以修改或完善，以对其加以反映。

第十章

身份：无名受害人的身源确认

» 总结如何辨识尸体身份

» 从遗骨中找寻答案

» 确定死亡时间与原因

» 使用相貌还原与影像学技术

不是所有被运进验尸官办公室的尸体，都会随随便便带着自己的驾驶执照或“社会安全卡”（Social Security Card）[1]。警察经常要面对辨认一具无名尸体身份的问题。在电影中，这个过程通常只需要几分钟的放映时间，但实际上，可能需要几周、几个月甚至几年的漫长过程。有些死者究竟是谁，可能永远也不得而知。

死者可能已经去世数小时、数天、数月、数年或数十年不等。死亡时间的延长和许多其他因素会使身份鉴识过程复杂化，通常涉及不同学科和技术，所有这些，都是由法医负责协调。

毁尸灭迹

罪犯不喜欢留下证据，尽管“万事皆留痕”。在谋杀案中，最基本的证据显然是尸体。有时，杀人犯试图完全销毁受害人的尸体，理由是没有尸体，就意味着无法定罪。但这不是真的，因为即使找不到尸体，犯罪人同样也会被定罪。不管怎样，销毁一具尸体并非易事。火似乎是杀人犯最喜欢用来掩盖行踪的工具，但这样做几乎永远不会成

〔1〕“社会安全卡”，是一张纸质的小卡，上面的九位数字就是社会安全号码，简称为“社安号”或“SSN”，是美国人向政府申报收入及记录缴税的“个人户口”，但是，因为“社安号”可以追踪个人的信用记录，所以现在不仅用于报税，申请入学、申请驾照，到银行开账户、贷款、买保险，到公司报到，凡是需要证明身份的，都要提供“社安号”。

功。如果没有像火葬场那样拥有可以创造足够高的热度并且能够让这一温度维持足够长的时间的特定装置，通过放火消灭尸体，几乎是不可能的。如果想了解个中原委，请查看本书第八章。

另一个最受欢迎的备选方案便是使用生石灰，经常会在电影中看到杀人犯使用此类伎俩。但如果真正了解到这种物质的化学成分，可能会让其三思而后行。生石灰的主要成分是氧化钙，在接触到水时——就像在墓地中经常遇到的那样——与水反应生成氢氧化钙，即人们所说的熟石灰。这种腐蚀性物质可能会损坏尸体表面，但化学活动产生的热量会杀死大量食腐细菌，并使尸体脱水，从而防止腐烂，促进干尸化。因此，使用生石灰，实际上反倒可能有助于保护尸身。

酸类物质，也经常被不知情的罪犯用来溶解身体，这样做不仅困难而且极其危险。能够溶解身体的酸是存在的，但需要大量的时间才能完成这项“使命”。同样，酸性物质还会侵蚀盛放尸体的浴缸，破坏水管。释放出的烟雾会导致墙纸从墙上剥落，腐蚀犯罪人的皮肤、眼睛和肺部，从而造成严重破坏，留下另外一种证据。

尸体身源的确认

大自然和时间从不善待逝者。尸体面临自体消化（自溶）和细菌作用（腐败），以及极端天气、昆虫动物乃至环境细菌的共同破坏。

识记

尸体被发现时的状态，取决于死亡发生的时间，以及是暴露在环境中还是遭到掩埋。一般规则是：露天一周等于水中两周或地下八周。尸体腐烂程度越厉害，验尸官在鉴识死者身份的时候面临的挑战就越大。

如果尸体或多或少完好无损，则其尺寸、性别、种族、伤疤、纹身、面部特征、牙齿检查、指纹、脱氧核糖核酸和衣服等细节，有可能帮助当局确定死者是谁。因此，完整或部分腐烂的尸体留给法医大量的工作，在许多情况下，可以拍摄尸体的面部照片，并与失踪人员的照片或描述进行比对。问题也许会迎刃而解。然而，如果尸体已经化为一堆白骨，则可能需要物证鉴识人类学分析人员、齿科医生、画像专家的努力，或三方的通力协助。

一旦推定（可能或近似）匹配，就可能要求其家人或朋友作出最后的辨认。如果没有任何失踪人员的特征与尸体的一般情况相符，则将向执法机构和新闻媒体分发描述和照片。为了在这方面有所帮助，可能会要求画像专家或人类学分析人员绘制相貌草图，或者通过计算机生成该人最有可能的长相（在后面的“面容重建”部分，对此进一步加以说明）。

梳理人工制品

有时与尸体一起埋葬或在尸体附近发现的物品，能够发挥重大作用。衣服、珠宝、埋葬时使用的东西和其他人工产品，可以指向死者的身份。找到钱包或身份证当然是理想的选择，但即使发现了这类信息，如果仅凭外观无法确定此人的身份，法医团队仍有可能会参与身份的识别过程。然而，其他许多物品，可以提供线索：

» 戒指或珠宝通常刻有全名、姓名首字母或日期。

» 服装的款式或生产商可能与众不同。例如，著名设计师推出的衣服和鞋子可以把警察指向某个方向，而像无家可归者所穿的破衣烂衫，则可能把警察指向另一个方向。

» 罪犯可能用棺材、毯子或其他一些物品来埋葬受害人，借此让动物远离尸体，防止其遭到扰动，从而更难找到。

· 一具临时的木制棺材，可以提供制作材料、方法以及上面任何明显标记的信息。

· 毯子或床单上也可能会贴有标识制造商或卖方的商标。

· 塑料袋可能会提供犯罪人的指纹，而指纹又会进一步有助于尸体身份的识别。

检查疤痕、胎记与纹身

身体上的独特标记，如纹身、胎记、外科手术或其他疤痕，通常有助于嫌疑人和尸体的身源确认。此类疤痕印记中许多都与众不同，所以仅凭其就提供了确凿的证据。

胎记往往并不规则且较为独特，使其成为完美的识别特征。被逮捕的犯罪嫌疑人的纹身和其他身体痕迹通常作为“落簿”（the Booking）[1]过程的一部分，被加以绘图或拍照；然而，这一程序远未普及。如果之前遭逮捕时的照片存在，可以将其与嫌疑人或尸体上的痕迹相比较。

技术问题

纹身，即使不容易辨认，也可以通过风格及/或化学成分来追溯创作者。许多纹身艺术家使用含有碳的黑色颜料、含有氯化汞的红色颜料和含有重铬酸钾的绿色颜料。还有人会选择使用苯胺基染料。从尸体纹身部位的皮肤中提取染料并对其分析，使确认或排除某个纹身创作者的作品成为可能，并使调查人员离确认受害人的身份更近了一步。

某些帮派会炫耀自己的特殊纹身，许多司法管辖区都保存着此类纹身的档案。例如，在加利福尼亚州，“加州帮派”数据库（CALGANGalGang）[2]就存储这样的数据，查询检索往往会有所收

---

〔1〕“落簿”，一般是指在英美法系刑事司法程序中，嫌疑人遭到逮捕后，警方会按照规定对其拍摄面部等身体照片，并将相关体貌特征记录在案的过程。

〔2〕“加州帮派”数据库，由加利福尼亚州司法局负责管理的一个数据系统，旨在保护警官的安全，提高刑事调查的效率，识别和跟踪帮派成员，为加利福尼亚州内外的参与执法机构提供调查暴力犯罪影响的能力，从而确保社群安全，是一个广域、低成本、易于使用、安全联网的情报数据库，其中包含犯罪街头帮派成员的数据、描述、纹身、同伙、位置、车辆、现场采访、犯罪历史和活动信息，已经运行了十多年，从加利福尼亚州的地方、州、联邦和部落执法机构收集犯罪情报信息。

获，从而识别受害人。如果死者以前曾触犯过法律，则其前狱友、惩戒官或逮捕者，可以提供身份推定。

寻找伤害或疾病的证据

在尸检过程中，法医可能会发现死者患有某种疾病或在外科手术中留下疤痕。这些信息缩小了对身份的搜索范围。例如，如果受害人曾被切除阑尾或胆囊而留下疤痕，那么搜索失踪人员报告，寻找年龄和性别相同、有相同病史的人，可能会使身份得到有效确认，特别是如果最近刚刚做了手术的话。法医一般可以确定手术伤口的年份。

仔细观察

任何伤痕，无论是因为大型手术、白刃格斗还是其他方式所造成，都遵循相同的愈合模式。在第一周，刀口或刀伤的修复通常需要缝合。在拆线后的几个月内，都可以辨识出缝合导致的显著特征。然而，这种模式可能会在几个月后逐渐消失。

技术问题

在长达几个星期的时间里，疤痕可能会因为毛细血管向伤口区域供血以帮助愈合而保持微粉红色或棕红色。在接下来的几个月，身体继续通过铺设厚厚的结缔组织，即“胶原蛋白”来修复损伤，颜色逐渐褪去，疤痕明显缩小。随着疤痕最终进入成熟期，在 4~6 个月后，会最终变成微弱的白线。在接下来的一年左右时间里，胶原蛋白层继续缩小。此后，伤疤几乎保持不变。因此，在受伤后 4~6 个月内，伤疤的形成时间大体可以判断，但此后，所有的推测都将失去意义。

某些医疗器械提供了另一种识别方法，因为其往往带有唯一的标记。例如，法医可能通过 X 光检查或尸检发现，死者进行了髋关节置换手术。取出人工髋关节，检查是否存在刻印的序列号，然后可以追溯到手术发生的医院，最终找到接受手术的人的姓名。起搏器、植入式除颤器、心脏瓣膜和其他心脏设备，都有可追踪的序列号。

逡巡：鲨鱼血口断臂谋杀案

1935 年 4 月，两名渔民在澳大利亚悉尼海岸捕获了一条大虎鲨。他们把这个家伙捐赠给当地的一个水族馆。鲨鱼几天都不肯吃东西，然后吐出了一只保存完好、肌肉发达的白人手臂。鲨鱼后被处死，对其进行解剖，但没有发现其他的人类遗骸。

案例分析

断臂上留有两个拳击手互殴的纹身，看上去是被刀子割断，而不是被鲨鱼牙齿咬断的。此外，刀伤似乎发生在死后。通过细致的工作，法医调查人员获得了上面的指纹。调查显示，受害人可能是詹姆斯·史密斯（James Smith），一位前科累累的退役拳手。死者的妻子认出了纹身，指纹也证实了手臂属于史密斯。

史密斯的妻子表示，自己最后一次见到丈夫时，他正准备和帕特里克·布雷迪（Patrick Brady），一位臭名昭著的骗子加毒贩，去海边的小屋钓鱼，据说要待上两个星期。调查人员搜查了小屋，屋主报告说，一个箱子、一张床垫、三个垫子和一些绳子不翼而飞。警方推断，史密斯被杀后，在垫子上被砍成碎块后塞进箱子并扔进海里。而死者的手臂显然从箱子中滑出，被那条不幸的鲨鱼吞进肚子。

盘问中，布雷迪供述凶手是雷金纳德·福尔摩斯（Reginald Holmes），不幸的是，在对史密斯的死亡开始正式调查的前一天，他被枪杀。布雷迪的律师获得了最高法院的禁令，以仅仅凭借一条残臂不足以提出谋杀指控为由中止了调查。警方指控布雷迪犯有谋杀罪，但陪审团可能受到高等法院裁决的影响，最终宣判他无罪。这起案件被称为“鲨鱼血口断臂谋杀案”（the Shark Arm Murder）。

收集死者指纹

除非尸体严重腐败，否则一般都可以成功采集死者指纹，并与已知失踪人员和国家指纹数据库进行比对。指纹往往会快速实现绝对识别。

有时，法医会将盐水注入死者指尖，促使指肚膨胀，并可能露出脊线（参见本书第五章）。或者，干脆小心切除手指肚上的皮肤，并在显微镜下观察，抑或为了比对的目的进行拍照。

奇怪但真实

在某些情况下，甚至可以从干尸上获得指纹。这类尸体的指肚往往十分干瘪，有着宛如旧皮革般的纹理，但将其浸泡在水或甘油中，就可能会使其膨胀到足以获得指纹的程度。

牙齿查验

每个人的牙齿都不一样。虽然你我的牙齿数量和类型相同，但它们的长度、宽度和形状却有很大的差异。缺失、错位和镶补的牙齿可供法医将其与齿科记录加以匹配，以确定身份。缺口、褶皱和填充物，为人类的牙齿图案增添了更多的个性。如今，齿科记录常常被用来鉴定人类遗骸。脱氧核糖核酸在这里也起一定的作用，因为牙髓经常提供保存脱氧核糖核酸的组织材料。

贴士

用牙齿作为身源确认的方法并不新鲜。1世纪，罗马皇帝克劳狄乌斯（Claudius）[1]要求亲眼查看遭斩首的情妇的牙齿，以确认她的身份。这位皇帝知道她有一颗变色的前牙。“征服

〔1〕 提贝里乌斯·克劳狄乌斯·德鲁苏斯·尼禄·日耳曼尼库斯（Tiberius Claudius Drusus Nero Germanicus）（公元前10年至54年），常译作克劳狄乌斯、克劳狄，或模仿后来欧洲君主习惯称之为克劳狄一世，是罗马帝国朱里亚·克劳狄王朝的第四任皇帝。

者威廉"(William the Conqueror)[1]用自己弯曲的牙齿咬合信上的蜡封,以证明其真实性。1849 年"维也纳歌剧院"(Vienna Opera House)发生火灾后,人们第一次用牙齿来辨认大规模灾难的受害人身份。

面对一具身份不明的尸体时,法医通常拍摄一组牙齿的 X 光片,借此与最近失踪人员的齿科 X 光片进行比对,如果比中,便可以确认尸体的身份。

认出保罗·列维尔病人的牙齿

案例分析

保罗·列维尔(Paul Revere)[2],因为曾策马狂奔,史诗般地提醒北美殖民地民兵英国军队正在接近,成了美国历史上响当当的人物。然而,鲜为人知的是,他还曾接受过齿科培训,并于 1775 年为朋友约瑟·瓦伦医生(Dr. Joseph Warren)[3]制作了一套假牙。同年 6 月,瓦伦医生在邦克山战役中不幸牺牲,被埋葬

---

〔1〕 "征服者威廉",即威廉一世(William Ⅰ,约 1028 年至 1087 年),诺曼王朝的首位英格兰国王。1035 年继承法国诺曼底公爵之位,号私生子威廉。1066 年在黑斯廷斯与英国国王哈罗德二世决战,获胜后,威廉直取伦敦,年底自封为王,称威廉一世,号称"征服者威廉",有时叫"混蛋威廉"(William the Bastard)。1085 年,威廉一世派人调查整个英格兰地区贵族和自耕农土地的实际情况及经济力量,并于 1086 年颁布《末日审判书》,加强中央集权,进行土地和军事改革。

〔2〕 保罗·列维尔(1734 年至 1818 年),银匠、早期实业家,美国独立战争时期的一名爱国者,曾在打响北美独立战争第一枪的列克星敦和康科德战役前夜警告殖民地民兵英军即将来袭,后协助组建一个针对英军的情报与警报系统,回归银匠生意后,他将利润投注在铸铁、铸铜铃、铸炮与锻造铜螺丝、长钉上,并在 1800 年成为美国第一位成功制作铜片作为海军舰船外壳防护板的人。

〔3〕 约瑟·瓦伦(1741 年至 1775 年),医生,是美国独立战争初期马萨诸塞州反抗军的重要领袖,毕业于哈佛学院,很早便投身政治,参与马萨诸塞州的地区委员会,并与自由之子领袖约翰·汉考克及塞缪尔·亚当斯等结为挚友。列克星敦和康科德战役前夕,瓦伦获得线报:英军即将出动,便请保罗·列维尔等人星夜通报,使民兵早做准备。战事爆发后瓦伦协助威廉·海夫(William Heath)召集民兵到剑桥伏击英军。波士顿之围开始后,瓦伦在马萨诸塞州议会亦有重要影响力,在安全委员会与民兵总司令亚提马斯·华德(Artemas Ward)将军共同筹划军务。1775 年 6 月 14 日瓦伦获议会任命为少将,但他在正式接纳军衔前,便自告奋勇充任步兵,带领援军增援查尔斯镇,结果在邦克山战役撤退时遭英军杀死。

在一个为阵亡将士准备的万人坑里。当瓦伦的家人想把他的尸体挖出来进行私人埋葬时，首先要做的当然是将瓦伦医生的尸体和其他人的遗骸区分开。保罗·列维尔不负重托，认出了自己为朋友制作的假牙。

隐藏在开胃点心中的真相

往好了说，亚伯拉罕·贝克尔（Abraham Becker）和妻子珍妮的婚姻，也只能算是不稳定的。1922年4月6日，他们在纽约的一个朋友家里参加聚会。珍妮吃了些开胃点心、杏仁、葡萄和无花果。这对夫妇离开了聚会，珍妮自此活不见人。贝克尔声称她和另一个男子私奔了。警方将调查矛头指向贝克尔的商业伙伴鲁本·诺金（Reuben Norkin），重重压力下，诺金承认帮助贝克尔埋葬了他妻子的尸体。他告诉警方，贝克尔用扳手打死了珍妮，并把她的尸体埋在一个浅坑里，还在坑里撒上石灰，希望能加速毁尸灭迹。诺金带着警察找到了那座浅坟。

贝克尔矢口否认，说这并不是自己妻子的尸体，同时声称妻子的身材比在坟墓里发现的尸体要高大得多，衣服也不是上次露面时所穿的那身。在验尸过程中，法医卡尔·肯纳德（Dr.Karl Kennard）发现，受害人的胃保存完好，并在其中找到了杏仁、葡萄、无花果和肉酱填料的开胃点心。贝克尔则辩驳称，任何女性都可能进食这些东西，但当肉酱的成分被检测出来时，法医发现其和宴会上用的那种完全一样，系按照一份古老的家庭食谱制作而成。贝克尔及诺金都被判一级谋杀罪。法医用从尸体上收集到的所有证据来确认死者的身份。即使是胃内容物，也可以在某些情况下发挥至关重要的作用。

利用脱氧核糖核酸识别身份

在许多情况下，脱氧核糖核酸也被用来识别身源未知的人类遗骸。但是，就像指纹一样，只有当存在一个可以用来比对的脱氧核糖核酸图谱时，这种方法才会发挥作用。从尸体组织中提取的脱氧核糖核酸，或者从骨骼和牙齿中提取的脱氧核糖核酸，如果可能，通常可与失踪人员的脱氧核糖核酸进行比对分析。也可以将其输入类似如“联合脱氧核糖核酸索引系统”（Combined DNA Ind ex System，CODIS）[1]的脱氧核糖核酸数据库中，希望出现“命中”——与系统中已经存在的基因匹配。

除了细胞核脱氧核糖核酸，其他脱氧核糖核酸分析，如线粒体脱氧核糖核酸、Y 染色体脱氧核糖核酸和家族脱氧核糖核酸分析，在这些情况下也非常有用，因为都可以借此缩小可能性。相关技术都可以参见本书第十五章。

《枯干骸骨》[2]：与尸骨为伍

有时，法医团队所面临的，并非一具完整的尸体。可能只有一副骷髅（最理想情况）或者只有一根骨头。在这种情况下，法医人类学和齿科的专业知识通常能够发挥作用。他们被要求回答如下几个问题：

» 骨头是人骨吗?

---

〔1〕“联合脱氧核糖核酸索引系统”，1989 年由美国联邦调查局创建并负责维护的美国国家脱氧核糖核酸数据库，由三个层次的信息组成，即标注 DNA 图谱的发源地的“本地 DNA 索引系统”、允许州内实验室共享信息的“各州脱氧核糖核酸索引系统”（SDIS），以及允许美国各州间相互比较相关信息的“美国脱氧核糖核酸索引系统”（NDIS）。这一系统包含多个不同的数据库，具体取决于搜索的信息类型。

〔2〕《枯干骸骨》(*Dem Bones*)，又称 *Dry Bones* 以及 *Dem Dry Bones*，美国的一首宗教歌曲，1928 年首次录制，广为人知。歌词的灵感来自圣经《以西结书》(Ezekiel 37：2)：“谁知在平原的骸骨甚多，而且极其枯干。”后来还曾经拍摄过相同标题的动画片。

» 个体的生物学特征（体态、年龄、性别、种族）为何？
» 死亡时间有多久？
» 死亡的原因及方式是什么？

仔细观察

如果有了完整的成人骨骼，性别基本上可以百分之百确定，年龄区间可以精确到5~10岁，身高范围控制在1.5英寸以内，而且大部分情况下种族的认定都不是问题。麻烦是：人类学分析人员通常只能得到骨骼的一部分或其中区区几块。

鉴识一具无名尸体身份的任何希望，取决于确定死者的生物学特征；年龄、身高、性别和种族等属性，能将范围大大缩小。这些特征确定后，搜索就转向个性化特征。骨头上存在的疾病、先天性缺陷或外伤的迹象，都显得十分很重要。

确定是否为人类遗骸

首先必须回答的问题，便是骨头是否为人类遗骸。时间、自然和肉食动物的影响，可能会分散和破坏部分骨骼，导致研究人员无以为继，根本没有任何揣测的余地。

奇怪但真实

至少可以说，确定骨骼的种类（更不用说具体的身份）是一项挑战。例如，熊的前爪骨与人的手骨非常相似，一些海龟的碎壳也可能会被误认为颅骨碎片。羊和鹿的肋骨很像人的肋骨。如果受害人是婴儿或幼童，确定骨头是人可能会更加困难。婴儿骨骼更小，极其容易与小动物骨骼混为一谈。婴儿的颅骨没有完全融合（结合在一起形成一个单一的结构），其中一些碎片可能会散落和丢失，因此颅骨的完整视图并不明显。婴儿的牙齿，也类似于小动物的牙齿。

骨骼的结构可能会比预想的更为复杂。根据物种的不同，以及其在体内发挥的功能，呈现凸起、沟槽、凹痕及其他特征。法医人类学分析人员利用这些特征，以及骨骼的整体大小和厚度，来评估物种的性质。然而，即使有多年的经验，物种鉴定也很困难。

死者年龄确定

只有白骨可用时，法医人类学专家只能对年龄作出尽可能准确的估测（毕竟，这是一种科学观点），但对于年轻受害人而言，这种年龄的估测要比成年受害人更为准确。这是因为儿童和青少年的牙齿和骨骼遵循可预测的生长和成熟模式。通过评估不同的发展阶段，可以确定一个相当狭窄的年龄范围。在生命后期，成长过程完成后，牙齿和骨骼的变化发生的速度要慢得多，因此导致年龄评估的范围变得更为宽泛。

仔细观察

特别有用的细节包括：

» 牙齿：牙齿发育从出生前开始，经过幼齿（共 20 颗）的形成、出现和脱落，最终形成 32 颗恒牙。恒牙的外观通常在 12 岁左右完成。最后出现的牙齿，智齿，一般在 18 岁时就长出来了。这个线性时间发展脉络，有助于评估死亡时 18 岁及以下者的年龄。

» 颅骨：对成人来说，颅骨在年龄估计方面用处不大，而就婴儿而言，颅骨可以起到一定程度的帮助作用，但不如人们曾经以为的那么大。婴儿的颅骨，实际上有好几块。随着时间的推移，这些碎片沿着被称为“骨缝”（Suture Lines）的锯齿状分离线融合或长在一起。虽然认为骨缝闭合的模式对于法证鉴识有用似乎合乎逻辑，但不幸的是，骨缝融合的可变模式异常广泛，从而导致据此估测年龄的精度，远不如研究人员的预期。

» 大腿和手臂的长骨：这些骨头随着年龄的增长而变化。

它们内部的生长板在生长过程中保持活跃状态，但在生长结束时陷入停滞。这些变化有助于确定25岁以下，即骨骼发育完成前的人的年龄。

» 骨盆："耻骨联合"(the symphysis)，一条细软骨带，在骨盆前部融合在一起。其在一开始呈锯齿形，但随着年龄的增长而变直，在人达到50岁时停止变化。

» 肋骨：肋骨与胸骨相连的部位，在青少年时代表现得光滑圆润，但随着年龄的增长，这些部位会变得凹凸不平，甚至十分锋利。对这些交界处的检查可以将30岁之前的年龄估测误差范围缩小到一岁甚至半岁以内，即便对于70岁之前的死者，年龄误差也可以控制在5岁以内。在那之后，这些改变就没什么参考价值了。

» 骨密度：随着年龄的增长，人类骨骼会钙流失，变得不那么致密。对骨骼的X光检查揭示了骨密度，可能有助于确定年龄。任何特定年龄段，营养不良和骨质疏松等疾病都会导致骨密度降低，因此在根据骨骼密度确定年龄时必须考虑这些因素。

体态评判

您可能以为，简单地从上到下测量骨骼，就可以提供死者的身高和大体身材。如果存在一副完整的骨骼，这是完全可能的；然而，更多的情况下，现场只发现部分遗骸，导致类似的测量变得不再可能。记住，身高只是一个人身材的部分要素，除此之外，还包括体型、骨骼厚度和肌肉发育程度等要素。

长骨(大腿和手臂)可以帮助估计身高。在这方面，可以使用将长骨的长度与评估对象身高相匹配的对照表。例如，身高通常等于上臂骨，即"肱骨"(Humerus)长度的5倍。即使是长骨的碎片也可以用来确定身高。其他的对照公式已经被开发出来，使研究人员能够凭借碎片估计骨骼长度。这样的估计使粗略计算人的大致身高成为可能。

骨骼的粗细程度也可以让研究人员大致了解一个人是身材瘦小还是肌肉发达，因为较为粗壮的骨骼往往表明肌肉发达。这种粗细程度也可能显示出一个人的用手习惯，因为右撇子往往身体右侧骨头更为粗壮强健，而左撇子则恰恰相反。

性别区分

希望通过婴儿和儿童的骨骼残骸确定死者性别，相较于希望借助成年人尸骨确定性别，显然更为困难，这是因为骨骼中的性别特异性变化，往往直到青春期才出现，青春期之后，男性和女性的骨骼生长出现分化，开始呈现性别识别特征。

成年男性骨骼的总体尺寸和粗细程度通常大于成年女性。然而，骨骼的大小和厚度与性别以外的诸多因素有关：营养良好，以及大量的体力活动会导致不管性别如何，骨骼看起来都更强壮。因此，一个吃得好、常干活的劳动女性的骨骼看起来可能更像男性骨骼；一个营养不良、很少从事体力劳动的男性的骨骼则看起来恰恰相反。

然而，某些骨头的某些区域的粗细程度，可以用来区分男性和女性。一般来说，男性的下列骨头直径较大：上臂骨，即肱骨；拇指侧的下臂骨，即“桡骨”（Radius）；上腿骨，即“股骨”（Femur）。

仔细观察

确定性别最可靠的骨骼是盆骨（见图示10-1）。男性盆骨仅用于支撑和运动，而女性骨盆则需要适合分娩。女性骨盆较宽，开口较大，允许分娩时婴儿通过。女性的“坐骨切迹”（Sciatic Notch），即坐骨神经和其他神经在到达腿部时穿过的地方，也比男性宽。此外，生产过的妇女的耻骨背面可能有妊娠纹、疤痕和不规则现象，这是由于分娩期间和之后韧带的撕裂和再生引起的。

颅骨也为个体性别的区分提供了有用的线索。男性颅骨往往带有更明显的肌嵴，更为硕大厚重，特别是在面部和下颌肌肉连接的区域。此外，男性“颌骨”(Mandible)以及“下颌后支”(Posterior Ramus)稍有弯曲，女性的则倾向于平直(见图示 10–2)。

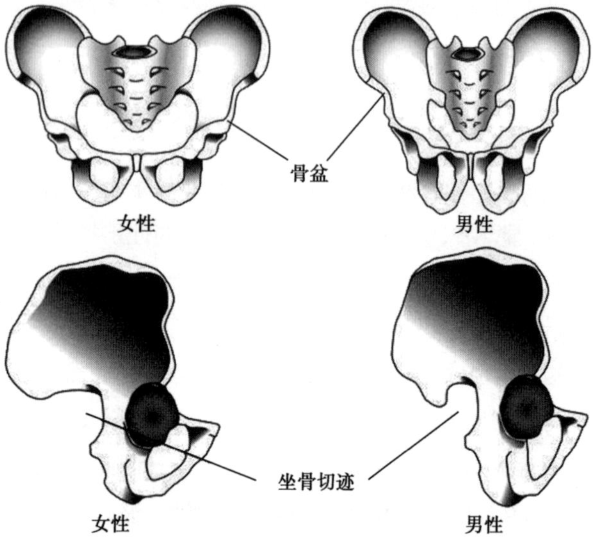

图示 10–1　女性骨盆比男性骨盆宽，女性坐骨切迹比男性宽　南·欧文 插图

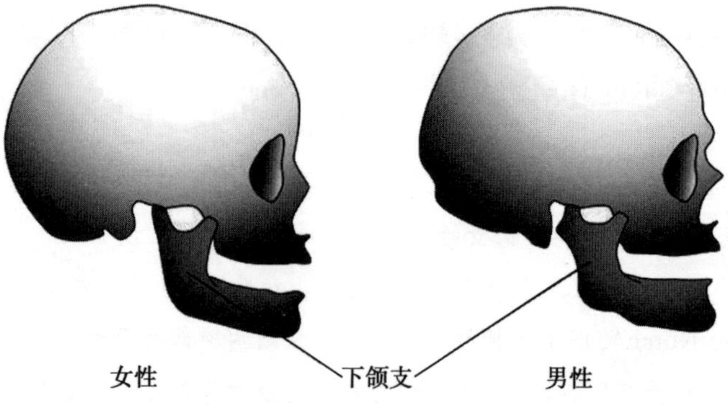

图示 10–2　男性下颌后支弯曲，女性竖直　南·欧文 插图

种族鉴别

识记

利用骨骼遗骸确定种族非常困难，甚至是不可能的，因为并不存在种族独有的骨骼特征。任何分类说到底，都是粗糙的，并且由于种族杂交大为改变。任何一副特定骷髅，只能归入下列三个组别之一：“高加索人种”(Caucasoid)、“黑人人种”(Negroid)和“蒙古人种”(Mongoloid)。

高加索人种，或白人人种，通常为高颅、圆颅或方颅，直面，窄鼻且突出，眼眶呈三角形。然而，黑人人种通常颅骨低窄，鼻子扁平，牙齿突出，方形眼窝。蒙古人种的颅骨圆宽，呈拱形，圆形眼窝，宽面。黑人的胳膊和大腿往往较之白种人更长，而蒙古人种的四肢通常较短。高加索人的股骨(大腿骨)和黄种人类似，也有一个向前的曲线，而在黑人身上，这根骨头显得更直。

具有混合种族血统的人的骨骼，显然与其祖先的骨骼特征相同。这种种族混合，常常意味着种族的确定失去可能。

寻找个人专属特征

对年龄、身高、性别和种族的估测，可帮助无名尸体的身份鉴别者缩小搜索范围，但要确定真实身份，仍然需要更多的信息。仅仅知道遗骸属于一位年龄介于 12~18 岁，身高 5 英尺，左撇子的白人女性，并不能确定死者的身份，远远不能。但这些因素却可以将需要关注的人群缩小到可控的数量。其他可以与医疗记录或潜在匹配的 X 光片相比较的细节包括：

» 此前受伤，包括治愈后的伤口证据。

» 可能导致骨折骨裂的刀伤或枪伤的证据。

» 外科手术，如安装人工髋关节或心脏起搏器。

» 牙齿特征。

» 骨骼及牙齿中提取的脱氧核糖核酸。

技术问题

一种新近出现的用于识别遗体的技术，是将尸体上的线粒体脱氧核糖核酸（参见本书第十五章）与在世者的线粒体脱氧核糖核酸进行匹配。线粒体脱氧核糖核酸是遗传物质，并且能在漫长的历史发展过程中一直保持不变。这种遗传信息非常坚韧，能在腐烂的骨骼残骸中长时间存活，常见于身体的所有细胞、牙髓，甚至在正常情况下不含细胞核脱氧核糖核酸的毛发中。如果受害人被认为是一个特定的个体，那么从近亲那里获得的线粒体脱氧核糖核酸可以与死者的线粒体脱氧核糖核酸相比较。如果二者有共同的母系血统，二者就会匹配。其他有用的脱氧核糖核酸技术包括 Y 染色体脱氧核糖核酸分析和家族脱氧核糖核酸分析。

死亡时间估算

“化石埋藏学”（Taphonomy）研究人体等生物质死后发生变化的历史过程。如果尸体腐烂，又是如何“白骨化”（Skeletonized），即退化到只剩下骨头的程度的，想必是选修这门课的学生感兴趣的领域。正如各位在本章所见，以及即将在本书第十一章中所发现的那样，死亡时间估算，可能不仅涉及物证鉴识人类学分析人员和齿科医生，还涉及法医、考古分析人员、气候分析人员、植物分析人员、昆虫分析人员，以及其他人（相关专业分工，参见本书第二章的详细介绍）。

遇到骨骼遗骸时，物证鉴识人类学分析人员首先要确定骨骼主人的年龄。这个答案对任何参与案件调查的法医来说都至关重要。数百年前的骨头几乎没有任何法医学上的用途，但 2~40 岁龄的遗骨，可能具有重要的意义。

死亡时间的评估并非易事，而且随着时间的推移，估计会变得越来越困难。第十一章着眼于借助大体完好无损的尸体确定被害人的死亡时间，而这项任务属于法医的专长。对于骨骼遗骸，物证鉴识人类学分析人员使用以下任何一种或所有方法确定死亡发生的大致时间间隔：

» 检查埋葬地点挖出的人工物品：衣服、珠宝、棺材和其他物品都有可能表明埋葬的时间范围。例如，只有在近代才出现的箭头或铅弹，显然标志着与合成材料和塑料物体不同的时间范畴。

» 化学分析：测量骨骼中的氮含量是一种方法，随着骨骼的恶化，氮含量会降低。然而，这种分析是不精确的，因为蛋白质和氮的流失率受温度和湿度的影响，这两个因素也是影响人体腐烂率的最大因素。尽管如此，因为高水平的氮含量表明骨头只有几年而不是几十年的历史，所以这种测定可能会有所帮助。

另一种化学测量，主要根据的是不同氨基酸从骨骼中散逸的速度。对新鲜骨骼加以分析，可能会发现多达十五种不同的氨基酸，但一百年或以上年份的骨骼，通常只残存七种氨基酸。

» 紫外线：新鲜骨头在紫外线下发出淡蓝色的荧光。骨骼的横截面显示了整个骨骼粗度的光晕。时间会导致这种荧光从外到内逐渐衰减，因此，一根不足100岁龄的骨头，可能会在其整个横截面范围内发光，而一根几百岁龄的骨头则完全没有荧光。在这两者之间，荧光可能局限于骨骼横截面内的某个较窄范围。这个波段以10年为单位等比缩小，直到消失。

» 放射性同位素："碳十四"（C-14）定年法在法医学中用处不大，因为它的范围太广；然而，其他放射性物质可能会有所帮助。从第二次世界大战到20世纪五六十年代，核武器的不断试验导致了全球碳十四、锶九零、铯一三七和氚（氢的放射性同位素）的数量增加。在骨骼中发现一种或多种此类物质的含量增加，意味着该人在大约1950年之后死亡。

处理焚烧后的遗骨

烧焦的骨头，给人类学分析人员带来了特殊的问题。直接暴露在火中的人骨会被烧焦并碳化，并可能出现骨折或碎裂。与火长时间直接接触，可以煅烧骨头，使之化为白色的灰烬。在这种情况下，人类学分析人员所需要处理的，可能只是一些残渣罢了。

奇怪但真实

另外，骨骼的纹理和颜色，提供了火势强度和持续时间的线索。间接或短暂暴露在火中只会导致骨骼变成黄棕色，可能存在，也可能不存在灰状条纹。

“脱水”（Desiccation）或干燥的骨头，会出现收缩，从而使凭借其准确估计身高变得非常困难。

确定死亡原因及致死方式

偶尔，骨骼遗骸能提供死亡原因和方式的线索。骨头上的骨折、碎裂和撞击痕迹（凹痕和凹陷）可能显示钝器伤，表明受害人可能摔倒或被钝器击中。锐器伤，如斧头或刀伤，可能会表现为刀锋切入骨头的切面。武器的金属残留物偶尔会沿着切割表面残留下来。同样，子弹可能会在颅骨、肋骨、脊椎或其他骨头上留下出入通道孔、凹痕和其他缺陷。如果能在骨头里找到一两颗弹头，将对鉴定极有帮助。测量骨头上的一个入口直径，有时能使研究人员估计出造成伤害的子弹的口径大小。

追踪多处骨头的损伤或发现嵌入的弹头，也可以使研究人员评估子弹的行经路径，从而确定哪些器官可能受到损伤。当然，钝器、刀子和子弹可以导致死亡而不影响骨骼，而且不幸的是，许多被勒死的受害人及大多数自然死亡的死者，都不会留下任何骨骼证据，这意味着此时的骨骼，可能无法提供任何有关死亡原因和方式的线索。

法医面临的一个问题，就是骨头损伤是发生在死亡之前还是更早的时候。例如，一个发生在死亡前几年的颅骨骨折和一个发生在死亡时的颅骨骨折，意味着两件完全不同的事情。幸运的是，法医团队经常能作出这样的区分。

仔细观察

骨折的骨头会愈合，其迹象可以通过损伤区域的疤痕，即“骨痂”(Callus)形成来观察。骨痂的形成需要几个月，当然，死后骨折的骨头不会愈合。所以在尸体上发现存在强健骨痂，就意味着骨折发生在死亡前几个月。另外，“死亡过程中发生的骨折”，即发生在死亡时间附近的骨折(Perimortem Fractures)不会存在愈合的迹象，也不会形成骨痂。因此，颅骨骨折，没有愈合的迹象，可能发生在死亡前后，确实可能与死因有关。相反，愈合良好的骨折，不会与死亡直接相关。

留在自然界的骨头会受到自然力和捕食者的损害，在受害人死亡数年后可能会折断。物证鉴识人类学分析人员认识到，死后骨折在很大程度上是因为活体骨头含有水分、活性蛋白和脂肪，这使其比很久之前死去的受害人的骨头更为强韧。

活体骨头的骨折通常表现为沿着骨腔中线扭曲的“螺旋形骨折”(Spiral Fracture)或不规则断开，以及就像把一根青绿的树枝折成两半而未断的“青枝样骨折”(Greenstick Fracture)。脱水(干燥)的骨头则是易碎的，很容易化为碎渣，或干净利落地断开，并且断裂的横截面通常平行或垂直于骨头的轴线。通过检查骨折的性质，物证鉴识人类学分析人员能够区分其究竟属于死前骨折还是死后断裂。

根据骨骼损伤的时间和性质，物证鉴识人类学分析人员和法医学专家有时可以确定死亡原因，甚至可能确定其是否有自残、意外或他杀迹象。然而，确定死亡方式并不总是易如反掌，或精确到家。当发现有人死于颅骨骨折时，很难确定骨折是由头部受重击(凶杀)、摔倒

(意外)还是由心脏病发作或中风(自然)导致摔倒造成的。

面容重建

还是忘掉米开朗基罗[1]吧。对于那些最终死于非命且身份不明的可怜受害人来说,所谓伟大的"艺术家",当推那些根据遗骸重新还原死者生前相貌的人。无论是借由绘画、雕塑,还是计算机生成的图像,这些"艺术家"创造出受害人的肖像,以帮助识别死者的身份,警方将还原后的肖像广而告之,希望找到一个能够将其认出的知情者。当其他方法无法识别尸体时,"面容重建"(Facial Reconstruction),或者重新绘制身源不明的受害人的面部肖像,就能发挥作用。

颅骨模型,或者颅骨建模,是这门迷人的艺术的基础框架,通常必须基于颅骨的一部分进行。建模完成后,在其基础上通过绘图、黏土或计算机绘制图像。这些绘图、计算机绘图和三维黏土模型需要鉴识专家的独到审美及丰富经验。当然,这个过程中也少不了大胆猜测。

从事黏土重建的鉴识专家依赖于相关研究,这些研究已经确定了人类颅骨上某些骨骼标志的平均皮肤厚度。他们把代表这些厚度的小垫片放在相应的区域,然后用黏土条将其连接起来。最后,这个格子被填充并轮廓化。

仔细观察

然而,许多问题困扰着这一进程。眼睑的结构、头发和眼睛的颜色、发型以及面部毛发的存在与否,都不得而知。受害人的种族也可能是未知数,尽管脱氧核糖核酸分析通常可以提示所属种族(参见本书第十五章)。由软骨构成的鼻子和耳朵

---

〔1〕 米开朗基罗·博那罗蒂(Michelangelo Buonarroti,1475年至1564年),又译"米开朗琪罗",意大利文艺复兴时期伟大的绘画家、雕塑家、建筑师和诗人,文艺复兴时期雕塑艺术最高峰的代表,与拉斐尔和达芬奇并称为文艺复兴后三杰。

等特征通常会被留白。绘制或雕刻这些特征需要艺术家的大胆猜测。同样，皮肤的厚度和身体脂肪的数量也必须考虑在内，这些估计中的任何错误，都会极大地影响最终画面的成像效果。

一旦失踪人员的特征符合尸体的一般特征，就可以将失踪人员的照片与颅骨的图像叠加，以使用称为颅骨到照片叠加的技术来确认身份。基本上，失踪者的照片被叠加到与颅骨同样大小的照片上，鉴识人员还会对标志性的骨骼特征进行比较。

这种技术很少提供决定性的匹配，但可以排除某些候选人。例如，失踪者的照片可能会显示眼睛间隔太大，鼻子太长，或者下巴的轮廓与颅骨模型上的不同。另外，当所有特征都匹配时，也不能借此确定受害人就是这位失踪人员。

挖掘乱葬坑

大规模的灾难、战争、种族灭绝，以及诸如“9·11”纽约世贸中心恐怖袭击之类的事件，都可能营建出一座大规模的坟墓，无论是有意为之，还是瓦砾叠压造成。寻找及确认此类事件的受害人，无疑是一项挑战，物证鉴识人类学分析人员、齿科医生和脱氧核糖核酸专家都可能被请来帮助确认遗体。这些遗骸可以是腐烂的尸体、残肢断臂、骨骼遗骸，甚至大大小小散落一地的脏器、骨骼和牙齿。这是一个艰苦的过程，也不是所有的遗骸的身源最终都能被确认出来。

照片比对

除了到现场发掘尸骨外，物证鉴识人类学分析人员可能会被要求利用他们对皮肤下隐藏的东西的知识，确定两张照片上的是否是同一个人。虽然每个人的面容都会经历与年龄有关的变化，但某些特征不会改变，法医人类学分析人员可以通过照片比较人的骨骼结构，即使这些照片相隔数年甚至数十年，并且在照片质量和摄影技术上差异很大。例如，一张照片可能来自监控摄像头，另一张来自专业的摄影工作室。

检查者将一张照片叠加在另一张照片上，比较固定结构，如眉骨（眉毛区域）、鼻孔和下巴轮廓。出现匹配，则表明照片可能是同一个人的。叠加匹配的照片不是决定性的直接证据，而只是间接证据。

当嫌疑犯或失踪人员多年甚至数十年未被发现时，物证鉴识人类学分析人员或"艺术家"也可能被要求对照片进行年龄鉴定。利用一张个人的旧照片，试图确定几年后的个人长相。凭借这项技术，在许多案件中都成功地找到了失踪人员，或者锁定了嫌疑人。这一老化过程大多仅仅是猜测性质的，但近年来已经积累了经验和能力，在此方面的技术变得相当熟练。还开发了计算机程序来辅助这一过程。

在将老化过程应用于旧照片之前，通常会为失踪人员绘制一份心理画像（参见本书第四章）。画像会提供此人可能拥有的个性、习惯、信仰和许多其他性格因素。例如，如果失踪者对整形手术存在社会或宗教偏见，则负责面容重建的鉴识专家可以合理地假设这个人没有易容。同样地，如果受害人过着宅居的生活，那么随着年龄的增长，面部的变化会比喜爱运动的受害人更为明显。简言之，"艺术家"利用心理画像中的信息，来为这些年来个体可能经历的面部变化提供理论解说。

确认"死亡天使"的身份

臭名昭著的"死亡天使"（Angel of Death）约瑟夫·门格尔（Josef Mengele），曾对希特勒统治下的第三帝国的囚犯实施一系列罄竹难书的人体试验及虐杀暴行。他一个人，便造成了约 40 万犹太人的死亡。

20 世纪六七十年代，甚至直到 80 年代，门格尔都堪称全世界通缉的头号战争罪犯之一。1985 年，关于其即将落网的传闻达到了狂热的程度，许多人都想知道“死亡天使”最终是否会接受审判，并为其犯下的累累罪行负责。不幸的是，他并未被押上被告席。一对住在巴西的德国夫妇向当局展示了“艾姆布村”（Village of Embu）附近的一个坟墓，并告诉大家，下面埋葬的尸体，就是死去多年的约瑟夫·门格尔。

来自美国、德国和奥地利的专业人士参与了骨骼遗骸的检查。他们确定尸骨属于一名白种男性，其体长和年龄与门格尔相当。不幸的是，门格尔在纳粹党卫军中的档案内容简单粗略，尤其是在 1938 年绘制的牙齿档案并不精确。档案内容虽然显示他的牙齿共填补过 12 处，但并没有准确指明填充的位置，也没有提到堪称招牌的豁牙。

德国人类学者理查德·赫尔默（Richard Helmer）此前一直在进行照片叠加工作，他从坟墓中拍摄了一张颅骨照片，并在 30 多个识别点上作了标记，然后将一张已知的门格尔照片叠加在颅骨照片上。赫尔默认为，匹配堪称完美，并确信这就是门格尔的尸骨。事实证明，他是对的。1992 年，从这具尸骨中提取的脱氧核糖核酸材料与从门格尔亲属身上提取的样本进行了对比，命中。“死亡天使”最终被找到了。

第十一章

大限：死亡时间的推断

- 理解死亡时间的微妙所在
- 观察死后尸体的客观变化
- 使用昆虫和其他证据说明

一位丈夫表示，自己下午两点离开家，去参加一个商务会议，晚上八点才返回家中，结果发现妻子死了。该男子坚称自己整个上午都在家，走的时候妻子还活着。情况也许是这样，也许不是这样。但只要能够确定妻子的死亡时间，就会反驳或支持他的说法。如果验尸官确定死亡时间是在上午十点到中午，丈夫显然就需要对此作出大量的解释。如果经过估测，死亡发生在下午四点至六点，且丈夫可以为自己提供这段时间不在场的可靠证明，则死因调查，将朝着不同的方向发展。

在刑事案件中，准确确定死亡时间，可以洗刷一些对象的嫌疑，从而引导警方把注意力集中在其他人身上。然而，确定死亡时间，实在属于一门不甚精确的艺术，为了作出尽可能精准的估测，法医使用了一切可用的方法，从证人陈述，到尸体温度，再到尸体内外的各种虫子。

死亡时间的确定

死亡时间这一概念看似简单直接，是受害人最后一次呼吸的时间，对吧？错了。实际上，存在三种不同形式的死亡时间。

» “推断死亡时间”（Estimated Time of Death）：法医能够作出的最大精度的估测。

» “法定死亡时间”（Legal Time of Death）：尸体被发现或宣布死亡的时间。法定死亡时间也是记录在死亡证明上的时间。

» “生理死亡时间”（Physiological Time of Death）：受害人重要生理功能丧失的时间。

奇怪但真实

如果在生理性死亡发生很久后尸体才被发现，则这三种死亡时间可能会存在以天、周甚至月计算的差距。例如，如果一个连环杀人犯在七月杀死了一名受害人，但尸体直到十月才被发现，那么生理死亡发生在七月，但法定死亡时间是在十月。推断死亡时间可能是七月，甚至是六月或八月。其中法医的推断，基本上只能算作一种猜测。

对于死亡时间唯一绝对精准的确定，出现在当医生或其他熟练的医疗专业人员在场时死者去世的例外情况。然而，许多人的死亡无人目击。自然死亡可能发生在睡梦中，意外死亡和自杀死亡往往出现在受害人独自一人的时候。在凶杀案中，犯罪人通常是案发现场唯一的目击者，即使其当时看了时间，也不太可能将这些信息告诉别人。

查验尸体以确定死亡时间

死后，尸体开始腐败，而这种进程具有一定的可预测性。法医通过这种模式，来估计生理死亡的时间。不幸的是，尸体腐败的种种变化，并不拘泥于一个固定的时间框架，而是会以各种各样的方式发生。没有任何单一因素能准确地表明生理死亡的时间。对此，只能进行最大努力地估测。

测量尸温

现实生活中，大多数人的正常体温，是 37 摄氏度。离开人世后，尸体以每小时 1.5 摄氏度的速率失去热量，直到达到“环境温度”（Ambient Temperature）。

然而，失温的速率因尸体周围的环境不同而有所差异：在温暖的房间里，尸体的散热速度，远比在冰冷流动的溪流中缓慢得多。

负责处理犯罪现场的技侦人员会测量尸温，同时测量周围空气、水、雪或土壤的温度（如果尸体被掩埋）。理想情况下，尸温应直接测量。另一种方法是测量死者的肝脏温度，这样做可以更准确地反映真实的核心体温。

人死后，尸体越早被发现，通过上述方法估测的死亡时间越准确。一旦身体温度达到环境温度，所有的努力都将前功尽弃。

仔细观察

死者的胖瘦、穿着的衣服、温暖的气候、静止的空气、暴露在阳光的曝晒以及封闭的环境，都会减缓热量损失。脂肪和衣服是很好的绝缘体。尸体暴露在寒冷或流动的空气及水中，或被放置在阴凉的地方，会迅速失温。儿童和老年人更容易失去热量，患有慢性病或消瘦的人也是如此。当身体接触到寒冷的表面，如大理石或冰冷的混凝土时，热量损失更大。

与所有确定死亡时间的方法一样，热损失也充满了不精确性。尽管如此，只要尽早、仔细地测量核心体温，并考虑到身体周围的情况，法医就能作出准确的估测。

躯干紧绷：尸僵

你可能听说过指代尸体的“死翘翘”（Stiff）一词。现在几乎还能听到亨弗莱·鲍嘉（Humphrey Bogart）[1]的喃喃自语："死翘翘的家伙是谁？"虽然这个词可能不怎么亲切，但却十分精准到位。其所指代的，正是所谓"尸僵"——人死后肌肉细胞发生的化学反应引起的肌肉僵硬和收缩。

技术问题

人死亡后尸体变硬的原因，是肌肉中的"三磷酸腺苷"（ATP）出现流失。三磷酸腺苷作为一种化合物，可以作为肌肉活动的能量。三磷酸腺苷转化为"二磷酸腺苷"（ADP）的化学反应能够产生能量，而这种能量使肌肉出现收缩。三磷酸腺苷的存在及其稳定性，取决于氧和营养物质的稳定供应，当心脏停止跳动时，这些物质就会流失。然后，三磷酸腺苷转化为二磷酸腺苷，肌肉变硬，产生尸僵。后期，当肌肉组织本身开始作为腐败过程的一部分而出现分解时，肌肉不再变得僵硬并开始松弛。

仔细观察

尸僵大体在全身上下同时出现，但肌肉以不同的速度变得僵硬，并且符合科学预估的模式范围。在一般情况（环境温度约为 70 华氏度）下，尸僵的状况如下：

» 死亡后大约两小时开始，尸体面部和颈部的小肌群首先开始出现僵硬，并以从头到脚的方式向下发展到大肌群。

» 整个收缩过程需要 8~12 小时，之后身体完全僵硬，固定在死亡的体位。

» 尸体的状态将继续固定 12~18 小时，这种状态被称为"僵硬阶段"（Rigid Stage）。

---

〔1〕 亨弗莱·鲍嘉（1899 年至 1957 年），美国男演员，1952 年凭借爱情影片《非洲女王号》获得第二十四届奥斯卡金像奖最佳男主角奖，曾主演脍炙人口的《卡萨布兰卡》等著名影片。"死翘翘的家伙是谁？"（Who is the stiff?）亦是其经典台词之一。

» 整个过程会自我逆转，僵硬会按照出现的顺序消失，从小肌群开始，发展到大肌群。

» 再过 12 小时左右，在尸僵的“破坏阶段”（Flaccid Stage），肌肉组织会出现软化松懈的现象。

一般规则表现为“12/12/12”。僵硬进程持续 12 小时，保持 12 小时，然后松弛过程需要 12 小时。不管怎样，或多或少。

由于存在这个过程，尸僵仅仅对于死亡后 36~48 小时内的尸体评估有用。

有时，人在死后很快就会出现尸僵的现象，特别是在死前体内三磷酸腺苷的水平降低的情况下，这通常是因为剧烈的体力活动或迅速升温导致，这两种情况都会迅速消耗三磷酸腺苷。

» 在死亡前曾试图逃跑以摆脱行凶者的受害人，可能会最先出现腿部僵硬的迹象，这也是三磷酸腺苷消耗最严重的部位。

» 马钱子碱中毒的受害人可能会立即出现僵硬，因为这种化学物质会引起类似于剧烈体力活动的肌肉痉挛。

» 体温升高也会导致三磷酸腺苷消耗增加，出现血液感染，如“败血症”、肺炎或出现其他发热（发烧）症状的受害人，以及死于中暑的人，都可能会迅速出现尸体僵硬的现象。

另外，寒冷的环境大大减缓了三磷酸腺苷的流失，从而迟滞尸僵的发生和发展。因为暴露在寒冷气候中而被冻死的受害人，或在死亡后立即被冷冻的受害人，可能在几天后，甚至直到身体被再次加热或解冻前，都不会出现僵硬。

识记

僵硬程度，是确定死亡时间最不靠谱的方法之一，因为其十分多变。热使过程加快，冷使过程减慢。肥胖的人可能一点也不会变得僵硬，而在瘦弱的死者中，这种情况往往发生得很快。如果受害人在死前挣扎并消耗了肌肉中大量的三磷酸腺苷，尸僵过程也会加快。

与尸僵相关的强直现象，可以通过弯曲和拉伸尸体来加以“打破”。这样做会拉伸并扯断肌肉纤维。一旦被打破，尸僵现象将不再反弹。

抓紧：尸体痉挛

奇怪但真实

“尸体痉挛”（Cadaveric Spasm），作为一种尸体全身瞬间强直的现象，常与尸僵出现混淆。一具受痉挛影响的尸体，被锁定在死亡时的姿势。尸体可以被冻僵，坐着，跪着，伸手，或者几乎呈现任何体态。如果受害人在即将死亡时进行了极其激烈的身体运动或爆发极其强烈的情感，则死后会出现尸体痉挛。举例来说，受害人可能在死亡的那一刻挣扎着去夺刀，尸体痉挛导致死者的手死死地攥住了凶器。

出现淤青：尸斑

影视作品中，死去的人妆容完美，头发丝毫不乱，看起来堪称漂亮。但真正的尸体可不那么吸引人，这在很大程度上，是因为身体的某些部位发青且部分呈现暗紫色。也被称为“死后血液沉积”（Postmortem Hypostasis），这种体表特征有助于确定死亡时间，并表明尸体是否在死后遭到移动。

发青是血管中的血液停滞引起的。死亡时，心脏停止跳动，血液停止流动。停滞的血液在重力的引导下流动。一具仰卧的尸体，背部和臀部都会发青。而一具左侧位倒卧的尸体，左肩、左臂、左臀和左腿的下方呈青紫色。

然而，尸身的任何一部分，如果挤压在坚硬的物体表面，则呈现灰白色，周围区域发青。例如，如果一具尸体躺卧在地，除了身体与坚硬的地板实际接触的地方之外，身体下方整体呈现青绿色。肩胛骨、臀部和小腿显示出苍白的接触点，因为身体的重量压缩了这些支撑区域的血管，阻止了停滞的血液聚集。紧身衣也能起到同样的作用。腰带或胸罩会在发青的区域留下一条苍白的痕迹。

青紫色也能给法医提供线索。正常的尸斑青中带蓝或带灰，而青中带红或带粉，则通常出现在一氧化碳或氰化物中毒死亡，以及死亡后暴露在低温环境下的情况中。与之相对，死于严重心力衰竭、休克或窒息的死者的体表尸斑，可能会发展成深紫红色。在这些情况下，因为缺氧导致血液呈现紫红色，进而影响尸斑的颜色。

仔细观察

尸斑通常在死后 30 分钟到几小时内出现，并于死后 8~12 小时达到最大值。在死亡后的最初 4~6 小时内，可以通过将尸体翻转到不同的体位来转移变色位置。例如，如果将仰卧在地数小时的尸体翻转为左侧位，最开始沿着背部积累的青灰色尸斑就会移动，并开始沿着左侧沉积。但在死后 6~8 小时，由于血管开始破裂，血液脱离血管的限制，沉淀在周围组织中，永久性地染色，导致尸斑的位置由此固定。在这之后移动尸体，并不能改变尸斑的位置。

尸斑的形成过程，并不是一个全无或全有的现象，而是逐渐发生的，也就是说，死亡后 4~6 小时，有些发青区域可能已经固定，有些仍然在移动。每当发现尸体背部存在一些模糊的固定淤青区域，而在身体正面同样存在一些模糊的的黑色固定区域时，法医可能会得出结论，尸体在死后被人移动并放置成俯卧体位之前，还曾在 4~6 小时内处于仰卧的状态。

当然，所有这些思维判断，推定都是在正常情况下。由于身体腐烂和血管破裂主要取决于环境温度，而且由于血液从腐败的血管中渗漏而导致了淤青，所以加速或减缓瘀血过程的任何因素，都对尸斑的固定具有类似的作用。在炎热和潮湿的环境中，最短三四小时内就会出现尸斑，而在寒冷的气候中，最长在死后 36 小时才会出现尸斑。

腐败速度的判断

人体的分解包括两个不同的过程：

» “自溶”（Autolysis），基本上是一个自我消化的过程。死亡后，人体细胞内的酶开始对细胞和组织进行化学分解。正如大多数化学反应一样，这一过程因热而加速，因冷而减慢。

» “腐败”（Putrefaction），这是一个更具破坏性的过程，由细菌引发，即细菌破坏人体组织。对此负责的细菌主要来自死者的肠道，但环境细菌和酵母菌也可能参与其中。

仔细观察

细菌在温暖潮湿的环境中茁壮成长，但在寒冷的气候中变得迟钝。冰冻则完全抑制了它们的活动。冰冻的尸体在解冻之前不会腐烂。有时，冷冻在抑制细菌的破坏方面非常有效，可以预防腐败，保持身体继续干燥或脱水，这一过程可能导致最终的尸体“木乃伊化”。

解分细菌分解

腐败，是一个丑陋且令人不愉的过程（内心脆弱者可能想跳到下一节）。在正常的温度条件下，腐败遵循一个相当具有可预测性的顺序展开：

» 在死后最初的 36 小时内，腹部颜色变青，并蔓延到颈部、肩部和头部。

» 由细菌在尸体体腔和皮肤内产生的气体积聚而引起的胀气。肿胀开始于死者面部，面部肿胀，眼睛和舌头凸起。

» 皮肤开始出现水泡或大量液体或血清积聚。

» 接着皮肤开始大理石化，也就是说，面部、胸部、腹部和四肢血管开始呈现网状图案，这些血管图形是由释放血红蛋白的红细胞分解引起的，而血红蛋白会给血管壁上色。

» 随着气体积聚，腹部肿胀，皮肤继续起泡。皮肤和头发开始从身体上脱落，指甲随之脱落。如果在这个时候拉动尸体，移动手臂，很可能会扯下一块皮肤。

奇怪但真实

» 尸体表面变成青黑色，腐败后形成的液体，即所谓“尸液”（Purge Fluid）开始从鼻子和嘴巴渗出。当身体膨胀时，释放出气体和尸液，皮肤和组织就会像一个熟透的西红柿那样爆裂开来。

» 内脏也会按照已知的顺序腐败，法医用这个模式来估计死亡时间。肠道内有许多细菌，因此首先腐烂，然后是肝、肺、脑，然后是肾。胃的分解通常会延迟，因为胃中可能含有与大量胃酸混合的食物，这些酸会减缓细菌的生长，甚至可能杀死许多细菌。最后，子宫或前列腺才会屈服于入侵的细菌。

提醒过您，这副景象，可不怎么赏心悦目。

腐败加速或迟滞

环境和身体内部的条件可以改变腐败过程的速度。显著肥胖、过厚衣着、湿热环境以及败血症的存在，都会加速这一过程，以至于 24 小时内便可以造成一般状态下需要五六天才能导致的破坏程度。败血症对尸体的破坏极大，因为其不仅会造成感染者去世时的体温更高，也会在全身传播细菌。

相反，单薄、赤裸且倒在寒冷地面的尸体，吹着冰冷的寒风，分解的过程则要慢得多。而极度严寒的天气，会使这一过程变得更为缓慢，甚至在几个月后，死者看起来好像只死了一两天。只有身体在这个过程开始前被冷冻，才能凭借低温防止身体腐败。然而，一旦腐败开始，即使冷冻，也不能阻止其最终腐败。如果冷冻速度足够快，尸体可以保存多年。

如果不加介入，分解过程最终只会让尸体剩下一副骨架。显然，白骨化所需的时间，由影响腐败发生速度的相同条件所决定。如果是在八月，路易斯安那州的一处沼泽地里尸体白骨化可能只需要一两个星期，但如果是二月，在明尼苏达州，尸体腐败可能会推迟到来年春天。

影响腐败效率的重要因素之一，便是尸体所处的位置。暴露在环境中的尸体比埋在地下或水中的尸体腐烂得快。一般规律是，放置于地表一周，约等同于投弃在水中两周，或者埋于地下八周。暴露在外或浅层墓穴中的尸体，容易受到捕食者和寄生虫的影响，导致身体组织遭到吞噬，骨骼散落各处。

估测一具已经挺尸数周以上的遗骸的主人究竟何时死亡，对于法医来说尤其具有挑战性，因为尸温、尸僵和尸斑等参考指标，早已不复存在。还剩什么？预期的死后的不同腐败阶段，但即使是这一时间轴线，也必须根据发现尸体的地点等条件加以调整。

仔细观察

温度和湿度，是法医必须考虑的两个因素。但这些因素却并不精确，如果人死后尸体的位置和暴露程度在任何时候发生变化，这些因素就可能会发生显著变化。例如，被埋葬的尸体分解或变成一具白骨的速度，比暴露在露天的尸体要慢。遭埋藏的尸体中的细菌生长不太旺盛，捕食者和气候变化也不太可能破坏埋藏尸体。从逝者死亡到埋葬的这段时间，对法医来说非常复杂，毕竟，需要充分考虑尸体暴露的环境变化。一具尸体在被扔进湖中两天后被取回并埋葬，或者一具尸体被埋葬一周，然后被挖出并转移到另一个土壤和水文条件完全不同的埋葬地点，无论哪种情况，都足以让法医困扰不已。

“冰人”与氰化物三明治行动

案例分析

1983 年 9 月，一具男性尸体在纽约洛克兰郡的一片树林中被发现。尽管尸体被塑料布包裹，头部似乎只受了一处枪伤，但事情并不像法医弗雷德里克·祖吉布医生（Dr. Frederick Zugibe）想象的那么简单。祖吉布医生进行了尸检，震惊地发现，尸体似乎是由外向内，而不是由内向外腐烂，而后者才是正常的尸体腐败模式。此外，内脏保存得非常完好，心脏内有冰晶。显然，为了掩饰死亡的真实时间，尸体曾被冷冻。

通过将受害人的手浸泡在水和甘油中，祖吉布医生为其充分补水，以获得指纹，随后确认，死者正是 1981 年 7 月 1 日失踪的宾夕法尼亚州商店主——路易斯·马斯盖（Louis Masgay）。因为马斯盖被发现穿着生前最后一次露面时所穿的衣服，祖吉布医生断定，他可能正是那天遇害的。

警方认定，马斯盖失踪当天与理查德·库克林斯基（Richard Kuklinski）有约。当警察开始调查库克林斯基时，发现了一种令人不安的情况。许多和库克林斯基打过交道的人要么死了，要么就是人间蒸发。于是，警方设置了一个他们称为“冰人行动”的陷阱，以引诱库克林斯基尝试实施谋杀。美国“烟酒枪炮和爆炸物管理局”（Bureau of Alcohol, Tobacco, Firearms, and Explosives, BATFE）[1]特工多米尼克·波里夫罗内（Dominick Polifrone），卧底说服库克林斯基，声称可以向后者供应 10 公斤可卡因，并问库克林斯基，对如何摆脱一个烦人的竞争对手有什么想法。

库克林斯基上钩，告诉波里夫罗内他会选择氰化物作为自己的武器，但缺乏现成的渠道。波里夫罗内则表示自己可以供应。两人

〔1〕“烟酒枪炮和爆炸物管理局”，1972 年 7 月 1 日成立，总部位于美国华盛顿，是一个隶属于美国司法部，负责对烟酒枪炮征税、执法和释法的机构，原隶属于美国财政部。

安排在一家汽车旅馆对目标下手，库克林斯基计划在三明治中添加氰化物，并让目标吃下去。由于担心会发生意外，波里夫罗内所提供的其实是“奎宁”(Quinine)[1]，但告诉库克林斯基这是氰化物。库克林斯基因谋杀未遂被捕，最终被判杀害另外两名失踪男子罪名成立。他后来还供述了其他几起罪行，其中就包括谋杀了不幸的路易斯·马斯盖。

应对其他可能性

虽然法医最常面对的是处于不同腐败阶段的尸体，但分解并不是一个人死后肉体改变的唯一方式。在某些情况下，可能会出现以下情况：

奇怪但真实

» “干尸”(Mummification)，当尸体在炎热、干燥的环境中脱水时，就会出现木乃伊化。低湿度会抑制细菌生长，从而避免腐败，同时从组织中吸取水分。在古埃及，通过在尸体上涂抹香料和盐巴，以加速干燥过程，确保尸体不会腐烂而形成干尸。一具皮革般的深色尸骸，看起来像是用收缩剂包裹在骨头上的。内脏可能会干瘪或变成一种深褐色或黑色的油灰状物质。木乃伊尸体往往会在相当长一段时间保持完整，这使确定死亡时间变得十分困难，甚至根本不可能。木乃伊的制作过程，实际上与牛肉干的制作较为相似。在这两种情况下，水分都会被去除，导致组织或肌肉的干燥。(木乃伊化)

» “尸蜡”(Adipocere)，是指在非常潮湿的环境中，脂肪因皮下脂肪组织的皂化或氢化作用，实际上变成一种白色、油腻、含蜡的物质。尸蜡会使尸体呈现一个不太真实的、像人体模型一般的外观。尸蜡化

[1] “奎宁”，俗称金鸡纳霜，茜草科植物金鸡纳树及其同属植物的树皮中的主要生物碱，是一种可可碱和4-甲氧基喹啉类抗疟药，系快速血液裂殖体杀灭剂。

的形成通常发生在沼泽、泥沼和其他潮湿、偏酸性及偏碱性的地区，至少需要 3~6 个月才能形成，所以一具出现明显蜡化特征的死者，去世时间势必在几个月之前。

尸体可能出现不均匀的分解，导致部分白骨化、部分木乃伊化或部分尸蜡化。不完全防腐同样会导致部分保存和部分白骨化。

浮出水面：当沉尸变成漂尸

在水中死亡或在死后不久被沉入水中的尸体，最初会下沉，但由于腐烂的气体积聚在身体的组织和空腔中，最终会浮出水面。水温对这一过程的持续时间具有很大影响。在墨西哥湾温暖的水域，一具尸体可能在几天或一周后漂浮上来，而在较冷的水域，整个过程可能需要几周或几个月。

一般来说，在温带水域发现的尸体会出现如下状态：

» 2~3 天后手和脸会膨胀。

» 8~10 天后指甲脱落。

» 浸泡在温水中 8~10 天后浮出水面，沉浸在冷水中 2~3 周后浮出水面。

凝视眼眸

人死后，眼角膜——瞳孔上的透明覆盖物——变得混浊，不再透明。如果死亡时眼睛睁开，浊化过程可能只需要几个小时，如果眼睛闭上，则可能历时 24 小时。

在死后最初的几天里，玻璃体液中钾的浓度缓慢增加，这种黏稠的胶状物质充斥死者的眼球。与许多其他死后体征变化相反，这一过程与环境温度无关；然而，任何测量死者眼球玻璃体中钾的做法都有失准确，并且只在最初的三四天内才有所作用。

其他线索的收集

确定死亡时间绝非易事，每一个信息都会有所助益。法医不仅会使用上述技术，还会使用从尸体和发现尸体的地点收集到的任何其他信息。三种非常有用的信息包括受害人的胃容物、各种昆虫对尸体的影响，以及在尸体附近发现的物质。

最后晚餐的食谱调查

法医经常根据受害人胃里的东西来帮助确定死亡时间。饭后，胃容物通常在 2~4 小时内排空，这取决于摄入的食物类型和数量。如果受害人的胃中含有大量未消化的食物，那么死亡很可能发生在用餐后的 1~2 小时内，但这一点因人而异。另外，如果胃内空空如也，死亡很可能发生在进食后几小时。此外，如果法医发现小肠也是空的，死亡可能发生在受害人最后一餐后至少 24 小时以后。如果结肠也是空的，那么可以大体推定，受害人在死前 48~72 小时内没有摄入食物。

仔细观察

上述计算取决于许多因素。大餐，或富含蛋白质和脂肪的食物，比小吃、碳水化合物以及含糖量高的食物消化得要慢。酒精和药物的消耗，甚至某些医疗状况，都可能影响消化和胃部的排空。消化率也因个体而异，这意味着胃内容物对确定死亡时间的帮助微乎其微。

找虫子

除了食腐动物之外，尸体上还会出现许多昆虫，它们不仅是为了享用尸体本身，还可能是为了吞噬蜂拥而至的其他昆虫。法医利用这些昆虫来帮助确定死亡时间。尽管特定昆虫通常以可预测的规律出现，但这些模式因地理、区域、一天中的时间和季节的不同而有很大的差异。由于昆虫世界的复杂性，法医经常需要向通过研究昆虫以发现线索的物证鉴识昆虫分析人员寻求帮助。

一个适例便是“丽蝇”（Blowfly），这种昆虫急于出场，通常在人死后的第一个小时内便已露面，并寻找尸体上较为潮湿的地方产卵。尸体的鼻子、嘴巴、腋窝、腹股沟和开放性伤口，都是深受其欢迎的部位。丽蝇的卵，在 24 小时内孵化成幼虫（蛆）。这些幼虫通常在 3 天内长到半英寸（约 1 厘米）长。在接下来的 6~10 天里，幼虫进食、生长，并反复蜕皮，最后当它们的外壳变硬时成为蛹。大约 12 天后，成虫出现，如此循环往复。

一般来说，在正常情况下，如果法医或昆虫分析人员只发现了丽蝇的卵，死亡很可能发生不到 24 小时。如果发现了已经完全发育的蛆，但没有发现蛹，则死亡发生不到 10 天。发现蛹，表明已经死亡 6~10 天，甚至是更早之前的事情了。发现成熟的幼虫，表明死亡发生在 2~3 周之前。

仔细观察

当然，在某些情况下，这个时间表可能会有所推迟。例如，丽蝇在夜间不产卵，在冬季产卵数量同样较少。所以，如果受害人是在午夜遭到谋杀的，那么丽蝇很有可能要到天亮才会出现，当外面很冷的时候，它们可能根本就不会出现。条件不好的情况下，如遭遇严寒，蛆虫可能会长时间休眠。例如，如果尸体处于白天温暖、晚上寒冷的区域，则蛆虫可能会在每天的一半时间里处于休眠状态。如果连日严寒，则蛆虫的发育过程可能会在这段时间内暂停。这会使死亡时间的确定变得非常复杂。

因为天气对昆虫的行为模式发挥着非常重要的作用，昆虫分析人员也可以咨询气候分析人员。关于过去几天和几周的天气状况的信息，可以帮助昆虫分析人员更好地理解自己的发现，反过来帮助法医估计死亡时间。

昆虫研究，通常只提供死亡发生后经过的最短时间。例如，蛹不能在死后 6 天内出现。更让人困惑的是，昆虫总是一波接一波地出现。2 周后生产的成虫会自己产卵，然后遵循类似的周期。因此，一具死亡 3 周的尸体可能会同时出现苍蝇卵、蛆、蛹和成虫。告诉过各位，这不容易！

仔细观察

法医负责收集活蛆、蛹虫以及褪下的空壳。回收的蛆虫样本需要放在酒精或含酒精、煤油和其他化学物质的混合物中，以使它们保持在现场观察时的最初状态。技侦人员可能会被要求收集尸体周围土壤的样本，以采集在地面上化蛹（发育）的昆虫。昆虫分析人员检查所有的样品，以确定：

» 现场昆虫的种类。

» 每种昆虫所处的发育阶段。

» 已经经历过多少轮发育。

核查其他现场标志物

法医利用自己掌握的一切信息来估测死亡时间，包括许多非科学的发现。现场标记是指在现场发现的，从目击者或被害人家属和朋友处获取的任何信息。例如，上一次看到这个人时他还活着，就是法医认定的起点。被害人的家人和朋友可以报告死者的习惯，以及他们可能观察到的任何变化。

错过工作或忘记约会，没有像以往那样每天步行或去咖啡店，邮件或报纸未收，以及注明日期的销售收据，都是有用的线索。下面是一些例子：

» 破损的钟表可能表明了攻击发生的时间。

» 一名失踪两天并在家中被发现死亡的受害人，穿着工作服，拿着车钥匙，可能去世时正准备去上班。

» 一名再也不能参加生前约好的壁球比赛的受害人，被发现在车库里穿着运动装备，很可能在要去赴约时死亡。

当然，法医还会使用调查中收集的其他信息，来证实或证伪相关证据。

栽培死人：尸体农场

在田纳西州的一个农场里，竖直绑在树干上的尸体被埋在浅坟里，只在上面铺设了一层薄薄的灌木丛。这里，不是连环杀人犯的游乐场，而是一所大学的试验田，之所以进行如此令人毛骨悚然的试验，目的在于确定人死后的身体究竟发生了何种变化。

20 世纪 70 年代，法医人类学分析人员威廉·巴斯三世（William Bass Ⅲ）在诺克斯维尔建立了被称为尸体农场的“田纳西大学物证鉴识人类学研究机构”（University of Tennessee Forensic Anthropology Facility），以分析不同环境条件下的尸体分解速率和模式。基本上，可以将这里视为一处室外试验田，用来研究尸体现象学（人死后尸体会发生什么）。

巴斯教授从一具尸体起家，后来共研究了数百具尸体。无论什么时候，“农场”里都可能有尸体在阳光下或阴凉处露天腐烂，埋在不同深度和不同土壤条件下，沉在水中，塞在汽车的行李箱里，或挂在脚手架上。每一个试验，都能帮助人们更好地理解尸体的腐败过程。

联邦调查局经常利用巴斯教授的专业知识和从尸体农场进行的研究中获得的信息，并聘请尸体农场的主管为联邦探员讲授尸体现象学课程。

农场的研究人员计划制作一份尸体分解图谱供执法人员使用，帮助完善探地雷达和其他尸体定位技术，更好地了解尸体分解的化学成分，从而更准确地估计死亡时间。这只是个开始。全美各地还存在其他几个类似的设施，使研究人员能够研究在不同气候条件下的尸体分解过程。其中包括得克萨斯州立大学、西卡罗莱纳大学、南伊利诺伊大学和其他地点。

第十二章

疼痛：创伤与死亡

» 了解火器创

» 剖析锐器创

» 搞懂钝器创

» 钻研电击创

» 调查强奸案

创口怎么看起来像是火器创？诸如此类，打开一扇门却被割断手指，以及被电打雷劈，有何共同之处？上述所有伤害都被归类为“创伤”（Trauma），这是一个无所不包的宽泛概念，指代任何伤害或留下创痕的接触。笨手笨脚导致的磕碰，或不小心踩在香蕉皮上滑倒造成的瘀伤，很少引发刑事调查。造成创伤的犯罪——如肉体折磨以及性虐待、谋杀、攻击，甚至车祸——经常发生，并可以为调查人员留下大量信息。

揭示子弹的威力以及火器创的证据

大多数人只在电视或电影中见识过枪。这个存在诸多艺术加工的参照系，并没有彰显这种武器的真正威力。如果维护和使用得当，枪支是运动乃至娱乐的重要工具，但如果处理不慎或以非法方式使用，则会造成伤亡。一切都发生在电光火石之间。子弹出膛，便覆水难收。突如其来的枪声往往会吓人一跳，但更令人震惊的是子弹给人造成的伤害。

在意外、自杀和凶杀型枪击案中，“火器创”都算常见的死亡原因。死亡机理，取决于弹头伤害的位置及其严重程度。要想一枪毙命，必须对大脑、心脏或胸椎造成大面积创伤。否则，枪击导致的死亡的速度其实较慢，最终的死亡结果，通常由失血过多或继发创口感染引起。死亡方式，则取决于开枪者是何居心。火器创造成的死亡，显然不可能是自然事件，但从未打算伤害任何人的枪击，很可能被视为意外，而故意造成的致命枪击，要么是自杀，要么是他杀。

追踪诡异弹道

子弹的行踪诡异，运行方式五花八门。弹头可能打到颅骨、胸骨或肋骨，从而偏离隐藏在下面的重要脏器。弹头还可能从颅骨上弹跳出来，完全脱离身体，或者钻到头皮下方，在与创口存在一定距离的位置被发现。进入胸腔的弹头可能会击中脊柱并向下弹入腹部。这会使其最后的停留地点很难锁定。

在 X 射线下，难以轻易定位的子弹显然无所遁形，外科医生或法医使用 X 射线来寻找弹头的踪迹。长话短说：子弹不长眼，法医仅凭肉眼可能很难追踪其穿过受害人身体的弹道。

研究火器创进出创面

即使弹头射入身体，留下一个射入口，也不一定会贯通，或造成一个射出口创面。通常情况下，弹头仍留在受害人体内。在评估火器创时，法医会搜索并检查其射入口及射出口，并追踪受害人体内残留的弹头。虽然这种区别并不总是显而易见，但法医一直在试图区分火器创的射出口和射入口，因为这样做对重建犯罪现场至关重要。知道子弹行经的路径，可以出入嫌犯的罪责，或者有助于确定是哪颗子弹造成了致命伤害。

识记

火器创的性质取决于如下几个因素，包括：

» 受害人和枪口之间的距离。

» 子弹的口径和出膛速度。

» 弹头射入人体时的角度（如果射入人体的话）。

» 子弹是留在受害人体内还是完全穿过并脱离身体，形成“贯通创”（Through-and-through Gunshot Wound）。

通过仔细观察出入通道，法医可以测算某颗子弹的射程（见图示 12-1）：

» 如果枪口离受害人 2 英尺及以上，那么射入口创面通常是一个小洞，周遭伴有弹头侵彻时因摩擦而留下的“擦拭轮”（Abrasion Collar），而且在射入口周围的皮肤呈现蓝黑色瘀创效果。这些黑色污迹可能出现在皮肤与子弹穿出枪膛留下的火药燃烧残留、污垢和油渍相接触的地方（见图示 12-1A）。

» 如果枪口距离身体 6 英寸到 2 英寸，则被枪击者的皮肤可能会出现黑色斑点。之所以出现这种效果，是由于枪口喷出的微小火药颗粒嵌入皮肤，在创口周围形成“斑点状痕迹”（见图示 12-1B）。

» 如果枪口距离受害人不到 6 英寸，弹头就会在皮肤上制造一个孔洞，并形成一处更为紧密的斑点区域，周围区域“炭化”（接触从枪口排出的灼热气体），以及受伤组织呈现鲜红色调（见图示 12-1C）。

» 如果枪口在射击时被压在受害人身上，高温气体和微粒物质会直接进入皮肤，产生更大面积的炭化，并以星形或“放射状模式”（the Satellite Pattern）撕裂皮肤（见图示 12-1D）

另外，子弹贯穿身体后的射出口，通常比射入口面积更大，因为子弹在迫使组织穿过皮肤时会撕裂（割伤或扯断）人体组织。射出口的形状和大小取决于弹头的大小、速度和形状。例如，软铅材质的弹头在进入并贯穿身体，特别是当进入人体后碰撞到弹道内的任何骨骼结构时，很容易变形。一旦出现这种情况，弹头可能会严重变形，进而造成了更广泛的组织损伤，通常会导致四散裂开、缺乏规则的射出口形状。

区分火器创的射入口和射出口，并非轻而易举，特别是当贯通的射出口存在支撑的时候，也就是说，衣服或其他物质在为创口提供支持。大多数弹头出口的粗糙形状，本质是由子弹撕裂皮肤造成的。但是，如果受害人的皮肤得到了紧身衣的支撑，或者受害人当时正靠在墙壁或其他建筑构件上，皮肤就不太可能被撕裂。因此，出口的创口会更小，不那么粗糙，看起来更像是入口创。

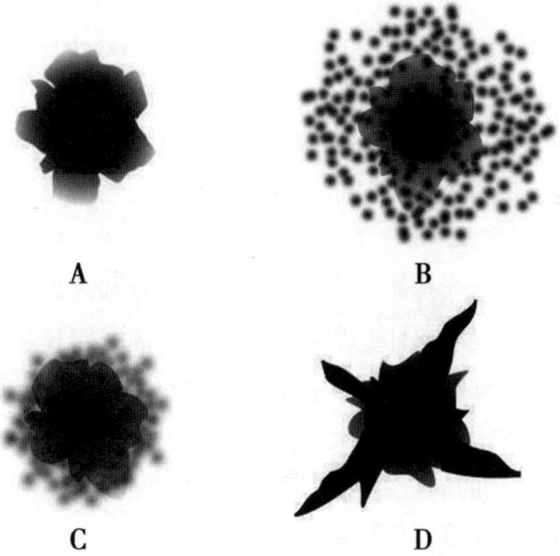

图示 12-1　枪弹射入人体的创口形状，取决于枪口和侵彻点之间的距离。创口周围可能存在擦拭轮（A）、斑点状（B）、炭化（C）或放射状模式（D）　南·欧文 插图

分析火器创类型

一般来说，霰弹枪射出的是一组弹丸，而非一颗子弹，因此会造成多处射入口。因为猎枪不是来复枪，也就是说，枪管内部没有膛线（参见本书第十八章），所以霰弹上并没有可供识别的标记。

在受害人被人用猎枪打死的谋杀案中，确定枪口和受害人之间的距离对案件的结果至关重要。仔细观察创口的扩散模式，有助于作出上述判断。一般情况下，霰弹每途经 3 英尺寸，伤口就会扩散大约 1 英寸。确定枪支射程的最佳方法是，使用同一类型，或者也许是类似的弹药，从数个距离发射，直到找到与犯罪现场发现的射击模式最接近的距离。

切砍捅刺

在电影《惊魂记》(*Psycho*)[1]中，珍妮特·利(Janet Leigh)[2]饰演的角色正在淋浴，突然落入疯狂的诺曼·贝茨(Norman Bates)的魔掌，遭受连续捅刺。这一幕可怕场景，堪称最广为人知的锐器创案例——锋利的工具如刀，实实在在地刺穿了皮肤。

锐器创可分为三种类型：

» "刺创"，通常带有凶杀性质，由刀剑等尖锐工具造成。刺创的深度通常比创口的宽度要长，而且更容易因受害人挣扎和转身躲避犯罪人而发生扭曲。通过观察创口的特征，法医通常可以确定使用的刀具类型。区分刀创，或使用和冰镐或螺丝刀造成的刺创，通常很容易。但想要确定形成刀创的确切武器，几乎是不可能的。但下列两个显著的例外，可以让事情变得容易得多：

· 如果武器的刀尖断裂并留在创口里，物证鉴识实验室也许能够用按图索骥的方式，将刀尖的断裂边缘与嫌疑武器的断裂边缘加以匹配。

· 如果受害人的血液可以与武器上发现的血液进行脱氧核糖核酸比对（参见本书第十五章），那么这一证据就足以说明一个极具说服力的故事。

» "切创"(Incised or Cut Wounds)，出现在锋利的工具划过皮肤时。与刺创不同的是，切创缺乏标志性的宽度或深度，因此很少能够

---

〔1〕《惊魂记》，是环球宇宙公司出品的惊悚片，由阿尔弗雷德·希区柯克执导，安东尼·博金斯、珍妮特·利等主演，讲述了玛莉莲在浴室中被精神分裂的狂人杀死，之后玛莉莲的姐姐和男友加入警方的调查，在逐步侦查下终于揭露狂人杀人真相的故事。该影片于1960年6月16日上映。

〔2〕珍妮特·利(1927年至2004年)，美国电影演员。

反映致伤武器的性质。切创很少致命，但如果真的如此，通常出现在自杀或他杀的情况下。

· “自杀切伤”（Suicidal Incised Wounds）通常出现在受害人手腕上，很少出现在脖子上，往往伴随“试切痕”（Hesitation Marks）——这些较小、较浅的伤口，正是由鼓起勇气制造致命伤口的自杀者造成的。

· “他杀切伤”（Homicidal Incised Wounds）经常出现在颈部。如果犯罪人在受害人身后，伤口通常从靠近耳朵一侧向上延伸，向下扫过喉咙前部，然后从另一侧向后延展。如果犯罪人习惯使用右手，这种切创的路径从左到右，而在一个左撇子的犯罪人身上，情况则恰恰相反。如果犯罪人面对的是受害人，则切口通常较短且呈现水平状态。

· “抵抗伤”（Defensive Wounds）本质上属于切创。当受害人试图避开犯罪人时，刀刃可能会割伤受害人的手掌、手腕、前臂甚至脚部。

· “意外切伤”（Accidental Cuts）通常累及手部，很少致命。涉及颈部的意外切创极为罕见。掉落或飞溅的玻璃碎片是构成此类颈部伤口的大部分原因。

意外、自杀以及他杀型切创，通常出现在身体的不同部位，呈现不同的切创模式。了解这些位置和模式，有助于法医重建死亡场景并确定死亡方式。

» “砍创”（Chop Wounds），系由沉重而锋利的工具，如斧头和屠刀制造的伤痕类型。这些伤口往往很深，呈楔形，软组织下的骨骼部位常见骨折和沟槽。致命的砍创通常是意外或他杀导致，很少属于自杀。如果一次意外的打击（如砍柴时）切断了腿部的一条主要动脉，除非能立即得到医疗救助，否则大量失血很快就会导致死亡。

在评估致命捅刺伤时，法医必须作出若干判断。首先，法医必须检查尸体，找到每一处伤口，然后确定可能使用的武器类型和可能致命的伤口部位。此举的目标之一，便是找出受伤的顺序，并估计哪一处可能是致命伤。在凶杀案中，当被调查的犯罪人不止一人时，这种判断就变得至关重要，因为造成致命伤的凶手，将面临更为严厉的指控。有时这些认定显而易见，而其他时候则不然。

接下来，法医要确定死亡方式。刺创、切创和砍创在性质上可能是意外的、自杀性的或他杀性的，而法医必须尽可能通过评估伤口的性质、位置和数量来对其加以区分。

仔细观察

确定造成伤口的凶刃类型，几乎是不可能的，但法医可以通过测量伤口的深度和宽度，在少数情况下确定刀刃的形状是直的、弯的还是呈现锯齿状。根据创口的深度，可以估算刀刃的最小长度。如果不完全插入受害人体内，刀片部分可能会更长，但不可能更短。然而，如果刺得足够深，受害人伤口附近皮肤表面留下的摩擦图案，反映了凶器的护手（Hand Guard）痕迹，法医就可以借此确定创口的深度即为凶器的实际长度。护手是刀柄和刀刃之间（通常垂直）的金属片，防止持刀者的手滑到刀刃位置。当护手以足够的力量撞击皮肤时，会留下与护手形状和尺寸相匹配的瘀痕或擦伤。

沉重打击：钝器创

如果你曾经撞上桌子，头部磕到柜子，或者脸被棒球击中，由此造成的损伤就是所谓的“钝器创”（Blunt-force Trauma）。钝器创发生时，受害人接触到一个坚硬的钝物，并受到伤害。这种类型的创伤，可能源自攻击、摔倒、车祸或其他一些情况，撞击可能会刮伤或擦伤受害人的皮肤、折断受害人的骨头，甚至损坏受害人的脏器。

擦伤

“擦伤”（Abrasions），是导致皮肤表皮层脱落的损伤。尽管大多数人把所有抓擦伤害统称为擦伤，但法医乃至普通医生，会用下列几种不同的方法来对其加以指代：

» “滑动擦伤”(Sliding Abrasions)，发生在物体刮掉或刷掉人体皮肤的时候。典型的事例，如行人被汽车撞倒后被坚硬粗糙的路面擦破皮。绳套和其他用于勒死的材料，也会导致颈部出现滑擦伤。

» “撞击擦伤”(Stamp Abrasions)，发生在钝物撞击人体，压碎皮肤，并在上面留下一个不规则凹痕的时候。这些类型的擦伤往往面积较小而程度有限，并可能反映制造伤痕的物体的一般形状，如棒球棒、木板或汽车保险杠。

» “印痕擦伤”(Patterned Abrasions)，作为一种特殊类型的撞击擦伤，发生在钝物击中受害人后，并在其皮肤表面留下了该物体、受害人穿的衣物以及其他任何与皮肤之间的物质的模样。链条可能会留下擦痕，显示出链环的形状；汽车进气格栅的形状可能会出现在肇事逃逸的受害人身上。如果受害人穿着粗织的衣服，撞击同样会在受害人皮肤上留下织物的图案。

确定擦伤何时发生十分困难，这往往取决于此类损伤的一般愈合模式。不幸的是，这个过程并不总是按照常理进行。病理分析人员对受害人的身体或遗体上的伤口进行目视检查，并可从死者身上采集样本进行显微镜检查。

愈合过程可分为以下五个阶段：

» “结痂”(Scab Formation)几乎立即开始，但直到大约 6 小时后才开始变得明显。伤口可能在最初的 24 小时内持续渗出血清。红血球通常会被干燥后的红棕色血清所捕捉，最终形成结痂。擦伤区呈暗红色，在显微镜下观察时，显示存在大量的特殊白细胞，即所谓“多形核细胞”(PMNs)。

» “细胞再生”(Cell Regeneration)，即丢失的皮肤细胞的再生，在受伤后约 36 小时开始，但直到大约 3 天后才变得清晰可见。再生从受伤区域的边缘开始。

» “细胞生长”（Cell Growth），在接下来的 5~9 天内，细胞开始生长增厚。细胞分裂，数量增长，愈合过程继续。

» “重塑”（Remodeling），在伤后第 12 天左右开始，伤口处皮肤增厚，并呈现与正常皮肤大体类似的外观。

» 皮肤修复完成，所有残余伤口都已消失，仅仅留下一个浅色的疤痕。在接下来的几个月里，这里的色素会出现再生，受损皮肤将在大约 20 天后恢复正常。

技术问题

擦创很少留下永久性疤痕。人死亡后形成的擦伤，因为呈现一种独特的颜色和特征，从而可以被鉴识为死后损伤。因为此时人体血液循环已经停止，血细胞和血清不会在损伤处积聚，所以这些擦伤呈现浅棕色，带有羊皮纸般的外观。如果擦伤发生在尸斑区域（参见本书第十一章），则可能会显示一些红色的颜色改变，但切开后不会出现“组织出血”。

法医分析擦伤时会考虑到上述一般阶段；然而，对于不同的人和不同的损伤来说，愈合阶段可能有很大的不同。法医能做的，只是估计擦伤的一般形成时间，但这些信息仍可能有助于支持或反驳嫌疑人和证人的论调。

挫伤

“挫伤”，由钝器创口处组织中的小血管损伤引起。这些受伤的血管漏血，使附近组织呈现蓝黑色。在皮肤下面的空间积聚的血液，形成了鹅蛋状的“血肿”（Hematoma）。

识记

不是每处伤都会留下痕迹，没有明显的挫伤，并不一定意味着没有受伤。瘀伤可能很深，从皮肤表面无从辨别。有些人，特别是儿童和老人，比其他人更容易遭受挫伤的侵袭。

与擦伤一样，挫伤也可能反映造成伤害的物体特征。例如，一条链子可以留下其链状图案形状的挫伤，一块木板可以留下一个宽大清晰且未受损伤的区域，边缘处留下笔直平行的淤伤，此外，在脸上或身体上打一巴掌后的掌痕，通常也会变得清晰可见。

在钝器创中，内脏也会遭受挫伤。在跌倒、车祸和严重打击中，肝脏、脾脏、肌肉和其他器官以及组织都可能受到损伤。肝脏和脾脏特别容易受到挫伤，这一点在尸检中很容易识别。

奇怪但真实

奇怪的是，尸体挫伤也是有可能出现的；然而，因为挫伤取决于受伤血管的血液泄漏，所以在血液停止流动的身体上造成挫伤并不容易。对尸体进行足够有力的打击会损伤其血管，并导致陷于停滞的血液泄漏到被撞击区域。

在确定挫伤发生的时间、方式和原因时，法医一般考虑以下因素：

技术问题

» 颜色：因为会被身体重新吸收，挫伤的外表会经历一个可以预测的颜色变化过程。这种颜色变化通常经历一个从深蓝色到浅蓝色，再到绿黄色，最终变成棕黄色的顺序过程，并大约在第 14 天彻底褪色。

当体内的酶分解血液中的血红蛋白时，会导致挫伤变色。组织中的清除细胞，即“巨噬细胞”（Macrophages），与循环系统结合，清除这些残余物，致使挫伤消褪。

» 大小：如果受害人在死亡后几分钟或几小时遭受挫伤，会在撞击区域周围留下面积相当大的瘀痕。然而，如果打击是在临终前（死亡前几分钟内），瘀伤范围会更小、更清楚，主要是因为在死亡发生前，血液没有时间渗入并扩散到周围的组织当中。

» 器官创伤：有时在怀疑遭受钝器创的尸体表面，并没有任何挫伤的迹象。如果挫伤发生在组织和肌肉深处，并且如果此后受害人的生存时长不足以让挫伤反映到尸体表面，就会出现上述状况。当法医怀疑存在这类挫伤时，沿着尸体背部、手臂和腿部的骨骼，对肌肉组织进行深入切割，有时会揭示身体内部存在的挫伤以及内脏的挫伤。内部脏器的挫伤根据受伤器官的不同而不同，但大多数在撞击点处呈现为深蓝色和黑色区域。法医也可能发现存在出血点或血肿（凝结的血块）等情况。

» “抵抗伤”：遭遇钝器攻击时，受害人几乎总是试图阻止攻击。例如，如果被棒球棒击打，受害人会举起手臂，以防止被击中头部。而外来的打击会撞击受害人前臂、手腕和手的小指，即所谓“尺骨”（Ulnar）一侧。这些区域的擦伤和挫伤被称为抵抗伤。

» “挫裂伤”（Lacerations）：钝器创造成的挫裂伤，发生在皮肤被冲击力撕裂或挫开的时候，常见于头皮等皮肤贴合骨骼的部位。钝器挫裂伤不仅发生在皮肤表面，也发生在内脏部位。“撕脱”（the Avulsion）作为一种严重的挫裂伤，是指皮肤或其他组织的一部分实际上从下面的组织或骨头上被撕下。撕脱最常发生在打击力量与皮肤的接触方向较为平行的情况下。

骨折

“骨折”（Fractures），是指由于直接或间接创伤所造成的骨头断裂。“简单骨折”（Simple Fracture）就是一次性的骨头断裂；“粉碎性骨折”（Comminuted Fracture）是指骨头在两个或多个地方断裂；“复合性骨折”（Compound Fracture）是指碎骨从皮肤中突出的断裂现象。

当物体与骨头直接接触时，会导致沿着骨头长轴方向的骨折，即“简单横形骨折”（Singletransverse Fracture）或由多条骨折线组成的骨折，即“挤压性骨折”（Crush Fracture）。

仔细观察

挤压性骨折，通常会产生一个“楔形压缩”(Compr-ession Wedge)部分(见图示 12–2)，可以借此指示压缩作用力的来源方向。了解作用力的方向，可以帮助法医重建打击过程，甚至可能是多处受伤的顺序。在汽车撞击行人的事故中，这种骨折通常被称为“保险杠骨折”(Bumper Fracture)，因为其是由车辆保险杠撞击受害人的腿部或手臂造成的。

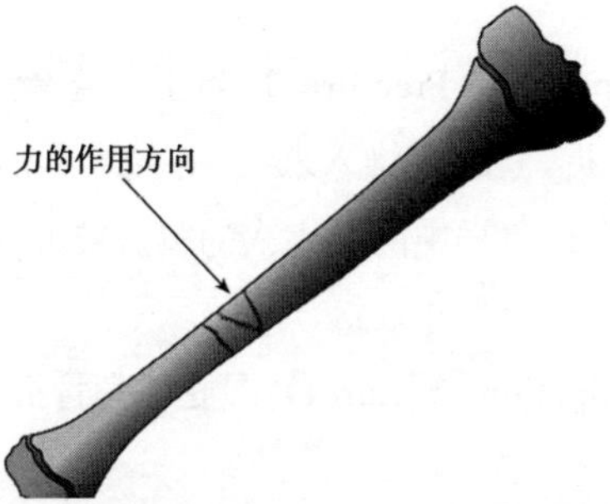

图示 12–2　挤压性骨折通常会产生一个楔形压缩部分，可以指示造成伤害的作用力的方向　南·欧文 插图

“间接骨折”(Indirect Fractures)，并非由直接打击骨头引起，而是当物体间接作用在骨头上并有足够的力使其断裂时发生的。外伤性间接骨折分为四种基本类型(见图示 12–3)。

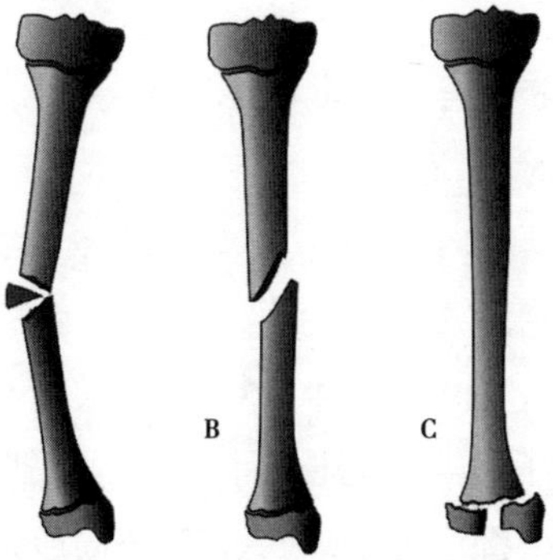

图示 12–3　间接创伤可导致骨折，称为成角骨折(A)、旋转骨折(B)、压缩性骨折(C)或综合性骨折　南·欧文 插图

» “成角骨折”(Angulation Fractures),是指当骨头被弯曲到断裂点时发生的横向骨折,有可能发生在一个人的手臂被夹住或被固定的情况下摔倒的时候。多发于儿童游乐场的单杠上。

» “旋转骨折”(Rotational Fractures),是指在骨头扭曲时发生的、沿着骨头长轴方向出现的旋转状骨折。螺旋的方向表示扭转力的方向。一个被拽胳膊或被拽着胳膊扔出去的孩子,可能会出现这样的骨折。

» “压缩性骨折”(Compression Fractures),当压力沿着骨骼的长轴施加时,会导致压缩性骨折,骨骼被推入末端,并导致 T 形或 Y 形骨折。这种骨折有时会出现在车祸中的受害人的膝盖被推入前方仪表板的情况当中。

» “综合性骨折”(Combination Fractures),是指成角骨折、旋转骨折和压缩骨折的不同组合。

确定骨折的形成时间,要比确定擦伤或挫伤的形成时间稍微容易一些。骨折按照以下模式愈合:

» 骨折处开始出血,各种类型的血细胞聚集。

» 第一周末期,“成骨细胞”(Osteoblasts)出现。

» 到了第二周或第三周,“骨痂”形成。这种纤维状的囊状结构包裹着骨折部位。

» 骨痂内的骨形成和骨折闭合需要 4~6 周。

» 彻底康复可能需要历时 15 周。

这一系列恢复过程因年龄和个人而异。年轻人愈合快,老年人愈合慢。在评估一段时间内遭受多处损伤的个人时,确定骨折的形成时间非常重要。在虐待儿童或老人的案件中,这一证据甚至可谓至关重要。严重受虐者的 X 光片可能会显示几个月、几周或几天前的骨折迹象。与挫伤一样,每当医生看到儿童或老人出现不同形成时间的骨折时,必须考虑遭受反复虐待的可能性。

血口獠牙：咬痕

你切牙的角度、磨牙里的粗糙填充物，以及你撞车时从切牙上掉下来的碎片，都会使你的这张嘴具有与众不同的特征。类似的特征使牙齿印痕、X 光片和牙齿记录不仅成为识别尸体的绝佳依据，也成为发现罪犯的有力助手。下次再吃苹果的时候，看看咬一口后牙齿留在水果里的轮廓，你就会明白我的意思了。

“咬伤”（Bite-mark Injuries）最常发生在谋杀、强奸、酷刑和虐待儿童或配偶等案件中。但咬痕分析涉及的不仅仅是对他人造成的伤害。如果犯罪者咬一块水果或奶酪，或用牙齿撕下一块胶带，他们可能会在犯罪现场留下有价值的线索，警方调查人员或法医可以利用这些线索来匹配几乎任何嫌疑人的牙齿图案。

仔细观察

留在人体上的咬痕与在食物上留下的咬痕略有不同，毕竟人肉是有弹性的、可伸展的并且是可以恢复的，所以不太可能留下十分清楚的咬痕。尽管如此，在皮肤上留下的刺伤和挫伤与嫌疑犯的牙齿形状之间，往往可以进行匹配。如果一个人的牙齿受损、有缺口或形状不寻常，有时会导致成功匹配。

由于对咬痕的分析缺乏足够的科学研究，以及对许多检验者是否具备充分资质的质疑，这种技术最近饱受质疑。不过，如果咬人的牙齿痕迹显示独特的特征，咬痕分析还是可以提供若干有用的识别信息。

法医通常可以通过评估挫伤的程度来确定咬痕是在死前，还是死后造成的。可参见前面“挫伤”相关部分，了解有关何时发生挫伤的更多信息。

嫌疑犯身份确认后，用其牙齿翻模，创建一套模型。然后将这个模型与在受害人身上发现的咬痕进行比较。如果不匹配，则嫌犯的嫌疑被排除，但当匹配成功时，咬痕证据表明，但不能确定，嫌疑犯便是犯罪人。需要更明确的后续检查，如“脱氧核糖核酸”匹配成功，来对其加以认定。

应当从留在受害人身上的咬痕处提取残留的唾液，从而帮助技术侦查人员掌握犯罪人的血型，以及脱氧核糖核酸特征。与后者相关的内容，可参见本书第十五章。

“牙”“痕”相符

案例分析

1867年8月7日，经过通宵搜寻，在苏格兰的比格（Biggar）地区失踪的15岁少女琳达·皮科克（Linda Peacock）的尸体，在一处墓地被发现。生前，受害人曾遭到殴打，然后被绳子勒死。没有发现强奸的证据，但死者右侧乳房附近的挫伤被证明属于咬痕，而且痕迹表明凶手的一颗牙齿呈现异乎寻常的锯齿状。

警方几乎访遍了比格的2000多名居民，并将调查范围扩大到附近社区的成员。调查最终引导警方前往当地一个安防程度较低的少年犯留置中心。该中心的29名少年被要求留下牙齿印痕，然后与女孩身上发现的咬痕进行对比。对于这些牙印的目视检查，排除了大部分人的嫌疑。剩下的5名年轻人被叫来接受进一步的检查，使警方能够将嫌疑犯名单缩小到一个人——戈登·海伊（Gordon Hay）。

海伊患有“低钙症”（Hypocalcination），这种罕见的疾病，会使患者牙齿出现凹槽和坑洼。这些凹槽和坑洼与女孩尸体上的牙齿挫伤模式相符，戈登·海伊被判谋杀罪名成立。

痛苦呻吟：头疼欲裂

尽管人类头部受到的打击，大多只是致伤，但不致死，即便如此，头部仍然是出现钝器创的最危险部位。大脑很容易受伤，其中许多损伤会造成永久性后遗症，并可能导致瘫痪、失明、精神能力丧失，甚至引发长期的精神问题。头部和大脑损伤，以及颅骨骨折通常纯属意外，如不慎跌倒或遭遇机动车事故，但也可以归因于袭击、凶杀或自杀。

头部遭受的“钝器创”可以导致多种后果，从头部的简单撞击（挫伤）到伴随失去意识的脑震荡，直至死亡。要想造成死亡，头部的钝器创应导致“颅内出血”（Intracranial Bleeding），即动脉、静脉或许多小毛细血管破裂时发生的大脑出血。

颅内出血

识记

大脑被几层膜状物覆盖：最重要的是“硬脑膜”（Dura Mater）。硬脑膜与颅骨之间的间隙称为“硬膜外间隙”（Epidural Space），硬脑膜与大脑之间的间隙称为“硬膜下间隙”（Subdural Space）。

颅内出血共分为如下三种，每种都足以致命（见图示 12-4）：

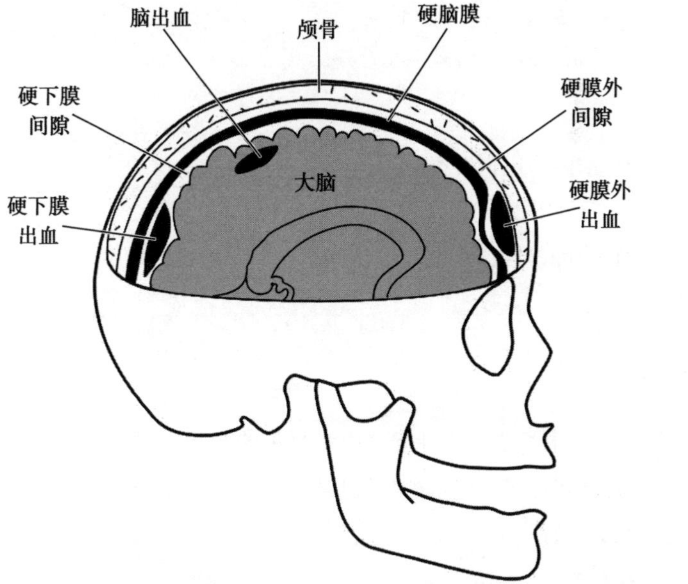

图示 12-4　颅内出血可能发生在大脑内部、大脑和硬脑膜之间或硬脑膜和颅骨之间　南·欧文 插图

»“硬膜外出血”发生在硬脑膜和颅骨之间，源于常被颅骨骨折撕裂的硬膜外动脉。汽车事故、高空坠落和钝器袭击都可能导致此类伤害。

»“硬膜下出血”（Subdural Bleeds）通常源于静脉，发生在硬脑膜和大脑之间的间隙。头部任何钝器伤，甚至是轻伤，都可能导致硬膜下出血。

»“脑出血”（Intracerebral Bleeds）发生在脑组织内，通常是自发的，由异常或病变的动脉破裂引起，而不是外伤造成。

仔细观察

颅骨是一个用来保护大脑的坚硬囊状结构。由于颅骨无法向外扩张，颅内出血会导致颅骨内压迅速上升，从而挤压大脑。不断升高的压力改变了大脑的功能，最终将大脑物质推入“枕骨大孔”（Foramen Magnum），即头骨底部连接脊柱的开口部位，最终导致受害人失去意识。控制呼吸的脑干部分也会停止工作，呼吸衰竭，死亡随之而来。这一过程可能在几分钟、几小时或几天内发生。

尸检过程中，法医可以很容易确定头部受到的是由头皮的挫伤或擦伤引起的打击，随即确定出血部位在脑部及其周围。然后，法医可以得出结论，死亡原因是钝器创型脑损伤伴出血。死亡方式取决于打击是偶然的还是故意的。

颅骨骨折

无论有无出现颅骨骨折，都可能会引发严重的脑损伤，同样地，颅骨骨折可能与脑损伤有关，也可能与脑损伤无关。颅骨骨折分为以下四类（见图示 12-5）：

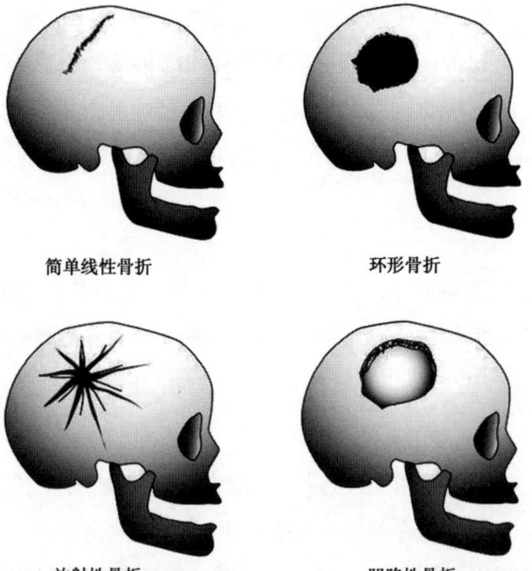

图示 12-5　颅骨骨折可以表现为简单线性、环形、放射性或凹陷性骨折，而骨折的类型可能表明造成伤害的武器类型　南·欧文 插图

» “简单线性骨折”（Simple Linear Fractures），发生在诸如跌倒等低强度撞击的伤害情况下。

» “环形骨折”（Circular Fractures），需要使用更大的力，可能是用管子、锤子或类似物体打击造成的。环形可以是完整的，也可以是不完整的。

» “放射状骨折”（Stellate Fractures），呈星形，由于局部击打导致头骨向内弯曲，并沿应力线断裂。

» “凹陷性骨折”（Depressed Skull），是颅骨的一部分被推向大脑的结果。这种骨折需要足够的力量来将整个颅骨击打至如此的深度。

脑震荡：冲击伤和对冲伤

在头部钝器创中，大脑撞击部位可能受伤，这被称为“冲击伤”（Coup），当然，受伤的方式也可能更加复杂。

大脑位于颅骨内，被包裹在几层膜和液体当中，因此相当于悬浮在颅骨内，很像蛋壳内的蛋黄。大脑可以在头骨内部移动，但距离不会太远，所以如果头骨在移动，然后突然停止，大脑可能会继续移动，并可能会移动到足以与头骨发生碰撞的位置，这种损伤被称为"对冲伤"（Contrecoup）。

仔细观察

例如，在一次车祸中，乘客的头部撞到仪表板会导致大脑前部的冲击伤，但随后大脑可能会向后弹并撞击颅骨后部，造成对冲伤。

在尸检过程中，法医可能会在外伤性打击的部位发现挫伤，并在该部位下发现脑挫伤（冲击伤），以及在与打击相对的部位发现脑挫伤（对冲伤）和出血。后者往往比冲击更严重。事实上，冲击伤甚至可能根本就不明显；然而，法医仍然可以从对冲伤中找到损害的证据。

惊人一幕：电击伤

当发现电流可以通过几种不同的机理——这取决于电流的电压和持续时间——置人于死地时，你可能会感觉震惊 / 冲击（原文使用的是"shock"一词，具有冲击以及震惊等双关含义）。电能烧伤你的内脏，干扰你的心跳，或麻痹你的大脑呼吸中枢，导致你窒息而死（参见本书第十三章）。在大多数情况下，电流导致的死亡都是意外事件，但有些时候，奇怪的谋杀或自杀都可以归因于浴缸里出现的一台烤面包机。

严重破坏：被电流击穿身体

电流进入人的身体时，会沿着最短的路径从进入点流向接地点。电流是否致命，取决于它的安培数（电流强度）和接触的持续时间。低压电流可能需要几分钟才能造成伤害，但高压电流可能会瞬间致命。

低压电击最大的危险，在于其对心脏的影响。正常的心跳是由一种有节奏的电流脉冲引发，这种电流脉冲源于心脏的内部起搏功能，并流经心肌。交流（AC）电——任何插在插座上的设备的低压电击，都会干扰这种自然节律脉冲，导致致命的心律失常（Cardiac Arrhythmias）。死亡通常会在瞬间发生。

如果电流直接通过身体流向地面，即使是短暂的电击也会导致死亡。来自低压交流电的致命电击有时只会造成轻微的浅表烧伤。在半数的低压电死案例中，电流都没有造成明显的体表损伤。

高压电（1000~8000 伏）往往存在于工业环境中，也出现在输送电流到全美各地和邻近地区的高压线路上。并不需要直接接触这些线路，因为电弧可以凭空电击到距离高压线路数英寸远的人的身上。任何较高的金属物体，如梯子或起重机臂，也能把电流带到受害人身上。这样的事故经常发生在电动升降机被不适当地用于修剪树木或维修电视摄像机的场合。

高压交流电的冲击，即使只有短暂的暴露，也会导致人体内外遭遇严重的烧灼。然而，这种电击不太可能引起心律出现危险变化。

技术问题

高压电流是除颤性的而不是颤动性的，这意味着其会将一种不正常的节律转换回正常节律，而不是相反。在出现心脏骤停的场景时，医生都会用你经常在医疗题材电视剧中看到的装置，对病人实施高压电击，其目的就是在存在致命的异常心律的情况下恢复正常的心律。然而，要注意的是，高压电击会麻痹大脑的呼吸中枢，导致病人窒息死亡。

伤害评估

尸检过程中，法医可能会发现一些电击伤的迹象。在一些低压以及所有高压电击死的案件中，死者体表触点位置，电流接地位置可能会被烧焦，当然，二者同时烧焦的情况也不乏先例。在低压电击死的情况下，可能不会发生炭化的现象，但接触点的皮肤可能会发红和起泡。

技术问题

电击死的一个有趣现象，便是局部尸僵的出现。死亡后，当肌肉中的三磷酸腺苷水平降低时，肌肉痉挛会导致身体僵硬。电击会导致肌肉痉挛，而肌肉痉挛会消耗三磷酸腺苷，并导致受影响区域更会突然出现僵硬。例如，如果有人用右手抓住电线，电流会从身体的右侧流过，再从右脚流出；因此，右臂和右腿可能早在身体其他部位变硬之前就出现僵硬的迹象。

在极少数的案例中，电击被用作杀人工具，通常是犯罪人把一个电器扔进一个受害人坐着的浴缸里。当这种情况发生时，尸体上没有发现任何烧伤，如果在找到尸体之前拿走了电击装置，法医可能无法确定死亡原因。与过去相比，如今这些情况并不常见，因为现在的电气设备需要有“接地故障断路器”（GFIs），只要检测到电流或电阻超过预设峰值，就会将其自动断电。

闪电的电击威力

迄今为止，闪电还没有被用于杀人目的，但其凭借 300 万伏至 2 亿伏的电压范围，通过直流电击，造成了许多意外死亡的事例。幸运的是，遭遇雷击时，电流非常短暂，平均仅能够维持 1~100 毫秒（1/1000 秒）左右。

闪电造成的伤害，主要是由身体将电能转换成热能造成的。电流可以烧焦皮肤，烧焦衣服，熔合或熔化受害人口袋里的金属物品、衬衫纽扣、皮带扣，甚至牙齿填充物。

人体的所有组织都易受雷击的伤害。电击幸存者的心脏、肝脏、肾脏、骨髓、大脑、脊髓和肌肉，都可能因此遭受永久性损伤。

判断某人被闪电击中的一个可靠的方法，是其体表出现一种叫作“利希滕贝格”的图形，这种图形最初是由德国物理分析人员乔治·克里斯托夫·利希滕贝格（Georg Christoph Lichtenberg）[1]于1777年首次公布于世。他在受害人的背部、肩膀、臀部及腿部发现了一种无痛、红色、类似蕨类或树状的图案，这种图案往往在12~48小时内褪色，不会留下疤痕或永久色斑。利希滕贝格图样很少出现，其原因尚不清楚，但一旦出现，就几乎可以肯定受害人遭到雷击。

难言之隐：强奸案的处理

强奸造成的精神伤害，远远超出暴力行为造成的身体创伤，甚至可能给受害人留下永久挥之不去的心理阴影。强奸是一种令人发指的罪行，不仅涉及性，还涉及攻击、控制以及可能的羞辱。

要指控强奸罪，必须证明存在下列三种要素：

» 实际插入。

» 使用强力。

» 未经同意。

插入并不一定需要充分，轻微的插入就已经满足强奸的定义。强力通常是指通过暴力、暴力威胁或胁迫来实施插入。强奸往往伴随凶杀，要么是作为暴力行为的一部分，要么是为了防止受害人认出犯罪人。强奸往往是连环杀手杀人行为的一部分，特别是对性虐待类型的凶手来说更是如此。在这种情况下，强奸几乎总是凶手幻想的一部

---

〔1〕 乔治·克里斯托夫·利希滕贝格（1742年至1799年），德国物理学家。

分，或者是凶手羞辱受害人的一个环节。

进行强奸检查

尽快完成对强奸幸存受害人的强奸检查至关重要。不幸的是，由于这种行为往往具有毁灭性，受害人可能要等上数天、数月甚至数年才会选择报警。从表面上看，这对一名遭袭击的受害人来说似乎匪夷所思，但强奸和被人殴打显然存在很大不同。其往往带着一系列的情感和社会包袱，其他任何犯罪都无法与之相提并论。受害人往往感到羞愧，甚至内疚，并希望避免不恰当但真实的社会耻辱感。清教思想的残余和经常将受害人"置于审判中"的法庭制度，也在传播这些情感方面推波助澜。

受害人应接受有强奸检查经验的医生或受过专门训练的护士的检查。在可能的情况下，应当有一名女性执法人员在场，以便维持证据链的完整有效。检查包括以下内容：

» 医生或护士检查受害人的整个身体，包括生殖器是否存在外伤，如挫伤、擦伤或撕裂伤，仔细记录并拍照。注：没有创伤或暴力迹象，也绝不能否定或动摇任何强奸发生的说法。

» 检查受害人的双手，收集指甲碎片，因为犯罪人的头发、血液或皮肤组织经常被发现残留在受害人的手上或指甲缝里。

» 拍摄全部咬痕，并用拭子提取唾液样本，这样做可能会为警方提供脱氧核糖核酸证据。

» 在受害人身上发现的任何污渍都应给予擦洗提取，因为其中可能含有唾液或精液。

» 根据受害人对性攻击事件的描述，负责身体检查的医生通过拭子提取其阴道、肛门和口腔部位的残留物，寻找犯罪人的脱氧核糖核酸信息。

» 梳理受害人的阴毛以寻找外来毛发和纤维。

» 对受害人衣服上发现的任何污渍进行取样，并将衣服包好，送到犯罪鉴识实验室进行进一步分析。

即使没有发现明显的外伤，负责检查的医生也会寻找其他发生性交的迹象。他们会检查阴道液体是否存有精液，对精液中大量存在的酸性磷酸酶和精液特异性糖蛋白进行 P30 免疫扩散试验。酸性磷酸酶在性交后可以继续存在 72 小时。然而，当受害人在袭击前两三天内发生了自愿的性行为时，就会出现一个问题——没有办法区分酸性磷酸酶水平升高是合意性行为的残余还是强奸本身。

仔细观察

同时，法医还会寻找精子的影子。性交后的 24 小时内，在强奸幸存者体内可以找到活动的精子，但很少能存活超过 12 小时。不能运动的精子可以存活两三天。精子死亡，最初会丢掉尾巴，只留下头部，而这部分残骸，可以在性交后的 7 天内找到。因此，如果受害人在 3 天前进行了最后一次自愿性交，那么找到不可移动的精子或精子头部并没有什么意义；然而，如果存在可移动的精子，则与那次合意性交无关，因此肯定与强奸有关。

精子在尸体中的存活时间，比在存活的受害人中要久。原因是：阴道会产生某些化学物质破坏精子，但这种作用会在心脏停止跳动时停止发挥，所以尸体内的精子只有通过分解才能被破坏。在尸体中发现精子的最长期限，可以多达两周。

仔细观察

即使没有发现精子，也不能排除性交的可能。犯罪人可能使用了安全套，之前做过输精管切除术，射精失败，或者可能是无精子症患者。“无精子症”（Azoospermia）是指精液中没有精子的情况。

检查完成后，受害人的伤势将得到治疗，并被投放预防怀孕和治疗任何潜在性病的药物——在涉及强奸的案件中，观望态度是没有立足之地的。受害人立即接受艾滋病毒检测，并在接下来的几个月内重复检测。强奸咨询师通常会立即介入，帮助受害人处理性攻击造成的心理伤害。

处理致命攻击

在强奸杀人案中进行的许多检查，与强奸案中的检查基本相同，只不过是由法医而不是治疗医生负责进行。

在实验室中，法医从检查受害人的衣服开始着手，寻找痕迹证据和污渍，并试图将衣服上的所有缺陷与受害人遭受的伤害结果相匹配。随后，受害人的衣服被脱掉、打包，送到犯罪鉴识实验室进一步处理。然后，法医的注意力转向身体，对此类受害人进行检查时，应遵循前面“进行强奸检查”一节中概述的过程，并进行其他必要的检查。

第十三章

室息：拼命来口新鲜空气

- 解析窒息死
- 查找呼吸困难的原因和机理
- 观察勒缢死的特征
- 识别致命气体
- 处理溺死案件

有没有试过憋气两分钟？试试看。这不像听起来那么容易，两分钟似乎像是永远。现在，想象一下你根本无法呼吸。如果有什么东西阻止空气进出人体，或者可以呼吸的空气中缺乏氧气，或者含有大量剧毒气体呢？如果下一次的正常呼吸姗姗来迟呢？这便是“窒息”(Asphyxia)——人体细胞无法获得氧气。这种现象，可能以若干不同的方式发生，每种方式，都会给法医留下一两条线索。

理解窒息

人类吸入肺部的空气含有氧气。在进入肺部这个“气囊”后，氧气进入血液，与红细胞的血红蛋白结合，并与红细胞一起流经全身。

仔细观察

正常空气含氧量约为21%。当这个百分比下降到10%~15%时，就会影响人类的判断和协调功能。当空气中的氧气浓度降到10%以下时，人类就会失去意识，并在氧气浓度低于8%时出现死亡。

从环境到身体细胞，任何一个环节如果出现氧气供应的中断，都可能导致窒息。例如：

» “窒息 / 缺氧”(Suffocation)：空气中可能含有少量或没有氧气，或者某种物质(如窒息性气体)阻止氧气进入血液。

» “扼 / 勒”(Strangulation)：阻塞或妨碍空气进入呼吸道和肺部。

» “溺水”：肺部充满水，从而阻止血液含氧。

» “吸入有毒化学物质”(Inhalation of Toxic Chemicals)：某些毒素会干扰血液对氧气的吸收或细胞对体内氧气的利用。

窒息：急需氧气

你看不见氧气，更不太可能去意识到这种物质的存在，但的确是空气中的氧气让人体保持运转，使人的思维活动处于巅峰状态。如果无法保证足够的氧气进入人的血液，就会出现缺氧，即所谓窒息。这可能是因为空气中的氧气含量过低(身处珠穆朗玛峰山顶或是被幽禁在一个狭小的密闭空间)，也可能是因为某些物质(如窒息性气体，或者是卡在喉咙里的花生)阻止氧气进入肺部，并最终进入血液。

缺氧环境

“环境缺氧”(Environmental Suffocation)导致的死亡，通常发生在人无法从周围获得足够氧气的地方(通常是指狭小的密闭空间或空气质量较差的地方)，多为偶发意外，但凶杀事件也并非闻所未闻。环境缺氧导致意外死亡的典型事例，便是顽皮的小孩子被困在老旧冰箱里。在缺乏新鲜空气的情况下，一旦体内的氧气被消耗殆尽，可怜的孩子就会死于窒息。环境缺氧导致死亡的原因和方式的确定，取决于对死亡周围环境的分析，以及在验尸时没有发现其他死亡原因的事实。换言之，如果有人发现受害人出现在缺氧或密闭的环境当中，同时又没有外伤或中毒的证据(如果排除了自然死亡的可能)，那么法医可能会认为死亡是意外窒息所致。

捂憋

识记

“捂憋”(Smothering)，发生在外部物体阻止空气进入鼻子或嘴的时候。有必要将“捂憋”和“呛噎”(Choking)加以区分(参见后文“呛噎感”，了解更多关于这种死亡形式的信息)，因为在捂憋中，阻塞物质在嘴或喉咙之外。

捂憋的常见例子包括：

» 自杀性捂憋通常使用塑料袋，自杀者将塑料袋放在头上，并用胶带或绳子封口。

» 塑料袋也可能导致意外，尤其多发于儿童。在极少数情况下，醉酒的人脸朝下压在枕头上会失去知觉，并死于窒息。

» 杀人捂憋通常使用枕头、床上用品、塑料袋或杀手自己的手。当凶手使用枕头或塑料袋时，受害人通常没有明显的痕迹，除非生前曾拼命挣扎，因为在这种情况下，受害人的脸或手臂可能会因凶手试图控制受害人而留下擦伤或挫伤。

呛噎感

气管阻塞，就会导致“呛噎”。死因可能是自然因素、他杀或意外事件。

自然原因引发的呛死，可能是急性感染和会厌发炎所致，“会厌”(Epiglottis)是气管(主气道)上端的皮瓣，当我们吞咽时，会厌关闭以防止气管吸入食物和水。如果发炎严重，会厌可能会迅速膨胀并阻塞气管。这属于真正的紧急医疗状况，必须立即救治，通常是施气管切开术。在“喉结”(Adam’s Apple)下方气管处切开，为空气进入肺部创造一条替代通道。

识记

“白喉”(Diphtheria),可以导致病人自然窒息,现在,由于免疫接种基本普及,这种疾病在美国已经变得非常罕见。白喉,是指喉咙部位因为细菌感染,形成的一个较厚且坚韧的假膜,可从喉咙内壁剥离,更会阻塞气管。

大多数呛噎死,都是意外导致的。孩子们会因一些小东西,如气球碎片、玩具的一部分和食物材料,误入气管并引发窒息。对于成年人来说,罪魁祸首几乎总是食物。事实上,被食物呛噎死的情况非常普遍,医生给它取了个绰号“栓状咖啡馆”(Café Coronary)。通常情况下,此类死者可能正在进食,却突然停止说话,还可能会抓住自己的喉咙,然后瘫倒在地。表面上,这一切看起来像是心脏病发作,或者是冠状动脉疾病。事实上,气道阻塞,使患者无法呼吸,血氧水平急剧下降,患者因此变得身体虚弱甚至死亡。

对于自然和意外呛噎死,法医通常在确定死因方面没有什么困难。然而,在受害人的呼吸道内发现食物,并不能完全说明受害人是被噎死的。许多在死亡时进食的人,都会在死亡时将食物吸入呼吸道乃至肺部。调查人员可以从目击者那里详细记录实际发生的事情,从而为法医提供确定死因最有用的信息。如果一块肉或其他坚硬的食品完全阻塞了呼吸道,法医就可以仅凭这一证据说明受害人确实死于呛噎。

施加外力:机械性窒息

“机械性窒息”(Mechanical Asphyxia)是指由于施加在身体上的外力阻止了胸部的扩张,使受害人无法呼吸。被困在汽车、倒塌的墙壁或天花板等重物下面的人可能会因为外部压力的压迫作用无法呼吸而死。

奇怪但真实

大蟒蛇就是这样杀人的。这种肌肉发达的巨蛇将自己裹在猎物身上。每次猎物呼气时，蛇就会卷得更紧。因此，每一次连续的呼吸都变得越来越微弱，直到猎物无法呼吸。死亡接踵而至。

窒息性气体

“窒息性气体”（Suffocating Gases）本身无毒，但去掉这种气体的存在，会降低空气中氧气的占比。任何添加到空气中的气体，都会降低空气中氧气的浓度。室内空气含氧量约为21%。每当你向空气中添加另一种气体时，它就会与已经存在的气体混合，可用氧气的百分比会随着添加气体的数量的增加，而成比例下降。氧气含量低于15%，会导致受害人昏昏欲睡、精神错乱、定向障碍，并最终导致昏迷和死亡。

二氧化碳和甲烷是窒息性气体的常见范例。每一种都无毒无味。甲烷是天然气的主要成分。根据法律，家用天然气中会添加一种特殊味道的物质，以便居民能够意识到出现了泄漏。

尸检时，法医很少发现能证明死亡是由窒息性气体引起的具体证据。然而，在与甲烷有关的死亡中，犯罪实验室可能会在受害人的血液中发现高浓度的甲烷。二氧化碳是另一回事。因为二氧化碳通常存在我们的血液中，而且血液中的二氧化碳含量通常在死亡前后升高，所以当二氧化碳是致人死亡的罪魁祸首时，法医可能会发现无法确定死因。

憋死“贩尸”

案例分析

专家们现在还见识到一种特殊形式的机械性窒息，并用使用这种手段杀人以贩卖尸体牟利的凶手名字为其命名。19世纪初，苏格兰爱丁堡附近的商人威廉·伯克（William Burke），于1827年前后，与威廉·黑尔（William Hare）勾搭在一起，后者在附近的“坦纳斯·克劳斯村”（village of Tanners Close）经营一家廉价旅馆。同年12月，旅店的一名住客死亡，伯克安排将尸体卖给一位叫诺克斯的医生（Dr.Knox），供其进行尸体解剖演示。伯克和黑尔在棺材里装上树皮，在众目睽睽之下堂皇下葬。然后他们偷偷把尸体交给诺克斯医生，得到了七英磅十先令。双方随后达成协议，伯克和黑尔将以夏天八英磅、冬天十英磅的价格为这位医生提供更多的尸体（显然，在天寒地冻的情况下，盗墓更为困难）。

伯克和黑尔开始为这一“全新事业”大肆盗掘新下葬的尸体，但当地民众死亡的速度，显然难以填满这些家伙的贪欲。于是，他们开始绑架并杀害那些不太可能被人想起的“可怜虫”。伯克会坐在受害人身上，堵住他们的嘴和鼻子，直到其窒息而死，然后伯克和黑尔把尸体交出去换钱。

旅馆的一名房客在床下发现第16名（最后一名）受害人后随即报警。警察逮捕了这两个刽子手。黑尔与警方达成认罪协议，指控伯克。1829年1月28日，被判罪名成立的伯克被处以绞刑，自己见识了窒息的滋味，有多达4万人见证了死刑的执行。

扼缢死

下次站在镜子前，看看你的脖子。是不是很粗，不是吗？然而，这里基本上堪称生命之管道：大脑和身体之间的所有交流，都通过贯穿颈部的脊髓传递，大脑从心脏获得的所有血液，都必须经由颈部的动脉提供。因此，颈部提供了大脑和身体之间的重要联系。但这一关键部位暴露在外，很容易受到伤害，无论是意外发生，还是故意所致。

“扼缢死”(Strangulations),是窒息的一种形式,外力压迫颈部的气道和血管。这种压缩阻止血液进入大脑,阻止空气进入肺部。

寻求扼缢死的共同“线索”

大多数“扼缢死”的致死机制是“大脑缺氧”(Cerebral Hypoxia),这意味着大脑中的氧气水平较低。扼死阻塞了呼吸道,阻止了受害人的呼吸。这样做还通过阻断“颈动脉”(Carotid Arteries)阻止血液流向大脑,而颈动脉通过颈部从主动脉进入大脑,是大脑的主要供血来源。事实上,大多数窒息死亡都是由于血液供应的中断而不是空气通道的阻塞。而且这种情况致死过程很快,许多意外导致的窒息死亡,都是如此发生。

奇怪但真实

如果你突发奇想,要去感受下自己的颈动脉,请务必小心:同时对两条颈动脉施加压力,会激活动脉中敏感的“压力感受器”(Baroreceptor),导致血压和心率突然下降,心脏骤停,从而引发猝死。

检查者经常在各种扼死案件中发现“出血点”(Petechial Hemorrhages)。这些出血点是毛细血管破裂出血引起的,在被称为“巩膜”(Sclera)眼白和被称为“结膜”(Conjunctivae)周围的粉红色区域呈小红点或条纹。当颈部静脉内的压力突然急剧上升时,就会出现这些斑纹。这种压力传导到眼睛的毛细血管,导致其漏血。

在许多扼死案件中,受害人的面部充血。体液聚集在组织中,面部肿胀,经常呈现暗灰色调。

上手:用手掐死

“掐死”(Manual Strangulation),发生在有人用手、胳膊或其他肢体部分对受害人的颈部施加压力,压缩其气道和颈动脉时。法医可以发现下列提示掐死的蛛丝马迹：

» 挫伤：犯罪人手指和拇指的压力可能会留下手指形状的瘀痕，或者更常见的是，与指尖和拇指肚相匹配的圆形瘀伤。法医通常在受害人的脖子两侧发现这些瘀伤，但并不总是如此。如果犯罪人面对受害人，可以用双手将拇指按入颈动脉所在的凹处。在这种情况下，主要的瘀伤出现在“气管”（Trachea）的两侧，受害人的颈部两侧或背部会留有较小的手指状瘀伤。

» 擦伤：犯罪人的指甲可能擦伤受害人的皮肤。因为其倾向于用指尖抓住受害人的脖子，因此，犯罪人的指甲可能会刺进或刮伤受害人的皮肤。如果袭击者的指甲没有紧紧夹住受害人的脖子，擦伤可能会表现为线性划痕，或者是指甲“扎进”受害人皮肤后形成的较细的、半圆的或线性的痕迹。

» 颈部受伤：因为大多数犯罪人使用的力量比实际需要大得多，可能会导致颈部肌肉受伤。法医经常在验尸时发现颈部的肌肉淤血。而且，犯罪人经常伤害被害人颈部的小块骨头。在掐死案件中，经常发现喉结，即“甲状软骨”（Thyroid Cartilage）的凸起部位，以及甲状软骨上方脆弱的 C 形骨，即“舌骨”（Hyoid Bone）的骨折常发生在犯罪人赤手空拳的袭击案件中。

警方锁定嫌疑人时，需要仔细检查嫌疑人是否存在手部受伤的迹象。受害人通常情况下会殊死反抗，在袭击人身上造成擦伤或瘀伤。法医往往会在犯罪人的手指、手掌、前臂和脸上发现此类伤痕。如果犯罪人实施强奸并掐死受害人，法医就可能会在攻击者的手侧或手背发现划擦痕迹。

另一种扼颈的方式是“锁喉”（Chokehold），通常被执法人员用来制服逞勇斗狠的家伙。锁喉的目的是压迫颈动脉，使受试者失去知觉，存在两种形式：

» “反夹臂”（Bar Arm Hold）：警官将一只前臂放在被执法者的喉咙前面，用另一只手抓住手腕向后拉，将前臂的压力施加在被执法者的脖子上。警官也可以用警棍而不是前臂来施加压力。

» “挤压颈动脉”(Carotid Hold):警官将肘曲放在被执法者颈部的中心,然后抓住手腕向后拉。这会产生钳夹或剪刀效应,阻塞两条颈动脉。

识记

这两种做法都十分危险,任何人未经训练都不应对其加以运用。其所导致的无意识状态,是大脑的血液流动受到限制而引起的,如果刺激程度过大,持续时间太久,可能导致死亡或永久性脑损伤。警察也只能将这些控制措施作为约束极端暴力或无法控制的被执法对象的最后的手段加以使用。

法医经常面临这样的情况,警方因为实施上述执法手段而面临暴力执法的投诉。如果用力过大,甲状软骨和舌骨会骨折,颈部的束带肌肉也会出血。无论被执法者是死是活,法医都必须评估受伤情况并提出意见。

用系带勒

“勒死”(Ligature Strangulation)发生在收紧某人脖子上的系带时。收紧的力量,来自受害人自身体重——其差异参见文“吊死”(Hangings)——以外的其他外力。基本上所有的勒死都系他杀。

如果勒颈所用系带质地柔软,如毛巾或床单,可能不会在脖子上留下痕迹,尽管某些瘀伤并不少见。如果是系带较细,如电线,就会在受害人的颈部组织上留下一条深槽或沟痕。沟痕留下的凹陷与所用的系带宽度吻合。丝毫不令人感到意外的是,法医会看到受害人脖子上存在瘀伤和擦伤。这些瘀伤和擦伤有多少,有多严重,取决于受害人与犯罪人斗争的激烈程度以及最终是否成功。偶尔相关的擦伤和瘀痕,也会显示所用系带的样式。

仔细观察

即使在严重腐败的尸体上，勒痕也可以得以保存。很明显，沟壑内组织的严重压迫会封闭下面的血管，导致身体分解的细菌往往在人死亡后通过血管迁移。由于凹痕中的血管已被破坏，细菌无法轻易通过，到达该区域的细菌数量减少，因此勒痕内的腐败过程减缓。

勒死中的沟痕往往是水平绕颈。无论袭击者是面对受害人还是从后面靠近，都是通过在系带末端横向拉动来加以收紧的。

尸检时，法医会检查死者的手指和指甲，因为受害人手上可能会抓着犯罪人头发，指甲缝里可能发现犯罪人的血液和组织。

勒死自杀很少见，但也不是闻所未闻。因为被勒死者失去意识主要是由于颈动脉遭到压迫，所以可以很快致死，通常只需15秒。但是，这仍然让受害人有时间通过打结或将绳子反复环绕颈部从而将其固定到位。

意外勒死也很少见，通常发生在死者系戴的围巾、领带或其他衣物被机械或移动的车辆缠住时。这些事故通常涉及滑雪升降篮、电梯、摩托车或汽车等物品。

伊莎多拉·邓肯的著名丝巾

伊莎多拉·邓肯（Isadora Duncan）[1]闻名于世，堪称舞蹈界的偶像，并被认为是现代舞蹈的奠基人。她还以喜欢系戴飘逸的长丝巾而闻名。1927年9月14日，在法国尼斯，一条缠在飞驰敞篷跑车（据说是一辆布加迪）轮子上的丝巾，勒死了这位艺术巨星。

---

〔1〕 伊莎多拉·邓肯（1877年至1927年），美国舞蹈家，现代舞的创始人，是世界上第一位赤脚在舞台上表演的艺术家，创立了一种基于古希腊艺术的自由舞蹈而首先在欧洲扬名，后在德、俄、美等国开设舞蹈学校，成为现代舞蹈的创始人。

吊死

在“吊死”的情况中，窒息是由身体重量拉紧的套索或其他系带压迫呼吸道和颈动脉造成的。因此，死者必须完全或部分悬空。吊死几乎总是自杀性的。大多数意外吊死发生在儿童身上，事后发现，这些死者被绳子或衣服缠住，处于完全或部分悬空的状态。

仔细观察

虽然上吊会压迫气管，阻断呼吸，但大多数吊死的真正原因，还是在于压迫颈动脉，阻塞了流向大脑的血液。自行上吊时，很少发生“颈椎”(Cervical Vertebrae)骨折，但司法机关执行的绞刑往往为例外，因为这些部位的骨头，需要身体下降足够距离才会被折断。

如果是绞死，法医可能会发现以下证据：

» “颈部卡压痕”(Neck Markings)：上吊后看到的颈部卡压痕，主要取决于所用套索的性质。柔软的套索，如床单，可能会留下很少或不会留下痕迹。绳子或绳索可能会在受害人的脖子上留下很深且十分明显的沟痕。尸体吊的时间越长，卡压痕就越深。

» “缢沟痕”(Furrow Pattern)：自缢时形成的沟痕呈倒V形，向颈部两侧环绕斜行向上，至颈后绳索上提悬空处缢沟消失。

» “面部变化”(Facial Changes)：如果上吊几小时后尸体被发现，则死者可能脸色苍白，舌头呈深紫色，从嘴里突出。在尸检中，法医往往不会发现通常出现在掐死或勒死中的面部充血或瘀血现象(有关这些反应的详细信息，请参见本章前面的“寻求扼缢死的共同‘线索’”一文)。

» “尸斑”(Lividity)：如果出现尸斑，则往往出现在吊死者的大腿、前臂和手上。尸斑有关信息，请参见本书第十一章。

» 毒品或酒类：法医应该对所有被吊死的人进行毒理学分析。犯罪人可能在吊死受害人之前使用毒品或酒精使其就范，而自杀者摄入此类物质，则可能是为了鼓起自杀的勇气。

在这样做的过程中，法医也许能够确定受害人体内的毒品和酒精含量是否足以使其陷入昏迷，或者仅仅足以损害他的判断力。在大多数情况下，作出上述区分并不容易。

快乐致死：性窒息

有些人愿意冒死求欢。最有力的证据便是“性窒息”（Autoerotic or Sexual Asphyxia），死者（通常是男性）会通过让自己陷入窒息的方式进行手淫。

这些误入歧途的冒险者相信，部分窒息会在某种程度上强化性刺激。大脑缺氧的最初症状之一是头晕，而实施此类行为的人相信这种感觉会加强性唤起。

最常见的方式便是选择自缢，但也有人会选择非悬空式勒扼或用塑料袋套头等方式寻求窒息。受害人会在需要时用绳子或系带压迫颈部。这种自慰的方法通常包括某种形式的自救装置。受害人可能能够通过某种方式的移动释放压力，或者驱动某种工具来切断系带或袋子。

不幸的是，计算错误经常会导致悲剧。大脑缺氧导致的判断和协调能力减弱，对缺氧程度的评估失误，以及突然失去意识是酿成悲剧的原因。一旦失去意识，受害人就无法自救。

警察通常会发现，一名男性试图通过部分窒息的方式寻求性快感。有时，死者的手被捆绑，这就导致他杀的可能性浮上台面，凶手试图让一切看起来像意外死亡。但受害人也可能把这种捆绑作为仪式的一部分。对捆绑物的检查，可以揭示受害人是否可以如此捆绑自己。

吸入致命空气：有毒气体

给你提供一个细思极恐的想法：你呼吸的空气会“杀”死你。如果足够幸运，这一幕永远不会发生，但如果遭遇某种有毒气体，呼吸就不再是维持生命的必需，而成为剥夺生命的过程。

有毒气体并不会阻止氧气进入人的肺部和血液（就像窒息性气体那样），而是阻止人体血液或组织利用氧气，从而造成严重破坏。一氧化碳、氰化物以及硫化氢、一氧化碳和甲烷的混合物，如“沼气”（Sewer Gas），便是常见的有毒气体。

鬼鬼祟祟的一氧化碳

一氧化碳是一种鬼鬼祟祟的致命物质。执法部门在自杀者的车库里发现死者坐在一辆发动机保持运转的汽车里，通常就会把这一死亡结果归咎于一氧化碳。

对于这种无色、无味的气体，人类完全无法感知。一氧化碳多由含碳燃料，如木材、煤炭和煤气不完全燃烧导致。存在问题的炉子、加热器和壁炉会使空气中充满一氧化碳。火灾中一氧化碳中毒导致的死亡人数比被火烧死的还多。

技术问题

一氧化碳特别危险，因为其与血红蛋白结合，在人体血液中产生“碳氧血红蛋白”（Carboxyhemoglobin）。因为碳氧血红蛋白不含可用的氧，含有这种分子的血细胞不能向身体组织供氧，由此导致人体细胞缺氧。一氧化碳与血红蛋白的结合比氧气容易 300 倍，因此，在体内占据了氧气的位置。人只要呼吸含有少量一氧化碳的空气，就可以导致体内出现非常高水平的一氧化碳。例如，呼吸一氧化碳含量低至 0.2% 的空气，只需 30~45 分钟，就会导致血液中一氧化碳饱和度超过 60%。

奇怪但真实

大多数人认为，一氧化碳只会在封闭空间内才会使人中毒，但事实并非如此。有人就在露天修理汽车时中毒死亡；一般来说，这样的受害人躺在汽车排气口附近。类似地，游泳者和滑水者在一艘怠速的机动船舶后面的潜水平台附近游荡，也有一氧化碳中毒的危险。一氧化碳对血红蛋白的强大吸引力，解释了人们如何在空旷地带死于一氧化碳中毒。

技术问题

一氧化碳中毒的症状和体征，与其在血液中的浓度有关：

» 血液中一氧化碳的正常含量是 1%~3%，但吸烟者血液中一氧化碳的含量可能高达 7%~10%。

» 如果血液中一氧化碳浓度达到 10%~20% 的水平，人会感到头痛，并且无法集中精力完成复杂的任务。

» 人体血夜内一氧化碳浓度如果处于 30%~40%，头痛就会变得严重，人会出现心悸、恶心、呕吐、昏厥甚至嗜睡等现象，脉搏和呼吸频率明显加快。

» 血液中的一氧化碳浓度达到 40%~60%，中毒者将变得迷茫，丧失方向感，身体虚弱，四肢出现极不协调的迹象。

» 一旦血液中的浓度超过 60%，昏迷及死亡就会接踵而至。

对于老年人以及患有心脏病或肺病的人来说，血液中一氧化碳含量低至不足 20%，依然可能致命。汽车尾气自杀的受害人或在封闭房间内死于火灾的死者，体内的一氧化碳含量可能高达 90%。

一氧化碳中毒的尸检结果，在一定程度上取决于碳氧血红蛋白的鲜红色泽。法医对一氧化碳中毒的死者进行尸检时，会发现血液和内脏往往呈现鲜红色，这为死因提供了可能的线索。

侥幸从一氧化碳中毒中存活下来的受害人，可能会遭受严重的健康问题。一氧化碳主要损害大脑，因为这是人体内部对缺氧最敏感的器官。严重脑损伤的症状和体征可能立即开始，也可能延迟几天或几周后才出现。最常见的后遗症包括慢性头痛、记忆力减退、失明、困惑、定向障碍、协调能力差和出现幻觉。如果有关部门怀疑一氧化碳中毒是犯罪行为引发的结果，或者希望获得提起民事诉讼的文书，可能会要求法医对幸存的受害人进行检查评估。

吉姆·琼斯和“人民圣殿”组织

吉姆·琼斯（Jim Jones），身为一名基督教牧师，于 20 世纪 50 年代在印第安纳州的印第安纳波利斯建立了所谓“人民圣殿”（People's Temple）这一邪教组织，后迁至旧金山地区。因为琼斯声称自己可以治愈癌症、心脏病和其他疾病，招致了审查和批评。当人们逐渐对琼斯名下多笔金融交易产生怀疑后，他把追随者从美国转移至南美“圭亚那”（Guyana）境内的一个临时城镇“乔内斯敦”（Jonestown）。

因为琼斯侵犯人权的传闻接踵而至，引起了一些美国国会议员的注意。1978 年，国会议员利奥·瑞安（Leo Ryan）和新闻界人士访问了乔内斯敦，并与许多“人民圣殿”成员交谈，其中 16 人要求与国会议员一起离开并返回美国。当这些脱离邪教组织的成员和国会议员瑞安在“基亚图马港机场”（Port Kiatuma Airport）等候飞机时，遭到了几名“人民圣殿”武装分子的伏击。国会议员瑞安和其他 4 人丧生，11 人受伤。

在那次事件发生后不久，琼斯给自己的信众喂食了一种水果饮料，里面掺有氰化物、安定镇静剂和水合氯醛，导致 900 多人死亡，其中包括 250 多名儿童。对饮料和从死者身上提取的体液进行的毒理学测试，证明氰化物是罪魁祸首。

致命氰化物

我相信你一定读过一些书，看过一些电影，其中一些坏家伙会选择使用氰化物杀人。事实上，很少有人将氰化物作为谋杀工具。更多的人用它来自杀，特别是集体自杀。个体和群体意外中毒可发生在工业场所。技术人员在金属电镀、珠宝制造和 X 射线回收行业中会使用氰化盐。塑料制造业使用的一种“腈化物”（Nitriles）溶剂，也含有氰化物。燃烧时，这些腈化物会释放致命的“氰化氢气体”（Hydrogen Cyanide Gas）。

“氰化氢气体”是最致命的氰化物。摄入氰化盐，如“氰化钠”（Sodium）和“氰化钾”（Potassium），当这些粉末与胃酸发生反应时，就会产生氰化氢气体。毒气室使用的正是氰化氢。

氰化物是一种致命的“代谢毒物”（Metabolic Poison），这意味着其会阻止人体细胞利用氧气，从而导致细胞迅速死亡。身体的举动，变得好像所有的氧气都被突然清除干净时一般。当然，氧气仍然存在，但细胞无法对其加以利用。而且由于细胞不再从血液中提取所需的氧气，但血液仍然氧合良好（富含氧合血红蛋白），因此血液呈鲜红色。

仔细观察

尸检时，法医发现死者的血液呈鲜红色，而不是预期的深紫色，因此怀疑氰化物或一氧化碳是死因。而且，如果尸斑呈现粉红色，而不是通常的蓝灰色，同样表明可能是氰化物或一氧化碳中毒。此外，如果可能，法医还可以探测到氰化氢典型的苦杏仁味。奇怪的是，检测这种气味的能力是由基因决定的。有些人可以，有些人不行。

沼气中毒

“硫化氢”（Hydrogen Sulfide），乃是发酵的副产品，通常存在于下水道和污水池中。化学分析员称甲烷、二氧化碳和硫化氢等气体的混合物为沼气。当你吸入这种所谓的沼气时，硫化氢占据了体内血红蛋白上的氧气位置（就像在前面提到的“鬼鬼祟祟的一氧化碳”一文中描述的一氧化碳一样），人体细胞无法获得所需的氧气。血红蛋白与这种气体结合，使血液呈深紫色。沼气中毒死亡几乎都是意外事件，当受害人进入富含沼气的区域并吸入大量硫化氢时就会出现。验尸时，法医可以在死者血液中发现大量的硫化物。

溺毙：水，到处都是水

溺水带来的恐惧稀松平常，当然也令人深感不快。一个人溺水时，肺部会因为进水而丧失将氧气输送到血液中的能力。一旦在水中挣扎试图呼吸，就会迫使水冲进鼻窦。咳嗽会触发吸入反射，将更多的水吸入肺部。失去空气供应，与在挣扎求生中消耗能量结合在一起，导致溺水者血液中的氧气水平迅速下降。1~2 分钟就会失去知觉。此后不久，心脏停止跳动。

寻找死亡方式

溺水几乎总是意外，但法医通常很难确定死亡方式。事实上，得出受害人实际溺水的结论，就是在变相表示排除其他死因，这意味着法医需要从确信没有异常事件发生时开始尸检。

死亡发生的环境，往往比任何客观发现都要重要。如果法医找不到任何外伤或自然疾病的证据来解释死亡，如果受害人是在水中被发现的，则其就可以确定死亡是溺水造成的。尸检的病理结果，无法断定事情的真相是这样或那样。

即使发现尸体存在“肺水肿”（Pulmonary Edema），也不能就此断定死因是溺水，因为心脏病发作或某些药物服用过量，也可以引发肺水肿。如果一名受害人死于药物过量并被扔进水中，或者该人心脏病发作并发展为严重的“继发性肺水肿”（心脏衰竭导致肺部血管压力增加，从而引发肺部进水），则尸检结果可能与真正溺水者的情况相同。因此，法医应该对所有疑似溺水者进行一次完整的毒理学分析。

专家曾经认为，在溺水者身上能够找到的一个典型体征，就是死者口腔、喉咙和气管里存在一层厚厚的、白色或带血的泡沫。然而，对此几乎没有任何证据加以支持，所以大多数现代刑侦人员已经放弃了这种立场。

深入调查以识别溺毙

对法医来说，溺毙事件算是颇为复杂的。事实上，法医甚至可能都无法确定受害人落水时是死是活。如果把尸体放在水里，并让其在水中沉上一段时间，肺部将被动充水，而法医检查根本无从区分肺部的这种液体，究竟是死后注入，还是导致其死亡的罪魁祸首。

奇怪但真实

多达 15% 的溺毙者，可能死于“干性淹溺”（Dry Drownings）。在这种情况下，水进入喉咙会引起喉痉挛。喉部对水的反应是痉挛（收缩或闭合）。这种反应会阻止空气进入肺部，使受害人窒息。痉挛也阻止了水进入肺部，所以尸检时死者的肺部反而是干燥的。

但法医也不是无计可施。在发现以下部分或全部证据的情况下，足以表明调查方向应该倾向于溺毙：

» 出血：如果尚存意识的人落入水中，则呼吸困难会对鼻窦和肺部造成很大的压力创伤。法医借此希望能够在尸体的鼻窦和气管中找到出血迹象，以及希望发现死者生前在试图呼吸时吸入鼻窦和肺部的水迹。

» 来自海洋的纪念品：抓在死者手中的水底植物或岩石可能表明受害人在挣扎求生时抓住了这些东西，感觉有点儿像在抓救命稻草。

» 骨髓中的微小入侵者：尽管有争议，但寻找硅藻可能表明受害人下水时是否还活着。硅藻是微小的单细胞生物，在盐水和淡水中快速游动（硅藻也出现在许多火灾调查中——参见本书第八章了解更多内容)。其细胞壁中含有二氧化硅,因此非常耐降解。

任何吸入的硅藻都会通过肺部,进入血液,并被泵入全身,直到心脏停止跳动。它们往往聚集在骨髓中。对骨髓的显微镜分析可以发现硅藻,这意味着受害人进入水中后还活着,而不是死后被扔进水里。由于这些硅藻非常坚韧,这项技术对于评估严重腐败甚至是白骨化的遗骸非常关键,毕竟此时已经没有肺细胞或鼻窦组织可供检查了,直到心脏停止活动。

部分四

试验检测

在这一部分，读者将

熟悉分析血液和其他体液的血清学

了解脱氧核糖核酸分析的来龙去脉

窥视毒物实验室内发生的一切

探寻更多有关痕迹/微量物证及其在破案中的应用的信息

明晰火器背后的证据

保持警惕并习惯于质疑文书档案的真实性

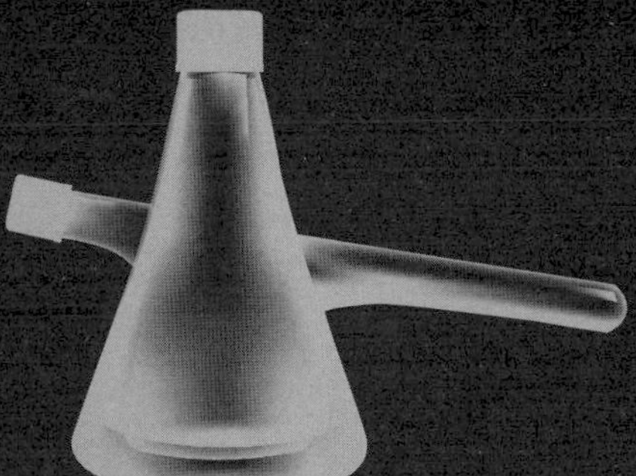

第十四章

血清：血液及其他体液分析

» 看看血液到底是什么

» 探究血液的鉴识

» 通过血型进行亲子鉴定

» 检视其他体液

一个人的身份，不仅体现在驾照上所显示的信息。血液、汗水和眼泪，也只是调查人员通过名叫“血清学”（Serology）的科学手段来确定嫌疑人或受害人身源的几种体液。这些生物指纹经常出现在犯罪现场，特别是暴力犯罪现场，不仅可以将嫌疑人与现场联系起来，而其在身源确定方面的精确程度不输给指纹，甚至在一定程度上超过指纹。这种个体识别程度，在确定与父母或远祖血缘关系方面也能发挥作用。

血液：人体中最弥足珍贵的液体

血液是目前为止留在犯罪现场最常见也是最有价值的体液，而其为犯罪现场调查团队开辟了许多调查路径。其中一些途径取决于血液泼溅痕迹（参见本书第六章），另一些途径则取决于血液的化学成分和生物学特性。

“血清分析人员”对从犯罪现场提取的血液样本进行化学和生物测试，最终目的是确定血液的身源。这类信息可以将嫌疑人与现场紧密联系起来，或者表明犯罪发生时嫌疑人远离现场。通过血液分析，可以确定嫌疑人袜子上的血迹是否源自受害人，或受害人指甲缝里发现的血迹是否属于嫌疑人还是其他人。验尸官利用血清学分析结论来作上述判断。

了解血液

识记

血液是一种复杂的物质。全血的液体部分，称为“血浆”，含有蛋白质、酶、凝血因子、电解质和其他多种细胞。

血细胞分为如下三种基本类型：

» “白细胞”(Leucocytes)，简称 WBCs。

» “红细胞”(Erythrocytes)，简称 RBCs。

» “血小板”(Platelets)，即参与凝血的微小细胞。

全血凝结并清除凝块后，剩下的淡黄色液体称为“血清”。血清中含有血浆中的大部分蛋白质和酶，但不含有凝血过程中消耗的细胞或凝血因子。

血型：ABO 系统

从“血清分析人员”的观点来看，血液中最重要的两个成分，便是红细胞和血清。从中，血清学家可以确定任何血样或血迹的血型。

红细胞含有一种非常重要的分子叫作“抗原”(Antigens)，其不仅能在体内引发免疫反应，而且还决定个体血型。抗原被指定为非 A 即 B。A 型血的人的红细胞上有 A 抗原，B 型血的人的红细胞上有 B 抗原。AB 型血的人的红细胞兼有 A 抗原和 B 抗原，O 型血的人的红细胞上则没有抗原。

血液中的另一种抗原称为“恒河猴”(Rhesus)或 Rh 因子，有时称为 D 抗原。如果一个人血液的红细胞存在这些抗原，就被认为属于 Rh 阳性，如果没有，则属于 Rh 阴性。所以那些 A+ 型血的人体内红细胞中带有 A 抗原和 Rh(D)抗原。O- 型血的人红细胞中既没有 A 抗原或 B 抗原，也没有 Rh(D)抗原。

识记

另一个需要识记的重要因素是血清中含有称为“抗体”(Antibodies)的特殊蛋白质。了解血型的关键是每个抗原都有相应的抗体。抗体是高度特异性的,这意味着它只识别和反应其特异性抗原。当一种抗体遇到其相应的抗原时,两者结合形成一种“抗原抗体复合物”(Antigenantibody Complex)。这种反应也是血型分析的基础。

仔细观察

血清分析人员对在犯罪现场提取的血样逐一分析并确定其类型。在不止一个人流血的犯罪现场,这种血型确定有助于调查人员重建犯罪现场。在“杰弗里·麦克唐纳案”(Jeffrey MacDonald Case)中,血型对犯罪现场重建发挥了至关重要的作用(参见本书第二十章)。

确认血迹来源

先把辨认受害人或嫌疑犯的身份搁置一下;辨认血迹本身就很有挑战性。根据其年龄和暴露的条件,血迹可能看起来更像是紫色的油漆斑点或棕色的油渍。即使是再有经验的眼睛,也很难区分面前的到底是血迹还是干燥后的番茄酱。

法医以及血清分析人员面对液体样本或可能是血液的污渍时,都会设法回答这三个问题:

» 是否为血迹?

» 是否为人类血迹?

» 是谁的血迹?

血液量必须充足,状态必须良好,否则很难用于检测。尽管现代技术使检测微量血液成为可能,但如果样本严重劣化,则可能被证明毫无用处。许多化学物质都会对血液造成破坏，以致无法对其中所包含的脱氧核糖核酸等物质进行核查。腐败或由细胞内细菌活动引起的腐烂，成为导致样品降解且无法修复的另外一个因素。因为温暖和潮湿的环境会促进细菌的生长，所以在这样的条件下，血液腐败的速度更快。

大多数最终被送到血清分析人员手上的犯罪现场样本，至少在某种程度上存在干燥或降解迹象。干燥的样品兼有利弊。尽管液态血液通常能为鉴定员提供更有用的样本，但也更容易被降解或变质，因为潮湿的环境更容易导致血液和组织腐败的细菌滋生蔓延。干燥的样品会减少细菌的生长，降低降解的可能性。

首要问题：是否是血液？

为了确定给定的样本是否是血液（或其他物质），血清分析人员会进行两种基本类型的测试：预试验和“确证试验”（Confirmatory Testing）。“血痕预试验”（Presumptive Tests）通常更便宜，速度更快。一旦结果为阳性，则预试验表明有血液存在的可能性，但不能证明这就是事实。然后需要确定“确证试验”。当预试验为阴性时，证明不存在血液，借此可以避免更加昂贵且耗时的确认试验。

预试验

技术问题

血痕预实验分为两大类：产生颜色变化的检测方法和引起荧光（发光）反应的检测方法。

»“卡—麦二氏显色试验”（Kastle-Meyer Color Test）：“酚酞”（Phenolphthalein）是这一显色试验中的活性成分。当血液、酚酞和过氧化氢混合时，血红蛋白（红细胞中的携氧分子）使过氧化物与酚酞发生反应，产生暗粉色。

“卡—麦二氏显色试验”的主要优点是反应迅速；颜色变化在一

两分钟内就会出现。然而，其主要的缺点是，某些蔬菜产品，如土豆和芥末，也会引起这种反应。当然，土豆和芥末通常不会出现在流血的地方。

» “四甲基联苯胺试验”：用湿棉签在假定的血迹上取样，然后将其涂在含有“四甲基联苯胺”（Tetramethylbenzidine，TMB）且用于检测血液存在与否的试纸条（Hemastix Strip）上，如果血液存在，上述物质就会发生变色化学反应。如果试纸条立即变成蓝绿色，显示可能存在血迹。

» “孔雀绿试验”（Leucomalachite Green，LMG）：这种物质早在20世纪初便已被投入血迹检测，在与血液发生化学反应时，产生特有的绿色。

其他的血迹测试还包括使用紫外线照射使血液反射荧光或自发光，这些反应会暴露出肉眼看不到的血液痕迹。犯罪人经常试图把墙壁和地板擦洗干净，错误地以为如果看不到血，就找不到自己犯罪的证据。幸运的是，这不是真的。

在犯罪现场，可以通过向被认为存在隐性血迹的区域喷洒荧光化学物质来显示血液。同时降低现场光照强度，使用紫外线光源照射到上述区域，借此让血迹在黑暗中发光。此举不仅可以确定是否存在隐性血迹，还能明确分布区域。各种类型的喷溅血痕、拖拽血痕乃至染血的足迹或手印，均能跃入眼帘。

仔细观察

以下是最常用的荧光类血迹检验产品：

» “鲁米诺”，非常敏感，可以显示出非常少量，甚至不足1/10000000的血液残留，还可以暴露在已经彻底清洗的地方的残留血液（除非使用了含氯漂白剂的清洁剂），这甚至包括已经重新粉刷过的墙壁。尽管鲁米诺本身会干扰一些血清学检测程序，但不会影响以后的分型或脱氧核糖核酸分析。

» "荧光素"(Fluorescein)从20世纪初就已经被投入使用，荧光素不像鲁米诺那样会与家用漂白剂发生反应，这使其更适合于暴露用含有漂白剂的清洁产品清洗过的血迹。荧光素的另一个优点是比鲁米诺浓度更高，所以不太容易出现掉落现象，这意味着这种试剂能更好地黏附在墙壁、门和其他垂直物表面。

确证试验

技术问题

最常用的确证试验是氯化血红素结晶试验，即所谓"古烟试验"(Teichmann Tests)和血色原结晶试验，即所谓"高山试验"(Takayama Tests)。两者都依赖于红细胞内的化学物质和血红蛋白分子之间的反应。这种反应导致晶体的形成，然后在显微镜下观察。上述测试的一个主要优点，便是能很好地处理陈旧血渍。近年来，人类血液的"快速染色鉴定试验"(Rapid Stain Identification of Human Blood，RSID)得到了广泛应用。这种测试相对更容易、更快速、更可靠，并可用于其他体液，如唾液和精液等检材。

第一时间得知检材为人血

在犯罪现场发现血迹时，法医必须确定血迹是否确实来自人类，而不是狗或猫，或者鸭嘴兽等某种动物。只有在作出上述认定之后，才能开展进一步的检测，以确定人血来源。

用于确定血液来源的试验是抗原抗体反应，类似于用于血型鉴定的试验(参见前文的"血型：ABO系统")。然而，不同的是，必须制备针对特定抗原的抗体，即所谓“抗血清”（Antiserum），从而使其与人类特有的抗原而不是与A红细胞抗原和B红细胞抗原发生反应。这意味着制造出一种针对人类特有抗原的特异性抗体，进而通过是否产生相关反应，确定血液是否为人血。

奇怪但真实

人类抗血清是通过将人类抗原（人类血液）注射到兔子或其他动物体内，然后给动物足够的时间使其针对这种抗原产生足够的抗体而制备的。随后，从这种动物体内提取现已富含上述抗体的血液，并从中分离这种抗血清，用于检测血液样本，以确定其是否来自人类。

如果含有抗血清的溶液与含有抗原的血样接触，就会发生反应。这种反应产生一种抗原—抗体复合物，沉淀或从溶液中脱落，在两种溶液接触的地方形成一条可见的沉淀线。

换言之，如果人血抗血清与含有人血的溶液接触，二者发生的反应会在两种溶液之间形成一条可见的沉淀线或固体物质。另外，如果不是人血，就不会有反应，也不会产生沉淀线。

现代犯罪鉴识实验室一般都保存多种常见动物血液的抗血清。狗、猫、鹿、牛和羊的抗血清通常很容易获得。使用这些抗血清，血清学家可以确定流血的物种，而这一认定本身就是重要的证据。

了解免疫反应

技术问题

抗原抗体免疫反应，是人体抵御外来侵略机制的组成部分。抗原是外来的入侵者，抗体是人体构造来攻击抗原入侵者的蛋白质。当这两种物质相互作用时，就会出现凝集或聚集，产生一种更大的复合物质，这种复合物质会沉淀，变成固体并从体液中脱落（而不是溶解在液态血液中）。然后，沉淀物被身体的白细胞吞噬并破坏。

例如，如果一种细菌或病毒侵入你的身体，你体内的免疫系统会将其识别为外来物，然后构建针对它的抗体。在这种情况下，细菌扮演抗原的角色，抗体附着在其上面，形成一个大的抗原—抗体复合物，很容易被白细胞吞噬。这种对感染的重要反应有助于你的身体抵御攻击并恢复健康状态。

抗体具有高度特异性。也就是说，人体出现的抗体，如果是用来抵御葡萄球菌，那么就只能识别和并附着于葡萄球菌，而不是链球菌、鼻病毒或结核杆菌。这种特异性是用于确定血样类型的试验的核心。

缩小焦点：是谁的血？

在确定血样是人血之后，血清分析人员开始确定血型。标准血型确定需要使用液态血，并通过红细胞凝集或聚集表示存在阳性反应。只有血液是液态的，红细胞是完整的，才会发生凝集。

然而，犯罪现场残存的血液很少是液态的，更可能是一种污渍——凝结的血块和干燥的血痕——因此红细胞已经破碎。由于红细胞不完整，无法凝集，因此无法验证抗原抗血清分型反应。血清学分析人员巧妙地用提取剩余抗原的技术解决了这个问题。

技术问题

提取抗原的过程，体现为以下四个“吸附—洗脱”（Absorption-elution）步骤：

1. 用血液抗血清处理带血物质，而抗血清中的抗体将与抗原结合。

2. 清洗检材。这一步骤会去除任何含有抗体的过量抗血清。

3. 对检材进行洗脱。洗脱是一个过程，通过加热的方式分解抗原—抗体键，从而使抗原和抗体彼此分离。最后，冲洗掉与抗原结合的抗体。

4. 然后用已知的血液抗原检测洗脱的抗体，观察二者反应。抗体与之反应的抗原揭示了原始未知样本中存在的抗原。

面对一件血迹斑斑的衬衫，血清分析人员首先确定血迹属于人血，其次实施上述各个步骤。如果血迹来自A型血的受害人，当第一步加入抗A和抗B血清时，血迹中的血液只与抗A抗体反应，因为其中只包括这种抗原。冲洗后（步骤2），只剩下抗原和抗-A抗体的复合物。洗脱（步骤3）进一步分离抗原和抗体，从而将抗-A抗体从染色剂中分离出来。对已知血型的血样进行抗体检测，血清分析人员面前的结果显示，只存在A型血的反应，这意味着原始样本一定属于A型血。

通过在犯罪现场简单进行血液分型，调查人员得以显著缩小嫌疑犯的范围，并利用表14–1中四种ABO血型的人口分布信息，完全排除其中一些嫌疑犯的罪责。

表14–1　ABO血型人口分布

血型	人口中的占比
O	43%
A	42%
B	12%
AB	3%

除了确定ABO血型外，血清分析人员还可以进一步对血样进行个人识别。红细胞中含有比ABO血型分类系统更多的蛋白质、酶和抗原。其中包括诸如Duffy、Kell和Kidd等具有明显标志性的抗原，以及腺苷酸激酶、红细胞酸性磷酸酶和非常有用的“磷酸葡萄糖变位酶”（Phosphoglucomutase，PGM）等细胞内酶。

磷酸葡萄糖变位酶是一种以许多不同形式出现的酶，或同工酶，其中至少有十种相当常见。无论ABO血型如何，具体到个人体内都可以出现磷酸葡萄糖变位酶的任何组合。法医和血清分析人员利用这个事实，进一步缩小了嫌疑犯的范围，以便对能够在现场留下血迹的人员进一步进行脱氧核糖核酸分析并对其身源加以确认。

仔细观察

例如，假设一个染色剂是AB型，含有2型磷酸葡萄糖变位同工酶(PGM 2)。法医十分清楚，人口中AB血型占比只有大约3%(参见表14-1)，而2型同工酶只在6%的人群中才能发现。因为这两个因素是独立遗传的，所以特定个体同时为AB型血，且具有2型同工酶的概率只有0.18%，或小于0.2%。

如果警方在现场发现的血迹与AB型PGM2血型嫌疑人的血迹相符，那么该嫌疑人不是犯罪人的概率为0.2%。虽然不是十全十美，但这种可能性仍然比作者将在本书第十五章的掷硬币般非此即彼的脱氧核糖核酸测试要好得多，并且可以在随后用于进一步的个人识别。

亲子鉴定

一个人，从父母那里继承血型。因此，血清分析人员可以在许多情况下对亲子关系作出判断。犯罪鉴识实验室经常参与亲子鉴定，因为亲子鉴定可能是确定儿童抚养、监护和探视权的关键步骤。而其也可能在涉及绑架、保险欺诈和遗产纠纷等刑事和民事诉讼中发挥重要作用。

继承血统

ABO血型或表型只有四种：A型、B型、AB型和O型。但是，对于某些血型，两种基因型或基因配对是可能的。“表型”(A

phenotype）是指看起来是什么样子（在本例中便是所谓的 ABO 血型），而基因型是潜在的遗传模式。我们从父母那里获得 ABO 基因，一个来自父亲，另一个来自母亲。

在这个系统中需要明确的重要一点便是，A 基因和 B 基因都是显性的，而 O 基因是隐性的。因此，从父母一方获得 A 基因和从另一方获得 O 基因的人，具有 A 型血，但不是 O 型血，因为 A 基因是显性的（见表 14–2）。表 14–2 根据表型确定一个人可能所属的基因类型。

表 14–2　根据表型确定可能的基因型

表型	可能的基因类型
A	AA 或 AO
B	BB 或 BO
AB	AB
O	OO

O 型血的人必须有一个 O 基因型。他们既不能有 A 基因，也不能有 B 基因，因为只要存在上述两种显性基因中的任何一种，就会出现 A 型血或者 B 型血的表型特征。

识记

A 型血的人可以从父母双方各获得一个 A 基因型，因此有一个 AA 基因型，也可以从父母一方获得一个 A 基因型，从另一方获得一个 O 基因型。记住，A 是显性的，所以当它和隐性的 O 基因配对时，A 基因决定血型。AA 和 AO 基因型的人都有 A 型血，但从基因上讲，他们是不同的。

有 AA 基因型的 A 型血父母，只能给后代提供一个基因，因为他们所有的卵子或精子都有一个 A 基因型。但是有 AO 基因型的 A 型血父母可以给他们的后代提供 A 基因或 O 基因，因为他们一半的卵子或精子有 A 基因，另一半有 O 基因。当双亲都是 A 型血的时候，他们的后代所拥有的基因型具有若干可能性。参见图示 14-1 中查看可能性。

在图示 14-1 所示的每一种情况下，孩子的血型都是 A 型，除非父母都为其贡献了 O 基因型。在后一种情况下，孩子的基因型和血型（表型）分别为 OO 基因型和 O 型血。这些父母不能有任何具有 B 型表型或 BB、BO 或 AB 基因型的后代，因为父母都没有 B 基因可提供。

父亲的基因类型

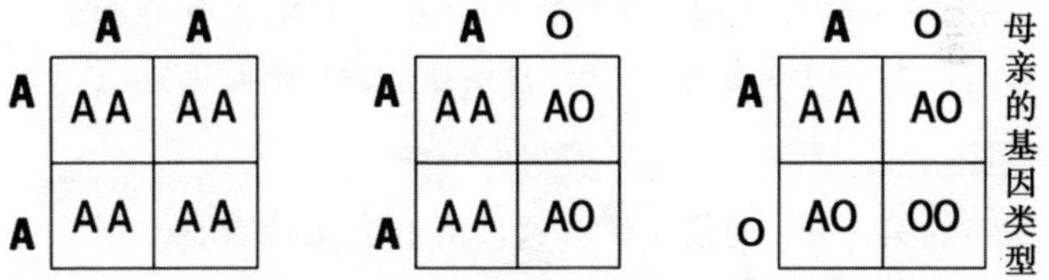

图示 14-1　A 型父母子女的血型基因的几种可能性　南·欧文 插图

确认亲子关系

血型可以排除亲子关系，但不能绝对证实存在亲子关系。例如，一个 AB 型血的男子不能生有 O 型血的孩子。因此，如果孩子为 O 型血，那么所有 AB 型的男人都被排除于可能为孩子生父的范围之外。A 型血的男人可以成为孩子的父亲，但前提是其为 AO 基因型。因此，AA 基因型的男性也被排除。

技术问题

另一个遗传标记是“遗传性人类白细胞抗原”（Inherited Human Leukocyte Antigen，HLA），也可用于亲子鉴定。如果一个男人和一个孩子具有相同的“遗传性人类白细胞抗原”标记，那么这个男人是孩子父亲的概率超过九成。当检测将“遗传性人类白细胞抗原”和 ABO 分型以及另一种称为“结合珠蛋白”（Haptoglobin）的遗传标记结合起来使用时，确认概率接近 95%。

然而，脱氧核糖核酸（参见本书第十五章）是评估亲子关系的“金标准”，如果使用得当，比对成功的结果可以为鉴定员提供高达 99% 的确定性。

观察其他体液

血液并不是唯一能将犯罪现场分析人员的目光引向罪犯的体液。精液、唾液，在极少数情况下，阴道分泌物，都有可能成为破案的关键。在性侵过程中，精液和唾液通常会转移到受害人身体、所穿衣服或附近物体的表面。还可以从食物、烟头，甚至从恐吓信的邮票和信封上成功提取唾液。

找到这些体液的第一步，便是用紫外线或激光光源检查犯罪现场，这会使体液发出荧光或闪光。

上述证据材料必须仔细收集和加以保存，因为此类本质潮湿的生物材料，容易滋生细菌并引发腐败。

精液检查

在性侵现场，对精液的搜索范围包括尸体（在谋杀案中）或受害人身体、内衣、避孕套、床单和床垫、地毯和地板等。生还的受害人需要接受医生的强奸检查。这种检查通常在医院急诊室使用标准化的强奸工具进行。请参见本书第十二章，了解调查人员如何处理强奸案。

精液检测要么是预试验性质的，要么是证实试验性质的。预试验通常基于精液中含有非常高水平的“酸性磷酸酶”（Acid Phosphatase，ACP）这一事实。证实性试验则依赖于精子或“前列腺特异性抗原”（Prostate-specific Antigen，PSA）的存在。

技术问题

调查者使用以下测试来发现并分析精液:

» 预试验:酸性磷酸酶是自然界常见的一类蛋白质,存在于许多动植物中。精液中含有高水平的酸性磷酸酶,由精囊产生。这种类型的酸性磷酸酶被称为"精原性酸性磷酸酶"(SAP)。当在犯罪现场的液体样本或污渍中发现精原性酸性磷酸酶时,就提供了精液确实存在的推定证据。不幸的是,某些水果和蔬菜汁,如西瓜和花椰菜、一些真菌、避孕药,甚至阴道分泌物本身都能对精原性酸性磷酸酶检测提供假阳性结论。其他的预试验则是寻找精液中另外两种成分的存在:"精胺"(Spermine)和"胆碱"(Choline)。当上述两种样品暴露于某些化学物质后形成晶体时,就意味着结果是阳性的。

» 确证试验:如果预试验显示存在精液,则需要对其进行一次或多次确证试验。最常用的两种类型试验包括:

·"显微镜下检查"(Microscopic Examination):因为精子只存在于精液中,所以找到它们便是精液存在的绝对证据。将样品放在显微镜载玻片上,用几种着色剂中的一种进行处理。观察者通常看到完整和残存的精子。找到一个精子或精子头部,便可证实样本是精液。

·"前列腺特异性抗原":如果没有精子,检查者必须检测是否存在前列腺特异性抗原或p30,这种物质在精液中高度浓缩。此类检测包括一种快速简单的抗原抗体反应。发现前列腺特异性抗原或p30,可证实精液的存在。尽管输精管切除术可以显著减少或完全消除精液中的精子,但对前列腺特异性抗原水平没有影响,因为其是由位于输精管切除术部位下游的前列腺产生的。

确定性交时间

在犯罪鉴识乃至法庭诉讼过程中,查明何时发生性行为或强奸至关重要。准确地判断这一时间点,可以起到出入罪的作用。

仔细观察

犯罪人的精子在生还的受害人体内的活动(运动)持续时间为4~6小时。在强奸杀人案中,精子可以在死者身体的阴道中存活长达两周。精子和精子头部在不同孔窍中的存活率极不相同,因此无法确定准确的时间线。然而,一般情况下,这些残余物在阴道中存活6~7天,在直肠中停留2~3天,在口腔中停留不到24小时。阴道内前列腺特异性抗原和精原性酸性磷酸酶水平升高的持续时长分别为24小时和72小时。

精液是一种相当坚韧的物质。对沾染精液的衣物进行清洗和干洗,可以去除所有前列腺特异性抗原和精原性酸性磷酸酶的痕迹,但在极少数情况下,依然可以通过显微镜看到精子的痕迹。如果此类检材没有受到极端温度、苛刻的化学物质和其他不利环境条件的影响,即便干燥后的精液污渍,仍可以被识别,并可用于多年后对其进行“脱氧核糖核酸”分析。不信的话,可以问问莫妮卡·莱温斯基(Monica Lewinsky)的那条蓝裙子。[1]

确定分泌状态

奇怪但真实

80%~85%的人是所谓的“分泌型者”(Secretor),这意味着他们在所有体液,包括精液、唾液和眼泪中都会释放ABO血型的蛋白质。在这些液体中发现的ABO类型,可以用来排除强奸犯的嫌疑,但不能借此准确地识别出究竟是谁分泌的。

[1] 这里暗指时任美国总统的比尔·克林顿与白宫实习生莫妮卡·莱温斯基之间爆发的偷情丑闻,1998年,克林顿在涉嫌性骚扰前阿肯色州女职员琼斯案中,被指责隐瞒其跟莱温斯基的性关系,要接受涉嫌作伪证的调查,独立检察官介入调查,克林顿也险些因此成为美国史上第二位遭众议院弹劾的国家元首。独立检察官在调查克林顿“拉链门”事件时,曾从莱温斯基住所拿走了包括这条染精蓝裙子在内的许多物品,也正是这条染精蓝裙子使克林顿被迫承认两人有“亲密关系”。

仔细观察

例如，假设强奸受害人是B型分泌者，而首要嫌疑犯是A型分泌者。此外，假设在受害人的阴道拭子中发现精液，并且在测试时，仅显示B型抗原。这些B型抗原可能来自受害人、犯罪人或两者，但不能来自首要嫌疑人，因为其是A型分泌者，并会留下A型抗原。因此，首要嫌疑犯无罪，警方现在必须寻找B型、O型或非分泌型嫌疑犯，因为犯罪者要么留下B型抗原(B型)，要么根本没有抗原(O型或非分泌型状态)。在后一种情况下，发现的B型抗原来自受害人。

因此，分泌抗原的匹配与血型相似，可以排除某些人的嫌疑，但不能最终确定谁才是袭击者，这一证据类型太过粗糙，必须进行脱氧核糖核酸检查以确定是否匹配。

检测唾液

唾液对法医来说是一种重要的体液。从邮票到食物和咬痕，几乎可以从任何东西上找到这种物质。更重要的是，唾液能够揭示ABO抗原，从而在分泌型中显示血型，有时能提供脱氧核糖核酸供检测所用。

当人咀嚼食物时，唾液开始将碳水化合物消化分解成单糖。“淀粉酶”(Amylase)是完成这项任务的酶。和酸性磷酸酶一样，淀粉酶也存在于许多动植物中。

唾液检测涉及 α-淀粉酶的检测，α-淀粉酶是唾液中的主要淀粉酶。唾液不需要确证性试验，只需要进行预试验即可。

检测阴道分泌物

阴道分泌物的检测相对困难，但其在测试犯罪人没有射精的强奸，或异物插入等情况显得极为重要。可以用拭子从嫌疑人的阴茎或任何可疑的异物上取下检材。检测结果取决于含糖原的上皮细胞的发现。阴道内纵横排列着上皮细胞，而糖原则是储存在细胞内的淀粉类物质。

仔细观察

“过碘酸希夫反应”(Periodic Acid-Schiff, PAS)是一种试剂(化学溶液)，能使糖原染上明亮的洋红色。当富含糖原的上皮细胞暴露于这种试剂下时，细胞质(细胞的液体部分)就会被染成洋红色。在使用异物插入受害人阴道的情况下，对可疑物体进行擦洗，并将通过擦洗所获得的所有检材铺在玻片上，然后用过碘酸希夫染色，并在显微镜下观察。一旦细胞出现明亮的洋红染色，获得的材料就很可能是阴道分泌物。

问题是，并不是所有的阴道上皮细胞都含有糖原。未经初潮的年轻女孩的细胞不含任何成分。同样，绝经后妇女的细胞很少含有糖原。在这些细胞中发现的糖原的数量也随着女性月经周期的不同而变化。因此，在很多情况下，即使存在阴道分泌物，“过碘酸希夫反应”的检测结果也呈阴性。

第十五章

深窥：脱氧核糖核酸分析

» 说明脱氧核糖核酸的本质属性及工作机理

» 了解个体脱氧核糖核酸结构的唯一性

» 运用脱氧核糖核酸确定受害人及犯罪人身源

» 考察父系及亲子关系

同样的东西，可以使你的瞳孔呈现绿色，或是让你的头发变成自来卷，甚至可以借此确定你就是犯罪行为人。脱氧核糖核酸决定了你是谁（根据一些人的说法，甚至可能决定你是否具有犯罪倾向），现在俨然成为了法医界的热门话题。由于半个多世纪以来对其化学组成和结构的明确认识，关于这种物质究竟是什么，以及可以做什么的知识，很久之前便有了定论。而其作为法证鉴识工具投入实践应用，也已经有 30 多年的历史。

翻开人体细胞操作手册

人体由大约 60 万亿个细胞组成。某些细胞与听觉、触觉、味觉等感知系统有关。其他细胞则负责生产胰岛素、糖和酶来帮助消化食物。心肌细胞将血液泵入肺部，在那里，红血球收集氧气，然后将这些珍贵的血液输送到人体的所有细胞。脱氧核糖核酸，恰恰就是指示每个细胞操作的操作手册。

厘清“脱氧核糖核酸”的螺母和螺栓

识记

脱氧核糖核酸是一种复杂的聚合物（任意线性连接的分子串），以双螺旋（如扭曲的阶梯）排列，形成称为“染色体”

(Chromosomes)的长链。这些染色体位于每个细胞的细胞核或中心核内。染色体中称为“基因”(Genes)的部分是遗传的基本单位。沿着染色体,每个基因都有自己的特定位置,称为一个“位点”(Locus)。当染色体配对时,这些位点也会配对(不止一个位点)。结果,你的基因也因此配对了,如图示 15-1 所示。每个配对的基因称为“等位基因”(Allele),这两个基因一起称为“等位基因对”。

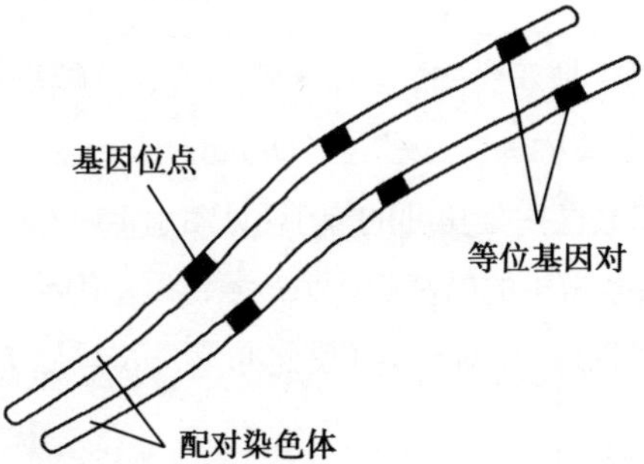

图示 15-1　染色体配对时,不同基因的位点同样出现匹配　南·欧文 插图

人类共有 46 条染色体,在每个细胞核内排列成 23 对。围绕着细胞核的是“细胞质”(Cytoplasm)或细胞的液体部分,与细胞核和其他细胞成分一起,由细胞膜连接在一起。除了将细胞固定在一起,细胞膜还将每个细胞与周围环境分开。简言之,每个细胞基本上是一个完整的生命体。

仔细观察

脱氧核糖核酸是一种“聚合物”(Polymer),或像火车一样将较小单元串在一起的分子。所谓较小单元,便是“单体”(Monomers)。四种碱基参与了“鸟嘌呤”(Guanine)、“胞嘧啶”(Cytosine)、“胸腺嘧啶”(Thymine)和“腺嘌呤”(Adenine)聚合物的生产。通常用第一个字母来对其加以称呼:G、C、T 和 A。所有生命都是基于这四个字母的字母表。数以百万计的碱基以某种给定的方式串在一起,可以以任何可能的顺序连接起来。碱基的顺序决定了"脱氧核糖核酸"中包含的消息。就像字母表中的26个字母可以被组合并形成一条信息一样，脱氧核糖核酸发出的信息也取决于碱基的顺序。例如，"abgrtehde"就没有什么确切的含义，但"aardvark"[1]包含的意思却可能十分丰富。同样，一个C–T–T–G–a–T的"不全"碱基序列可能没有任何意义，而一个C–G–T–C–T–a的序列可能是用来制造一部分用于神经元细胞壁的蛋白质的指令信息。

人的"脱氧核糖核酸"是双股的，这意味着其由成对碱基组成，后者缠绕在一起形成一个被称为"双螺旋"（Double Helix）的结构，这种双螺旋状结构，看起来像一架扭曲的梯子（见图示15–2）。当碱基配对形成双螺旋时，每条链中的碱基都是另一条链碱基的补充。原因：根据碱基配对的规则，C只与G绑定（反之亦然），A只与T绑定（反之亦然）。

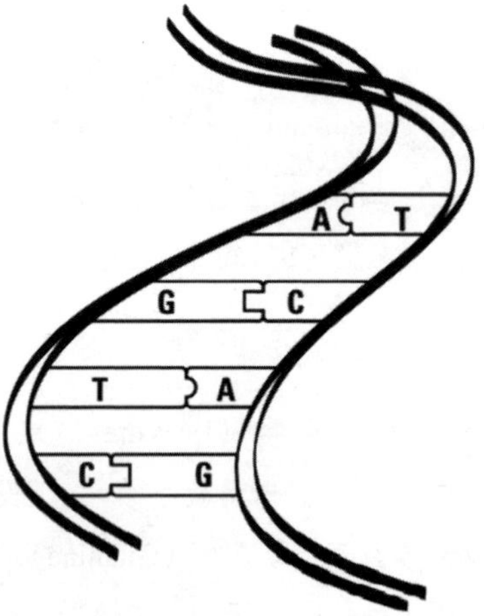

图示15–2　脱氧核糖核酸的双螺旋结构　南·欧文插图

---

〔1〕"土豚"，又称"非洲食蚁兽"，草原上夜间活动的穴居哺乳动物，以白蚁为食的非洲动物；为管齿目唯一现存的代表。

C键只与G键结合、A键只与T键结合的基本配对规则，在所有脱氧核糖核酸的复制或转录过程中显得至关重要，唯有如此才能确保所有新的复制或转录都是原来结构的精确复制。这个过程其实非常简单，但也十分脆弱。

我的、我的、全是我的：脱氧核糖核酸与唯一性

我们每个人都有大约30亿个碱基对（脱氧核糖核酸分子中的A-T碱基对和G-C碱基对），也就是说，共有60亿个碱基。因为这些碱基可以按任何顺序组合在一起，所以任何给定的碱基序列，即以线性方式连接的碱基序列都是天文数字。当然，这个数字，也是导致所有人全都不一样的根本原因，也因此成为法证鉴识实验室中利用“脱氧核糖核酸”分型的前提基础。

识记

除了两个显著的例外——生殖细胞和“红细胞”（RBCs）——人体中的所有细胞在各自的细胞核内都有23对染色体。红细胞没有细胞核，因此没有染色体。另外，生殖细胞（卵子和精子）只含有23条未配对的染色体。这些细胞在受精过程中相互配对，为每个新生儿提供了总共46条包含遗传信息的染色体，一半来自父亲，另一半来自母亲。

一对父母的结合，就可以贡献超过8万亿个可能的碱基组合（怪不得你长得不像你姐姐）。母亲随机将自己23对染色体中的一对赋予给自己所产出的每一枚卵子。每个卵子中的染色体，都与排卵者排出的其他卵子中包含的染色体有所区别。

当然，同样数量的可能性也存在于父亲身上。因为特定精子都能与母亲的特定卵子结合，由此产生出极大的可能性。

陈年旧案“大换血”

在英国乡村小镇“纳尔伯勒”(Narborough),两名少女遭到残忍强奸并被谋杀,从而在当地引发了恐慌。犯罪调查触礁时,当地警方决定尝试亚历克·杰弗里斯爵士(Sir Alec Jeffreys)[1]于 1985 年发明的新技术,即“脱氧核糖核酸比对”。他们认为,凶手应该就在这一地区生活和工作,因此要求该地区所有男性提交血样进行检测。在筛选了几千个样本后,却一无所获。然而,峰回路转,一名男子主动告诉警方,他的同事科林·皮瑟福克(Colin Pitchfork)曾劝说其李代桃僵提供血样。当警察拿到皮瑟福克的样本后,比对成功,他本人也供认不讳。本案成为首例利用大规模“脱氧核糖核酸比对”破案的范例。

用指纹甄识罪犯

破案,意味着找出真凶,因此法证鉴识人员长期以来一直在寻找从犯罪现场留下的材料中绝对确定性地识别犯罪人个体的技术方法。

能够提供确凿证据的发现,首推指纹,其绝对是个人独有。没有两个人有完全相同的指纹,所以指纹成为并仍然是非常强大的鉴识工具。然而,并不是每个犯罪现场都能发现指纹。罪犯学会了佩戴手套,或从接触到的任何物体上擦去自己的指纹。

然而,即使对“最优秀”的罪犯来说,也不可能将其身后留下的每一点生物碎片悉数清除干净。脱氧核糖核酸识别技术为甄别、确定犯罪分子身源提供了极其精确的工具,通过对于哪怕极其微小的脱氧核糖核酸片段进行分析,也可以确定案发时谁在现场。

〔1〕 亚历克·杰弗里斯,1950 年出生,英国遗传学家,1994 年获封爵士。

锁定并保存脱氧核糖核酸证据

识记

人体内几乎每个细胞都存在脱氧核糖核酸。皮肤、毛囊、精液、唾液和血液，全系案发现场的常见脱氧核糖核酸证据来源。头发不含细胞，但毛囊含细胞。唾液不含细胞，但当其通过唾液导管并在口腔周围运动时，会从导管和口腔中提取细胞。红细胞没有细胞核，因此并不含任何脱氧核糖核酸。检测血液时发现的脱氧核糖核酸来自"白细胞"。利用现代技术，每种类型的体液或组织，都能产生足够多的可供检测用的"脱氧核糖核酸"。

脱氧核糖核酸样本从犯罪现场被提取后，脱氧核糖核酸证据必须小心处理，以防止出现降解变质。最佳状态是，让脱氧核糖核酸样品变得足够干燥并保存在保护容器中。如果弄干燥不可行，对于液态样品要进行冷冻，并在对其进行分析之前一直保持这种状态。

仔细观察

想象一下，摆在你面前的那本书中，所有的句子都被简化成片段或单个单词。那么世界名著《战争与和平》可能就会与仅有 50 个单词的儿童书《绿鸡蛋和火腿》无异。然而，如果只是将原著撕成几部分，那么对其加以区分其实并不难。同样，脱氧核糖核酸的分型和匹配也取决于构成"脱氧核糖核酸"的碱基序列的保存。如果实验室里只有很短的基因碎片或单个碱基，好比一本书变成了一堆单词，就不能有效地识别"脱氧核糖核酸"信息。

脱氧核糖核酸样本当然越大越好，但从某些微小，甚至看似不可能的来源上，也能获得可用的脱氧核糖核酸样本。牙刷、邮票甚至牙印都能产生可用的唾液样本。一滴血或一个毛囊就已足够。事实上，利用脱氧核糖核酸分析系统的全新技术，单个细胞便足以提供足够的脱氧核糖核酸以供测试。

此外，现代技术使现代人从远古样本，甚至还包括从几千年前的木乃伊中提取组织中可用的脱氧核糖核酸成为可能。科学家已经成功从远古人类的骨骼和牙齿，甚至某些情况下严重烧伤的尸体中提取到了这种生命信息（参见本章后面“谁是你的爷爷奶奶：线粒体和Y-STR 脱氧核糖核酸”一文）。

研究基因组

基因组是细胞中的脱氧核糖核酸总和，或构成“脱氧核糖核酸”的长聚合物的数百万碱基对。在大量的碱基对中，只有 5% 左右直接进行生命活动。这些基因是“编码”（Encoded）的，这意味着其会指导身体生长和功能所需蛋白质的“合成”（Synthesis）或制造。另外 95% 的基因组是非编码的，这意味着其不直接负责蛋白质的产生，但也不是无所事事。其中一部分调节基因的功能，大部分都是重复性信息，科学家们还无法确定这些信息的存在目的。这些非编码脱氧核糖核酸，通常被称为“垃圾脱氧核糖核酸”，但其也是法医进行脱氧核糖核酸分析的主要关注点。

奇怪但真实

人类，甚至所有的灵长类动物体内，都包含大量的基因组，这意味着你我他，以及当地动物园的黑猩猩的脱氧核糖核酸结构大体完全一样。即便如此，这也给法证鉴识人员留下了大量独特的脱氧核糖核酸组合，让他们有了一种敏锐的方法来准确地找出你是谁。

贴士

1984 年，亚历克·杰弗里斯和他的同事在“莱斯特大学”（Leicester University）发现，每个人的脱氧核糖核酸实际上是独一无二的。他们发现，人类脱氧核糖核酸长分子的某些区域表现出“多态性”(Polymorphism),这个略显花哨的概念,意味着脱氧核糖核酸可以表现为多种不同的形式。这些可变区域在每个人身上都是独一无二的,通过对这些可变区域的分析,科学家可以区分一个人和另一个人。1985 年,在发现这种多态性后不久,杰弗里斯开发了一种分离并分析这些人类脱氧核糖核酸区域的方法,他称为“脱氧核糖核酸指纹”(DNA Fingerprinting)。这个过程也被称为“脱氧核糖核酸分型”(DNA Typing)。

对法医学有着重要意义的多态性,可以在非编码,或“垃圾脱氧核糖核酸”中找到。这些区域在长度和碱基序列上变化很大。长度的变异称为“长度多态性”(Length Polymorphism)。这是法证鉴识脱氧核糖核酸异型性的一个重要因素,因为非编码脱氧核糖核酸片段中的某些碱基序列是不断重复的。因此,法医调查人员会寻找下列三种序列:

» “可变数串联重复序列”(Variable Number Tandem Repeats, VNTRs):相同的碱基序列在脱氧核糖核酸链条中的特定位点重复。这些片段可以是数百个碱基对,沿着脱氧核糖核酸的长度重复,重复次数可变。但即便可用,可变数串联重复序列也很少被实际应用,其有用性,已被“短串联重复”(Short Tandem Repeats, STRs)和“单核苷酸多态性”(Single Nucleotide Polymorphism, SNPs)取代。

» “短串联重复”:这些片段比“可变数串联重复序列”(通常是 3~7 个碱基对)短得多,但同样也在脱氧核糖核酸链条的各个部分(位点)重复。“短串联重复”在脱氧核糖核酸的多个片段上重复,长达 400 个碱基,这意味着通过使用“短串联重复”,实验室技术人员甚至可以使用严重降解的样品进行检测。已知的“短串联重复”比“可变数串联重复序列”多得多,这给法医科学家提供了更多的重复分析可能。

» “单核苷酸多态性”：是人类最常见的脱氧核糖核酸变异，在每个人的脱氧核糖核酸链条中散布着数以百万计的“单核苷酸多态性”。例如，在脱氧核糖核酸链条已知位置，可能一个人体内显示为胞嘧啶分子，在另一个人体内则显示为腺嘌呤或胸腺嘧啶分子。如果对其中几个位置进行了检查，并且嫌疑人的“单核苷酸多态性”与犯罪现场样本的“单核苷酸多态性”相匹配，则会“命中”。由于“单核苷酸多态性”比“短串联重复”小得多，这项技术可以对已经出现降解的脱氧核糖核酸样本进行“单核苷酸多态性”分析。

识记

脱氧核糖核酸分型的关键是，这些重复模式在人与人之间变异性很大，这意味着如果技术人员能够分离出脱氧核糖核酸链条的某个位点，并确定该区域中给定序列的重复次数，他们就可以将其与另一样本进行比较，找出模式是否匹配。此外，研究还确定了在一般人群的脱氧核糖核酸中的特定位置发现模式重复的频率。技侦人员可以利用这些信息来计算两个脱氧核糖核酸样本来自同一个人的概率。虽然单一位点的匹配并不是很确定，但如果几个位点均出现匹配，概率就会很快增加。

扪心自问：复制如何界定一个人

就“脱氧核糖核酸”而言，所有人都在自我复制，但具体的方式，让每个人都与众不同。当研究者在匹配“脱氧核糖核酸”时，会观察其在特定位点上的重复情况。例如，如果把我的脱氧核糖核酸样本和你的脱氧核糖核酸样本进行比较，调查人员首先在每个样本上找到相同的位点。他们可能会发现，你从父母一方那里得到了 8 个重复的“短串联重复”，从父母另一方那里得到了 14 个重复的“短串联重复”，而我则从父母一方那里得到了 15 个重复的“短串联重复”，从父母另一方那里得到了 24 个重复的“短串联重复”。因此你的脱氧核糖核酸结构和我的很不一样。

但是你我的脱氧核糖核酸和地球上的其他人有什么不同？只看一个位点是看不出来什么差异的。其他人也可能在同一个位点上获得了 8 个和 14 个“短串联重复”，或 15 个及 23 个“短串联重复”，但是如果观察完 12 个位点，两个人在所有 12 个位点上从父母那里获得完全相同重复次数的概率，只有几百万亿分之一。

再看另一个例子，如果对犯罪现场采集样本在 5 个不同位点的“短串联重复”，可能会发现以下重复：

位点 1	12 和 9
位点 2	6 和 14
位点 3	23 和 16
位点 4	5 和 18
位点 5	8 和 9

现在，假设已经知道，普通人群中，上述“短串联重复”模式中在这些特定的位点的出现概率，分别为 1%、3%、8%、1% 和 2%。这意味着每百人中，在位点 1 出现重复的人只有 1 个，而在位点 2 出现重复的也只有 3 人。因此，如果嫌疑人的脱氧核糖核酸在所有 5 个位点的重复模式，与犯罪现场样本完全相同，那么现场样本来自嫌疑人以外的人的概率就变得微乎其微。事实上，由于每个位点的“短串联重复”模式的遗传独立于其他位点，因此必须将这些百分比相乘以确定从嫌疑人以外的人那里获得脱氧核糖核酸的概率，在本例中，这一概率达 48/10000000000，而如此低的概率，也只在仅仅考量了 5 个位点而已。想象一下，如果嫌疑犯的脱氧核糖核酸中在 12 个甚至更多位点与犯罪现场的样本出现了吻合，那么这种命中的概率会有多大。

了解脱氧核糖核酸指纹的识别过程

脱氧核糖核酸证据的可靠性高到难以置信，但仍需要进行一些特殊的处理，才能诱使它揭开秘密。与指纹证据不同的是，你不能仅仅"提取"某个脱氧核糖核酸样本，然后打上合适的光照去寻找答案。获取脱氧核糖核酸样本，并将该样本转换成一种形式，才能使研究人员对其进行分析并与其他样本进行比对，这需要时间和大量细致的工作。

传统分析方法，被称为"限制性片段长度多态性"（Restriction Fragment Length Polymorphism，RFLP），需要较长的"可变数串联重复序列"。在美国几乎所有司法管辖区，这种方法现在都已被"短串联重复"和"单核苷酸多态性"取代。原因显而易见，"限制性片段长度多态性"需要更长的"可变数串联重复序列"（几百个碱基），而"短串联重复"很短（4~7 个碱基），"单核苷酸多态性"只有一个碱基或核苷酸。这意味着，与使用旧的"限制性片段长度多态性"技术相比，"短串联重复"和"单核苷酸多态性"在检验降解严重的样本方面更为有效。

目前，脱氧核糖核酸测定的标准程序，是"短串联重复"分析和"聚合酶链反应"（Polymerase Chain Reaction，PCR）。使用"聚合酶链反应"，即使是很小的样本，也可以随意扩增（复制）其中所包含的脱氧核糖核酸。由于这个原因，从单细胞提取的脱氧核糖核酸，可以用来复制几乎无限量的副本以供检测。

"单核苷酸多态性"分析为"短串联重复"分析提供了一个很好的补充，目前的研究表明，甚至可以区分同卵双胞胎——顾名思义，他们应该具有相同的脱氧核糖核酸。原因是，人的一生持续不断合成新细胞的过程中，脱氧核糖核酸的复制会在单个核苷酸中发生转录错误。因此，多年后，这些同卵双胞胎的脱氧核糖核酸发生变异，往往可以通过"单核苷酸多态性"分析加以暴露。

脱氧核糖核酸分析技术的发展演进，在下文将要提到的著名的“绿河杀手案”（Green River Killer）中体现得可谓淋漓尽致。

聚合酶链反应研究

罪犯很少会考虑到留下足够大的脱氧核糖核酸样本，以供分析人员在法证鉴识实验室进行分析。当调查人员手里的检材只是一个毛囊，甚至一个细胞时，就会使用聚合酶链式反应将这一小块脱氧核糖核酸变成一个可用的样本。

聚合酶链反应是一系列复杂的反应，基本上反映了人体细胞中发生的事情。脱氧核糖核酸自身复制的过程称为扩增。每一个双链脱氧核糖核酸分子被分离成两个组成链，然后重建其互补对。这样，就产生了两个新的相同的脱氧核糖核酸分子。然后二变成四，四变成八，以此类推。

通过聚合酶链反应，原始的微小脱氧核糖核酸样本迅速成长为更大、更可用的数量。事实上，实验室技术人员可以从一个拷贝开始，很快就能制造出数百万个精确拷贝。复制脱氧核糖核酸的研究者来测试非常小的样本。在许多实验室中，这一过程是自动化的，而且相对较快。事实上，通过聚合酶链反应—短串联重复分析，可以在几个小时内生成可供身源确定的信息。目前有一些设备可以在现场，甚至在样品被带到实验室之前做到这一点。

通过“单核苷酸多态性”走进更加微观的世界

一种更新的技术，“单核苷酸多态性”，主要使用单核苷酸，这意味着精确的序列，一直到实际碱基（核苷酸）序列，都是确定的。这意味着脱氧核糖核酸分析已经从使用较长的“可变数串联重复序列”发展到使用较短的短串联重复分析，现在又发展到确定分析样本中碱基的实际序列。可以看出，这对分析严重的降解样品脱氧核糖核酸分析系统极为有用。

“单核苷酸多态性”和类似的测定也使通过分析脱氧核糖核酸能够区分同卵双胞胎。这怎么可能？同卵双胞胎不是有着相同的“脱氧核糖核酸”吗？

“异卵双胞胎”（Fraternal Twins）来自不同的卵子和精子细胞。也就是说，两个卵子在受孕时由两个不同的精子细胞受精。这对双胞胎好像是隔着几年出生的。他们是双胞胎，仅仅是因为在出生前共享了母亲的子宫而已。同卵双胞胎来自同一个受精卵。在这种情况下，当受精卵经历第一次分裂时，两个子细胞会分离，然后发展成为两个不同的个体。所以这对双胞胎有着同样的脱氧核糖核酸。有趣的是，即使是同卵双胞胎也有不同的指纹，所以如果有指纹的话，就可以确定是其中的一个而不是另一个。

但即使没有指纹，脱氧核糖核酸分析系统仍有一两个可用的诀窍。在同卵双胞胎中，由于第一个细胞分裂时产生的两个相同受精卵继续繁殖并最终成长为两个不同的个体，因此每个受精卵内部脱氧核糖核酸的复制并不完美。一对双胞胎的基础序列与另一对稍有不同。虽然通过聚合酶链反应—短串联重复分析，二者可能看起来是相同的，因此通过所谓脱氧核糖核酸指纹分析无法区分，但“单核苷酸多态性”分析揭示了这些微小的差异。犯罪人不能再把他们的罪行推卸给自己“邪恶的同卵双胞胎”。

比对成功

尽管聚合酶链反应—短串联重复分析生成的图形看起来非常不同，但其实际上如出一辙。分别借助可视化和数字显示的形式，比对嫌疑人的脱氧核糖核酸与从犯罪现场采集的样本，匹配聚合酶链反应或短串联重复分析产生的结果，可以起到出入罪的作用。

比如，一位犯罪人在凶杀现场流血，法证鉴识实验室发现并收集了上述血迹。犯罪人的血液被作为未知样本，因为其来源不明。当嫌疑犯名单上有两个人时，实验室会分别从二者身上取样。嫌犯的样本被认为是已知样本，因为其来源是已知的。通过脱氧核糖核酸比对技术，将嫌疑犯的已知样本与未知的犯罪现场采集的未知样本进行比对。

在聚合酶链反应分析中，产生了各自的谱系（见图示 15-3），而在短串联重复分析中，则生成的是波峰（见图示 15-4）。随便一瞥，也能区分比对是否成功。

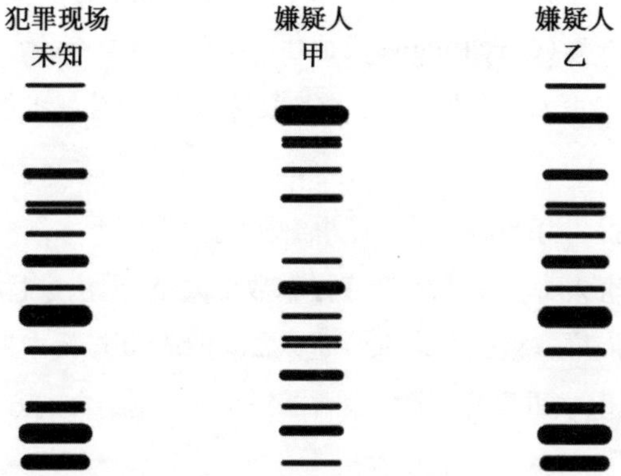

图示 15-3　放射自显影结果显示犯罪现场遗留脱氧核糖核酸与嫌疑人乙的样本吻合　南·欧文 插图

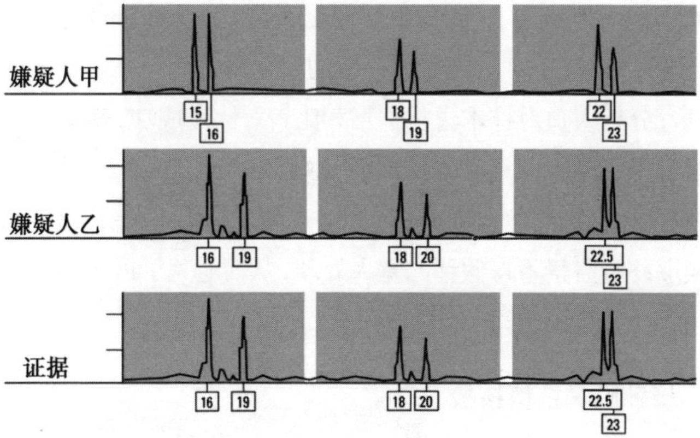

图示 15-4　短串联重复分析结果显示犯罪现场遗留脱氧核糖核酸与嫌疑人乙的样本吻合　南·欧文 插图

绿河杀手

案例分析

史上最臭名昭著的连环杀手之一，就是所谓“绿河杀手”。这个绰号源于犯罪人的作案习惯，他把大部分身为妓女的受害人尸体，扔在华盛顿西雅图附近的“绿河”沿岸。1982年至1991年，共有近50起谋杀案被认为是这位杀手所为，但嫌疑犯名单，也同样庞杂。警方于1987年4月8日，对其中一名嫌疑人加里·李奇微（Gary Ridgway）的住所执行了搜查令。在从他家起获涉案证据后，警方要求李奇微接受测谎，但遭到拒绝。

随后，警方要求提供唾液样本，并让李奇微咬住一块手术纱布。不幸的是，在许多受害人身上采集的精液样本数量太小，无法进行检测，所以李奇微的唾液样本被储存起来。进入20世纪90年代中期，有关部门开始使用短串联重复分析和“聚合酶链反应”相结合的方法鉴别“脱氧核糖核酸”。

2001年，实验室对李奇微的唾液样本进行了检测，并将其与从在1982年及1983年遇害的奥帕尔·米尔斯（Opal Mills）、玛西娅·查普曼（Marcia Chapman）和卡罗尔·克里斯滕森（Carol Christensen）遗体中采集的精液样本进行了对比。利用最新的聚合酶链反应—短串联重复分析技术，分析人员对样本进行扩增和比较。比对成功，李奇微被捕，并被控犯下四宗绿河谋杀案。然而，这起案件在2003年11月5日发生了戏剧性且极具争议性的转折，李奇微承认犯下总计48起谋杀罪，以换取终身监禁不得假释的宽大处理，从而避免了可能的死刑判决。

脱落细胞：接触脱氧核糖核酸

你知不知道经常触碰什么东西可以留下自己的脱氧核糖核酸？在犯罪现场留下的指纹，通常包括手指肚上的油渍和污垢。指纹中还含有脱落的皮肤细胞，这些细胞含有“脱氧核糖核酸”。利用聚合酶链反应—短串联重复分析技术，即使是作为指纹的一部分沉积的单个细胞，也能产生完整的脱氧核糖核酸样本。所以，犯罪人的现场失血不一定会成为关键，只要在犯罪现场解碰一下什么，就已足够。

对这些指纹检材也可以进行毒理学分析（参见本书第十六章了解毒理学的详细情况），以揭示留下指纹的人是否使用或处理过可卡因或“听话水”等物质。

概不外传：家族脱氧核糖核酸信息

如前所述，人类有很多相同的“脱氧核糖核酸”；魔鬼——和犯罪实验室的分析技术——存在于细微的变化之中。在家庭成员中尤其如此。兄弟姐妹、父母子女，具有大量相同的脱氧核糖核酸信息。这意味着亲属的脱氧核糖核酸虽然还不够接近真正的匹配，但也足够接近到暗示存在某种联系。

有时，犯罪调查中的证据有力地指向某个特定的嫌疑犯，但仅凭这一点还不足以确保指控获得支持。通常情况下，检方并不掌握嫌疑人的脱氧核糖核酸信息，同时缺乏足够的获得申请取样的正当理由。在这种情况下，调查人员可以通过检测近亲属的脱氧核糖核酸来求助于家族遗传信息。如果这些人的脱氧核糖核酸档案接近犯罪现场的样本，就可能足以获得所需的搜查令，并迫使嫌疑人提交样本。

利用脱氧核糖核酸来确定亲子关系

你拥有的，不仅仅是父亲的招风耳和祖母的鹰钩鼻，还有他们传给你的脱氧核糖核酸。因为这种遗传物质具有特异性，且代代相传，所以可以作为非常强大的工具，以确定一个人的祖先背景。无论是证明或反驳亲子关系，还是追踪远古先祖，脱氧核糖核酸鉴定都可谓一个可靠的工具，能提供令人信服的证据。

谁是你爹？

亲子鉴定的 ABO 血型，可以用来排除亲子关系，但不能绝对说明某个男人就是某个孩子的父亲（参见本书第十四章）。另外，脱氧核糖核酸鉴定可以确认亲子关系。为了确定亲子关系，分析人员对母亲的脱氧核糖核酸和孩子的脱氧核糖核酸进行了比对。然后将这些资料与疑似父亲的样本进行比较。孩子的脱氧核糖核酸编码必须是父母双方编码的组合。孩子的脱氧核糖核酸特征，不能包含双亲都无法提供的波段或峰值；但是，孩子的信息文书不一定包含双亲拥有的所有波段。记住，每个父母只提供给孩子一半的脱氧核糖核酸。但是，因为孩子所有的脱氧核糖核酸都来自父母，所以不能具备父母双方都不具有的遗传物质信息。

仔细观察

通过卵子和精子的结合，每位父母都将自己的一半脱氧核糖核酸奉献给新生儿。然而，他们无法留给后代自己所有的遗传信息。染色体排列成 23 对，每对父母提供一条染色体给孩子。因此，孩子的脱氧核糖核酸结构，是父母所贡献的数据的组合。父母可能有孩子没有的脱氧核糖核酸（染色体上的脱氧核糖核酸无法通过卵子或精子遗传），但孩子绝对不能有父母一方都无法遗传的脱氧核糖核酸。因此，如果将孩子的脱氧核糖核酸片段可视化为波峰或谱系时，每个产生的频谱或波峰，必须从父母一方或另一方的脱氧核糖核酸片段中找到。

在亲子鉴定中，如果孩子的脱氧核糖核酸中存在母亲或疑似父亲身上都不具备的片段，那么被怀疑者就不是孩子的父亲。这个片段一定是来自其他人（真正的父亲），嫌疑父亲的父权关系被排除在外（见图示 15-5）。

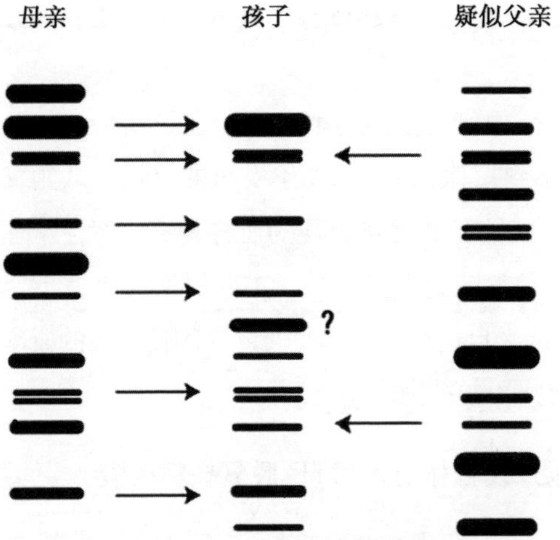

图示 15-5　孩子有一个在母亲或疑似父亲的脱氧核糖核酸信息中都找不到的光谱，孩子和疑似父亲之间不可能是真正的亲子关系　南·欧文 插图

亲子关系和谋杀

案例分析

海伦·麦考特（Helen McCourt），死时年仅 22 岁，是英格兰西北部小村“比林格”（Billinge）的一名的保险推销员，于 1988 年 2 月 9 日失踪。很明显，失踪前她曾在伊恩·西姆斯（Ian Simms）经营的当地酒吧“乔治与龙”（George and Dragon）停留片刻，当地的流言蜚语暗示她与这位酒吧老板存在暧昧关系。目击者称听到酒吧里传来尖叫声，当警察与西姆斯对质时，发现他脸上存在几处抓痕。

警方在西姆斯的车上发现了麦考特的头发和一个耳环。耳环沾满鲜血，而头发则属于失踪女子。在西姆斯的住处，警察在楼梯和卧室地板上发现了血迹。在乡间的各个地方还发现了其他几项证据，包括麦考特血迹斑斑的外套和衣服，其中还有西姆斯狗的毛发和地毯上的纤维。此外，警方还发现了一段电线，上面残留有麦考特的几缕头发。

警方面临的问题是，如何证明西姆斯公寓的血迹是失踪女孩麦考特的血迹。他们找不到尸体，只好求助于女孩的父母。从她父母身上采集的血样与在可能的犯罪现场发现的血样相符。案件审理过程中，脱氧核糖核酸指纹鉴定之父亚历克·杰弗里斯爵士博士作证说，西姆斯公寓里的血迹来自这对父母的女儿以外的任何人的概率是14500:1。西姆斯被判有罪，并被判终身监禁。

谁是你的爷爷奶奶：线粒体与 Y-STR 脱氧核糖核酸

“线粒体”（Mitochondrial）脱氧核糖核酸信息，是法证鉴识人员工具箱中非常有用的工具，有助于确定犯罪人和人类遗骸的身源以及确定其祖先。

技术问题

标准检测中使用的是核脱氧核糖核酸，而其可以从任何有核细胞的物质中提取。但细胞中也含有非核的“脱氧核糖核酸”细胞。这种物质存在于线粒体内。线粒体是位于细胞质内的小细胞器，是细胞的能量生产中心。线粒体中有少量脱氧核糖核酸，但每个细胞都有许多线粒体细胞器。线粒体脱氧核糖核酸的重要性，体现在如下几个方面：

» 通过母系代代相传。
» 很少变异。
» 可以在没有发现脱氧核糖核酸的地方存在。
» 异常坚固。

一个人的“线粒体脱氧核糖核酸”（mtDNA）从且仅从母亲那里遗传。而母亲又是从她的母亲那里得到，以此类推。

受精时，母亲的卵子供应细胞和一半的脱氧核糖核酸，而父亲的精液只提供另一半脱氧核糖核酸。精子细胞在将其遗传物质传递到卵细胞的细胞核后会分解并消失。因此，发育中的合子（受精卵）的所有细胞成分都来自母体，包括线粒体。随着细胞的分裂和增殖，这些线粒体被复制和传递，一代又一代，这意味着身体的所有细胞都含有相同的线粒体脱氧核糖核酸。

这种罕见线粒体脱氧核糖核酸被认为大约每 6500 年才发生一次突变。因此，表现得非常稳定，这意味着你的线粒体脱氧核糖核酸实际上与你的母亲、你的曾曾外祖母和你 1000 年前的祖先是一样的。因此，你可以准确地追溯你的母系血统跨越许多代。

“Y-STR 脱氧核糖核酸”（Y-STRDNA）与线粒体脱氧核糖核酸相似，只不过位于男性 Y 染色体上，并沿着父系遗传。这意味着，如果男性是从父亲的叔叔而不是姑姑那条线出生，就将与他的父亲、兄弟、祖父、叔父和侄子具有相同的 Y-STR 脱氧核糖核酸。

由于线粒体脱氧核糖核酸非常坚固，科学家经常可以从非常古老的骨骼和牙齿中提取这种物种，从而利用它来识别和确定骨骼遗骸的祖先。线粒体脱氧核糖核酸也存在于一些没有细胞核脱氧核糖核酸的组织中。例如，头发主要由死细胞碎片组成。头发唯一有生命的部分是毛囊。毛囊细胞中含有核细胞，可用于脱氧核糖核酸信息的确定与分型。换言之，被拔出的头发或脱落的毛囊可以为分析人员提供核脱氧核糖核酸。

但是，如果头发是被剪掉的，而且没有连接毛囊呢？一切都没有失去。

随着毛发的生长，毛囊细胞会繁殖、发生变化，并与生长中的毛发结合在一起。作为这种转变的一部分，便是每个细胞失去细胞核。因此，虽然头发没有核脱氧核糖核酸，但纳入毛干的死细胞碎片中确实含有线粒体脱氧核糖核酸，可以提取出用于识别掉头发主人的身源。

如果在犯罪现场发现一根头发，并且其在每个物理细节上都与嫌疑人的头发相匹配，调查人员可能会合理地怀疑头发是该嫌疑人遗留在现场的。问题是这样的“证据”充其量是不可靠的。但是，如果犯罪现场的头发中的线粒体脱氧核糖核酸与嫌疑人的头发样本中所包含的类似信息相匹配，证据就会变得更加有力，因为犯罪现场的头发一定来自嫌疑人，或者至少来自与嫌疑人有着相同母系血统的人。

为“波士顿勒杀狂”代言

案例分析

阿尔伯特·德萨尔沃（Albert DeSalvo）被判犯有一系列强奸和谋杀罪，这是一个被称为“波士顿勒杀狂”（Boston Strangler）的凶手，借此，美国史上一系列最严重的罪行得以平息，但对于德萨尔沃是否是这些罪行的实施者，还存在一些疑问。

尽管他供认实施了许多谋杀案，但经常弄错其中部分罪行的细节，这使人怀疑，也许他并没有犯下被认为是罪有应得的所有罪行。法证鉴识学最近试图解开这个谜。

“波士顿勒杀狂”的最后一位受害人是玛丽·沙利文（Mary Sullivan）。2000 年 10 月，在惨死 36 年后，她的尸体从马萨诸塞州“海恩尼斯”（Hyannis）的坟墓中被挖出。调查人员在死者遗体中发现了精液污点。由于样本降解严重，精子和前列腺特异性蛋白 p30 的检测都已完全不可能。然而，这些检材确实显示了线粒体脱氧核糖核酸的存在。

调查人员从德萨尔沃的哥哥理查德那里获得了血液。因为兄弟俩有着相同的母亲，因此线粒体也完全相同，把精斑和理查德的线粒体匹配起来，就能证明阿尔伯特确实是凶手。结果呢？不匹配。尽管德萨尔沃承认杀害了沙利文，但他并没有这样做。那还是他干的吗？

2013 年，调查人员获得了一个被德萨尔沃侄子丢弃的瓶子，并对其进行了“Y-STR 脱氧核糖核酸”分析。他们找到了匹配的样本。有了这些证据，调查人员获得了搜查令，德萨尔沃的尸体被挖出。从其的骨骼和牙齿中提取的脱氧核糖核酸与从沙利文和犯罪现场获得的样本相符，排除概率为 1/220000000000。德萨尔沃的确是杀害沙利文的凶手。

脱氧核糖核酸检索："联合脱氧核糖核酸索引系统"

联邦调查局下属的"联合脱氧核糖核酸索引系统"部门负责监督该系统以及"美国国家脱氧核糖核酸检索系统"，这两个系统主要从重犯身上，以及从犯罪现场（如袭击、凶杀或强奸）获取的生物体液中提取脱氧核糖核酸指纹并建立相应的指纹数据库。法证鉴识人员希望这个数据库能成为比肩"自动指纹识别系统"的脱氧核糖核酸版。

和将指纹输入"自动指纹识别系统"并与来自全国各地的指纹数据库匹配类似，可以通过"联合脱氧核糖核酸索引系统"比对不同的脱氧核糖核酸信息。不幸的是，该系统还没有在每个州和管辖区普遍得到使用。联邦调查局正在将其扩展为一个真正的全国性系统。

通过"联合脱氧核糖核酸索引系统"，技侦人员能够将犯罪现场样本与已知重犯的资料进行比对，并从其他犯罪现场获得数据以建立匹配关系。被用来检索的脱氧核糖核酸可以与来自另一犯罪现场的类似样本实现匹配，并将其与犯罪联系起来。因此，可以综合考虑犯罪现场的证据，由此确认犯罪人的身源。正如通过脱氧核糖核酸证据比对，陈年旧案源源不断地得以侦破所证明的那样，"联合脱氧核糖核酸索引系统"已经取得了许多成功案例。

查询脱氧核糖核酸"银行"

案例分析

1989 年 3 月，黛比·史密斯（Debbie Smith）遭人胁迫离开自己家，进入附近的一片树林，并在那里遭到强奸。袭击她的人警告她，自己清楚受害人住在哪里，最好不要把事情告诉任何人，否则就会回来杀了她。警方对主要嫌疑犯的血液进行

> 了检测，与受害人强奸检查中发现的精液脱氧核糖核酸进行比对，但没有获得匹配。1994年，史密斯的邻居遭受了一系列性侵犯。另一名嫌疑人引起警方注意，并再次进行了脱氧核糖核酸分析。然而，他们还是没有找到匹配者。

与此同时，史密斯所在的弗吉尼亚州开始建设从被定罪的重犯身上提取脱氧核糖核酸信息的数据库。随着全新遗传物质信息的不断获得，弗吉尼亚州法证鉴识部门定期尝试将其与悬而未决的遗留案件中采集的脱氧核糖核酸进行比对。数据库中有一份被确认为属于诺曼·吉默曼（Norman Jimmerman）的生物信息，与史密斯的袭击者所留检材匹配。后者因抢劫和绑架罪入狱服刑。他现在的刑期是161年。

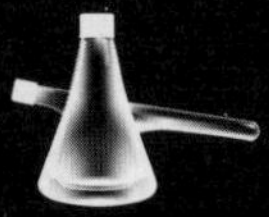

第十六章

毒检：毒品与毒药的实验室检测

» 尝试涉足毒理学领域

» 毒物分析

» 运用测试结果解决法证鉴识问题

» 分清常见毒品与毒物

从苏格拉底喝下最终夺走自己生命的“毒堇”(Hemlock)[1]之后的几千年里，投毒杀人的行径，似乎已有所收敛，部分原因在于，科技工作者现在知道如何根据毒物追踪到那些将其用于邪恶目的的凶手。从服用砒霜到过量吸食海洛因，再到超量饮水(我不骗你)，中毒死亡现在是毒物分析人员的研究领域，而其也已成为当今法证鉴识实验室的重要组成力量。各种类型的药物和毒物常常导致有害事故和意外、自杀和他杀死亡，更有可能成为许多自然死亡的外在促因。

理解毒物

你服过毒吗？我敢打赌你的回答是：“当然没有！”但你错了。你每天都摄入有毒物质。事实上，人必须服毒才能生存。不相信？那请尽量不要喝水，尽量不要呼吸。

如你所见，任何东西都可能是“毒物”(Poison)。毒物可基本被定义为任何如果摄入足够数量，就会引起有害或致命的反应的物质。所以其基本上是一种可以对人造成伤害或置人于死地的物质。但是，

〔1〕“毒堇”，英文学名为Conium Maculatum，是伞形科毒参属的一种植物，原长于欧亚，现在在世界各地多有分布。

这里的关键词，乃是“足够数量”。任何物质的毒性程度取决于其进入人体的数量及其进入人体的时间。例如，你可能已经知道，“砷”（Arsenic）是一种毒药，但你知道现在自己的体内就可能含有这种剧毒物质吗？如果你吸烟，那么其含量还可能不止一点点。人体内还含有一些汞和氰化物。这些物质存在于环境中，根本无法避免。但其含量通常很小，不会造成真正的伤害。不管怎样，无论哪种毒物，一旦够量，你就会完蛋。

奇怪但真实

我知道，你相信氰化物和砷中毒那种事，但水和空气又是什么？

水和氧气都可能有毒。喝太多水会害死人。事实上，强迫性饮水过量是一种常与精神分裂症相关的精神病综合症。患有这种综合症的人每天都要喝几加仑的水。摄入这么多水会导致“水中毒”（Water Intoxication），水分会严重稀释血液和身体组织中的钠和钾，损害肾脏，最终导致昏迷和死亡。同样，呼吸纯氧太久，也会损伤肺部并导致死亡。

识记

区分“迷醉物质”（Intoxicant）和真正的毒药是很重要的。迷醉物质，如酒精或一氧化碳，通常需要摄入或吸入相当大剂量才能致命，而真正的毒物，如氰化物，则只需要很小剂量即可杀人。

即使是治疗药物也会引发中毒。例如，“洋地黄”（Digitalis）作为一种极为常见的心脏药物，萃取自植物“洋地黄”（Foxglove），但其同时也是一种致命的毒药。摄入过多会导致恶心呕吐和心律失常等危险变化并最终引发死亡。令人感到讽刺的是，洋地黄的确可以用来治疗某些心律失常，但也可以导致其他更致命的心律失常。一针下去，生死不同。剂量正确是药物，剂量错误是毒药。

毒理学界定

“毒理学”(Toxicology)是化学和生理学的结合，涉及药物、毒物和其他有毒物质，以及这些物质如何改变或伤害生物，特别是人类的机理。虽然毒理学算得上一门相对较新的科学门类，但第一次毒理学测试，已可追溯到1775年，当时瑞典化学家卡尔·威廉·席勒(Karl Wilhelm Scheele)[1]发现了一种方法，证明砷是可疑死亡的罪魁祸首。

贴士

席勒发现，氯化水将砷转化为亚砷酸，加入金属锌并加热酸混合物会释放砷化氢气体。当这种气体与冷容器接触时，砷会在容器上聚集。1821年，科技人员首次利用这项技术在中毒者的胃和尿中发现砷，法证鉴识毒理学领域由此诞生。

今天，法证毒物学者的工作，便是找到特定有毒物质，并确定其对摄入或以其他方式接触这种毒物的个人可能产生的影响。例如，法证毒物学者可以：

» 评估汽车或工业事故受害人的迷醉状态。

» 确定某人是死于中毒还是自然原因。

» 评估药物/毒品是否在犯罪人的行为或症状中发挥了作用。

另外，找不到药物/毒品也同样重要。例如，假设毒物分析人员在一个表现出古怪行为的人体内没有发现任何药物/毒品作用的痕迹。这种情况可能导致对其进行进一步的精神病评估，并最终导致诊断和适当的治疗。同样，毒物学者可能会发现肇事车辆驾驶员血液中的癫痫治疗药物水平相对过低，由此可能得出结论，癫痫是事故的原因。

---

〔1〕 卡尔·威廉·席勒(1742年至1786年)，瑞典药剂师及化学家，倾力于纯粹科学的研究，以高超的实验技术发现了氧气和氯气，还从自然物中提取了多种有机酸酯，在对矿石的研究中发现了钼、钡、钨等金属元素。他对银盐和氢氟酸的性质的研究有助于摄影术和玻璃工业的发展，还对多种颜料和染料进行了分析。

搜寻有毒物质

大多数毒药不会引起身体的明显变化，无论是活检还是尸检，都是如此。有些有毒物质的确会引发明显体征改变，但大多数有毒物质的作恶范围，仅限于人体细胞内，因此不会留下任何可见的痕迹。因此，验尸官在尸体上或作为尸检一部分获得的任何身体组织的显微镜切片上，通常看不到明显的中毒证据。因此，法医需要从尸体内收集液体和其他组织，提交给毒物分析人员确认是否存在有毒物质。

识记

即使毒物分析人员找不到有毒物质本身，但其分解产物也很容易被识别到。“生物转化”（Biotransformation），是一种化学物质被人体转化成另一种化学物质的过程。这个过程也被称为“新陈代谢”（Metabolism），其所产生的新产品被称为“代谢物”（Metabolites），而这只是身体为了消除而破坏或分解化学物质的结果，例如，海洛因是由吗啡制成的，当它被注射到血液中时，会立即转化成吗啡。因此，对毒物学家来说，寻找海洛因是徒劳的，但找到吗啡是海洛因存在的一个可靠迹象。

“金属元素”也会导致疾病和死亡。过量的铁、汞、铅、砷、锑、硒和许多其他重金属会导致严重的健康问题，甚至会置人于死地。多年来，这些金属已造成大量意外、自杀和他杀事件。

样本收集

毒物之所以“深受欢迎”，部分原因在于其十分狡猾。这种物质很少会留下明显的线索，因此找某种有毒物质，并有足够的证据确定这种物质的中毒就是死因，显然是一项棘手的工作，涉及若干专门测试和多种身体组织及体液。

仔细观察

获取样本进行检测的最佳位置，应是相关化学物质进入人体的位置、化学物质在体内集中的位置以及消化途径。因此，注射部位周围的血液、胃容物和组织可能含有高浓度的药物。对肝脏、大脑和其他组织的分析可以揭示药物/毒品或其代谢物积聚的地方。最后，尿检可以显示药物/毒品及其代谢物在哪里集中并被最终消化。可以通过下列检查发现可能存在的不法有毒物质：

» 血液：到目前为止，血液对毒物学者来说是最有价值的检材。毕竟，无论是通过胃或肺，还是通过注射或吸收，血液都是毒素在人体内传播的主要途径。利用现代毒理学技术，分析人员可以在血液中找到任何药物/毒品及其主要代谢物。验血告诉毒理学者死亡时人体发生了什么。血液中药物和药物的浓度水平与迷醉程度和潜在致死水平密切相关。

» 尿样：用一个杯子，去一次洗手间，就可以取样，尿样检测是施工场所药物/毒品检验的主要形式。在验尸过程中，也能证明这种方法的有用性。由于肾脏是人体主要的药物和毒素代谢路径，毒物学者通常能在尿液中发现比血液中浓度更高的此类物质。然而，特定毒品/药物的尿液浓度与其在体内的作用之间的相关性，充其量也只能说很差。尿液水平可以显示药物/毒品早期曾在血液中存留，但不能确定药物在采集时是否对个体产生任何影响。同样，毒物学者也不能根据尿液浓度来换算血液浓度。任何药物/毒品在尿液中的浓度取决于个体产生的尿液量。如果有人喝了大量的水，尿液及其所含的任何化学物质的浓度，都会相较于那些没有大量喝水的人稀释得多。

» 胃容物：医生通过胃管提取摄入药物/毒品幸存者的胃内容物，胃管通常通过鼻子进入胃部。然后，洗胃或清洗内容物，并测试是否存在药物或毒物。验尸时，检查员用同样的方法检测胃内容物。如果调查人员怀疑中毒或药物摄入，获取胃内容物至关重要。然而，在胃中发现的任何药物的浓度与其在血液中的浓度以及其对人体的影响，并不相关。

» 肝脏：肝脏与药物和毒素代谢（破坏）密切相关。对肝组织及其产生的胆汁进行检测，常常会发现药物或其代谢物。许多毒品，特别是阿片制剂，往往集中在肝脏和胆汁中，因此即使血液测试没有显示，研究人员仍可以在这些组织中测量到其存在，肝脏可以反映死亡前几个小时内药物的水平，胆汁可以显示在过去 3~4 天系统中的药物。

» 玻璃体：“玻璃体”（Vitreous Humor）是眼球内的液体。其对腐败（腐烂）相当有抵抗力，在严重腐烂的尸体中，玻璃体可能是唯一残留的体液。玻璃体是一种类似水的液体，这意味着水溶性化学物质可以在其中溶解。此外，玻璃体体液与血液保持平衡，也就是说血液中的任何水溶性化学物质也存在于玻璃体体液中。但是玻璃体中的物质含量比血液中的含量要晚 1~2 小时，所以检测玻璃体可以反映出死亡 1~2 小时前血液中有毒物质的浓度水平。

» 头发：头发吸收某些重金属毒素（砷、铅和其他重金属毒素），并具有独特的能力，为这些物质提供中毒时间表。作者将在本章后面的“结果解读”部分更为详细地讨论这个事实。

» 昆虫：毒物学家甚至可以在尸体严重腐烂的情况下，测试以尸体为食的昆虫体内是否有药物 / 毒品。由于某些药物 / 毒品往往积累在这些昆虫的组织中，由此可能提供有关死者体内是否存在药物 / 毒品的信息。

确定死亡原因和方式

验尸官最终负责确定死亡原因和方式，在作出此类认定时，毒理学的发现可以发挥重要作用。不幸的是，毒理学的发现很少提供一个黑白分明的明确答案，因为药物和毒物可能是任何死因或死亡方式的直接原因，或仅仅是促成因素之一。

自然中毒

一个人可能死于自然原因，但药物 / 毒品可能与死亡机制有关。例如，如果患有严重冠状动脉疾病的病人服用安非他明或吸食可卡因，则其心率和血压会升高，阻塞的动脉无法满足需求，心脏病也会随之发作。死因可能是心脏病发作，但安非他明或可卡因可能是一个辅助因素。

当法医和毒物学者面对这种情况时，必须评估受害人心脏病的程度、体内的药物 / 毒品量以及是否真的心脏病发作。如果药物 / 毒品用量少，患者冠状动脉病变严重，他们可能就会得出结论，死者系自然死亡，药物 / 毒品只是次要辅助死因。反之，如果死者心脏病程度很轻，但体内的药物 / 毒品水平很高，死亡很可能是意外，而药物 / 毒品可以被视为一种致死机制。

意外中毒

大多数意外中毒发生在家里，且常常涉及儿童。出于好奇的天性，孩子们几乎什么都会吃或喝——包括杀虫剂和油漆稀释剂。在成人世界中，意外中毒最常发生的原因是产品被贴错标签，通常是因为有人把有毒物质放在一个内容物性质已经发生改变了的容器当中所致。

中毒或药物 / 毒品意外致死的其他主要原因，是剂量计算错误或药物的危险搭配。成瘾者经常错误地计算自己需要吸食的海洛因或安非他明的数量，并因此搭上了卿卿性命。此外，人们还通常有一些没有根据的信念，例如："如果一剂药是好的，那么两剂效果一定更好。"同时服用处方镇静剂并摄入酒精，也是众所周知的致命组合。

自杀中毒

自杀是常见的中毒死亡方式之一。常见的药物 / 毒品包括麻醉剂、镇静剂、一氧化碳，甚至处方药。许多自杀涉及多种药物，这给毒理分析提出了一个难题。对胃内容物、血液、尿液和内脏组织的分析有助于确定每种药物 / 毒品的含量，并允许毒理学者评估每种药物 / 毒品是如何导致受害人死亡的。如果一种毒性极强的药物 / 毒品大量存在，则其很可能是致死原因；但如果涉及多种药物 / 毒品，则更难确定某一特定的药物组合就是死因。

他杀中毒

尽管从古代到 20 世纪，投毒杀人都很常见，但今天的情况却与此有所不同。现在，枪杀似乎才是首选的方法。在遥远的过去，找出某人的死因十分困难，而确定是否涉及毒药更是不可能的任务。然而，现代毒理学已经改变了这一切。即便如此，确定死亡原因乃中毒所致，仍是法证鉴识毒物学者和病理学者困难的任务之一。

正如意外中毒与服毒自杀一样，投毒杀人最常发生在家里，这意味着凶手通常了解受害人的习惯，并能接触受害人的食物、饮料和药物 / 毒品。在调查投毒杀人案件时，了解谁掌握了这类知识对法医和警方调查人员至关重要。

核实调查程序

事实上，成千上万种的药物 / 毒品乃至化学物或者都是有害、易成瘾或致命的——真让毒物学者感到头痛！了解死亡的情节，对于确定死亡方式和原因至关重要。现场的线索往往指向某种特定的毒品或毒药。例如，在家里的床上发现一个小女孩，旁边有一个空药瓶，这将导致一条检验思路，而在巷子里发现的瘾君子身上的新针孔，则会指向另一条调查路线。围绕死亡的情节提供的线索越多，毒理学者必须加以考量的可能范围就越窄。

仔细观察

测试药物/毒品、毒素或毒物时，毒物学者通常遵循如下的两阶层方法：

» 预试验用于初步筛选，通常更容易，成本也更便宜。如果结果呈阴性，则表明相关药物/毒品或毒素不存在，毒理学者无须对其进行进一步检测。如果结果呈阳性，表明可能存在特定物质。一般来说，这些测试比确认性测试更敏感，但缺乏具体性。预试验可能会产生更多的假阳性结果，但不太可能给出假阴性结果。

» 只有在预试验发现可能存在药物/毒品或毒素后，才能进行确认试验。后者更贵，更费时，但可以确定存在的特定药物/毒品的性质。

结果预筛

筛查，或预试验，包括诸多类别。常见的毒理学筛查包括如下类型：

» “颜色分析法”(Color Tests)，是将试剂(化学溶液)添加到被测物质(通常是血液、尿液或组织)中的化学测试方法。当可疑化学物质出现时，就会发生颜色变化。颜色变化是药物和试剂之间化学反应的结果，这种化学反应产生一种新的化合物，并呈现特定的颜色。色谱分析测试便宜、容易、快速，还能确定被测材料中是否存在特定化学物质或某类化学物质。

» “免疫测定法”(Immunoassays)，涉及抗原抗体反应。寻找的物质是抗原，测试试剂是抗体。抗体只与自己所识别的抗原发生反应，同时忽略所有其他抗原。在这项试验中，毒理学者通过添加某种抗体，可以专门识别样本中的可疑物质。例如，如果要对血液进行安非他明检测，毒理分析人员会在血液样本中添加一种安非他明特异性抗体。如果出现反应，结果就会呈现阳性。

» “薄层色谱法”(Thin-layer Chromatography, TLC),是一种廉价的筛选试验,可以根据化合物与溶剂结合时在吸收性材料(通常是硅胶)中的移动距离,同时分离出数百种化合物。然后通过比较其各自的运动和已知标准的运动来识别化合物。这种测试使用一种颜色反应来进一步识别化合物。请参见本书第十九章了解有关此测试的更多信息。

» “气相色谱法”,是根据化合物的大小、形状和化学性质来分离化合物的方法。气相色谱法能鉴别未知或可疑化学物质的类别,但不能给出其确切组成。与薄层色谱法一样,气相色谱法是一种有用的筛选工具,更重要的是,其可以分离化学混合物的成分,以便日后进行确证性试验。本书第八章可以让各位了解更多关于气相色谱法的知识。

» “紫外光谱法”(Ultraviolet Spectroscopy)利用了不同的化合物吸收或反射不同数量和不同波长的光这一事实。当暴露在紫外光下时,化合物或一类化合物在特定波长吸收紫外光的能力更强,而在其他波长吸收紫外光的能力较弱。而在最大吸收波长处的光吸收量,可以表示样品中可疑药物或化学物质的浓度。

通过各种可能性:药物筛选

技术问题

每个法证鉴识实验室都有自己的药物/毒品筛选方案。使用什么样的测试以及测试的顺序取决于可供调用的人员设备、预算限制以及负责毒物学者的个人偏好。每个人都有自己不同的行为方式。也就是说,大多数实验室在首次遇到未知样本时,都会使用某些标准筛查程序。这些基本筛查可能包括:

·酒精筛选:采用气相色谱法分离和鉴定各种醇和相关化合物,如丙酮。

·酸性筛选:通过对尿液样本的免疫分析检测酸性化合物,

如巴比妥酸盐和阿司匹林。

·碱性筛选：采用气相色谱法筛选溶解在碱性溶液中的物质。这些物质包括许多镇静剂、合成麻醉剂和抗抑郁剂。

·麻醉物检查：针对尿液的免疫分析显示是否存在阿片、可卡因和美沙酮。

·大麻和可卡因筛查：大多数筛查还检测大麻和可卡因。

结果确证

合理的确证性试验是敏感和特异的，能识别出所讨论的化学物质，并能将其他可能排除在外。经过筛选试验，毒理分析人员推定某种化学物质存在后，通过确证性试验可以准确确定未知物质的真实性质。

技术问题

毒理分析人员使用的最重要的确证性试验方法，正是“质谱法”。本书第八章详细讨论过这个过程。当毒物分析人员比较未知物质和已知物质的质谱时，未知样品的特性就暴露出来了。在法医毒理学实验室中，质谱法通常与气相色谱法联用。这种组合称为气相色谱质谱法。具体运用过程中，前者将样本分离成组分，后者则对每一个组分分别加以识别。

“红外光谱法”（Infrared Spectroscopy）也可以确定被测物质的化学指纹，但会将该物质暴露在红外光而不是电子下。当暴露在红外光下时，每一种化合物都以自己独特的模式传播、吸收和反射光线。这些独特的模式决定了哪些化合物存在，从而确定了被测试的化学物质的具体性质。

结果解读

识记

在测试显示了化学物质的存在和浓度之后，最困难的部分随之而来。毒理学分析人员现在必须判读结果的含义，评估每种药物/毒品的存在，确定摄入途径，并确定存在的浓度是否在受试者的行为或死亡中起作用。毒理学家根据这些测定结果，决定一种药物/毒品是否可能导致受害人失去对汽车的控制或表现出暴力或攻击性行为，或者某种药物/毒品是否导致或促成了受害人的死亡。

毒素的摄入途径极其重要。如果一种药物/毒品被注射到一个没有办法给自己注射的人的身上，或者注射到一个不太可能自我注射到的地方，那么谋杀，就将是一个更为重要的考虑因素。

一般来说，药物或毒物的浓度在给药部位最高。例如：

» 摄入的毒素出现在胃、肠或肝脏。

» 吸入的气体集中在肺部、肌肉注射的毒素在注射部位周围的组织中滞留。注射到肌肉中的药物被血液缓慢地吸收并运输到全身。

» 静脉注射的药物经过胃和肝，直接进入血液。因此，很快分布在全身，不会再留在静脉注射部位。毒物分析人员可能会在血液和身体的多个组织中发现高浓度的药物残留，但在胃部和肝脏中很少或根本没有药物痕迹（如摄入时所见）。

在受害人胃里发现大量毒素，并不一定意味着中毒就是死因；其可能还没有被吸收到血液中并被分散到身体各处。因此，血液中药物/毒品的浓度比胃内容物中药物/毒品的浓度更重要。毒理分析人员必须先看到药物/毒品被吸收的证据，然后才能将伤害或死亡归因于药物/毒品。

在确定某一化学物质的血液水平后，毒理学分析人士将其分为以下四大类：

» 正常水平：在正常情况下，这一水平是一般认为普通大众血液中所应具有的该物质含量水平。

» 治疗水平：一般是指医生希望病人在服用处方药时达到的药物浓度水平。这一水平的血液药物浓度，能够产生最为有益的治疗效果。

» 中毒水平：中毒水平是可能造成身体伤害的水平——如恶心、呕吐，或剧烈的心律变化——或死亡。

» 致死水平：是指所涉药物 / 毒品一般会导致死亡的水平。在毒理学中，使用术语“半数致死量”（LD50）描述特定化学物质的致死潜力程度。特定药物 / 毒品的“半数致死浓度”，是指服用该药物的人中有一半，即 50% 的人死于这种血液浓度的物质摄入。

仔细观察

可以从上述各个类别中看到一些摇摆空间。每个人对化学物质和毒素的反应都有所不同。这种差异很大程度上与年龄、性别、体型和体重、遗传、营养和健康状况有关。年轻、健壮、健康的人通常比年老、瘦弱、多病的人更具耐药性。吸毒者通常所摄入或注射的可卡因或海洛因剂量，几分钟内就会杀死非吸食者，而酒精滥用者血液中的酒精含量足以放倒不喝酒的人。毒理分析人员在评估特定水平的药物 / 毒品是有毒的还是致命的，以及其是否导致受试者从事特定行为或死亡时，必须考虑这些因素。

一般来说，药物 / 毒品或其代谢物在尿液中的浓度，无法可靠地表明该药物 / 毒品对受试者的影响。药物的生理作用取决于其在血液和包括大脑在内的身体各组织中的浓度。许多药物及其代谢物都集中在尿液中，以备排出体外，这意味着浓度可能会虚高。当药物在血液中达到最大浓度，从而对个体产生最大影响时，与出现在尿液中并集中在尿液中时，存在时间差。简单地说，代谢及排出过程需要时间，所以特定物质的尿液浓度滞后于血液浓度。

有时，毒物分析人员被要求确定中毒是急性的（快速但强烈的）还是慢性的（小剂量的）。砷中毒就是一个很好的例子。砷在一次大剂量给药或在数周或数月内反复小剂量给药时会致死。无论哪种情况，死者体内的砷化物血液水平都可能很高。但确定中毒是急性的还是慢性的，就显得非常重要。急性中毒的嫌疑犯名单可能很长，但慢性中毒的嫌疑犯名单将只包括那些与受害人有长期接触的人。家庭成员、监护人或家庭厨师，都有犯罪机会。

毒物学分析人员利用受害人的头发来判断中毒是急性的还是慢性的。头发分析不仅揭示了存在砷的暴露，而且提供了暴露的时间线。例如，砷沉积在毛囊细胞中，与细胞产生时血液中砷的含量成比例。随着头发的生长，毛囊细胞发生变化，并融入生长的毛干。一般来说，头发每月长半英寸（Inch）〔1〕左右。因此毒物学家可以把头发切成短段，然后测量每根头发的砷含量，从而揭示出受害者接触砷的时间线。这一证据对于评估慢性或间歇性中毒可能是至关重要的。

常见毒物

在试图弄清可能发生的中毒现象时，每一点都有帮助，法医和毒理学分析人员将会使用一切可能的证据，包括毒理测试的结果、尸检以及调查人员和证人的陈述。而要利用这些信息，他们必须：

» 了解潜在有毒物质及毒品 / 药物的化学成分、生理作用及副作用。

» 了解药物 / 毒品是如何被人体代谢的，以及这些代谢产物的潜在毒性。

» 了解这些化学物质对患有各种疾病的人和成瘾者有何影响。

---

〔1〕“英寸”，英制计量单位，换算长度 1 英寸约等于 2.54 厘米。

» 识别这些化学物质产生的症状和体征。

虽然本书并不适合讨论每一种已知化学物质、药物和毒物，但作者还是在此提及多种毒物、毒素、合法和非法药物以及法医和毒物分析人员可能会遇到的化学物质。

弄懂酒精

摄入酒精，或者说酒精类物质，是目前为止最常见的药物滥用行为。酒精类物质的毒副作用具有潜在的致命性，酒后导致的相关协调能力丧失和判断能力变差，可能会引发暴力和过失行为。人体容易饮酒成瘾，戒酒是一个艰难且危险的过程。如果没有适当的药物治疗，戒断综合症如“震颤性谵妄”（Delirium Tremens，DTs）的死亡率可以达到 20% 或更高。

“血液酒精浓度”（BAC）与中毒程度密切相关。这一水平以百分之克表示，也就是每一百毫升血液中酒精的克数。随着血液酒精浓度水平的升高，酒精的毒性作用变得更加明显。在大多数司法管辖区，醉酒的法定上限是 0.08%。即便血液酒精浓度较低，也可能使人的认识或控制能力受影响，但如果达到法定上限，醉酒者就会被警方铐走。

0.03% 的浓度水平，对大多数人来说，这相当于喝一杯啤酒或一杯苏打威士忌，虽然会感觉头晕，但几乎不会对人的运动能力产生不良影响。在 0.03%~0.08% 时，协调、反应时间和判断能力会出现下降。当血液酒精浓度高于 0.12% 时，会发生恶心和呕吐，而当血液酒精浓度高于 0.25% 时，摄入者可能会陷入昏迷。高于或等于 0.3% 的水平通常会导致深度昏迷状态，高于 0.4%，则可能导致死亡。

仔细观察

如果警方以涉嫌“物质影响下驾驶罪”（Driving Under the Influence，DUI）拘留你，往往会通过几个步骤来确定你是否真的喝醉。有一种“现场清醒测试”（Field Sobriety Test），在测试中，警官要求你单脚站立，闭上眼睛站稳，反复用一根手指碰鼻子，或以脚跟脚的方式走直线。这些都是为了确定被测试者所喝的酒精类物质是否影响其大脑的协调和平衡中心。在酒精作用下，完成上述任务将会变得笨拙甚至不可能。与许多人的想法相反，现场清醒测试几乎无法作假，生理机能会蠢蠢欲动与你作对，醉酒者最终将会绊倒，摇晃，或戳到自己的眼睛。

执法的警官也可以要求你做呼吸测试(见下文“呼气作为证据：酒精测试仪测试”)。如果是这样的话，你可能就完蛋了。酒精不受影响地通过肺部，直接从血液进入肺部的气囊，每次呼吸都会排出体外，所以你也不能伪造呼吸测试结果。一个人肺部的酒精含量与其血液中的酒精含量直接相关。血液中的酒精浓度越高，呼气中的浓度就越高。因此，呼吸测试非常准确。

如果你没有通过现场酒精测试或呼吸测试，可以通过进行血液酒精浓度测试来确定确切的水平，如果醉酒者曾卷入事故或造成财产损失、身体伤害或他人死亡的情况，情况更是如此。大多数医院和法证鉴识实验室都能准确快速地确定一个人的血液酒精浓度。首选的测试方法是气相色谱法(见前面“结果预筛”部分)。

在疑似酒精引发的死亡中，法医测量尸体血液中的酒精浓度，以确定中毒水平是否高到足以导致或促成死亡。然而，一些尸体的血液酒精含量实际上会由于细菌的作用而增加，其中一些细菌会产生酒精。为了解决这个问题，法医对眼睛玻璃体的酒精含量进行测定，因为其往往比血液中酒精含量的反应滞后一到两个小时。所以，玻璃体可以告诉法医，死者去世前一到两小时体内的血液酒精含量是多少。

对尸体进行防腐处理，如果不是完全不可能，也会使测定死者死亡时体内血液中的酒精含量变得异常困难。在防腐过程中，防腐液会取代大部分血液，在大多数情况下，只留下很少的血液用于检测。防腐液也含有酒精，但它是甲醇，而不是乙醇(食用酒精)。因为防腐材料中的酒精在死后不会进入玻璃体，毒物学家可以测试玻璃体中的酒精含量。如果酒精出现在玻璃体的体液中，一定在生前就存在于血液当中。

呼气作为证据：酒精测试仪测试

印第安纳州警官罗伯特·伯根斯坦（R.F.Borkenstein）〔1〕于 1954 年发明了“酒精分析仪”（Breathalyzer）。尽管此后这一装置经历了一些变化，但基本设计理念仍然与最初的想法如出一辙。作为一种捕捉和分析呼出空气的装置，酒精分析仪的优点在于简单可靠。使用时只要把一个阀门转到“采取”位置，受试者从吹入口吹气，呼出的空气进入一个收集室，并在那里被截留。然后将阀门转到分析位置，捕获的空气暴露在水、硫酸中的硝酸银和重铬酸钾的混合溶液中。呼出空气中的任何一种酒精类物质，都会立即被氧化成乙酸，这种反应会破坏重铬酸钾，破坏的程度与酒精的量成正比——呼吸中的酒精越多，破坏的重铬酸钾就越多。

酒精分析仪还包含一个分光光度计，这个装置主要被用来测量剩余重铬酸钾吸收某一波长的光的程度。因此，如果重铬酸钾被破坏，随着其浓度的下降，吸收的光的数量就会出现减少。分光光度计测量的上述变化程度，与呼出空气中的酒精含量有关。此外，由于呼气中的酒精含量是血液中酒精含量的直接反映，呼气分析仪给出了血液中酒精含量的精确测量值，尽管是间接的测量值。

躺下去：镇静剂

“阿片类物质”（Opiates）、“巴比妥酸盐”（Barbiturates）、酒精和其他镇静剂，都属于“中枢神经系统”（CNS）的抑制剂，会使吸食者昏昏欲睡，因此被称为“镇静剂”（Downers）。

---

〔1〕 罗伯特·伯根斯坦（1912 年至 2002 年），美国印第安纳州警察局高级警官。

阿片类物质

阿片类物质，是从罂粟果实浆液中提取的化学物质，根据其来源和制造方法分为天然、半合成和合成等不同类型。此类物质又包括麻醉性镇静剂（促进睡眠）和镇痛剂（止痛），会让人产生快感、昏昏欲睡，较大剂量吸食会导致昏迷，甚至死于呼吸抑制和窒息。大多数情况下，可以通过口服或注射的方式服用；此类药物具有很大的滥用和身体上瘾风险。

识记

死亡可能是因为阿片类药物或毒品抑制了大脑的呼吸中枢。被害人睡着了，陷入深度昏迷，停止呼吸，死于窒息。当阿片类物质与酒精混合时，这种反应更为常见，酒精类物质也是一种大脑抑制剂。

像吗啡和“可待因”（Codeine）这样的天然阿片类物质，直接取自罂粟。海洛因实际的成分是二乙酰吗啡，是由吗啡与醋酸酐或乙酰氯结合产生的合成物质。海洛因，也是迄今为止最常见的阿片类滥用物质。

在活体中，毒物学分析人员使用“马奎斯测试”（Marquis Test）来筛选样本中吗啡和其他鸦片剂的存在。在验尸过程中，法医采集血样供毒物学者进行分析，以确定死者是否吸食海洛因。

仔细观察

毒物分析人员不会直接检测海洛因，因为找不到。注射海洛因后，这种物质几乎立即被分解成单乙酰吗啡，然后又被分解成吗啡，而这两种化学物质才是毒物学分析人员测试的对象。如果毒物学家发现了单乙酰吗啡和吗啡，就可以证明受害人吸食过海洛因。如果只发现吗啡，受害人可能使用的是吗啡，而不是海洛因（但仍可能使用海洛因）。如果受害者注射海洛因后存活时间足够长，从而使海洛因完全转化为吗啡，导致没有任何单乙酰吗啡残留，毒理分析人员可能无法确定使用了哪种药物/毒品。

仔细观察

但是，毒物学分析人员还可以检查其他来源。即使血液中所有的海洛因都被转换成吗啡，对眼睛玻璃体的检查也能发现单乙酰吗啡，其在玻璃体中停留的时间要长得多，并能证明死者确实使用过海洛因。

对死于过量吸食海洛因的瘾君子的尸检，结果相当一致。法医通常会发现肺水肿或肺部积水的迹象；然而，情况并非总是如此。奇怪的是，死者肺部经常显示出滑石晶体和棉纤维的迹象，主要是因为这些物质经常被毒贩用来掺杂在海洛因当中以假充真。通过静脉注射掺杂掺假的海洛因时，血液携带这些晶体和纤维穿过心脏，然后从血液中被过滤出来，停留在肺部。

巴比妥酸盐

“巴比妥酸盐”是从巴比妥酸中提取的一种化学物质，人们一般将其用作催眠药或安眠药。在过去常用的五种巴比妥类药物（戊巴比妥、阿莫巴比妥、塞巴比妥、丁巴比妥和苯巴比妥）中，只有苯巴比妥在今天仍然广泛使用。苯巴比妥是一种很好的抗惊厥（防止癫痫发作）药物，被许多癫痫患者使用。其他的巴比妥类物质，已经被更新、更安全的催眠剂取代。尽管如此，这些老药还是可以买到，而且经常被滥用。因为巴比妥酸盐和酒精都能抑制呼吸，甚至导致呼吸停止，二者的结合尤其危险，可能导致昏迷和窒息死亡。

颜色测试，常被用于筛选生物组织（血液、尿液、器官）中巴比妥类药物的存在。

嗨起来：兴奋剂

最常用的兴奋类物质，或“兴奋剂”（Stimulants），就是安非他明和可卡因。这种物质能提高警觉，减轻疲劳，抑制食欲。然而，持续使用，也会引起易怒、焦虑、攻击性行为、偏执、疲劳和抑郁。这些反应是有道理的，因为那些一直处于兴奋状态的人往往吃不好睡不好，对压力反应过度，一睁开眼便动个不停，这很可能会让任何人都感觉筋疲力尽。此外，一旦这样，就会出现身体疲劳和精神疲惫，这可能就是为什么某些安非他明类物质被俗称为“烦躁药”（Crank）的原因——会让使用者感到不愉快和暴躁。

使用兴奋剂的人常常会产生“快速耐受性”（Tachyphylaxis），这意味着身体会习惯这些刺激，从而减少其影响的效果。因此，滥用兴奋剂的人必须服用越来越多的兴奋剂才能得到同样的效果。出现快速耐受性的原因之一，便是身体产生更多的酶，以代谢这些药物，所以导致摄入体内的兴奋剂被更快地破坏和消除。

技术问题

安非他明，如冰毒，高度成瘾，广泛滥用，容易在车库等简易的制毒场所制造。由于这些化合物的滥用普遍存在，安非他明的检测几乎是每个医院和法证鉴识实验室毒理学筛查的一部分。

在血液中，可卡因被转化为甲基炔嘌呤和苯甲酰胍。尿检主要针对后一种化合物，并能在最后一次使用后的三天内找到痕迹。毒理学分析人员使用免疫分析和“斯科特颜色测试”（Scott Color Test）作为可卡因的筛选测试手段。

开始一场迷幻之旅

“致幻剂”（Hallucinogens）会让人变得稀里糊涂。这种物质改变感知和情绪，导致妄想，并引发幻觉。“妄想”（Delusions），基本上算是一种虚假的确信，在现实中几乎没有根据支撑。幻觉是不真实的感觉体验，可以影响任何或所有的感觉；可以是视觉（看）、听觉（声）、嗅觉(闻)、味觉或触觉(感)。

最常见的致幻剂要么来自植物界,如大麻、白花蛇舌草和毒蘑菇;要么来自化学实验室,如“麦角酸二乙酰胺”(LSD)、“二甲氧基甲苯异丙胺”(STP)和“普斯普剂”(PCP)。

抽大麻

到目前为止,最常滥用(程度也最轻)的致幻类物质就是“大麻”(Marijuana),而其还有很多街头俗称,如玛丽·珍(Mary Jane)、“草”(Weed)以及“盆栽”(Pot)。作为一种大麻类物质,其来自大麻植物。活性成分“四氢大麻酚”(Tetrahydrocannabinol, THC)存在于大麻中,浓度为2%~6%,但其现在的浓度正变得越来越高。大麻,作为大麻植物的油性提取物,含有大约12%的四氢大麻酚。

技术问题

人体将四氢大麻酚分解成一系列化合物,其中最重要的是“九羧基大麻酚”(9-Carboxy-THC),这也是一种主要的尿代谢物。药物测试尿中寻找这种化合物,在最近一次使用后的2个月内可以找到。然而,一个问题是,即使是被动接触也会导致尿检呈阳性。例如,如果你曾在吸食大麻的地方出现,尿液可能会显示出低水平的“九羧基大麻酚”。

仔细观察

对可疑的使用者采用的预试验,通常包括“德奎诺斯—列文测试”(Duquenois-Levine Test),大麻素存在时显示紫色变化。不仅仅是“四氢大麻酚”,所有大麻素,都会出现阳性反应,因此尿液检测不能完全识别“四氢大麻酚”。但由于美国大多数州的法律禁止持有任何大麻脂,而不仅仅是“四氢大麻酚”,所以警方只需进行上述测试即可。

其他筛查试验包括“薄层色谱法”和“气相色谱法”(见前面的“结果预筛”部分)。气相色谱法的优点是能指示“四氢大麻酚”的含量。用质谱分析法对“四氢大麻酚”的存在进行确证性试验。

仙人掌和毒蘑菇

“佩奥特掌”(Peyote)是一种小型墨西哥仙人掌，其主要活性成分是“麦斯卡林”(Mescaline)，是生物碱家族中的一种致幻剂。几个世纪以来，许多土著部落在进行宗教仪式时会使用这种物质。仙人掌的表面覆盖着一种叫“佩奥特纽扣”的小圆凸起。这些凸起像橘子一样被分成几块，每一块里面都有一簇棉絮状物质。“薄层色谱法”和“气相色谱法”均能证实生物碱的存在。由于拥有植物材料本身就属非法，因此不需要进一步的检测来鉴定三甲氧苯乙胺，即“麦斯卡林”的存在。

但毒蘑菇却带来了另一个问题。持有大麻和摇头丸本身就是违法的，但持有毒蘑菇却不违法。这意味着毒理学实验室必须鉴定蘑菇是否存在违禁的活性成分，即“羟基二甲色胺”(Psilocin)以及“裸盖菇素”(Psilocybin)。

技术问题

实验室通常使用两种颜色测试来筛选“羟基二甲色胺”以及“裸盖菇素”的存在。在这些化学物质存在时，“范·乌尔克”(Van Urk)试剂会变成紫色，“快蓝B试剂”(Fast Blue B)会变成红色。毒物分析人员通常用薄层色谱法分离组分，然后喷洒范·乌尔克溶液。或者，毒理分析人员在紫外线下观察产生的色谱，而这样做会导致“羟基二甲色胺”以及“裸盖菇素”对应部分条带发光。确证性试验包括“气相色谱/质谱”和“红外光谱”分析。两种测试都能显示出化合物的化学指纹，并证实其存在。

致幻化学品

存在多种化学合成的致幻剂。最常见的是“麦角酸二乙酰胺”(Lysergic Acid Diethylamide, LSD)和“普斯普剂”(PCP，或称“天使粉”)。致幻剂的效果相当显著,区区 25 微克剂量就可以产生持续 12 小时的迷幻状态。虽然致幻剂不会直接致命,但它产生的幻觉通常具有驱动力。在许多情况下,使用者因为这些认知改变而害人害己。“麦角酸二乙酰胺”初步筛选试验,选用“范·乌尔克”颜色试验。

使用“普斯普剂”会导致攻击性和精神病性行为。毒物学分析人员可以使用血液或尿液进行“普斯普剂”检测。尿检在最后一次使用后一周内可能保持阳性。

肮脏行径:迷奸药

你肯定听说过所谓的“迷奸药”(Date-rape Drugs)或“锐舞药”(Rave Drugs)。在很多刑事指控与民事诉讼中,都会见到这些物质的影子。安德鲁·勒斯特(Andrew Luster)[1],“蜜丝佛陀”(Max Factor)品牌的继承人,因为非法使用“迷奸水”而被定罪。

主要的迷奸药包括:“罗眠乐”(Flunitrazepam)、“摇头丸”(3,4-methylenedioxymethamphetamine)、“迷奸水”和“氯胺酮”(Ketamine Hydrochloride)。

这些药物会产生镇静效果、一定程度的依从性、判断能力变差以及对受其影响时发生事件的记忆丧失。记忆的丧失,使这些药物在约会强奸场景下显得有效。罪犯很容易在受害人的饮料或一瓶看似无害的水里加入少量的“迷奸水”或“罗眠乐”。受害者可能会和潜在的犯罪人一起离开,因为毒品会损害判断力,增强快感。直到后来,受害者才意识到发生了什么事,但对事件的记忆是零散的,甚至完全不存在。

[1] 安德鲁·勒斯特(1963 年出生),美国著名化妆品巨头“蜜丝佛陀”品牌继承人,因涉及多宗性犯罪被定罪,并宣告破产。

将安德鲁·勒斯特绳之以法

案例分析

“这正是我喜欢在我的房间里看到的一切。一个昏倒了的漂亮女孩。”化妆界传奇人物麦克斯·法特(Max Factor)[1]的曾孙安德鲁·勒斯特在与昏倒的受害人发生性关系前,对着家里的摄像机这样说道。他使用迷奸水让受害人屈从于自己。这显然不是第一次。警方经过广泛调查,起获了勒斯特与几名明显昏迷的女子发生性关系的录像带。勒斯特被逮捕,并被控非法持有毒品、投毒和强奸等多项罪名。一些受害人的证词揭示了迷奸水的威力。她们谁也不记得和勒斯特发生过性关系,也不知道自己被录下这一幕。当勒斯特逃到墨西哥后,这桩耸人听闻的审判发生了奇怪的转变。审判继续进行,勒斯特被缺席定罪并被判处124年监禁。勒斯特最终被赏金猎人“猎犬”杜安·查普曼(Duane “Dog” Chapman)抓获,并遣返美国服刑。

众所周知,滥用上述毒品追求快感是一件十分危险的赌博行为。即便是利用处方药“罗眠乐”和“氯胺酮”,其质量和纯度是可变的,因为其在被销售给吸毒者之前,经常被掺杂(与其他材料结合,如滑石粉)或与其他药物混合。因此,使用者既不知道自己摄入了什么东西,也不知道到底摄入了多少。而且由于人与人之间的反应千差万别,而且结果往往不可预测,所以刚刚开始使用这些危险化学物质的时候,需要“信心的大跃进”——当你意识到许多人实际上同时使用数量不等的不同毒品时,更令人细思极恐。不幸的是,许多年轻人愿意以命相博,最终被送入停尸房。

---

〔1〕 麦克斯·法特(1872年至1938年),俄裔美国化妆师,以其名字命名的“蜜丝佛陀”品牌巨头创始人。

仔细观察

摇头丸作为一种安非他明物质，出现在大多数常规毒品筛查的对象当中，但其他此类毒品/药物通常不属于筛查的一部分。然而，使用气相色谱和质谱法（见前面“结果确证”部分），可以很容易地检测到此类物质。

嗅吸

一种奇怪但并不罕见的物质滥用形式，便是吸入挥发性化学物质。这种做法也被称为“嗅吸”（Huffing）。其始于胶水和汽油，但已蔓延到包括萘（卫生球）、甲苯（油漆稀释剂、指甲油和一些油漆）和三氯乙烯（油漆稀释剂和液体打字机校正液）。其他常见的滥用气体是汽油、煤油和一氧化二氮（牙医使用的“笑气”）。

吸入这些挥发性化学物质的人会感到头晕、兴奋、说话含混不清、头痛、恶心和呕吐。如果持续吸入，会导致意识丧失、昏迷和死亡，同时对大脑、肝脏、心脏和肾脏造成永久性损伤。

因为这些气体易于挥发，在体内会迅速分解或通过肺部迅速排出。因此，毒物学分析人员可能无法在使用者的血液或组织中找到上述物质。通常，毒物学分析人员通过发现使用者的肝、肺和肾的损伤来确定这些危险化学品的长期使用。

膨胀

合成代谢类固醇的滥用在运动员中已成为一种流行趋势。这些激素在体内自然出现的量很小，大量服用后，会导致肌肉生长，力量增强，反射能力提高——这正是运动员比赛所需要的素质。但是类固醇是一把双刃剑。它们还会导致脱发、阳痿和肝损伤（包括肝癌），并导致攻击性行为（称为“类固醇愤怒”）。

此类物质的滥用者通常很容易识别，因为他们往往是块头大，肌肉发达，运动能力强。本章前面提到的筛查和验证性试验可以检测大多数合成类固醇制剂，但不道德的化学狂人不断创造新的和更难检测的“设计款”类固醇。法证鉴识毒物分析人员必须不断地寻找新的检测技术，以便在运动员身上发现这些违禁药物。

检查常见毒物

仔细观察

虽然毒药不像以前那样经常用于杀人，但法证鉴识毒物学分析人员仍然面临意外、自杀和他杀中毒的案件。

下面是一些比较常见的有毒物质：

» 氰化物是已知的最致命的化学物质之一，可以通过吸入、摄入或直接接触皮肤进入人体。氰化物气体或“氰化氢”（HCN）被用于处决死囚。氰化物是一种代谢毒物，这意味着其会破坏细胞的内部工作。在验尸过程中，法医可能因为死者鲜血呈樱桃红色，怀疑氰化物中毒导致死亡。

» “马钱子碱”（Strychnine），是一些老鼠药中的植物成分，带有一种极其苦涩的味道，这使其很难伪装成食物或饮料。同时又因为其会引起剧烈的痛苦，这使其很少成为自杀选择。马钱子碱引起全身肌肉剧烈的痉挛性收缩。身体采用一种被称为“角弓反张”（Opisthotonos）的姿势，这意味着背部是拱形的，只有后脑勺和脚后跟接触到地板。那副样子可不好看。窒息导致死亡，因为在这种剧烈的肌肉收缩中呼吸是不可能的。死亡后，由于肌肉在收缩过程中三磷酸腺苷耗尽，通常会很快发生尸僵（参见本书第十一章）。

» “鹅膏菌属”（Amanita Family）蘑菇，比前一部分“常见毒物”中讨论的致幻剂种类要致命得多。这些有毒蘑菇被称为“死亡帽”和“死亡天使蘑菇”，与意外死亡、自杀和他杀有关。只需要一顶“死亡帽”小蘑菇，就能让你下地狱。在尸检中，法医会发现食用者肝脏严重受损，毒物学家可能发现血液中的糖含量较低，此外还存在“鹅膏菌多肽毒素”（Amantin）和“鬼笔环肽”（Phalloidin）。

» “乙二醇”（Ethylene Glycol）是许多防冻液的主要成分。由于某些原因，当酗酒者不能得到乙醇时，这就成为他们最喜欢的饮料。不幸的是，乙二醇具有致命毒性。很多时候，当法医面对的死者是一位无家可归的酒鬼时，寻找死亡原因就需要考虑摄入防冻剂。在体内，乙二醇分解成几种化合物，其中最重要的是草酸，并在大脑和肾脏导致草酸晶体，造成无法弥补的损害和死亡。尸检时，法医可以在肾小管中发现晶体。

» “草酸”（Oxalic Acid），可以在生大黄中找到，并导致意外中毒。摄入这种植物会造成两个方面的基本伤害。首先，草酸对胃肠道有强烈的刺激作用，会引起口腔、咽喉和食道疼痛；其次，可能还会导致出血。然而，其主要毒性作用来自其叶茎中草酸的化学性质。当草酸被吸收到血液中时，会与血液中的钙发生反应，形成草酸钙，从而导致心脏骤停和死亡。这种化学反应产生的草酸钙通过肾脏被过滤，在那里它可以堵塞微观小管，严重损害肾脏。幸存者通常需要透析甚至肾移植。对一个死于这种植物毒素的死者进行尸检时，法医往往发现死者口腔、食道和胃受到刺激或被灼伤，低血钙水平，以及肾脏中的草酸钙淤积。

» “重金属”（Heavy Metals）指的不是户外的岩石带，而是危险的金属元素，其中的大多数大家都耳熟能详。砷、汞和铅是常见的致病和致死物质。其他的是铋、锑和铊。尽管这些金属在人体内的反应各不相同，但它们都会导致胃肠道损伤，从而导致恶心、呕吐和腹泻（有时是血性腹泻）。而且，每一种都会损害肾脏、肝脏、大脑和神经。

» “胰岛素”（Insulin）是许多糖尿病患者的救命药。然而，有时糖尿病患者会意外死于过量的胰岛素摄入。而其也被用于自杀和杀人。大剂量的注射会显著降低血液中的糖分水平，由于大脑需要持续的营养供应，死亡很快就会发生。通常情况下，每个人的体内都会分泌胰岛素，所以，你可能会问，胰岛素的存在怎么可能引起怀疑？如果在尸检中发现血糖水平低而胰岛素水平高，法医会在胰腺中寻找是否存在分泌胰岛素的肿瘤。这些肿瘤相当罕见，几乎从不导致突然意外的死亡。如果没有发现肿瘤，法医就可能会怀疑有人给受害者注射了胰岛素。

» "琥珀酰胆碱"（Succinyl Cholin）是一种可注射的药物，能麻痹身体的所有肌肉，阻止所有的运动，甚至呼吸，导致被注射者窒息而死。琥珀酰胆碱是三种用于司法注射执行死刑的药物之一。注射后，很快被身体代谢掉，留下的证据很少。尽管对其准确性存在争议，但毒理学测试的目的是寻找药物的代谢物，这可以证明此种药物曾一度存在于受害者体内。

杀害卡梅拉·科波里诺

案例分析

卡尔·科波里诺（Carl Coppolino）和他的妻子卡梅拉（Carmela），是一对从新泽西搬到佛罗里达州"长船礁"（Longboat Key）的医生夫妇。1965年8月28日晚，卡尔打电话给他的朋友朱丽叶·卡洛（Juliette Karow）医生，告诉她，他发现妻子死于明显的心脏病发作。卡洛医生来到卡尔家，同意卡尔的评估，并最终签署了卡梅拉的死亡证明，称卡梅拉的死亡是由冠状动脉血栓引起的。萨拉索塔县验尸官同意了这一判断，所以没有进行尸检。一个多月后，卡尔迎娶了富有的社交名媛玛丽·吉布森（Mary Gibson）。

卡尔的新婚，激怒了他在新泽西的前邻居马乔里·法伯（Marjorie Farber），后者一直与卡尔有染。在法伯的丈夫威廉死后，她跟随卡尔一家去了佛罗里达，这样她就可以继续和卡尔的关系。马乔里拜访了她的朋友朱丽叶·卡洛医生，并告诉她一个惊人的故事：自己丈夫的死，并不是每个人都认为的自然事件。她说，卡尔是一名麻醉师，他给了自己一支注射器，并指导她如何给丈夫注射。然而，自己的尝试并未取得圆满成功，惊慌失措的她打电话给卡尔，卡尔过来掐死了可怜的威廉。卡尔回家后，马乔里打电话给卡尔夫妇，说自己的丈夫死于明显的心脏病。卡梅拉去了马乔里家，宣布威廉死亡，并在他的死亡证明上签字，断定死亡是由冠状动脉血栓引起的。

随后，法医对两人的死亡进行了调查，纽约市当时的首席法医米尔顿·赫珀恩博士（Dr. Milton Helpern）对两位受害人进行了尸检。律师李·百利设法为卡尔在威廉之死案中获得无罪判决，但案件中更有趣的部分还在于卡尔的妻子卡梅拉之死。赫珀恩很清楚卡尔是一名麻醉师，可以使用很多麻醉药，包括肌肉麻痹的琥珀酰胆碱，而这在尸体中根本找不到。赫珀恩医生邀请毒物学家查尔斯·乌姆伯格（Charles Umberger）医生加入本案。经过数月的研究，乌姆伯格成功地分离出了琥珀酰胆碱的一些代谢物，其中一种便是琥珀酸。随后，他在卡梅拉的脑组织中发现了这种酸的大量存在，卡尔最终被判二级谋杀罪。

第十七章

微量：于蛛丝马迹之间

» 确立痕迹 / 微量物证的价值
» 检验显微镜及其他分析仪器的有效性
» 弄懂痕迹 / 微量物证的工作原理

犯罪分子十分狡猾。至少，他们会这样自以为是。这些家伙知道要戴口罩，利用黑夜来避免被目击者认出。他们在电影中看到戴手套或擦去指纹的重要性。他们知道不要留下自己的血迹，因为脱氧核糖核酸会让自己暴露马脚。然而，罪犯依然继续被追踪、逮捕并被定罪，这都是微量证据的直接结果——犯罪者看不到或意识不到他们是穿着鞋子和衣服离开犯罪现场的。俗话说："细节是魔鬼。"这句话同样适用于证据。

界定痕迹 / 微量物证

识记

从头上掉下来的头发到鞋底上的地毯纤维，"痕迹 / 微量物证"(Trace Evidence)是任何可以在人与人之间或人与犯罪现场之间转移的非常小的物理材料。头发、纤维、玻璃碎片、油漆碎片、泥土或植物，都是在犯罪现场或嫌疑人身上发现的痕迹证据。

"痕迹 / 微量物证"在嫌疑犯、地点和物体之间建立了联系。事实上，"痕迹 / 微量物证"证据往往是连接犯罪嫌疑人与犯罪现场的唯一证据。因此，调查人员必须仔细记录、拍照(情况如有需要)、收集并保护这些证据不受污染，然后才能将其提交给法证鉴识实验室进行详细分析。

“痕迹 / 微量物证”主要是类型证据，而不是个体证据（参见本书第三章）：借此可以排除嫌疑人，但很少能绝对让嫌疑人入罪。例如，如果在犯罪现场发现一根金发，而嫌疑人的头发是黑色的，那么嫌疑人就无罪了，警方必须提出另外一套破案思路。但是，如果嫌疑犯的头发和在犯罪现场发现的一样，则其仍然需要被视为是嫌疑犯。

贴士

大多数“痕迹 / 微量物证”的一个极其重要的特征，是其可移动性。附着在衣服上，藏在鞋缝里，窝在头发里，躲在角落和缝隙里，通常能存在数月甚至数年。

20 世纪初，法国“里昂”（Lyon），埃德蒙·罗卡表示，他可以利用尘埃等微量物质来确定某个人是否曾出现在某个地方。他认识到，每个人都在不断地带走以及留下微小的环境碎片，这种认识演变成了罗卡交换定律，而罗卡交换定律，也被视为法证鉴识调查的基石。可在本书第一章中了解更多关于罗卡交换定律的相关内容。

罗卡交换定律，是每个犯罪现场都必须加以保护和控制的根本原因。每个进入现场的人都会带走并添加微量物质，这种污染会使调查人员在案件审理过程中提出的任何证据变得毫无用处。显然，如果抵达现场的第一批警员还不知道已经发生了犯罪，或者如果他们必须解除并逮捕嫌疑人或协助受害人，一定会发生一些污染。必须帮助伤者的医疗救援人员也是如此。在这种情况下，技侦人员的工作将变得更加困难。

搞懂分析工具

微量物证的分析需要对其理化性质进行彻底的研究。由于大多数痕迹/微量物证通常都很小，调查人员无法用肉眼对其进行充分的检查。他们也不能轻易确定其化学性质。幸运的是，现代法证鉴识实验室拥有各种各样的放大及分析系统。

透过显微镜观察

大多数类型的痕迹/微量物证，最初都是依靠在良好的光线下肉眼观察。间接或有角度的光源，通过在从土壤、植物、油漆到玻璃的每一件事物中创建深度和阴影来显示细节。紫外线和激光可以暴露某些纤维、毛发、化学物质和其他物质，但这些证据的微小细节必须在放大镜下观察。

技术问题

除了传统标准工具——复合双目显微镜（你可能在高中科学课上使用的那种）之外，痕迹/微量物证分析人员还使用多种显微镜设备和技术来搜索和分析痕迹/微量物证：

» 比较显微镜：这个仪器提供了两个物证的并排比较途径。作者在本书第七章对此进行过详细讨论。

» “显微分光光度法”（Microspectrophotometry）：每个人对光和颜色的感觉都有点不同。对一个人来说是红色，对另一个人来说可能是橙色。用显微分光光度法，精确测量物体或材料的精确颜色及其透光、吸收和反射特性。它可以与标准白光或红外线一起工作，对于检查漆面碎片、有色纤维、染色或处理过的头发非常有用。

当比较两个漆片或纤维束时，精确的颜色匹配是确定二者是否具有共同来源的重要第一步。如果颜色不同，这两种颜色就不是来自同一个来源。显微分光光度法可以让检查者以极高的精确度进行测定。

» “偏振光显微镜”（Polarized Light Microscope）：偏振光使反射光的散射变小，使物体看起来更锐利，颜色更清晰。在偏振光下观察材料可以显示出在标准光下看不到的细节。检查员使用这种显微镜检查头发、纤维和其他固体材料。

» “扫描电子显微镜”(Scanning Electron Microscope, SEM): 这种仪器可以达到 10 万倍的放大倍数，但在法医工作中很少有检查员需要超过 2 万至 2.5 万倍的放大倍数。标准显微镜用光观察物体，而扫描电镜用电子束。这种光束扫过物体，通过电磁透镜观看，大大放大了图像，提供了难以置信的清晰度。通常，检查员将扫描电镜与“能量色散 X 射线光谱仪”(EDS)结合起来，这是一种分析非常小的物体的光和颜色特性的装置。由此产生的“扫描电子显微镜”/“能量色散 X 射线光谱仪”能够确定小于 1 微米(1/1, 000, 000 米)的结构，并准确地定义材料的光特性。这项技术在枪弹残留物分析中很有用，因为它可以识别矿物元素，生成残留物的指纹。

» “立体显微镜”(Stereomicroscope): 立体视觉，是人的眼睛处于不同的位置的结果——一个人从两个稍微不同的角度看东西，从而被赋予了视觉深度。如果看着一个物体，迅速地闭上眼睛，一次闭一只，就能很好地展示这种效果。立体显微镜的工作原理是一样的。这是一种双目望远镜(每只眼睛都有一个目镜和一个观察管)，其中每只目镜的视角相差 10~15 度，给正在检查的物体一个三维的外观。在立体视觉中，最容易看到的是漆面碎片的层次、织物的纹理、玻璃的表面标记或头发的卷曲。例如，检查者可以使用立体显微镜分析两块布的组织、纹理、纤维尺寸和其他物理特性，以确定它们是否匹配。

微量物证化学组成的测定

当真的需要了解细节时，分析人员使用的不仅仅是显微镜。通过以下较为常见的技术，检查员可以确定痕迹 / 微量物证的化学性质，这有助于确定被测样品是否相同，从而确定是否具备共同的来源:

» “红外分光光度法”(Infrared Spectrophotometry): 这项技术涉及将痕迹 / 微量物证的样品暴露在红外光下。不同的物质吸收不同波长的红外光，这些不同可以将一种物质和另一种物质区分开来。

» “中子活化分析”（Neutron Activation Analysis）：这个程序很麻烦，需要一个核反应堆，向样品发射中子与其组成部分碰撞，导致每个组成部分以其独特的能量水平释放辐射。测量这些辐射的水平可以揭示样品的化学成分。这个过程在分析油漆、土壤、头发、金属和许多其他物质时很有用。你可以想象，一个核反应堆体积庞大，价格昂贵，很少有实验室能够拥有这种设备，所以这种测试通常由较大的地区实验室进行。

» “X 射线衍射”（X-ray Diffraction）：在这一试验中，物体或材料被 X 射线束轰击，光束散射的方式揭示了物质中的原子和分子是如何排列的，从而产生了物质的化学指纹。这种测试对油漆和土壤等材料非常有用。

条分缕析：将犯罪与发型联系起来

调查人员经常在犯罪现场发现人和动物的毛发。法医必须确定头发是来自家里的狗、受害者，还是凶手。

识记

虽然单凭毛干无法与个人匹配，但它有几个特性，使其对调查人员有些用处。毛干很小，很容易脱落，沾在衣服和其他材料上，在犯罪现场不被犯罪人注意。毛发很坚韧，能长时间存在，甚至在尸体腐烂多年后依然如此。检查员可以在头发中发现许多毒素，特别是砷等重金属（参见本书第十六章）。此外，如果毛囊附着在毛发上，检查者通常可以提取脱氧核糖核酸并用它进行精确匹配（参见本书第十五章）。

头发分析主要涉及其结构和化学特性。毛发作为证据的价值，取决于调查人员能否自信地匹配两根或更多的毛发。但毛发不仅因人而异，也因个人身体的某个部位而异——头上的头发与手臂或身体其他部位的体毛不同。调查人员通常检查头发或阴毛作为证据。

毛发分析是近年来备受争议的法证鉴识领域之一。由于缺乏标准化的检验方法和检查员的资质，许多实验室现在停止了进行此类检测。然而，如果毛发足够独特，检查得当，毛发仍然可以提供有用的证据。也就是说，如果法官允许将此类专家证言提交给法庭，那么问题就可能变得越来越大。

解剖毛发

仔细观察

毛发，是从皮肤中的一个称为"毛囊"(Follicle)的特殊细胞空间中生长出来的。毛干由三部分组成(见图示 17-1)，每个部分都可以被检查者用来匹配头发。毛发的结构和你在学校用的黄色铅笔相似。笔芯是"毛髓质"(Medulla)，木头是"毛皮质"(Cortex)，黄色是"鳞片层"(Cuticle)。

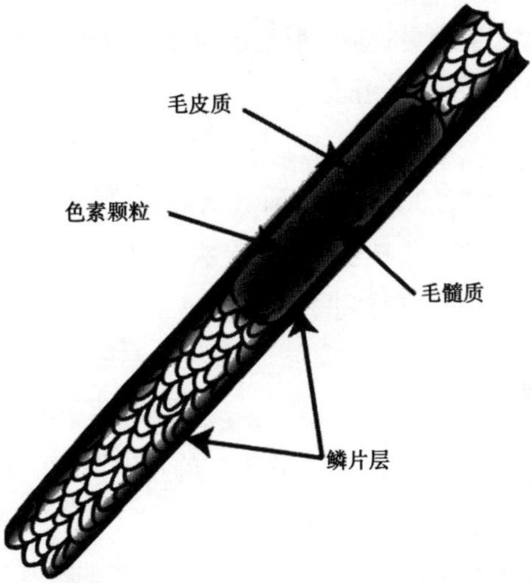

图示 17-1　发干结构　南·欧文 插图

» "毛皮质"：在人的毛发中，毛皮质是毛干的最大部分，也是含有头发色素的成分，赋予头发颜色。色素颗粒显示出高度可变的颜色、形状和分布模式，所有这些都有助于检查者确定种族，匹配已知和未知的头发，并确定头发的来源。在显微镜检查下，研究人员利用毛皮质内的气穴和结构模式来寻找匹配点。

» 鳞片层：鳞片层是覆盖在毛干表面的一层细胞，看起来像鱼身上的鳞片，甚至可能是屋顶的瓷砖。检查员使用比例模式来确定头发是否是人体毛发，并将一根毛发与另一根毛发进行匹配。鳞片层重叠，始终指向远离毛囊的发干。这些鳞片存在以下三种基本类型，并因物种不同而异：

· “冠状”（Coronal），使头发表面呈马赛克状。人类的毛发很少有这种鳞片形状，但在啮齿动物中很常见。

· “刺状”（Spinous），有点像三角形，这些鳞片在人类毛发上找不到，但却是猫毛发的典型特征。

· “瓦状”（Imbricate），此类鳞片见于人类和许多其他动物。

» “毛髓质”：毛发的中央核心，毛髓质包含一组细胞，但看起来像是一个空的或充满泥浆的中央管道。髓质的宽度相对于头发的总宽度，称为“髓质指数”（Medullary Index）。在大多数动物中，这个指数大于 0.5，这意味着髓质的厚度超过毛发厚度的一半。然而，人类的毛髓质通常很窄，指数约为 0.3。毛髓质内的物质是固体的、连续的、间断的还是碎片化的，有助于技侦人员确定头发的来源种类。各种动物的毛发类型数据库有助于对其进行匹配。

罪犯与卷发的匹配

要比较头发，检查者手里必须掌握一根未知的（犯罪现场）毛发和已知的毛发，可以是受害人和任何嫌疑人的毛发样本。已知的毛发样本，采自受害人和嫌疑人身体的不同部位。一个典型的样本包括 50 根从头部不同部位脱落的毛发和几根阴毛。法医还对耻骨区域进行梳理，寻找外来毛发和其他微量物质。

为了确定自己不是在鸡同鸭讲，检查员试图确定未知的毛发是从哪里来的——是头发、阴毛，还是其他地方的体毛。这一决定至关重要，因为检查员希望将犯罪现场发现的毛发与从同一地点采集的嫌疑人毛发进行匹配。一般来说，来自身体不同部位的毛发具有不同的横截面几何形状。头部毛发、眉毛和睫毛的横截面更可能是圆形，腋毛的横截面是椭圆形，胡须的横截面则是三角形。

仔细观察

检查员使用比较显微镜（参见本书第七章）并排观察已知和未知的毛发，并根据以下比较清单进行查验：

» 颜色与直径。

» 毛髓质的分布特征。

» 毛皮质中色素的颜色及分布特征。

» 鳞片层的特征。

奇怪但真实

"加拿大皇家骑警"（Royal Canadian Mounted Police）进行的一项研究表明，如果一根深红色的头发在所有方面都与嫌疑人的头发相匹配，那么犯罪现场头发来自嫌疑人以外的人的概率为 4500：1。如果是阴毛，排除概率降到 800：1。

染色匹配

如果染发，那么暴露原形的可能要比发根多得多。利用红外显微分光光度法，微量证据的分析人员不仅可以确定一个人的头发是否被染色、漂白或处理过，而且可以确定最后一次去美发店的时间——这是确定身份的重要细节。一缕完整的头发揭示了一个人的染发处理历史。因为头发一个月大约长半英寸，发根附近一英寸长的未染色或未漂白的头发，表明这个人最后一次美发在两个月前。

寻找更多线索

对毛发的显微镜检查，可能会发现上面附着有人体组织。从头皮上拔出的头发，经常会导致毛囊组织被撕裂，所以发现人体组织，意味着头发是被强行拔出的，而不是自然脱落的。当然，干净的剪切痕迹表明使用了锋利的工具剪断头发。在这种情况下，检查员通常可以确定使用了哪种类型的工具。

确定种族

年龄和性别，都无法通过对毛发的分析来加以确定；然而，头发的一般性质（颜色、粗细、卷曲）有时会根据泛化的种族界线来区分头发的来源。例如，白种人的毛发通常呈现直线或波浪形态，横截面形状为圆形或椭圆形，皮质色素分布更细、更均匀。非洲血统后裔毛发卷曲，横截面形状是平的或椭圆形。此外，皮质色素密度较大，分布不均。不幸的是，这些特征并不完全可靠，主要是由于种族混合和个体差异所致。

使之个性化

可以在人的毛发里找到多种化学物质。“中子活化分析”等技术——参见前面“微量物证化学组成的测定”部分——可以检测出十几种不同的化学物质。因为两个人的头发中很少含有完全相同的化学物质，比较这些物质的种类和数量可以使法医确定两根头发是否可能来自同一个人。

在某些情况下，头发可以供给“脱氧核糖核酸”这种高度个性化的遗传物质。头发是由没有细胞核的死细胞碎片组成的，所以从发干上找不到任何细胞核脱氧核糖核酸。但负责毛发萌出和生长的鳞茎或所谓的“毛根”，是由活细胞组成的，因此检查者经常能找到脱氧核糖核酸。如果从受害人或袭击者身上拔下毛发，可能会附着含有“脱氧核糖核酸”的发根或毛囊组织。通过“聚合酶链反应”扩增和短串联重复分析的新技术（参见本书第十五章），单个毛囊可以产生足够的脱氧核糖核酸以供比对。

这不仅适用于人类，也适用于猫、狗、其他宠物和农场动物。事实证明，在许多情况下，将嫌疑人衣服上的毛发中所含脱氧核糖核酸与受害人的宠物相配——反之亦然，对破案非常有帮助。

在大多数情况下，检查员可以从发干中提取线粒体脱氧核糖核酸。因为毛发是由细胞残余物形成的，而且细胞质中含有线粒体脱氧核糖核酸，所以可将被剪下或无毛囊的脱落毛发作为可用样本。检查员可以通过线粒体脱氧核糖核酸的分析，并将其中发现的特征模式与嫌疑人兄弟姐妹或母系亲属的样本模式进行比较，确定脱落毛发的身源个体（参见本书第十五章）。

雪球猫：轰动一时的法证鉴识案件

1994 年，居住在“爱德华王子岛”(Prince Edward Island)[1]的雪莉·杜盖(Shirley Duguay)失踪。几天后，在一个浅坟里，发现了她的尸体和一件皮夹克，皮夹克被雪莉的鲜血浸透，上面还点缀着白色的猫毛。与其分居的丈夫道格拉斯·比米什(Douglas Beamish)养了一只名叫“雪球”(Snowball)的白猫。从“雪球”上提取的脱氧核糖核酸与在墓地发现的猫毛吻合，这证明这些毛发来自雪球，而不是其他白猫。比米什被判有罪，这标志着动物脱氧核糖核酸首次被用来定罪。

“约翰·沃尔曼案”中油漆碎片与庞蒂亚克的匹配

案例分析

16 岁的盖塔内·布沙尔(Gaetane Bouchard)于 1958 年失踪。她的尸体后来在附近的一个砾石坑里被发现，胸部被刺了好几刀。在矿坑附近，警方发现了轮胎痕迹和两块绿色油漆碎片，这两块碎片似乎是在汽车开走时被飞扬的碎石划掉的。目击者说他们看到布沙尔和一个男人开着一辆浅绿色的车。布沙尔的朋友们告诉警方，布沙尔曾与一名从缅因州的“马达瓦

〔1〕“爱德华王子岛”，位于加拿大东部的所谓“海洋三省”之一，包括爱德华王子岛及周遭的离岛，是该国面积最小的省份，主要由岛屿组成。

斯卡”(Madawaska)来的20多岁的音乐人见过面。

警方随即走访了约翰·沃尔曼(John Vollman),他拥有一辆1952年的浅绿色“庞蒂亚克”(Pontiac)轿车。对汽车的检查结果显示,漆面存在破损,现场发现的一块油漆碎片似乎与汽车漆面的一处缺陷相符。后来显微镜分析证实了这一点。验尸时,发现死者手上抓着一根头发。受害者和沃尔曼的毛发接受了中子活化分析,这个分析,最终表明沃尔曼的头发和犯罪现场的头发化学成分相似。检察官在沃尔曼的审判中出示了中子活化分析的证据后,沃尔曼突然改变了此前的无罪主张,承认犯下过失杀人罪。这也是历史上“原子证据”(1958年,此类证据被称为原子证据)定罪的判例。

摆弄纤维

就在此刻,无数的纤维出现在你的身上、你的周围。其中一些来自你的家,还有一些来自去复印室的路上拥抱过你的朋友,或者撞到你的同事。

衣服、地毯、汽车脚垫、床上用品、毛巾以及你每天使用的数以千计的其他东西,都属于纤维编织物。因为此类物品很常见,种类繁多,所以这些织物的纤维,也属于一种重要的痕迹/微量物证。就像毛发一样,纤维很容易脱落、转移和运输。它们会沾在皮肤和衣服上,被头发缠住。犯罪分子可以从受害人或嫌疑人的身体、头发、衣服、家里或汽车,或从犯罪现场收集纤维。法证鉴识实验室可以利用这些纤维来识别特定纤维的制造商或来源,或者将一种纤维与另一种纤维相比对。

与毛发分析一样,纤维分析也受到越来越多的严格审视,这同样是由于缺乏标准化的检验技术,检查员往往缺乏专业知识所致。

纤维分类

识记

纤维，基本上是一种线性元素的材料——衬衫上的线头，或地毯上扭曲在一起的小团。纤维可分为如下三类：

» “天然纤维”（Natural Fibers）来自各种动物、植物和矿物。检查者通常仅凭显微镜观察，就可以很容易对其加以识别和比较。被编织成织物或用于制造衣服和其他家居用品的动物毛发，被认为属于天然纤维。其他的例子还有羊毛、马海毛、羊绒和丝绸。植物纤维包括棉花、大麻、亚麻和黄麻。到目前为止，最常用的天然纤维是棉花。当在显微镜下检查时，它有一个容易识别的扭曲带状图案。未染色的白棉很常见，几乎没有证据价值。从矿物中提取的天然纤维包括石棉等材料。

» “人造纤维”（Manufactured, or Regenerated, Fibers）是像人造丝、醋酸纤维和三醋酸纤维这样的织物。为了制造这种物质，需要溶解原棉或木浆，从中提取纤维素，然后用纤维素生成纤维。

» “合成纤维”（Synthetic Fibers）来自聚合物，聚合物是由一系列单体（单分子）组成的物质，这些单体串在一起形成大分子，可以有数千个单体长。尼龙和聚酯就属于合成纤维。

纤维收集

在收集纤维证据时，时机显得至关重要，因为研究表明，沾在受害人或嫌疑人衣服上的纤维很快就会丢失。4 小时后，其中 80% 就可能已经脱落，24 小时后，95% 可能已经消失殆尽。因此，需要尽快在受害人和任何嫌疑人的衣服上寻找痕迹 / 微量物证。可以用胶带或吸尘器从衣服上提取纤维。

在犯罪现场，纤维是现场的焦点（尸体、撬开的保险箱、被洗劫过的桌子)，特别是在该区域发生肢体冲突的情况下。其他需要彻底搜查的地方包括犯罪现场的进出通道，以及接近和逃跑的路线，如果调查人员能够确定这些地点的话。

纤维比对

技术问题

在实验室里，纤维分析人员首先在立体显微镜下检查未知纤维，评估其直径、形状、颜色、光泽和卷曲程度，然后寻找任何附着的碎片。当匹配两种纤维时，分析人员使用比较显微镜，以便两种或两种以上的纤维可以并排比较。

其他有助于研究者深入研究纤维的物理和化学特性的工具包括：

» “双折射”(Birefringence)：当光线通过一些合成纤维时，会折射两次，并以两种不同波长的偏振光出现，每种偏振光都有自己的折射特性。比较两种光纤的双折射率有助于物质的鉴别和比较。

» “显微分光光度法”：这一过程有助于检查者确定纤维的真实颜色，而不存在观察者主观偏差的问题。有关显微分光光度法的更多信息，请参见本章前面的“搞懂分析工具”部分。

» “偏振光”(Polarized Light)：这个工具被用来估计纤维的反射指数(物体或物质反射的光的数量和角度)，并帮助确定其成分组成。

» “折射率”(Refractive Index)：是通过将窄光束指向光纤并计算光通过时的弯曲程度来进行测量的方法。这种指数因纤维种类的不同而异。

» “扫描电子显微镜”：当纤维或织物受损时，纤维分析人员可以使用扫描电子显微镜检查精细的结构和表面细节，从而准确地揭示损伤是如何发生的。

纤维分解

技术问题

两种常用的方法，即“扫描电子显微镜”与“能量色散X射线光谱仪”的结合和“气相色谱”与“质谱”联用的结合——可以得到纤维的化学成分，以及在制造过程中，或作为以后改变的添加到纤维上的任何色素或处理方法。事实上，“气相色谱”与“质谱”联用，可以分离并鉴定纤维或各种应用处理中发现的每一种化学物质。例如，锡和溴的存在可以表明用阻燃剂处理。氧化钛存在于许多消光产品中，而这些物质会降低纤维的光泽或亮度。

这些化学测定可以指向纤维的制造商，或者更有力地使一种纤维与另一种纤维相匹配。在分析了已知和未知纤维的物理和化学性质后，技侦人员可能会说这两种纤维很可能来自同一个来源。另外，如果纤维有任何不同的特性，技侦人员会得出结论，认为其不具有共同的来源。

破解玻璃之谜

对于那些在打碎奶奶最喜欢的玻璃花瓶后试图偷偷李代桃僵的人来说，这是个好消息：即使是法证鉴识实验室也很难确定其不是真品。玻璃分析是法证鉴识实验室的一项常见工作，而其很少提供个体证据，但的确可以作为有助于检查员确定两件物品相似或来自同一来源的可能性的类证据。检查员可能会自信地表示，原来的花瓶和你后来替换的替代品具有相同的类别特征（颜色、形状、表面特征、光学和化学性质），二者可能来自同一来源，但他很少能说两者绝对、肯定地具备同一性。

研究玻璃如何成为证据

挡风玻璃和盛放橙汁的玻璃不同。可以通过视觉很容易地区分两者，而一个比较两者化学组分的检查员也可以将其区分开来。如果这两种玻璃都出现破损，通常会散落一些碎片，这些碎片可能附着在武器、鞋子和衣服上，或者落在人的皮肤和头发上。打碎窗户、打碎花瓶或掉落玻璃物体的犯罪人，有可能将这些碎片转移到他们的衣服上，从而给调查人员提供一份与犯罪有关的痕迹 / 微量物证。

玻璃还可以凭借另一种方式让罪犯栽跟头：玻璃有着坚硬光滑的表面，是保留指纹和鞋印的理想选择。例如，入侵者可能会在爬窗的时候意外地碰到一块玻璃，或者踩到一块掉在地板上或地上的大块碎玻璃。这两种情况都能产生清晰而有用的印迹。

此外，碎玻璃会割害犯罪人并导致出血。如果入口或出口是一扇破碎的窗户或滑动的玻璃门，犯罪者很容易被擦伤或割伤，但却完全不知道自己受伤，从而留下脱氧核糖核酸样本供法证鉴识实验室使用。

玻璃的分析比对

技术问题

玻璃是通过加热沙子（二氧化硅）、石灰石（碳酸钙）和苏打（碳酸钠）的混合物制成的。在这个过程中，某些其他的化学物质被加入以改变玻璃的特性，而各种杂质会渗入到最终产品中。研究人员可以确定这些添加剂和杂质的化学组成，这对于匹配或排除未知样品都是有用的。

分析玻璃的物理、光学和化学特性可以让技侦人员找到玻璃的生产者。汽车挡风玻璃或前照灯上的玻璃碎片，可能表示汽车的品牌、型号，甚至是用于表明犯罪或涉及机动车事故或肇事逃逸的发生时间。

仔细观察

» "密度测量"(Measuring Density):比较玻璃样品的密度,需要一个装有不同密度液体的圆柱形容器。最常用的液体是溴仿和溴苯。将其混合在一起,加入一块玻璃,然后加入一种或另一种液体,直到玻璃悬浮,既不上升也不下沉。在这一点上,玻璃和液体的混合物具有相同的密度。因为液体的密度是已知的,所以研究人员可以很容易地计算混合物的密度,从而计算玻璃的密度。当已知的一块玻璃以这种方式悬浮,并且添加未知的一块玻璃时,如果后者仍然悬浮,则两者的密度相同。然而,如果未知玻璃碎片不是下沉就是漂浮,那么这两块玻璃的密度就不一样,因此也就不是来自同一个来源。

» "光照测试"(Shining):各种玻璃制品以不同的方式传递、反射和折射光线。透过玻璃的光线就像阳光透过窗户一样。反射光从玻璃上反射出去,折射光穿过玻璃,但当玻璃稍微改变光的方向时,它的路径就弯曲了。不同类型的玻璃在这些光学特性中有一个或多个不同。因此,如果两块玻璃具有相同的光学特性,研究人员可以证明它们是相似的。例如,可以通过将玻璃片浸入液体中来测试折射率,该液体的折射率随液体温度的变化而变化。然后,慢慢加热液体。当玻璃和油的折射率相等时,玻璃片消失的温度就会显现出来。因为像硅油这样的液体在任何给定温度下的折射率都是已知的,所以测量液体的温度就会得到玻璃的折射率。

» "获取化学成分":法证鉴识化学分析人员可以检测玻璃中的添加剂和杂质,以匹配已知和未知样品的化学成分。任何发现的差异都能使检验人员说明这两种物质并不具有共同出处。

打碎玻璃

玻璃破裂的方式经常能提供线索,说明其是如何破裂的。例如,被高速运行的弹头击碎的玻璃,其破裂模式不同于被岩石打碎的玻璃。

某些破裂的特征，可以使检查员确定撞击的方向。其中包括被称为“贝壳线”(Conchoidal Lines)的应力断裂线，或从撞击点向外辐射的断裂线(见图示 17-2)。从玻璃的厚度来看，这些线倾向于弯曲并远离碰撞点。仔细观察会发现，在垂直于贝壳线的方向上辐射较小的断裂线。这些迹象被称为“锯齿痕”(Hackle Marks)。

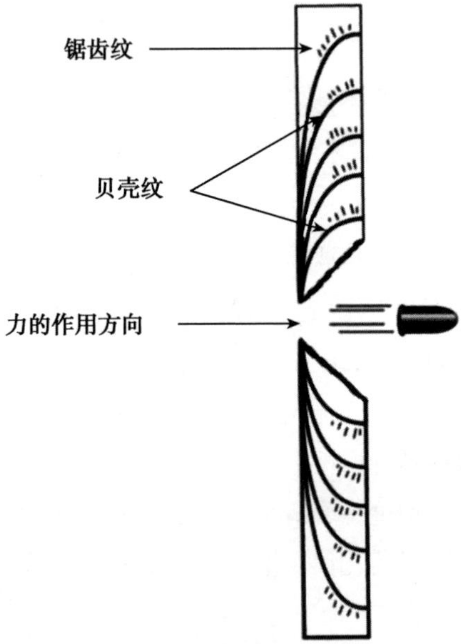

图示 17-2　玻璃的破碎特征　南·欧文 插图

窗户和其他平板玻璃上的裂缝，倾向于径向和同心。“径向裂纹”(Radial Cracks)从冲击点向外扩展，呈辐射状。“同心裂纹”(Concentric Cracks)是一系列围绕冲击点逐渐变大的圆。总的来说，破裂的窗户看起来像蜘蛛网。

如果一个抛射物，如一颗子弹，击中一扇窗户并穿透玻璃，但没有将其完全打得粉碎，撞击可能留下一个可能存在，也可能周围不存在切向裂纹的孔洞。在撞击的一侧，这个洞会相当干净，但在撞击的对面，可能会有一个小型锥形玻璃被打掉。对撞击地点进行简单的目视检查，往往能揭示子弹的行进方向。

如果玻璃遭遇多发子弹或其他物体的连续打击而出现破损，调查人员通常可以确定击中的先后顺序。第二次撞击造成的径向裂纹通常不会与第一次撞击造成的裂纹交叉。换言之，当第二个撞击端遇到已经破裂的玻璃时，不会继续产生破裂纹路（见图示 17-3）。

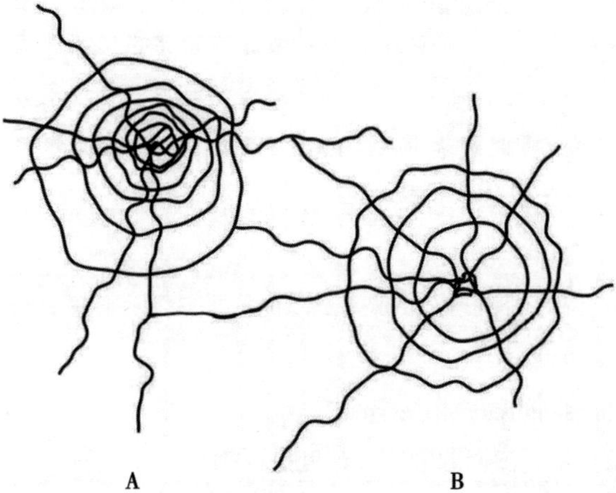

图示 17-3　在先前冲击产生的径向裂纹上，再次突然冲击玻璃表面形成的径向裂纹会突然中止。在本例中，B 撞击就发生于 A 撞击之后
南·欧文 插图

在其他情况下，实验室被要求确定两块玻璃是否曾经是同一物体的一部分。同样，肉眼和显微镜检查也有帮助。例如，在犯罪现场发现的一块玻璃的裂纹，可以与嫌疑人持有的类似玻璃相匹配。在显微镜下，两块玻璃边缘若显示出完美的吻合，则表明这两块玻璃曾经源自同一块。

忙活油漆

我敢打赌，你找不到任何没有被漆涂的环境。除非你住在海边的洞穴或帐篷里，否则，就很可能被各种油漆包围。你的房子、你的车，还有你的办公室都被粉刷过了。你每天都会接触到油漆表面，罪犯也是如此。在犯罪过程中，这些油漆碎片和污迹常常从一个油漆表面转移到另一个油漆表面，或转移到受害者或犯罪者身上。

识记

提交给大多数法证鉴识实验室进行评估的最常见的油漆样本来自汽车。油漆可以从一辆车转移到另一辆车上，也可以从一辆车转移到行人受害者身上。对油漆的物理和化学性质进行分析，往往会揭示油漆制造商，最终是制造商制造汽车的品牌、型号，甚至可能是肇事汽车的出厂年份。在调查肇事逃逸事故时，这一证据至关重要。

确定两个油漆样品是否来自同一来源，答案主要围绕以下三个问题展开：

» 样品是否具有相同的物理和化学性质？

» 如果是多层的，不同漆面的顺序和厚度是否相同？

» 如果样品是碎片，其断裂边缘是否与油漆损失区域相匹配？

解构油漆

油漆由以下四部分组成，其类型和比例因油漆种类的不同而大相径庭：

» “黏合剂”（Binders），通常是添加颜料的天然或合成树脂。

» “填充剂”（Extenders），增加固体体积，进而加大涂料的覆盖能力。

» “改性剂”（Modifiers），改变油漆的光泽度、柔韧性、硬度和耐久性。氧化铅就是一个例子，它能使油漆变硬，从而抵御气候环境的侵袭。

» “着色剂”（Pigments），能增加颜色，可以是有机的（大多数是蓝色和绿色）或无机的（大多数是红色、黄色和白色）。

与大多数痕迹 / 微量物证检查一样，油漆分析从简单的视觉检查开始，如果样品的颜色和光泽相似，检查员会检查油漆层的厚度和颜色的顺序（如果使用了多层漆面的话）。

如果物理性质相匹配，检查员随后会转向油漆或每层油漆的化学成分。此分析包括任何黏合剂、着色剂、填充剂和改性剂，并需要使用多种工具完成。

技术问题

调查人员通常使用气相色谱——质谱联用（参见本书第八章），但稍有调整。因为漆片是固体，所以使用的过程称为"热解气相色谱法"（Pyrolysis Gas Chromatography）。热解是利用高热将固体转化为气体。在热解气相色谱法中，来自热解漆片的气体通过气相色谱柱，分离成各种化学成分，然后进行质谱分析。本实验揭示了油漆成分的化学指纹，使分析人员能够对提交的油漆样品进行准确的比较。

解开谜团

到目前为止，油漆类证物分析过程中最为个体化的，莫过于漆片边缘的匹配。如果调查人员能够证明已知漆片与未知漆片的边缘完美契合，宛如两枚拼图的组成部分，几乎就可以据此断定二者来自同一物体。对漆面碎片进行立体显微镜、比较显微镜和扫描电镜检查有助于匹配过程的进行。

倒卧泥地：土壤与植物

还记得因为拖泥带水地回到家里而被妈妈骂个狗血淋头吗？你不能矢口否认，因为证据就在你的鞋子上。罪犯面临同样的情况。犯罪现场的泥土、鞋子、衣服、汽车轮胎或铲子之类的工具经常被提交到法证鉴识实验室进行分析，结果可以证实或驳斥不在场证明，反驳或支持嫌疑人和证人的证词，并将嫌疑人安置在犯罪现场或附近——就像你母亲知道是你一样。

土质确定

土壤不仅仅是泥土，而是矿物、植物和动物物质，以及人造产品的微小颗粒，如玻璃、油漆、沥青、混凝土和其他材料的复杂混合物。不同地区的土壤含量差异很大。加利福尼亚州海滩附近的土壤与亚拉巴马州的红土有很大不同，也与洛杉矶市中心公园发现的土壤绝非一类。

法证鉴识土壤分析从目视和显微镜检查开始，然后进行颜色、稠度、酸碱和矿物含量的测定。检查员还检查任何外来物质，如植物材料或动物毛发。例如，在嫌犯汽车的轮胎和地垫上发现一小块海滩沙土，可能会让人怀疑甚至反驳嫌犯从未靠近过海岸的说法。同样，在土壤样本中发现马毛和马粪斑点可能表明土壤来自马场，而不是嫌疑人的后院。

技术问题

化学分析可以确定两个样品的化学性质是否相似。X射线衍射在检测和比较土壤样品中的矿物方面很有用。气相色谱——质谱联用（参见本书第八章）可以鉴定样品中的许多成分，研究人员发现另一种称为“差热分析”（Differential Thermal Analysis）的技术非常有用。这种分析方法的原理是土壤以不同的速率吸收和释放热量。在本实验中，样品在专门设计的炉中加热。确定土壤分解、融化或沸腾的点，然后与其他土壤的类似热特性进行比较，以确定它们是否匹配。

检查植物与种子

植物材料具有重要的法医学意义。在土壤样本、尸体、衣服、地板、汽车垫和工具上，以及其他许多地方都可以发现其存在。正如任何类型的痕迹/微量物证一样，植物材料可以将嫌疑人与犯罪或犯罪现场联系起来。研究人员经常寻找树叶、茎、松针、树皮、花瓣、种子和花粉，因为不同的植物原产于不同的地区，从中获得的材料可以帮助确定土壤样本的来源。例如，如果调查人员在一名凶杀案受害者附近的地板上发现松针，但住宅附近没有松树生长，则凶手的衣服或鞋子上可能会带有这些松针。确定针叶来自的松树的特定种类，有助于缩小搜索范围。

花粉来自开花植物，对法证鉴识非常有用。花粉粒很小，很少被注意到，但这种物质又非常独特。花粉可能存在于衣服上、受害者或嫌疑人的头发上，甚至在装有恐吓信或赎金纸条的信封里。花粉样本的显微镜鉴定可能表明受害者或嫌疑人曾在某一特定植物开花的区域。一些花粉参考数据库为物种鉴定提供了帮助。

此外，花粉和种子的脱氧核糖核酸分析，不仅可以鉴定植物种类，而且还可以与特定的树木，很可能是嫌犯家附近长的树木联系起来。

第十八章

枪声：分析火器物证

» 了解枪械

» 分析弹头与弹道

» 膛线比对

» 处理火药残留

在美国，枪支是许多人的娱乐与运动工具，如果使用得当，尚属安全。但只需要看一部电影，任何一部电影，都可能有人，而且往往有好几个人，会中弹身亡。多年来，枪支一直是电影故事的主要内容。传统西部片中总是有一两幕枪战镜头，如果看看当前的电视剧，里面登场的警察、私家侦探、罪犯、帮派成员，几乎每个人都有枪。现实生活和这也差不了多少。看看一周中的任何一天的新闻或报纸，一定会发现以某种非法方式被使用的枪支。

事实上，枪支经常被用于犯罪活动。除了明显的杀人和伤害能力外，枪支是获得控制权的有效手段。在武装抢劫、绑架和强奸中，持枪可以确保受害者的服从。枪杀可能是意外、自杀或他杀。在凶杀案中，作为证据的枪支弹药，往往能够证明犯罪人就是罪魁祸首。

这一领域的法证调查，常常被错误地称为“弹道学”(Ballistics)。实际上，弹道学是研究弹丸——子弹、火箭、迫击炮弹——如何穿越特定空间的学问。枪弹检验实际上是“火器检验”(Firearms Examination)，由受过专门训练的法证枪械检验人员进行。他们通常必须从事下列活动：

» 分析在犯罪现场发现的子弹和弹壳，以确定系哪种武器所发射。

» 通过估算枪口和受害者之间的距离或计算子弹的轨迹来帮助重建犯罪现场。

» 将子弹或弹壳与特定武器或不同犯罪现场的样本相匹配，以将两者联系起来。

找出火器

你开过枪吗？大多数人都清楚地记得自己第一次扣动扳机时的情景。突然的爆炸性开火令人震惊。即使预料到后坐力，也可能比你预料的更为剧烈。

仔细观察

枪械的工作原理是引发爆炸，压迫子弹从膛口中冲出。当你扣动火器扳机时，撞针会击中子弹壳后部的药筒并点燃里面的火药，导致弹壳中的火药爆炸。爆炸以极大的速度将子弹从枪管中推出。

枪支，通常分为手枪、来复枪或霰弹枪：

» “手枪”（Handguns），顾名思义，是用一只手握住并射击（而不是用肩膀撑着来复枪和霰弹枪射击）的火器，又可分为以下三类：

·“左轮手枪”（Revolvers），就是你在旧西部片中看到的手枪。子弹和子弹筒（装有底火、火药和子弹或猎枪弹丸的弹壳）被放置在一个圆筒中，每次扣动扳机都会引发圆筒弹舱旋转，依次将下一枚子弹带到撞针之前。子弹被射出后，弹壳会一直留在弹舱中，直到被手动移除。

·“半自动手枪”（Semiautomatic Pistols）（见图示 18-1），使用弹匣或弹夹装弹。弹夹基本上是一个弹簧式装置，用来向上推动一排子弹，通常会被安置在手枪的手柄里。这种类型的武器，与左轮手枪类似，扣动扳机一次开火一次。然而，一些爆炸所产生的能量被用来自动将空弹壳从枪中抛出，弹夹中的弹簧将下一枚子弹固定在发射室中。

·“自动手枪”（Machine Pistols），是一种真正的自动武器，拥有一个类似于半自动手枪的弹夹，发射时，利用每一发子弹的部分爆炸威力，将空弹壳排出，并将下一发子弹带进发射室。这些手枪与半自动手枪的主要区别在于，只要按下扳机，只要弹夹中还有弹药，枪机就会反复射击。

» “来复枪”（Rifles），通常利用一个杠杆或一个滑动螺栓抛出弹壳，并将下一个子弹带入射击室。步枪也可以是半自动或自动的。

» “霰弹枪”（Shotguns），不会发射子弹，而是发射一组霰弹。当霰弹离开枪管时，呈圆形展开，这意味着霰弹枪不需要太多瞄准，只要把它们指向预定的方向就可以击发。

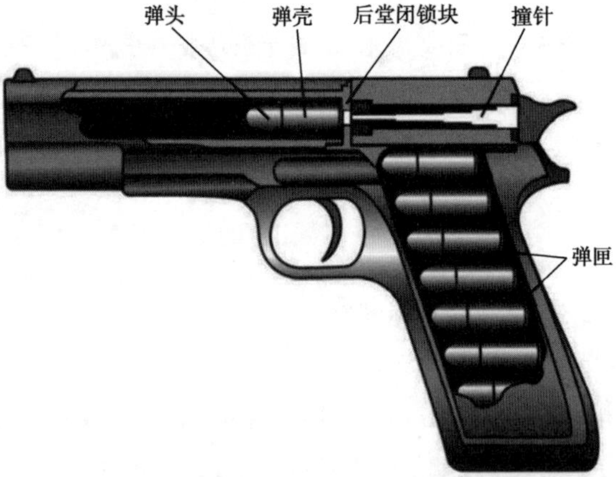

图示 18-1　手枪剖面图　南·欧文 插图

从弹头中获取信息

调查人员很少在犯罪现场发现“冒着烟”的枪械——很大程度上是因为现在使用的大多数枪药都是无烟火药——但即便是一把被比喻为“冒着烟”的枪械，也很难找到。然而，子弹却可谓次优之选，可以在很大程度上帮助法证枪械鉴定人确定使用了哪种枪，以及由谁使用等问题。

不幸的是，检查员通常无法获得完整的子弹进行分析。更常见的情况是，检查员会得到一颗严重受损的弹头或弹头破片；然而，即使是一颗严重变形或很小的弹头或其破片，仍然可以提供丰富的信息。

处理弹头

在收集和处理任何犯罪现场的子弹时，调查人员都必须非常小心，避免损坏或改变其性状。无论是在手术中、尸检中，还是在犯罪现场的墙上，弹头的提取都需要小心处理。例如，当用手术器械抓住弹头或从门框中撬出弹头时，可能导致其受损，从而改变膛线图案，使子弹与可疑武器无法匹配。

弹头可能还附着重要的痕迹证据。当子弹穿过墙壁、房门、砖块或窗户时，油漆、纤维和其他材料可能会沾在上面。有时，如果调查人员发现弹头上附着一小块血肉，就可能会给调查人员提供作为证据的脱氧核糖核酸。

仔细观察

这些微量物证，可能是破案或重建犯罪现场的关键。例如，丈夫可能会说，自从妻子出人意料地离家后，就再也没有收到过她的来信，他也不知道自己的妻子现在在哪里。与此同时，妻子的家人和朋友可能会坚持说，她不会简单地逃跑并就此人间蒸发。如果调查人员在嵌入地下室墙壁的子弹上发现一点血迹，并且血迹与从妻子牙刷上提取的脱氧核糖核酸吻合，那么即使没有尸体，也可能会引发针对丈夫的杀人罪指控。

弹头分解

一名法证枪械检查员对弹头的化学和物理成分进行评估，以确定其制造商并缩短可疑武器的清单。可以在不同口径和枪口初速的武器中找到大多数弹头类型，但较软的弹头，在低速武器中更为常见，而较硬的或包壳弹通常用于高速武器。

弹头可以分为如下类型：

» “铅弹”(Lead Bullets)，很软，通常用于低速武器，如小口径手枪和点二二或点五五口径步枪。这些子弹在击中目标时会变形并碎裂。尽管它们穿透力较小，但子弹的变形和碎裂会造成严重的组织损伤(参见本书第十二章)。

» “铅合金弹”(Lead Alloy Bullets)，含有铅和少量的一种或多种其他金属，从而质地更为坚硬。锑和锡通常与铅合金制成高速武器的子弹。由于硬度增加，这些弹头往往很少变形并产生碎片，侵透力更深。

» “半包弹”(Semijacketed Bullets)，侧面有一层薄薄的黄铜涂层。柔软的铅头暴露在外，使子弹在撞击时膨胀并碎裂。暴露在外的弹头可能有点凹陷，使其成为空包弹，这种子弹变形和碎裂的程度更大，会造成被击中的人更多的组织损伤。此类子弹用于低速武器和高速武器，如点三五七、点四四口径手枪和大威力步枪。

» “全包弹”(Fully Jacketed Bullets)，包括弹头在内完全被黄铜包裹。黄铜覆盖的通常被称为全金属被甲，常用于高速枪械、点四四口径手枪和大功率步枪。全包弹的穿透力比其他子弹强。除了黄铜，被甲还可以用特氟龙、尼龙和其他合成材料包裹。这些材料质地坚韧光滑，因为其所发挥的润滑作用，导致子弹有非常高的初速和高度的侵彻性。许多此类子弹可以穿透防弹衣，因此被称为“警察杀手”。

确定口径

识记

武器的“口径”(Caliber)是对枪管内径的测量值。步枪和手枪的口径以英寸或毫米为单位。点三八口径手枪的枪管内径为零点三八英寸；九毫米枪管直径为九毫米。霰弹枪的口径，通常是对其所使用的弹药直径的测量值；然而，这并不能反映直接的测量结果。取而代之的是，猎枪的口径是通过计算与枪管的直径相匹配的铅球换算为一磅铅的数量。如果需要二十个铅球换算为一磅，则直径为二零口径。一个例外是点四一零口径霰弹枪，是指其枪管直径为零点四一零英寸。

子弹的口径和类型对于确定犯罪人在实施犯罪的过程中使用了什么武器很重要。如果弹头完好无损，或者大致完整，则警方可以通过简单的测量来确定口径。严重变形的子弹可以称重，但称重并不能给出精确的口径，这样做只能排除一些口径。例如，点二二口径和点四四口径子弹的重量差别很大。调查人员通常可以很容易地确定子弹是否被甲，如果是的话，用什么材质被甲，从而帮助确定子弹的类型，最终确定武器的类型。

霰弹弹丸可以在手术或尸检过程中从受害人身上提取，也可以从墙壁、家具和其他表面提取。子弹的大小并不能显示霰弹枪的口径，但却提供了所用弹药的信息。不同大小的子弹都有编号；编号越低，霰弹枪弹壳内的弹丸就越大。例如，八号弹头小于四号弹头。弹丸的大小从零点零五英寸直径的十二号到零点三三英寸直径的零号，这种最大弹丸，也被称为“双零弹丸”。检查员测量所有回收弹丸的直径，并估计使用的弹丸大小。

看穿弹壳

弹壳是子弹作为药筒的一部分，在火药爆炸和弹头消失后，仍然会完整地保留下来。弹壳往往是枪支检查员必须处理的唯一证据。幸运的是，上面保留了许多检查员感兴趣的痕迹，包括：

» “撞针留下的印痕”：对底火简单检查，就会揭示其被底火击中的位置，显示弹壳是被“中央击发”（Center-fire）还是“边缘击发”（Rim-fire）。知道撞针击中的具体位置，就可以缩小可能的枪械种类的范围。

» “后膛闭锁块”（Breechblock）特征：后膛闭锁块，是射击室的后挡（见图示 18-1）。当弹壳中的火药引爆并将子弹推出枪膛时，弹壳被压回到闭锁块上，在弹壳底部留下印记。

» “子弹标识”（Headstamps）：子弹制造商在制造子弹弹壳和霰弹弹丸表面时将这些信息压印在金属上。这些印记有时是制造商的首字母或标志、口径或规格，或子弹类型。

» “退抛痕迹”（Extractor and Ejector Marks）：自动和半自动武器具有从弹夹中拔出下一颗子弹并将其放置在发射室中的机构，即“退弹机”（Extractor），以及从发射室中取出空弹壳并将其从武器中推出的机构，即“抛弹机”（Ejector）。退弹机和抛弹机因武器而异，在弹壳的侧面留下了自己独特的划痕和压痕。

看凹槽：弹道比对

弹头并不会毫发无损地穿过枪管，而是一路被不停划刮。这些标记有助于法证枪械检查员将弹头与枪支类型相匹配，甚至可能与具体枪支相匹配。

弄懂来复线

弹头越旋转，精度越高，所以大多数枪都内刻来复线，这意味着需要在枪管内部蚀刻或切割螺旋槽，使子弹在射出时保持旋转。切割凹槽（所谓“阴线”）时，在凹槽之间留下完整的平台或凸起（所谓“阳线”）。凹槽在子弹沿着枪管向前移动时抓住子弹，使其旋转，从而大大提高其精度。传统的滑膛步枪，在100英尺左右便开始跑偏，但现代的来复枪却非常精准，有些甚至射程高达几千码[1]。

但旋转子弹的准确性，可并不是法证枪械检查员感兴趣的对象。他们更关注的是来复枪的凸凹膛线是如何在弹头上留下标记的。正如将在下一部分中所讨论的那样，这些标记提供了种类和个体特征（参见本书第三章）。

制造枪管时，需要在枪管内部切割、冲压、模制或蚀刻膛线。不同类型的武器和不同的制造厂，膛线凹槽的深度、凸起的宽度以及扭

[1] “码”（Yard），英制长度单位，1码等于0.9144米。

曲的方向和程度各不相同。这些特征有助于检查员确定犯罪现场发射子弹的武器类型及其制造商。

仔细观察

例如，一把点三二口径的“史密斯·韦斯森”(Smith & Wesson)手枪有五条向右(顺时针)旋转的膛线，而一把点三二口径的“柯尔特”(Colt)手枪则有六条向左(逆时针)旋转的膛线。“勃朗宁”(Browning)也有六条凹槽，但其向右旋转。“马林”(Marlin)造步枪使用一种叫作“微槽”(Microgrooving)的技术，在枪管内留下8~24条窄槽。因此，如果验尸官在尸检中找到一颗点三二口径的弹头，并发现子弹上留有五条向右旋转的膛线，那么涉案武器很可能是史密斯·韦斯森公司制造的武器，调查人员可以把注意力集中在点三二口径的“史密斯·韦斯森”手枪上，并不再考虑其他类型的手枪。

联邦调查局拥有一个名为“通用步枪特征文书”(General Rifling Characteristics File)的数据库，以帮助枪械检查员作出上述判断。数据库列出了已知武器的凸起、凹槽和旋转特征。弹头和弹壳同样可以与从其他数据库中列出的其他犯罪现场回收的弹头和弹壳进行比较。

因为像霰弹枪和老式滑膛枪这样的武器没有蚀刻来复线，所以其所射出弹丸不会显示出任何由凸起、凹槽或旋转造成的痕迹。

阅读脊线

当凸起和凹槽抓住子弹并使其沿着枪管旋转时，也会切入子弹，留下特征性的标记，这些标记是弹头对比的核心。这些标记，称为“膛线”(Striations)，是线性的，平行于子弹的长轴。在软铅材质的弹头上，膛线要比在金属或特氟龙被甲的弹头上更突出。(查看前面的

"弹头分解"。)

"消音器"(Silencers)是一种能消声的装置,表现形式可以从包裹在枪管上的毛巾到精密的吸音装置。这些附加装置也可能在子弹上留下标记,但这些标记往往不可预测。如果消音器确实在子弹上留下了标记,但在犯罪实验室测试发射枪支时却无从发现,则这些标记会使检验人员试图将弹头与发射枪支匹配的尝试复杂化。

似乎知道这些凸起、凹槽、旋转和膛线是不够的,每个来复枪管都有微小的特点,并借此区别于其他枪械。膛线工具对每个金属枪管的切割方式略有不同;此外,切割或蚀刻设备每次使用都会出现磨损和损坏。这种渐进的磨损产生的膛线模式,因枪管而异。此外,反复射击,也会磨损并损坏枪管内的凹槽和凸起,使枪管和穿过枪管的任何弹头都具有更多的个性特征。

识记

简言之,从同一把枪发射的弹头,具有相同的膛线图案,但从不同的枪发射的弹头却没有类似的特征。枪管在子弹上留下的微观条纹往往非常独特,表明子弹必然来自某一把枪,而排除了其他所有的可能。这样的证据是个体化证据。

在很多情况下,比对个体化膛线都非常有用。进行这种比较的第一步,便是获得从可疑武器发射的完整弹头。大多数火器实验室都有一个试射室。然后,一名检查员使用比较显微镜(参见本书第七章),比对在犯罪现场发现的弹头以及在实验室试射的弹头,该显微镜将两颗弹头的膛线图像并排放置,以便于准确比较。

例如,可以将在犯罪现场发现的弹头进行比较,以确定其是否仅来自同一把枪。如果没有,显然使用了不止一件武器。同样,可以比较从不同犯罪现场收集的不同弹头,以确定是否由同一把枪发射。这样的匹配有力地串并了这两种罪行。最重要的是,从凶杀案受害者身上取出的弹头,可以与从可疑武器上试射的子弹比对。匹配意味着已经找到凶器，而凶器又可能是识别凶手的关键。

识记

两枚弹头，不必在每一个细节上都完美匹配，才能被认为是确凿的证据。事实上，从来没有这样做过。原因是：每发子弹都会稍微改变枪管内部的结构，留下烟灰和颗粒。枪管内的这些变化和沉积的异物改变了在下一颗子弹上留下的印记。此外，提取或处理质地较软的弹头，可能会添加或更改一些标记。虽然两颗子弹不需要完全相同，但必须在每颗子弹的至少三条连续膛线上找到相同的图案，才能与枪实现匹配。

确认布拉尼翁医生的手枪

案例分析

1967 年 12 月 22 日，约翰·布拉尼翁医生（Dr. John Branion）离开位于芝加哥南部的一家医院，路过自己的家，到幼儿园接儿子，之后在一个朋友家稍作停留，大约中午才返回自家。一进家门，他就发现妻子死在多功能室的地板上，身受多处枪伤。布拉尼翁随即报警。

警方在现场找到了弹壳，在尸检中从受害者身上找到了弹头。枪支专家伯特·尼尔森（Burt Nielson）检查了证据，确定武器为点三八口径。他还注意到独特的膛线标记，表明弹壳可能只能来自“沃尔特 PPK”手枪。堪称“枪支收藏家”的布拉尼翁告诉警方，自己并没有沃尔特手枪，但搜查他家时，却发现了“沃尔特 PPK”手枪说明书、一个备用弹夹和一个沃尔特品牌的靶子，所有这些都带有相同的序列号 188274。

警方还发现了两盒点三八口径的弹药，其中一盒完好，另一盒缺少了 4 枚子弹。而布拉尼翁太太身中 4 枪。警方联系了纽约沃尔特手枪的进口商，发现一只序列号为 188274 的“沃尔特 PPK”手枪被运到芝加哥，卖给了詹姆斯·霍克斯（James Hooks），此人也是布拉尼翁医生的朋友。霍克斯说他把枪作为礼物送给了布拉尼翁。布拉尼翁因谋杀罪被判长期监禁。

在数据库中检索答案

即使只有一颗弹头或弹壳，而没有可疑子弹或武器可供比较，火器检查员通常仍然可以确定发射子弹的武器类型和制造商。由于计算机技术和枪支数据库的支持，通常可以比较犯罪现场子弹上的弹道标记和其他犯罪中使用的武器上的膛线标记。主要数据库包括“综合子弹识别系统”（Integrated Bullet Identification System，IBIS）。该系统由美国“烟酒枪支和爆炸物管理局”以及“国家弹道综合信息网”（National Integrated Ballistics Information Network，NIBIN）负责维护管理。“综合子弹识别系统”绝不算完整，但如果系统中有来自同一武器的弹头或弹壳，与犯罪现场遗留的弹头或弹壳的匹配就可以串并两起或多起案件，从而有助于相关案件的侦破。该系统可以快速比较数百条记录，并指出任何可能的匹配。之后，再由经验丰富的枪械专家依靠视觉进行最后比对。

火药里的证据：枪弹射击残留

如果没有枪械、弹头，甚至是弹壳的话，枪械检查员还可以利用火药中的化学残留物得出一些结论。这些残留物的痕迹会在现场、受害者和枪手身上留下。虽然这并不能说明全部情况，但在嫌疑人身上发现这种化学证据，可以将此人与现场联系起来，让调查人员有充分的理由深入挖掘。

从咬痕（参见本书第十二章）和某些类型的痕迹／微量物证（参见本书第十七章）可以看出，枪弹射击残留物以及子弹的化学分析，可以帮助确定制造商的厂牌，都会引发“连天炮火”——不是有意的双关语。另外，缺乏标准化的测试程序和检验人员培训，导致联邦调查局和其他实验室正在重新考虑此类证据的可适用性。

追踪气体微粒

枪械开火时，子弹药筒内的火药爆炸，迫使子弹沿着枪管射出。爆炸产生的爆炸性气体和颗粒物都跟随子弹（见图示 18-2）一同排除。然而，这些材料中的剩余部分往往会通过武器上的其他开口四散逃逸。这一因素尤其适用于左轮手枪，这种武器比其他类型的武器更容易泄漏气体。

图示 18-2　开枪时火药爆炸后的情形　南·欧文 插图

识记

这些气体的化学和微粒成分称为“枪弹射击残留物”（GSR），附着在枪手的手掌、手臂、衣服、脸部和头发上，也会落在附近的墙壁或家具上，以及在近距离枪击中落在受害者的皮肤和衣服上。

风雨可以改变或减少雾状枪弹射击残留物的传播模式。因此，检查员可能会在意想不到的地方发现这种物质。在浅色衣物上，枪弹射击残留物的图案很容易被视为污迹或色渍，但在深色、多色或存在血迹的衣物上，枪弹射击残留物的烟晕图案可能会被遮盖。

技术问题

红外摄影可以在不太理想的条件下显示枪弹射击残留物。“格里斯检测”(Griess Test)也可能揭示出这种模式。在后面的试验中，将一张相纸或一张醋酸缓冲滤纸压住相关区域，然后浸入与枪弹射击残留物中的无机亚硝酸盐反应的试剂中，从而显示图案。

“枪弹射击残留物”检测

分析枪弹射击残留物的目的是锁定开枪时就在附近的某个嫌疑人。不幸的是，仅仅是开枪时在附近，或者事后触摸相关火器，都可以在无辜者身上留下枪弹射击残留物。同时，枪弹射击残留物也会迅速消退，通常在几小时后荡然无存。

枪弹射击残留物可以被擦掉，也可以被冲走，这就是为什么测试需要在开火后尽快完成的原因。调查人员检查任何嫌疑人的手、脸和衣服，并获取样本。过去一般采用石蜡测试，用熔化的石蜡从枪手手上提取残留物，现在已经很少使用了。相反，调查人员用蘸湿的棉签或滤纸擦拭嫌疑人的手、手臂和衣服，以获取样本。

仔细观察

化学分析寻找底火和火药或无烟火药燃烧的副产品。这些副产品主要是金属铅、钡和锑。棉签或滤纸用二苯胺处理，二苯胺是一种通过改变颜色来识别金属的化学物质。蓝色表示阳性结果。不幸的是，包括化肥、烟草、化妆品和尿液在内的许多其他物质都可能产生假阳性结果，这意味着检查员必须通过更具体的检测来确认结果。

技术问题

有时枪弹射击残留物不在枪手的手上，而是残留在其衣服或头发上。扫描电子显微镜（参见本书第十七章）通常可以定位这些微小的残留颗粒。暴露在爆炸高温下的粒子被熔化，并特别变形，表明其是武器燃烧的产物。同样，扫描电子显微镜通常与能量色散X射线（EDX）结合，产生被测物质的化学指纹。在使用扫描电子显微镜/能量色散X射线联合检测时，可从这些小颗粒中发现铅、钡和锑，表明这种物质确实是枪弹射击残留物。不幸的是，现在来看，这一测试的精准程度不如预期。

确定距离

在本书第十二章中，曾告诉过读者枪口和受害者之间的距离是如何影响伤口解剖的。开枪时，高温气体、燃烧过的和未燃烧过的火药颗粒会跟着子弹从枪管里出来。法医通常可以通过这些物质对伤口的影响来估计射击距离。

然而，有时受害人会在穿着衣服（如衬衫或夹克衫）时被子弹打中，而这些通常会在受害者皮肤上留下烟晕和炭化痕迹的气体和未燃烧的粉末，会出现在外面的衣服上。因此，在受害者的皮肤上只剩下很少的距离标记。这时，就该轮到枪械检验人员登场了。

仔细观察

与皮肤上的枪伤痕迹一样，衣服上的残留物取决于射击距离。距离越远，残留物扩散到某一点的范围就越广。当燃烧距离超过气体和颗粒所能移动的距离后，就不会产生残留物。

检查员使用嫌疑武器和类似弹药，对相似织物进行一系列试射，并准确估计距离。在6英寸、1英寸、18英寸、2英寸和3英寸处进行试射，然后检查员将试衣上的残留物图案与受害者衣服上的残留物图案进行比较，找出最接近的匹配。

恢复枪械序列号

把枪械的序列号擦掉的罪犯，并不像他们自己想象的那么聪明。调查人员掌握了几种寻找隐藏序列号的技术。所有这些都依赖于一个简单的事实：当金属压印时，不仅金属与数字缩进，而且数字下面的金属也受到应力并经历结构变化。

查找丢失序列号的四种技术包括：

·"磁通量"(Magnaflux)：首先，检查员对枪进行磁化，因为磁力中的波纹显示序列号所在的无序金属。其次，检查员向枪内喷洒一种油，其中悬浮着类铁颗粒。这些粒子往往聚集在金属无序的区域，从而揭示隐藏的数字。这个过程的主要优点是无损，不会改变武器的形状。

·"化学腐蚀和电化学腐蚀"(Chemical and Electrochemical Etching)：检查员在问题区域涂上腐蚀溶液，溶液比周围的金属更快地腐蚀无序的金属，从而使数字进入视野。加入电流可以加速这一过程。这些过程是破坏性的，这意味着会改变证据的物理成分，如果审查人员过度或随意地使用这种方法，可能会导致证据受到永久性损毁。

·"超声空化"(Ultrasonic Cavitation)：与化学腐蚀相似，超声空化也是一种破坏性检测方法。检查员把枪放在一个特殊的超声波浴中，使其暴露在非常高的频率振动下，这会导致气穴，在这个过程中，微小的气泡沿着金属表面形成。随着持续暴露，空化开始侵蚀金属，在金属处于无序状态的区域，空化速度最快，从而显示序列号。

·"晶状特征绘图"(Crystal Pattern Mapping)：这项由美国国家标准与技术研究所开发的新技术，使用扫描电子显微镜读取电子背散射衍射图，以显示去除的序列号。

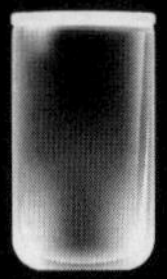

第十九章

真伪：质疑文书的可靠性

» 了解笔迹分析

» 认定伪造及篡改文书

» 分析纸张油墨

» 查考打印机与复印机

有人说，笔比剑更有力，对于犯罪集团来说，这种说法常常适用。想想盗用公款的人，通过修改公司的账目，或是一张篡改过的支票、彩票或遗嘱，就能带着一大笔钱逃之夭夭。对这些文书的批判性分析，是破案的关键。

识记

凡对文书档案的来源或真实性存有疑问，该文书即被视为"存疑文书"(a Questioned Document)。当调查人员收到此类文书时，法证文书审查人员就会进入视野，并可能被要求从事下列工作：

» 确定文书是否真实。
» 确定文书是否由本应出示该文书的人出示。
» 确定文书是否在本应生成时生成。
» 评估文书是否以任何方式被篡改。
» 比较手写、签名和打印或复印的文书。
» 确定纸张和油墨的年代和来源。
» 揭示损坏或涂改的文字。

文检鉴定员运用自身技能、经验和显微镜、照相和化学分析等方法来完成这些任务。

笔迹分析

没有两个人写字完全一样。相似之处可能存在，但仔细观察，不同的人在书写习惯上存有显著的差异。个人的书写风格是个体的、独特的，是无意识、自动行动的结果。一个人不会去想怎么写，只想在写什么。

仔细观察

同样地，同一个人从来不会用同样的方式写两遍。不相信我？签十次名并比较结果。每次签名都有点不同，不是吗？现在，把纸靠在墙上或使用不同类型的书写工具，重复这个实验。你会发现这些签名和原始签名之间存在更大的差异。你的笔迹和签名不仅每次都不同，而且还受你书写的位置以及你是用钢笔、铅笔还是蜡笔的影响。例如，你在纳税申报单上的笔迹和在浴室墙上的，就可能会不一样。

每个人都有这种天生的变异性，而这也是文检鉴定员的噩梦之源。如果他们要比较两个笔迹样本，就必须考虑到这种自然变异性。

在笔迹鉴定时，法证文书专家只关心笔迹的物理特征，而不关心确定作者的人格类型。后者是“笔相学者”（Graphologist）的工作，而笔相学并不是一门公认的法证科学门类。

形成个性化书写风格

学习写作是一种缓慢进步的经历。经过多年的练习，我们的字体从大号印刷字体变成了流畅的手写体。直到十几岁之后，书法才变得独特、根深蒂固和个性化。自从那之后，一个人的笔迹风格变化不大，但确实会发生变化，某些条件会导致其发生彻底颠覆。

随着年龄的增长，人的书写风格会发生缓慢而稳定的变化。这些变化不是戏剧性的，但足以让人有所认识。在与从前书写的文书比较时，注意这些变化是十分重要的，因为新的手写样本可能与 20 年前存在不同。如果书写者患有中风或帕金森氏病等疾病，这些变化可能是非常巨大的。疲劳、压力、视力受损、手或手臂受伤、书写姿势尴尬、吸毒或酗酒也会显著改变一个人的笔迹。

标本获取

文检鉴定员需要获取几份标准书写样本来了解一个人的书写风格，并确定此人是否撰写了存疑文书。使问题复杂化的是，标准书写样本可能是在不同的情况下使用不同的工具所写。因此，将一份存疑文书与墙上悬挂的已知的书写样本进行比较，可能并不可行。

如果没有可用的“非请求书写样本”(已经存在且已知为真实的样本)，则审查人员需要要求疑似书写者提供一份书写样本，在类似纸张上使用类似的书写工具，以便审查员至少能够建立所要求的标准样本。

仔细观察

非请求书写样本存在几个优点。最重要的是，非请求书写样本揭示了书写者真实的写作习惯，可能揭示了其经常使用的词汇和短语，这可能是支持或反对书写者的有力证据。例如，旧的字母或便笺可能包含与赎金便笺中使用的短语相同的短语。非请求书写样本的主要缺点是其也必须经过认证。如果不能将其直接与书写者联系起来，对鉴定员来说就没有多大价值。

笔迹风格在现实生活中并非一成不变，所以鉴定员试图从疑似书写者所写的文书中获取笔迹样本，这些样本需要与存疑文书大致同时出现。假设一位鉴定员被要求确定一份 20 年前的手写遗嘱是否真实，是否确实是由假定的书写者所写。这位鉴定员就需要看一看 20 年前的书写者所写的其他文书，因为这些文书反映了其在遗嘱准备时或临近遗嘱准备时的风格，而不是鉴定前几周所写的文书。

请求书写样本的主要优点是没有人质疑其真实性。鉴定员实际上是看着被请求者亲笔写字的。同时，鉴定员还可以准确地要求其撰写所要求书写的内容，甚至是直接从存疑文书中摘录一段，这样一来，鉴定员就可以逐字逐句地比较样本。如果文书中包含鉴定员不想让嫌疑犯了解到的信息或对正在进行的调查来说敏感的信息，则可以要求提供样本的人写下完全不同的句子，但包括在存疑文书中使用的许多单词和短语。

识记

请求书写样本也伴随一些缺点。提供书写样本会让一些人感到紧张，或者导致他们过于专注写作过程，以致正常的写作和签名方式出现不寻常的变化。因此，可能出现一些小的出入，使精确的比较变得更加困难。

犯罪嫌疑人也可能故意掩饰自己的笔迹，不希望笔迹样本与伪造遗嘱、赎金单或其他存疑文书上的笔迹相符。不幸的是，这些改变写作风格的尝试有时是成功的，而使匹配变得困难或不可能。

仔细观察

解决这个问题的一个办法是让嫌疑人书写大量的材料——不仅仅是一篇文章或一页，而是几页。虽然在誊写短文的时候，改变一个人的书写风格相当容易，但写得越多，有意识的改变就会越让位于自然的书写风格。将同样的材料多次口述给书写者，是考官用来找出那些试图掩饰他们的笔迹风格的人的另一个技巧。每次尝试，嫌疑人都可能使用不同的剂量。一个合格的鉴定员会发现隐藏的风格元素和嫌疑人在进行比较之前用来在要求的写作中欲盖弥彰的手段。

贴士

调查人员不必担心嫌疑人拒绝提供笔迹样本。尽管你可能认为提供笔迹样本侵犯了嫌疑人享有的《美国宪法第五修正案》规定的“不得自证其罪”的权利[1]，但美国联邦最高法院在“吉尔伯特诉加利福尼亚案”(*Gilbert v. California*)[2]中裁定，笔迹属于不受《美国宪法第五修正案》保护的识别身体特征的一部分。此外，在“美利坚合众国诉马拉案”(*United States v. Mara*)[3]中，美国联邦高等法院还裁定，提供笔迹样本并不违反“第四修正案”禁止不合理搜查和扣押的保护。因此，即使在被拒绝后，法院也可以命令嫌疑人提供笔迹样本。

笔迹比对

当开始比较两个手写文书时，检查人员会查找已知标准和被质疑文书之间的相似点和差异点。鉴定员通常评估以下特征：

» “整体形状”(Overall Form)：字母的大小、形状、倾斜、比例、起止笔画是作者书写整体形状的一部分。

» “线条特征”(Line Features)：书写速度、流动性和使用的笔尖压力提供了线条特征的提示，字母和单词之间的间距以及字母之间的连接方式也发挥了提示作用。

» “页边距和格式”(Margins and Format)：页边距的宽度、间距的一致性和行间的倾斜度都属于这一类，涵盖了整个写作的形式和布局。

» “内容”(Content)：语法、标点符号和选词帮助鉴定员找到连续的错误、重复的短语和其他暗示作者种族或受教育程度的线索。

---

〔1〕《美国宪法第五修正案》规定：“非经大陪审团提起公诉或告发，不得使任何人受死罪或其他褫夺公权罪之惩罚，唯在陆、海军中或在战时或国难时服现役之民兵中发生之案件不在此限；受同一罪行处分之罪犯不得令其处于两次生命或身体之危境；在任何刑事案件中不得强迫任何人作不利于本人之证词；未经正当法律程序，不得剥夺任何人之生命、自由或财产；凡私有财产，非有恰当补偿，不得充公。”参见《美国宪法及其修正案》，朱曾汶译，商务印书馆2014年版，第15页。

〔2〕*Gilbert v. California*, 388 U.S. 263(1967).

〔3〕*United States v. Mara*, 410 U.S. 19(1973).

精明的鉴定员在比较文书或签名时会寻找所有上述特征。没有任何单独的特征能供其作出准确比较，但是若干特征的组合可以使鉴定员判断嫌疑人和样本作品作者是否为同一个人，这最终是一个主观判断。然而，根据调查结果，鉴定员可能会作出如下认定：

» 绝对吻合。

» 高度吻合。

» 盖然吻合。

» 不吻合。

并非每一次鉴定都以确切答案告终：鉴定员也可能说，基于样本无法作出判断。不过，这种结果并不常见。如果所讨论的文字是草书（字母连在一起）或签名，训练有素的鉴定员通常可以确定是某个人创作的。然而，如果存疑文书是被打印出来的，那么鉴定任务就要困难得多，因为草书的许多显著特征在打印文本中是不存在的。

幸运的是，对于执法人员来说，大多数罪犯并没有那么聪明，这一点经常在书面文件中表现出来，在这些文书中，拼写错误是很常见的。法证文检鉴定员将这些错误为己所用。当被怀疑是伪造文件或赎金券的始作俑者被要求出示所要求的样本进行比较时，鉴定员通常要求他们使用与存疑文书中拼写错误相同的词语。通常，如果嫌疑人是存疑文书的制造者，在请求其书写的书面文件中也会看到类似的拼写错误。

与指纹、枪械膛线图形和脱氧核糖核酸数据库一样，存在多个手写笔记数据库。联邦调查局保存着“国家欺诈支票档案”（National Fraudulent Check File）、“银行抢劫记录档案”（Bank Robbery Note File）和“匿名信件档案”（Anonymous Letter File）。鉴定人员可以将一些存疑文书与这些参考文件进行比较。高科技文件，也存在如“笔迹鉴定信息系统”（Forensic Information System for Handwriting，FISH）等比对数据库。“笔迹鉴定信息系统”包含扫描并被数字化的文档，警方可以将其与其他类似的文档进行比较。法证文检鉴定员通过目测检查是否匹配。

指认伪造者

识记

伪造通常被定义为以欺诈为目的的书写或篡改文件。文检鉴定员能够确定文件是否被宣称书写者以外的人修改或书写，但确定书写者是否具有欺诈意图，则由法官或陪审团决定。

即使是最细心和最有天赋的伪造者，也会留下他们各种尝试的证据。鉴定员不仅用肉眼检查文书，而且还会用显微镜观察，借此常常能够显示出伪造文件的蛛丝马迹。

两种比较常见的伪造方法是徒手临摹（Freehand Simulation）和拓写（Tracing）。“徒手临摹”意味着伪造者只试图复制签名或手写样本，而“拓写”则涉及将其他纸张放在原始签名上并原样进行。每种技术都会导致写作中的各种缺陷，鉴定员可以凭借书写方式极不自然，将其认定为伪造者写作的结果。完全符合别人的写作风格绝非易事。

仔细观察

揭露伪造的常见线索包括：

» 此前拓写的证据，包括文字或签名的拓写原本。

» 伪造者的颤抖，这是一种精细但可辨别的标记，表明书写得不稳定，并且常见于伪造者试图复制签名或书写风格时。

» 书写速度和笔压不均。

» 犹疑停顿。

» 不寻常的提笔动作，伪造者需要不断地检查自己的作品。

» 修补和修饰、固定或添加标记。

» 起笔与收笔生硬机械。

还有一种特殊的伪造形式是“冒名书写”（Disguised Writing），书写者试图伪装自己的笔迹并实施欺诈。许多赎金支票或恐吓信都是这样写的，借此书写者希望能在日后对其矢口否认。嫌疑人有时在面对一封自己用自然笔迹愚蠢地写下的认罪文书时，试图掩饰其出自自己的笔下。查看前面的“标本获取”，了解罪犯如何隐藏笔迹的更多信息。

曝光篡改

伪造者经常试图删除、添加或更改书面文件的一部分，其原因有很多种，从夺取经济利益到不在场证明，不一而足。“篡改”(Alterations)可以简单到更改日期，也可以复杂到试图删除和重写签名或部分文档。这些变化被称为“擦除”(Erasures)、“涂抹”和“篡改”。

抹去文字

不符合罪犯需要的文字，可以简单地用橡皮擦、刀尖或其他锋利的工具、砂纸，甚至指甲——任何能刮掉或擦掉不需要的痕迹的东西所抹去。通常可以用肉眼轻而易举地发现涂抹的痕迹，但即使痕迹并不明显，文检鉴定员也可以使用以下调查工具进行调查：

» 简单的放大镜或显微镜，配以倾斜的(有角度的)光源照射，就可以发现大部分的擦除痕迹。

» 当使用橡胶橡皮时，紫外线或红外线可能会暴露出嵌入纸张纤维中的橡皮和墨水的微小碎片。

» “石松粉”(Lycopodium Powder)，将其撒在纸上，黏附并暴露出微小的橡胶颗粒和橡皮擦碎片，这些微量物质在擦除后总是残留在纸上。

暴露涂抹的痕迹十分重要，因为即使鉴定员看不到原始文字或标记，涂抹也表明有人对文件进行过篡改，这本身就可能构成犯罪的证据，并使许多法律文件归于无效。

销毁原件

销毁一份文书的方法，便是彻底销毁书写用的纸张。罪犯通常选择用火焚毁的方式。纸烧没了以后，字就永远消失不见，对吧？嗯，不完全是。如果纸张已烧焦但仍完好无损，则从纸张表面以不同角度光线照射，可能会暴露墨水与烧焦纸张背景之间的对比度。然后可以对页面进行拍照取证。

技术问题

然而，处理烧焦的页面非常困难，纸张脆弱，容易破碎。用聚醋酸乙烯酯丙酮溶液喷洒是解决这个问题的一种方法。这样做会使纸张变硬，处理起来相对容易得多。然后，检查员将处理过的页面漂浮在酒精、水合氯醛和甘油的溶液中并进行拍摄。或者，法证鉴识工作人员将处理后的烧焦纸张夹在两张照相底片之间，放在暗室里两周。然后，冲洗底片，就可能会揭示出上面的文字。

罪犯有时会使用化学物质，如氧化剂或漂白剂来去除文字。这些化学物质与墨水反应生成一种无色的化合物，文字就消失了。好吧，是几乎消失了。使用显微镜，检查员可以看到墨水的残留物，甚至可以在纸张处理的区域产生变色反应。

使用激光是另一种现代的涂抹方法。虽然激光会使墨水蒸发，但也会燃烧附近的纸纤维，这种损伤会在显微镜下显现出来。

填词加句

一般来说，简单地涂抹文字或标记，并不能完全满足伪造者的需要，而其往往需要用其他文字或数字替换涂改的文字或数字。常见的例子，便是更改支票金额或合同、遗嘱上的日期。每当有人在添加更改的字句之前涂抹原文，检验人员就可以看到基础文本中的更改痕迹，并通过将新的书写痕迹与旧的书写痕迹进行技术差异比较的方式，来分析新的书写。有时候，造假技术太过完美，简单的检查并没有发现任何变化。幸运的是，文检鉴定员的备用选项中还有其他工具可供利用。

在显微镜下，文字的原始部分和修改部分可能会出现细微的差别。墨水颜色、线条粗细和笔压的细微变化，以及双线叠压，通常会变得清晰可见。如果伪造者使用圆珠笔或水性笔，可能还会出现与任一种笔尖缺陷不同的标记物。

“改写”（Overwriting）是另一种形式的伪造，伪造者不擦除任何内容，而是添加或重写文书的部分内容。可能将“1”更改为“9”，或者将数字“0”添加到支票上。如果伪造者使用与书写原始文书相同的墨水，则这些类型的更改可能非常难以发现。但造假者通常无法接触到用于原始书写的钢笔或墨水，所以他们只能使用类似的钢笔和墨水颜色。仔细检查不同的墨水，可能会发现被改变的地方。

仔细观察

虽然两种墨水在正常光线下看起来一模一样，但在紫外线或红外光照射下，通常会显得大不相同。每种墨水对紫外线的反应不同，一种可能会发光，另一种可能会从视野中消失。红外线摄影，基本上是指用红外线感光胶片在蓝绿光下拍摄页面，通常能清楚区分两种墨水。如果这些照明技术不能提供任何帮助，检查员可能必须检查墨水的化学成分，以表明它们确实不同（参见下文“寻找笔记压痕”）。

寻找笔迹压痕

你或许在电影里看到过，在现实生活中也发生过下列一幕：罪犯潦草地写了一张勒索赎金的便条，然后撕下了这张便条，而对下面的那一页毫不在意。后来，警方找到了下面那张便笺簿，并将其交给文检鉴定员，后者从被压覆的下一页中还原了勒索赎金的文字，从而证明这张便笺簿便是勒索赎金的纸张来源。然后，拥有便笺簿的所有者，显然需要对此作出一些解释。

笔在上一页的移动，会让下面的第二页沿着笔的路径向下压缩，从而产生压迫的书写痕迹。与你在电视上看到的不同，文检鉴定员不会使用旧的涂铅法（用铅笔在纸上摩擦以暴露压痕）来揭开压痕对应的文字，因为涂抹的铅笔痕迹，可能会损坏或破坏证据。

有时，可以通过简单的角度光显示缩进的文字痕迹。一旦出现这种痕迹，技术人员会对页面进行拍照。一种更为敏感的方法是使用“静电检测装置”（ESDA），这种方法有时可以在原始页面下的好几页纸张上发现存在的笔迹压痕。

技术问题

在“静电检测装置”中，技术人员将聚酯薄膜放在可能存在问题的页面上以保护纸张，再将二者放在多孔金属板上。真空吸尘器把聚酯薄膜紧紧地拉在纸上。然后，文检鉴定员通过电极将静电传递到薄膜和纸张之上，产生静电。凹痕处的电荷最大，所以当技术人员在聚酯薄膜上注入或喷洒黑色碳粉（类似于复印机中使用的碳粉）时，碳粉会按照电荷的比例附着在表面，并显示出对应压痕的形状。

检查纸墨

有时，文检鉴定员必须确定文档是否存在插入的纸张，或者相关文件是否实际上是在特定时间创建的。在这两种情况下，检查员都可以对文书所用的纸张和墨水进行检验。

区分用纸

大多数纸张，都是由木材和棉花制成，通常含有化学添加剂，影响其透明度、颜色、亮度、强度和耐用性：

仔细观察

»“涂层”(Coatings),可以改善纸张的外观和表面性能,使纸张更适合复印机、打印机或书写所用。

»“添加物”(Fillers),可以增加颜色、强度和表面纹理。

»“浸润剂”(Sizings),可以使纸张表面对墨水的渗透性降低,使书写和印刷显得清晰。

每种添加剂的类型和数量因制造商和纸张类型而异,化学测试可以区分每一种类型和制造商。

纸张的另一个显著特征是“水印”(Watermark),这是纸张上的一种半透明设计,可以通过将页面举到灯光下加以辨识。这种设计表明了制造商、生产日期,以及通常是为谁生产的特定纸张。伪造水印的尝试通常很容易被发现,因为真正的水印比页面的其他部分具有更少的纤维。然而,伪造的标记实际上是添加的图像,因此其底层纤维密度与页面的其余部分相同。

油墨鉴定

有时,决定文书真实性的关键,在于书写者所使用的墨水。在物理性状上看起来完全相同的墨水,在化学成分方面可能大不相同。这种区别有助于文检鉴定员判断一份文件的每一页或每一个字是否使用了同一种墨水,甚至有助于揭示如果认定相关文件成文于特定时代,写就该文件的墨水是否已被开发出来。

一种比较油墨的无损方法,叫作“显微分光光度法”(参见本书第十七章)。通过比较两种油墨的透光、吸收和反射特性,检查员能够准确鉴定两种油墨的颜色是否匹配。

技术问题

另一种比较油墨品的方法是“薄层色谱法”,包括以下四个步骤:

1. 用一根细空心针从书写的线条上打孔,取出非常少量的墨水纸样品。

2. 把这些微小纸片放在试管里，加入溶解墨水的溶剂。

3. 将一滴带墨水的溶剂溶液和几滴已知的控制墨水样本一起滴在纸带上。

4. 纸带干燥后，将其浸入另一种溶剂中，溶剂沿着纸带向上移动，同时拖动墨水随之运动。

所有墨水沿纸带迁移的距离取决于各自分子的大小。这个过程把墨水分成不同的色块带。如果测试一份存疑文书的两页上的墨水，产生了不同的色带，则这两页上的书写所用的就是两种截然不同的墨水。

仔细观察

“油墨图书馆”(Ink Library)，是一个收集广泛的参考数据库，由“美国特勤局法证服务司存疑文件处”(U.S.Secret Service Forensic Services Division’s Questioned Document Branch)负责运营。此外，美国财政部还建立了一个涵盖范围极广的商业油墨薄层色谱图谱数据库。在最近的一项进展中，许多制造商开始在他们的产品中添加荧光染料标志物，以便使其更容易识别。而且由于标志物每年都会更换，所以检查员可以很容易地确定相关产品的生产年份。

摩门教伪造品

案例分析

1985 年 10 月 15 日，犹他州盐湖城，两枚自制炸弹爆炸。其中一枚炸弹杀了一位商人和摩门教主教史蒂夫·克里斯滕森(Steve Christensen)，另一枚炸弹则杀了一位老奶奶凯西·席茨(Kathy Sheets)。杀死席茨的包裹是寄给她的丈夫加里(Gary)的，而其也是摩门教会的一名主教。第二天，第三枚炸弹在马克·霍夫曼(Mark Hofmann)的车里发生了爆炸。

在爆炸中幸免于难的霍夫曼告诉警方，他看到车里有一个奇怪的包裹，当他伸手去拿时，包裹便爆炸了。炸弹调查人员立即意识到，霍夫曼在撒谎：有证据表明，霍夫曼在引爆炸弹时是跪在汽车座椅上，显然是在摆弄炸弹。霍夫曼一下子成为爆炸案的首要嫌疑犯。

随着调查的深入，警方发现霍夫曼痴迷于寻找古代文献，并曾向摩门教出售了多部历史文献。然而，他们也发现了，这些古籍实际上都是伪造的，因此怀疑霍夫曼安放炸弹是为了掩盖自己造假的行为。

当警方向霍夫曼证明其伪造了所谓被发现的珍贵古籍时，案件真相大白。文检鉴定员乔治·斯洛克莫顿（George J.Throckmorton）和威廉·弗林（William Flynn）在审查霍夫曼发现的一份据称源自 17 世纪的古代文书时发现了一些问题。带尾巴的字母，如 Y 和 J，似乎与较为修长的字母如 L 和 T，重叠，前者出现在后者的上方。这种重叠不可能出现在 17 世纪用来制作原始文件的手工印刷活动当中。鉴定员还注意到存在“鳄鱼效应”（Alligator Effect）——使用化学氧化剂对墨水的外观进行人工老化，导致墨水开裂和破裂。自然老化不会产生这种变化。

霍夫曼对爆炸案和伪造案供认不讳，以换取终身监禁的从轻处罚。他还向调查人员和盘托出了自己伪造古籍的手法，而他的“作品”实在太过逼真，许多专家都信以为真。

解构打印机与复印机

不仅纸和笔会留下文书起源的相关线索，各种机械装置也会留下类似的蛛丝马迹。打印机和复印机经常在打印或复印的页面上留下明显的标记。这些标记可能会显示文件已遭人篡改，或帮助调查人员确切地找出是哪台机器“生成”了相关文书。

“敲打”出的线索

人们经常选择用打印机书写恐吓信、勒索赎金和勒索便条。罪犯们常常错误地认为这样做会使信件无法追踪。这不是真的。如果涉及打字机，文检鉴定员会努力：

» 确定打印机的厂牌及型号。

» 比对文书与嫌疑人所使用的打印机，如果后者能够找到的话。

仔细观察

识别品牌和型号，意味着鉴定员必须能够接触到各种型号打印机（新型号和旧型号）所用字体的数据库。大多数制造商使用 Pica 或 Elite 字体，但字体的大小、形状和样式各不相同，这使识别制造商和型号成为可能，并大大缩小了对生成文档的确切机器的搜索范围。不幸的是，现在，打印机已经让位给了计算机，计算机可以连接到使用滚筒、针式、喷墨或激光技术的打印机。这些机器之间区别过小，导致文检鉴定员常常无从区分。

为了确定某台打印机是否制作了相关存疑文件，文检鉴定员会寻找个体特征，这些特征可能包括字母错位或损坏、某些字母前后的间距异常以及某些字母对页面施加的压力变化。例如，某些字母可能有标志性的刻痕或毛刺，并印在页面上，或者可能倾斜到一侧，或者打印得比其他字母稍高或稍低。这些缺陷可以与可疑打印机的样本进行比较，从而提供强大的个体化特征。

要将键入的文书与特定机器进行比较，审查员使用该打印机键入用于比较的文书。这样做时，审查员使用的色带在类型和条件上与用于生成原始文档的色带应尽量相似。原因是：一条磨损的或墨水量少的色带会在字体上显示出小的缺陷，而一条墨水量大的新色带可能会使这些缺陷变得模糊。

使用色带的打印机可以帮助文检鉴定员把特定打字机和存疑文书联系起来。如果该打印机使用“单通色带”，而且用来打印文件的色带还在，警察可以简单地从色带本身读取信息。即使这条色带已经被多次使用过，调查人员也可以检索到部分信息。

如果罪犯使用原来的打印机在文件上加一行或一段怎么办？鉴定员如何知道这是什么时候发生的？由于字体相同，鉴定员可能无法判断原始文本是否存在更改。然而，当第二次将一页纸放进打印机时，通常无法保持完全对齐，尽管可能只存在轻微的字迹歪斜，但鉴定员可以在页上放置一块蚀刻网格图案的特制玻璃板，借此显示添加的行或段落在字迹对齐方面存在的任何缺陷。

发现复印文书的独特性

技术问题

复印机通过一系列复杂的过程，将图像从一页复制到另一页。首先，镜头将原始页面的图像聚焦到一个带有静电并涂有硒或其他感光物质的感光鼓上。喷洒的墨粉会依照静电强度成比例附着在滚筒表面。其次，将该感光图像转印到空白页上。最后，将该空白页暴露于定影剂之下。

调查人员有时可以将复印的文书与特定的复印机进行匹配，因为复印机内将纸张拉到复印机表面并将其从复印机上取下的机构会在页面上留下标记。同样，盖板玻璃、镜头或感光鼓上也可能存在划痕或缺陷，这些划痕或缺陷会在使用该机器复印出的每一页文件上留下特定标记。调查人员可以对其识别，并将这一标记与具体的复印机相匹配。

部分五

“十”话实说

在这一部分，读者将
了解十大法证鉴识名案
揭穿好莱坞影片中的十大穿帮拍摄手法
见证十大法证鉴识职业人员的精彩人生

第二十章

隐秘的角落：名案如何侦破

» 将工具痕迹、咬痕、火器与罪犯和犯罪联系起来

» 认定并追踪毒物的来龙去脉

» 通过指纹、血液及脱氧核糖核酸确定犯罪人及尸体残骸的身源

» 借助老照片的数字化还原侦破案件

» 分析纸张油墨

有些犯罪似乎足以引发公众的兴趣。你只需要看看某个牵涉一名举世闻名的前美式橄榄球运动员和一只血手套的双重谋杀案，就知道我在说什么了。而在辛普森（O. J. Simpson）[1]出生之前的世纪大案，乃是“林德伯格绑架案”（Lindbergh Kiknapping）。而“萨科与范泽蒂案”（Sacco and Vanzetti Case）似乎远未结束，美国史上最著名的连环杀手之一泰德·邦迪（Ted Bundy）犯下的凶残暴行同样如此。本章旨在让各位读者初步了解一些曾经登上头条新闻，并在法证鉴识历史上留下印记的标志性大案。

使用自制梯子：林德伯格绑架案

查尔斯·林德伯格上校（Colonel Charles A. Lindbergh）[2]，可谓是美国的英雄。人称“孤鹰”（Lone Eagle）的他，于 1927 年 5 月 20 日，成为第一个独自驾驶单引擎飞机“圣路易斯精神号”（Spirit of

---

〔1〕 这里作者所指的便是 20 世纪 90 年代轰动一时的“辛普森案”，1994 年，前美式橄榄球运动员辛普森被指控杀死了自己的白人前妻以及一名据称与妻子关系暧昧的服务生，案件审理一波三折，由于警方在处理物证，包括一支染血的黑色皮手套时出现的几个重大失误，导致其最终以无罪获释，而本案也成为美国历史上疑罪从无的标志性案件。

〔2〕 查尔斯·林德伯格，又译为查尔斯·林白（1902 年至 1974 年），美国飞行员、作家、发明家、探险家与社会活动家，美国圣迭戈林德伯格国际机场即以他的名字命名。

St.Louis）飞越大西洋的人。不到 5 年后，1932 年 3 月 1 日晚，他的儿子，小查尔斯，在林德伯格上校位于新泽西州“霍普韦尔”（Hopewell）的自家二楼的婴儿房被拐走。

线索寥寥无几，婴儿房窗台上留着一张赎金条，窗户下的地上放着一架梯子。掸去赎金条上的灰尘，没有发现任何潜在的指纹，但对这些文字的分析使调查人员相信，书写者的受教育程度很低，很可能是德国人后裔。梯子是自制的，说明绑匪有工具，而且熟练掌握木工技能。

随着案情进一步发展，绑匪开始与约翰·康登（John F. Condon）取得联系，后者是一名公立学校的校长，曾公开悬赏找到孩子。康登交出 5 万美元赎金后，换来一张纸条，上面写着在“玛莎葡萄园岛”（Martha's Vineyard Island）附近的一艘名为“耐莉”（Nelly）的船上可以找到这个孩子。不幸的是，根本就不存在这样一条船。1932 年 5 月 12 日，孩子的尸体在林德伯格家附近的一片树林里被发现。死亡原因要么是窒息，要么是头部遭到钝器外伤。

警方记录了所有用于支付赎金的钞票序列号，在接下来的两年半时间里，这些钱偶尔在纽约和芝加哥浮出水面，其中一部分较为集中出现在“布朗克斯区”（Bronx）。

随着调查人员将注意力转向梯子，木材制品专家亚瑟·科勒（Arthur Koehler）[1]被邀请参与破案。在检查梯子的过程中，他发现梯子结构使用了四种不同的木材：黄松、北卡罗来纳松、桦树和冷杉。杉木似乎是一块地板，用来完成梯子栏杆的左上部分，并表明梯子的建造者已经用光了木头，随手用了一块地板来充数。

科勒对梯子进行了显微镜检查，发现了一些痕迹，表明制作者使用了刨床来打磨扶手部位。他在木头上发现了这台机器留下的几处明显的痕迹。科勒向全国 1500 多家工厂索取刨花木材样本，并在南

〔1〕 亚瑟·科勒（1885 年至 1967 年），曾任威斯康星“木制品实验室”（Forest Products Laboratory）首席木艺专家。

卡罗来纳州麦考密克的“多恩木材公司”（Dorn Lumber）加工的木材上发现了同样的痕迹。然后，他根据梯子上使用的木材一路追踪，最后查到了位于布朗克斯的“国家木材和磨坊公司”（National Lumber and Mill Work Company），并在那里起获了很多赎金。

与此同时，一名加油站的工作人员记下了一名形迹可疑的男子的车牌号，他从该男子那里接过一张面值 10 美元的钞票，并报警。原来，这张钞票是赎金的一部分，德国裔木匠布鲁诺·理查德·霍普特曼（Bruno Richard Hauptmann）被捕。

在霍普特曼家的阁楼上，调查人员发现一块搁栅上的地板不见了，搁栅上有四个钉子孔，与用来制作梯子的冷杉上的孔完全吻合。科勒还在霍普特曼的家中发现了一架手持式木刨，刨子的缺陷与打磨梯子过程中在某些区域留下的明显痕迹相吻合。随后，科勒运用了一种众所周知的法证鉴识技巧。他用一张纸把梯子上的木头包起来，并用铅笔在上面来回摩擦，直到在纸张表面浮现出一幅黑白的复制图。后来科勒把同样的技术应用到另一块此前用嫌疑人的刨子打磨过的木头上，发现二者匹配。

根据科勒提供的证据和霍普特曼车库里发现的一些赎金，霍普特曼于 1935 年 2 月 13 日被判决绑架并谋杀小查尔斯·林德伯格。同年 4 月 3 日，霍普特曼被处决。

“萨科与范泽蒂案”中萨科的手枪

1920 年 4 月 15 日下午，保安亚历山德罗·贝拉德利（Alessandro Berardelli）和弗雷德里克·帕门特（Frederick Parmenter）正向马萨诸塞州“南布雷恩特里”（South Braintree）的一家鞋厂押送工资。两名男子突然开枪，打死这两名保安，并带着 1.5 万多美元逃走，这在当时是一笔可观的数目。目击者告诉警方，这两名枪手“看起来像意大利人”，其中一人留着黑色的八字胡。在现场发现的证据只有几个弹壳，分别由三个不同的公司制造：雷明顿（Remington）、温彻斯特（Winchester）以及彼得斯（Peters）。

两天后，警方发现了作案逃逸用车，并据此一路追查到早些时候警方认为是本地恶棍的迈克·博达（Mike Boda）安排的一起抢劫案。当警察前往博达的藏身处搜查时，并没有找到博达，反而发现了两个人，尼古拉·萨科（Nicola Sacco）和巴托洛梅奥·范泽蒂（Bartolomeo Vanzetti）。范泽蒂留着一把黑色的八字胡，萨科拥有的一把点三二口径的手枪和作案凶器口径相同。萨科还有 29 发子弹，都是雷明顿、温彻斯特或彼得斯制造的。两人被逮捕并被控双重谋杀。

警方还发现，萨科和范泽蒂隶属于一个主张暴力政治革命的无政府主义运动组织。1921 年 5 月 31 日，在马萨诸塞州“迪德姆”（Dedham）的韦伯斯特·塞耶（Webster Thayer）法官主持下，此案开庭审理，并造成了美国史上第一次红色恐慌。辩护团队组建了一个由无政府主义者、共产主义者和工会领袖组成的联盟，史称“萨科·范泽蒂辩护委员会”，并将这次审判称为政治迫害。

此案的关键在于证明打死两名保安的子弹是来自萨科的枪，但这些子弹当时已经过时，法证鉴识人员无法找到任何未使用的弹药进行试射从而与之进行比较。最终，他们使用了在萨科被捕时身上发现的那些子弹。对比成功，萨科和范泽蒂被判有罪并被判处死刑。但故事并没有就此结束。

阿尔伯特·汉密尔顿（Albert Hamilton），一名诚信存疑的专家，站出来表示，毫无疑问，用来杀死两名保安的子弹绝不是来自萨科的武器。辩方请求重审，在听证会上，汉密尔顿表现出了自己的本色。在一次奇怪的证据开示过程中，他把两支全新的点三二口径柯尔特手枪带上法庭，并把它们连同萨科的枪一起拆开。然后，汉密尔顿试图偷偷用全新的枪管替换萨科手枪的枪管。塞耶法官将他抓了个现行，下令重新组装萨科的枪，并拒绝了重新审判的请求。不过，故事还没有结束。

由于无政府主义者的持续抗议，1927 年 6 月，新成立了一个委员会负责调查此案。美国著名的枪械专家，纽约法医弹道局的卡尔文·戈达德博士，也加入了这场争论。他使用了两种最新的法证鉴识工具：对比显微镜和螺旋仪。前者使专家能够用显微镜检查和比较两种不同的子弹，后者是一种装有光源和放大镜的探头，使专家能够检查枪管内部的细节。同样，戈达德博士得出了比对成功的决定性结论。

1927 年 8 月 23 日，两名凶手被执行电刑。然而争议仍然存在。1961 年以及 1983 年都曾再次对该案进行了复查，每次都证实了戈达德的认定。

泰德·邦迪的咬痕

1969 年至 1975 年，一系列手段残忍的性谋杀案席卷了美国太平洋西北沿岸地区、犹他州和科罗拉多州。被害人的惊人相似之处在于，都梳着一头中分的深色头发。嫌疑犯是一名男性，经常戴着假发假装受伤，借此寻求被害人的帮助从而完成自己的犯罪计划。在那些毫无戒心的女性踏进他那辆大众甲壳虫后，凶手将其制服。带到一个偏僻的地方，并在那里对被害人进行折磨、实施强奸，并最终杀害。

随着不同司法管辖区的警察开始分头破案，一个名字不断出现：西奥多·邦迪（Theodore Bundy）。1974 年 11 月 8 日，18 岁的卡罗尔·德隆斯（Carol DeRonch）被邦迪骗进大众车里。当他试图用手铐和棍棒殴打卡罗尔时，她奋力反抗，并成功逃脱。大约一年后的 1975 年 8 月 16 日，警方拦停了一辆行迹可疑的大众汽车。他们在车里发现了手铐和撬棍，并认出司机正是人称“泰德”的邦迪。经卡罗尔·德隆斯指认，邦迪被判绑架罪名成立，入监服不定期刑 1~15 年监禁。

邦迪随后被引渡到科罗拉多州，并在那里面临谋杀指控。1977

年6月,他成功脱逃,但在8天后被逮捕。1977年12月30日,邦迪再次逃脱,但这次,他"杀向"了佛罗里达。

1978年1月15日,夜深人静,邦迪走进位于"塔拉哈"(Tallahassee)的"西佛罗里达州立大学"(Florida State University)校园里的"奇奥米加联谊会"(Chi Omega Sorrority house)。他袭击并强奸了四名女大学生,杀害了丽莎·利维(Lisa Levy)和玛格丽特·鲍曼(Margaret Bowman)。不到两小时后,另一名学生遭到袭击。但不同的是,她活下来了。

一个月后,警方以驾驶被盗车辆的罪名逮捕了克里斯·哈根(Chris Hagen)。他们很快发现,这位被认为是哈根的家伙,实际上正是因谋杀罪在几个州被通缉的泰德·邦迪。

对检察官来说非常不幸的是,邦迪在联谊会上没有留下什么证据。警方没有发现指纹,幸存的受害者也无法辨认袭击者的身份。警察在邦迪的公寓里搜寻指纹时,一无所获。

警方唯一需要处理的证据是丽莎·利维臀部的咬痕。邦迪起初拒绝给警方留下牙齿的印模,但法院很快迫使他服从命令。邦迪的牙齿错位并有缺口,与丽莎·利维身上的咬痕瘀伤完全吻合。1978年7月23日,邦迪被判谋杀罪,并于1989年1月24日在佛罗里达州被执行电刑。

斯特拉·尼克尔的指纹痕迹

1986年6月11日,苏·斯诺(Sue Snow)突然晕倒在华盛顿州西雅图市"奥本"(Auburn)郊区自家的浴室里。医护人员发现她昏迷不醒,呼吸困难。他们把斯诺送到医院,后者很快被宣告死亡。这名年轻女子死亡的可能原因之一,是吸毒过量,但斯诺此前并不吸毒,只服用了几粒安全的超强效治疗头疼药物"埃塞德林"(Exedrin)。

验尸时,检查员注意到尸体散发出一股淡淡的杏仁味。毒理学检查显示存在氰化物中毒迹象。随后警方对“埃塞德林”胶囊进行了检查，结果也呈氰化物阳性。美国“联邦食品和药物管理局”（Food and Drug Administration，FDA）[1]和制造商“百时美施贵宝公司”（Bristol Meyers）[2]迅速采取行动，在全国范围内将所有超强效“埃塞德林”下架。西雅图警方发现了另外两个被污染的药，一瓶出现在奥本，另一瓶出现在附近的“肯特”（Kent）。

在另一波事件中，斯特拉·尼克尔（Stella Nickell）在6月17日告诉警方，她的丈夫几天前突然去世，而其也曾服用过“埃塞德林”。布鲁斯·尼克尔（Bruce Nickell）的死亡证明上写着死因是肺气肿。不过，由于布鲁斯是注册器官捐献者，因此其血液样本被保留下来，故没有必要挖墓掘尸。对其血液样本进行的测试显示，布鲁斯也死于摄入氰化物。

当警方寻找苏·斯诺和布鲁斯·尼克尔之间的联系时，“联邦食品和药物管理局”检查了来自太平洋西北部和阿拉斯加的74万多粒“埃塞德林”胶囊。共在五个瓶子里发现了氰化物，其中两个是斯特拉·尼克尔的。当被问到这些瓶装药是不是同时从同一家商店买的时，斯特拉表示否认，并坚称自己是在不同的日子不同的商店分别购入。而这意味着遇到这种厄运的概率，有如天文数字。

除了氰化物，“联邦食品和药物管理局”的检查员在被污染的胶囊中还发现了另一种奇怪的化学物质：一种被称为“灭藻剂”（Algae Destroyer）的除藻剂的痕迹，而其主要用于鱼缸杀菌。斯特拉·尼克尔的一个鱼缸，立刻成为调查的焦点。深入调查她的背景，发现她有伪造、欺诈和虐待儿童的历史。此外，她还为布鲁斯购买了额外保

〔1〕 美国“联邦食品和药物管理局”，是由美国国会授权，负责执行《联邦食品、药品和化妆品法案》和管理药品、医疗器械、保健品、食品及化妆品的联邦执法机构，被公认为世界上最大的食品与药物管理机构之一。

〔2〕 “百时美施贵宝公司”，创始于1887年，主要业务涵盖医药产品、日用消费品、营养品及医疗器械，公司总部设在美国纽约，在消费者自疗药品、婴儿配方奶粉和美发产品的研制、生产方面，百时美施贵宝公司同样处于世界领先地位。

险，一旦丈夫意外死亡，她将获赔 17.6 万美元。

斯特拉·尼克尔否认与药物掺毒有关，但未能通过测谎。然后她自己的女儿站出来告诉警方，母亲经常提到杀死布鲁斯，甚至表示她自己曾研究过氰化物的使用。这一信息使警方找到了当地的奥本图书馆，在那里他们发现斯特拉借出的一本书过期未还，而其标题是《人体中毒》(*Human Poisoning*)。他们还发现，她曾两次借阅过《致命收获》(*Deadly Harvest*)一书，而这本书的主题与有毒植物相关。联邦调查局的物证鉴识实验室在书页上发现了斯特拉的 84 处指纹。其中大部分分布在处理氰化物的章节。1988 年 5 月 9 日，斯特拉被判处 99 年监禁。

在杰弗里·麦克唐纳身上发现纤维

1970 年 2 月 17 日 3 时 40 分，美国陆军上尉杰弗里·麦克唐纳(Jeffrey MacDonald)打电话给宪兵，要求其前往自己在北卡罗来纳州“布拉格堡”(Fort Bragg)的家中。宪兵们到达时，发现麦克唐纳上尉躺在他的卧室地板上，旁边是他的妻子科莱特(Colette)。他只穿着蓝色的睡裤。配套的睡衣套在妻子的胸前，他的妻子被残忍地连刺致死。在床头板的上面，有一个用血写的“猪”字。在大厅里，麦克唐纳夫妇的两个孩子，5 岁的金伯利(Kimberly)和 2 岁的克里斯汀(Kristen)，躺在血泊中。只有杰弗里·麦克唐纳还活着，在他的胸部只有一处刀伤。

宪兵们立刻怀疑起来，开始质疑：为什么家人受到严重虐待而麦克唐纳的伤势却显得很轻；为什么麦克唐纳声称遭到四人袭击的客厅如此整洁；为什么需要佩戴眼镜才能保证视力的麦克唐纳，能在黑暗中看到四名袭击者并对其加以详细描述。他们还想知道为什么在麦克唐纳家血迹斑斑的床上发现了一只指尖撕裂的乳胶手术手套。

有趣的是，宪兵们发现了一本《时尚先生》(*Esquire*)[1]杂志，里面有一篇关于最近在客厅发生的“曼森邪教谋杀案”(Manson Family Murders)[2]的文章。在这起谋杀案中，凶手在犯罪现场用鲜血留下了包括“猪”一词在内的信息。

不幸的是，调查不够完美，证据丢失，对麦克唐纳的指控后被撤销。如果麦克唐纳不上电视脱口秀并对军方大放厥词，指责宪兵严重无能的话，故事本来应就此结束。在电视节目上抛头露面，使人们对麦克唐纳上尉重新产生了兴趣。

联邦调查局介入调查，发现了大量新的信息。首先，令人感到奇怪的莫名巧合是，这个家庭的每位成员血型各有不同。这一因素使调查人员能够追踪每个人的行踪，特别是杰弗里·麦克唐纳的行动轨迹。结果只在三处位置发现了他的少量血液：客厅的眼镜上，存放一盒外科手套的柜子上，还有浴室的水槽上，调查人员认为麦克唐纳自己制造了轻伤的假象。麦克唐纳用来呼救的两部手机上既没有血迹也没有指纹，而且在他妻子胸口取出的刀上也没有指纹。此外，在后门附近发现的刀子和冰镐上也没有发现任何指纹。难不成是被擦干净了吗?

麦克唐纳睡衣上的蓝色纤维随处可见。几乎到处都是，不仅出现在两个女孩的房间里，甚至还出现在妻子科莱特的尸体下面。然而，在麦克唐纳说他被袭击并被撕破睡衣的客厅里，却没有发现任何纤维。

然而，最致命的证据，恰恰来自联邦调查局犯罪实验室。分析人士称，蓝色睡衣上衣上的48处破洞正好与科莱特胸部的21处伤口吻合。更重要的是，每一个破口都十分圆滑，这表明在打击时衣服是静

---

〔1〕《时尚先生》，创刊于1933年的一份美国杂志，主要以中高端男性读者为目标群体，1999年在中国推出中文版。

〔2〕“曼森邪教谋杀案”，是指1969年8月9日至10日在洛杉矶由所谓“曼森邪教成员”(Manson Family)发动的一场谋杀。

止的。如果睡衣上衣是运动的，也就是麦克唐纳穿着它来逃命，刺穿处会布满不规则的洞。

最重要的是，科莱特的血迹弄脏了两件撕破的睡衣。当这两件衣服并排摆放时，污渍的图案一模一样，这表明污渍是在上衣被撕破之前发生的；而且，这与麦克唐纳上尉所说的他在上衣被撕破后将其放在妻子身上直接矛盾。

1979 年 7 月，在谋杀案发生近 10 年后，杰弗里·麦克唐纳因三重谋杀案接受审判。定罪后被判处连续执行三个终身监禁。

格奥尔基·马尔科夫与致命雨伞

1971 年，乔治·马尔科夫从保加利亚叛逃到伦敦。他直言不讳地批评自己祖国的政权，并在“英国广播公司”的广播节目中发表自己的攻击言论。保加利亚政府则对他的指责不太满意。

1979 年 9 月 7 日，马尔科夫在“滑铁卢桥”(Waterloo Bridge)上行走时，感到右大腿剧痛。他转过身去，看见一位陌生人正从地上捡起一把雨伞。那人带着浓重的异国口音道了歉，匆忙上了一辆出租车。马尔科夫检查了自己的腿，发现大腿上有一个红色的刺痕。

那天晚上马尔科夫就出现不适症状，到了第二天早上，他开始发高烧，脉搏加快，血压降低。马尔科夫的伤口严重发炎，白细胞数量激增。他的腿部 X 光片没有显示出任何异常迹象，尽管服用了大量抗生素，但在接下来的两天里病情恶化，最终死亡。在一次尸检中，马尔科夫伤口周围的一块皮肤被切除，送到了大卫·盖尔医生(Dr. David Gall)那里，而其是位于“波顿道”(Porton Down)的英国政府最高机密单位“国防化学机构”的毒物专家。

在提交的人体组织中，盖尔发现了一个针头大小的金属颗粒，上面钻了两个小孔。他认为，这颗含有致命物质的弹丸，被藏在袭击者伞内的气枪射入了马尔科夫体内。导致马尔科夫死亡的罪魁祸首，不太可能是细菌和病毒，更有可能是一种化学毒素。

只有“蓖麻毒素”(Ricin)，一种从蓖麻豆中提取的物质，看似符合这种情况，但警方对蓖麻毒素没有可靠的检测手段。人体的天然酶系统迅速分解蓖麻毒素，不留痕迹。在一个巧妙的实验中，研究人员向一头活猪注射了相当于这个金属颗粒所能容纳的蓖麻毒素。这头可怜的动物很快就病了，并在不到 24 小时死亡。对猪的尸检显示，其器官损伤与马尔科夫的器官损伤相同，这表明蓖麻毒素确实是注射到马尔科夫体内的药物。

亨德里克斯一家的最后晚餐

大卫·亨德里克斯(David Hendricks)是伊利诺伊州“布卢明顿市”(Bloomington)的一位成功商人，经常出差与客户见面。而其在 1983 年 11 月 4 日，星期五，恰好安排了这样一次旅行计划—亨德里克斯计划 11 月 4 日晚些时候离开，整夜开车，第二天到威斯康星州开会。据亨德里克斯说，当晚妻子参加一个新生儿派对，而他和三个孩子于 18 时 30 分到当地一家披萨店吃晚饭，并在 19 时 30 分前吃完。孩子们大约 21 时 30 分上床睡觉，他的妻子 22 时 30 分回家，亨德里克斯大约在 23 时 30 分启程上路。

周末，亨德里克斯打了好几次电话回家，但都没有人回应。他打电话给亲朋好友，询问是否见过自己的妻子或孩子。他最后报警，表示担心家人可能出了事故。警方告诉他，没有任何姓亨德里克斯的人卷入任何事故。

11 月 8 日，星期二晚上，亨德里克斯回到家中，发现警察和几个邻居在他家。他的家人被人用刀和斧头残忍地杀害了，而两件凶器都被清理干净，放在他的床下。亨德里克斯吓得不敢进屋，警察察觉到他的震惊，决定不告诉他那些可怕的细节。

如果亨德里克斯闭口不言，故事可能就此结束，但第二天，他告诉记者家中遭遇小偷劫掠。他甚至列出了被带走的物品。警察这下子感到十分好奇，在没有进入房子，而且也没有被警方告知调查结果的情况下，他是怎么知道家里什么东西被盗走了的？

孩子们的尸检证明亨德里克斯在撒谎。三个孩子的胃内容物显示出未消化的披萨，这意味着他们在进食后两小时内死亡，因为这大约是胃排空所需的时间。消化在死亡时停止，基本上使胃内容物冻结在死亡时的状态。因为孩子们在 19 时 30 分吃完饭，这一发现表明亨德里克斯可能在 21 时 30 分左右，也就是他妻子回家前的 1 小时，杀死了自己的孩子。然后他杀了回家的妻子，随后离家开始了自己的旅行，认为自己有了完美的不在场证明。法证鉴识揭穿了谎言，亨德里克斯被判谋杀罪名成立，并被判处四个终身监禁。

为约翰 · 李斯特画像

1971 年，约翰 · 李斯特（John List）与妻子、三个十几岁的孩子和母亲住在新泽西州“韦斯特菲尔德”（Westfield）的一所大房子里。邻居们注意到，他们已经有一段时间没见到这一家人了，院子里几乎一片荒芜，除了整座房子每晚灯火通明。12 月 7 日，警方顺道调查，发现四具尸体整齐地放在靠近屋后的一个房间地板上的睡袋上。尸体是约翰 · 李斯特的妻子海伦（Helen）和他们的三个孩子。在楼上的卧室里，他们发现了约翰母亲阿尔玛（Alma）的尸体。每个人都是被枪杀的。然而，约翰 · 李斯特却不见踪影，更令人不安的是，警方在一个档案柜里发现了五个贴着地址的信封。

约翰 · 李斯特是当地路德教会的一位有影响力的成员，他在信件中解释了自己犯下多起谋杀案的理由。他说，他不善于理财，管理不善，被逼到破产的边缘，他不想让家人过上靠福利生活的日子，为了避免家人受到这种羞辱，就动手杀了他们。

两天后，李斯特的车出现在纽约“肯尼迪国际机场”（JFK）的长期停车场。通缉令立即从大洋这端传到大洋那端，由于约翰·李斯特精通德语，其足迹可能遍及德国和南非等一切讲德语的地区。结果就是没有线索，也没有发现约翰·李斯特的下落。

两年后，伯纳德·特雷西（Bernard Tracey）加入了韦斯特菲尔德警察局，并很快对此案产生了兴趣。13年后，他仍然没有在查缉这名逃犯的方面取得任何进展。为了重新激起人们对这个案子的兴趣，特雷西找到了《世界新闻周刊》（*Weekly World News*），这家报社在1986年2月17日刊登了一篇关于约翰·李斯特案的报道。再一次，案件宛如石沉大海。

然而，与此同时，科罗拉多州"奥罗拉市"（Aurora）的旺达·弗拉纳利（Wanda Flanery）认为，这张小报上报道的照片与自己的邻居鲍勃·克拉克（Bob Clark）非常相似。她向克拉克的妻子德洛雷斯提起了自己的怀疑，德洛雷斯对将自己经常去教堂的丈夫指认为杀人犯的说法嗤之以鼻。此后不久，克拉克一家因为鲍勃对家产处理不善而陷入财务困难，搬到了弗吉尼亚州的"里士满"（Richmond）。

特雷西仍然对自己无法破案感到沮丧，他开始寻求电视节目《美国头号通缉犯》（*America's Most Wanted*）[1]的帮助，但该节目最初对此案几乎没有兴趣。然而，特雷西1年后再次联系他们时，节目制作人决定调查这一情况，事实证明这是此案的主要转折点。他们聘请了法证塑形专家弗兰克·本德（Frank A. Bender），在约翰·李斯特拍摄最后一张已知照片的18年后，为他制作了一幅可能是其相貌的半身像。密歇根州惩戒局的理查德·沃尔特博士（Dr. Richard Walter）也被请来提供约翰·李斯特的个人资料，以帮助重建其目前可能的面部形象。沃尔特认为，李斯特的宗教背景使他不太可能接受任何整形手术，而其生活方式也不会导致其节食和锻炼，而这两个因素都可能改变李斯特的衰老模式。

---

〔1〕《美国头号通缉犯》，1988年2月7日开播、2012年停播的一档犯罪纪实题材电视节目，曾获得极高收视率。

联邦调查局专家吉恩·奥唐纳(Gene O'Donnell)随后参与进来。他利用最新的计算机技术和约翰·李斯特的老照片,通过对头发做灰白、稀疏化处理,将下巴变得丰满等手段,对照片中的相似之处进行了数字老化处理。他还加入了与老照片中所戴眼镜类似的厚框眼镜。1989 年 5 月 21 日,当《美国头号通缉犯》节目在报道本案时同时播出了经老化处理的照片,结果一下子接到了 250 多通电话。一位来自科罗拉多州匿名来电者表示,约翰·李斯特住在弗吉尼亚州里士满,名叫鲍勃·克拉克。打电话的人,原来是旺达·弗兰纳利的亲戚。指纹证明鲍勃·克拉克和约翰·李斯特是同一个人,1990 年 4 月 20 日,在谋杀了自己家人近 20 年后,约翰·李斯特被判终身监禁。

成为阿纳斯塔西娅·罗曼诺夫

在 1917 年爆发的俄国大革命中,沙皇皇室成员遭到处决。1918 年 7 月 17 日,沙皇尼古拉斯二世、他的妻子亚历山德拉、他们的五个孩子和另外四个孩子在西伯利亚叶卡捷琳堡的一所房子的地下室被处决。而这结束了罗曼诺夫家族长达 3 个世纪的统治。在接下来的几年里,这座房子成了一个事实上的,或未经授权的圣地,去看沙皇的最后安息地变得司空见惯。然而,在 1977 年,苏联政府用推土机推平了这座建筑,结束了这一做法。

对于盖里·里亚比(Gely Ryaboy)来说,搜寻沙皇的墓地堪称困扰。作为内政部的一名纪录片制作人,他查阅了许多秘密档案,寻找沙皇和他的家人可能被埋地点的证据。通过这项研究,他找到了亚科夫·尤罗夫斯基(Yakov Yurovsky)的孩子。尤罗夫斯基作为警卫,目睹了处决的过程。尤罗夫斯基的儿子给了里亚比一张来自父亲生前留下的纸条,描述了在叶卡捷琳堡被推土机推平的房子附近的沼泽中尸体的处理情况。在黑暗的掩护下工作,里亚比终于收集了一些骨头和衣服碎片，他认为这些碎片可能代表被处决的王室成员遗骸。然而，与预期的 11 具遗骸不同，他只发现了 9 具遗骸。

1991 年，随着苏联解体，辨认遗体的任务公开化。鉴定人员将尼古拉斯和亚历山德拉的照片叠加在两个头骨上，证明其确实是沙皇和他的妻子的遗骸。脱氧核糖核酸鉴定显示，9 具遗骸中有 5 具来自同一个家庭；然而，这并不能断定这名男子、女子和 3 名儿童的遗骸是否真的是罗曼诺夫家族成员。所以研究转向线粒体脱氧核糖核酸（参见本书第十五章）来寻找答案。因为线粒体脱氧核糖核酸是通过母系一代一代传下去的，所以需要一个母系亲属。事实证明，英国女王伊丽莎白的丈夫菲利普亲王是沙琳娜·亚历山德拉妹妹的直系后裔。亲王提供了一份血样，比对结果证明，这些遗骸确实是尼古拉斯、亚历山德拉和他们 3 个孩子的遗骸。

但另外两个孩子呢？阿列克谢王储和他的妹妹阿纳斯塔西娅的尸骨不在被发现的遗骸中。他们的骨架在沼泽地里不见了。有传闻说阿纳斯塔西娅和阿列克谢在处决中幸免于难，逃走了，但没有人知道他们两人最终的归宿。

1920 年，一位名叫安娜·安德森（Anna Anderson）的柏林妇女声称自己就是失踪的阿纳斯塔西娅。很多人相信她，但也有人认为她是个骗子。安德森于 1964 年在弗吉尼亚州"夏洛茨维尔"（Charlottesville）去世，但直到 1994 年事情才真相大白。安德森生前接受过一次外科手术，医院保存了她的组织样本。对样本的脱氧核糖核酸测试显示，她根本不是阿纳斯塔西娅，而是一个波兰农民，名叫弗兰齐斯卡·朔兹科夫斯卡（Franzisca Schanzkowska）。最后，在 2007 年，在发现罗曼诺夫家族遗骸的不远处的一个浅墓穴中发现了两名儿童的遗骸，STR 和 Y-STR 脱氧核糖核酸分析表明，遗骸是阿纳斯塔西娅和阿列克谢的遗骸。

伪造希特勒日记

1981年2月18日，记者格尔德·海德曼（Gerd Heidemann）向他的老板，即德国出版业巨头"古纳亚尔集团"（Gruner Jahr）[1]主管曼弗雷德·费舍尔（Manfred Fischer）赠送了世纪文学发现——阿道夫·希特勒的日记。文件是用几乎难以辨认的德文手写的。海德曼说，自己从一位富有的收藏家那里收到这些东西，而这位收藏家的兄弟是一位"前东德"将军。在没有咨询任何历史学家或文献专家的情况下，费舍尔同意以20万马克的价格购买27卷的日记和之前鲜为人知的《我的奋斗》第三卷。

收到作品后，费舍尔开始对它们进行鉴定。他将部分文件和希特勒的笔迹样本交给苏黎世警察局法医部的马克斯·弗雷·苏尔泽博士（Dr. Max Frei-Sulzer）和南卡罗来纳州"兰德鲁姆"（Landrum）的世界知名文件鉴定专家奥德威·希尔顿（Ordway Hilton）。苏尔泽博士和希尔顿都被蒙在鼓里——其实这些笔迹样本和日记的来源是一样的。两人都认定这些文字出自同人之手，因此这些文件是真实的。

"班坦图书公司"（Bantam Books）[2]、《新闻周刊》（*Newsweek*）[3]和出版商鲁伯特·默多克（Rupert Murdoch）[4]展开了一场争夺珍本全球出版权的竞标战。默多克乘坐私家飞机拉着英国著名历史学家休·特雷弗·罗珀（Hugh Trevor Roper）前去鉴宝，罗珀遭遇到像苏尔泽和希尔顿一样的骗局，因此也得出了类似的结论。然而，《新闻周刊》赢得了竞标，同意为其支付375万美元。

幸运的是，在"古纳亚尔集团"的要求下，"西德"警方法证鉴

---

〔1〕"古纳亚尔集团"，又名古纳亚尔出版公司，或古纳亚尔公司，创建于1965年，隶属于贝塔斯曼集团，是欧洲最大的杂志社。

〔2〕"班坦图书公司"，成立于1945年，是美国最大的纸本出版社。

〔3〕《新闻周刊》，创刊于1933年，是美国时政杂志中因评论优秀而获得荣誉最多的周刊，与《时代周刊》《美国新闻与世界报道》并称为美国三大新闻周刊。

〔4〕鲁伯特·默多克（1931年出生），澳大利亚籍世界报业大亨。

识部门自行进行了评估，他们发现的情况震惊了出版界。撰写日记的纸上存在一种增白剂——直到 1954 年才出现的“布兰科仫”（Blankophor）。而日记的装订包括粘胶纤维和聚酯纤维，这两种材料在 20 世纪 40 年代都还没有问世。此外，书写日记的四种墨水，在第二次世界大战期间都没有被广泛使用，通过对墨水中氯蒸发量的测量发现，这些文件的记录时间还不到一年。原来，这些手稿全系伪造。

第二十一章

好莱坞十大穿帮拍摄手法

» 搞错创伤及毒药的特性

» 呈现错误的死亡方式及死亡时间

» 误解法证鉴识实验室的工作

在过去的日子里，人们对历史、地理和世界文化的了解，大多来自他们在影视作品中看到的东西。由于法证鉴识乃是当今的热门话题，数以百万计的观众也正成为这一领域的“专家”。但好莱坞可靠吗？答案有时是肯定的，有时是否定的。在本章中，作者将介绍好莱坞电影中一些常见的有违法证鉴识的错误桥段。

立马完蛋

挨了一枪，被捅了一刀后，坏蛋可能会捂着自己的胸口，或者挣扎着做最后一次戏剧性的呼吸，但不管怎样，他都会立马完蛋。

问题是：在这种情况下，没有人，嗯，几乎没有人会马上死亡。心脏病发作、中风、极不正常的心律失调以及氰化物和其他代谢性毒物（让人体细胞功能紊乱的毒素）都可能导致一个人瞬间死亡。然而，枪伤和刀伤造成的创伤，很少会导致立即死亡的结果。然而，一击致命的概率是多少？“砰”的一声，坏蛋就死了。要发生此类情况，子弹必须严重损伤大脑、心脏或脊髓（脖颈）部分。胸部或腹部中枪，通常只会发出一阵尖叫和痛苦呻吟，实际上只有失血才能导致死亡，而这需要一段时间。可参见本书第十二章，看看创伤是如何真正作用于受害者的。

完美死亡

作者把这一例子叫作“好莱坞式死法”。演员的表情看上去平静祥和，发丝不乱。那血污呢？一滴也没有。好吧，除非是渲染分尸的哥特式恐怖题材电影，[1]在这些电影里，横飞的鲜血几乎扮演了另一个主要角色。在大多数情况下，死者衣冠楚楚地躺在床上，妆容完美，仔细一看，眼睑还在微微颤动。当死者碰巧是好人时，这种描述尤其精准。

现实是：真正的死者丑陋不堪。此时，生前是何种尊容已无关紧要。人死后，皮肤苍白，呈现灰色的蜡质形态。死气沉沉的空洞眼神、体表呈现的深蓝色的尸斑（参见本书第十一章）、毫无血色的面容、眨也不眨一下的眼皮，使其看起来一点也不轻松平静。准确地说，看起来就已经死了。

很快，尸体的味道就变得很难闻。当电影中的侠探冒险进入路易斯安那州的沼泽地，发现了已经失踪4天的女孩时，她可能看起来又湿又脏，但仍然漂亮可人。不然观众怎么能同情少女的惨死呢？尸体已经躺在90华氏度[2]以上的潮湿环境中闷了长达4天的时间，而这似乎对受害人的外表没什么影响。但不幸的是，在现实中，找到死者之前，刑侦人员就已经闻到了尸臭的味道，而且死者看起来也不可能太讨人喜欢。

流血尸体

案发半小时后，侦探来到谋杀现场，看到门缝渗出了鲜血。把门推开时，看到一具躺在地板上的尸体，鲜血正从它的嘴里和胸口张开

〔1〕 在美国恐怖电影中，有一类特殊的“分尸类电影”，典型人物形象如《猛鬼街》里的弗雷迪以及《十三号星期五》里的杰森。

〔2〕 90华氏度约为32摄氏度。

的火器创口中汩汩流出。

“打住！”血液离开人体几分钟后就会凝成血块，所以令人惊讶的是，死人不会流血。人一旦死亡，心脏就会停止跳动，血液不再循环。血液停止流动，就会凝结，而且，如你所知，凝结的血液不会流动，不会从身体里喷涌渗出或向外汩汩流淌，也不会从门缝渗出，更不会从伤口流出。

如何准确刻画上述场景呢，较为聪明的事例可见后来因为《冰血暴》(*Fargo*)〔1〕一片扬名立万的“科恩兄弟”(Coen Brothers)〔2〕的首部商业电影《血迷宫》(*Blood Simple*)〔3〕。在一幕场景中，一名男子趁着夜色潜入情人丈夫的办公室，发现自己的情敌倒在桌子后面的椅子上，血迹和胸部的枪伤说明了一切。这名男子相信是自己的情人射杀了她的丈夫，于是决定帮忙处理尸体来为其掩护。但是，当镜头定格在死者摇摇晃晃的手上时，你会看到一滴血顺着手指滑落。他没死！这个男人把他误认为是情敌尸体的东西放在车后座上，一路狂奔去埋葬尸体。夜深人静，作为一位深谙此道的精明观众，你搭坐在椅子边，静待着这位丈夫亡灵归来，给剧中蠢不可及的埋尸男人一个惊喜。就租这部片子了！

精准离世

有多少次看到侦探或法医自信地宣布，被害人于“昨晚十点半去世”？我一直想知道法医到底是怎么作出这个判断的。依据是尸僵、尸温还是尸斑？有没有发现某些虫子？当然，问题是这些形式的证据都无法显示确切的死亡时间。任何一种相关证据，都可能为法医提供

〔1〕《冰血暴》，曾荣获1996年奥斯卡最佳原创剧本奖。

〔2〕 科恩兄弟，美国独立电影导演搭档，由哥哥乔尔·科恩和弟弟伊桑·科恩组成，作品曾斩获多项大奖。

〔3〕《血迷宫》是科恩兄弟的处女作，创作于1984年。2009年，被张艺谋改编为《三枪拍案惊奇》。

死亡时间的估计范围，但即使是这些证据的组合，也不能使其准确地确定死亡的具体时间。

在现实生活中，法医一般会说死亡“可能发生在晚上八点到午夜之间”，但这显然让其显得有些软弱，好莱坞喜欢让自己塑造的英雄毫无悬念得机智过人——有时甚至会显得自以为是。

一拳销魂

银幕上的英雄狠狠给了坏人爪牙迎面一拳。这位爪牙应声倒地，并再也没有在剧中出现，因为作为观众的你，再也没有听到过他的任何消息。敌人终究也是血肉之躯，即便是爪牙走狗，其实也和大多数真人一样，需要几次有力的打击才能将其击倒。

想一想拳击比赛。拳击手受过专门的攻击训练，即使是他们也很难把对方击倒。即便成功，被击倒的家伙也会在很短的时间内再次站起来，并声称对方的这一拳纯属侥幸。詹姆斯·邦德（James Bond）〔1〕也许能一拳把人击倒，但在现实生活中，可能除了迈克·泰森（Mike Tyson）〔2〕其他人根本无法做到。由汽车销售员变身而来的业余侦探，或者一个正在戒酒、什么时候都叼着雪茄的私家侦探当然更无法企及。好人可能会打倒坏人，也许会把对方打晕，甚至使其失去知觉，但坏人会很快醒来，振作精神，追上英雄，甚至表现得比以前更加愤怒且充满敌意。

---

〔1〕 詹姆斯·邦德，《007》系列小说、电影中的男主角，这位虚拟人物是英国军情六处的特工，代号“007”，精明强干，机敏过人，被授权可以干掉任何妨碍行动的人。

〔2〕 迈克·泰森（1966 年出生），美国前重量级拳击职业运动员、演员，曾获世界最年轻重量级拳击冠军，被认为是世界上最好的重量级拳击手之一，曾在全盛时期以毁灭性的风格多次击败了著名的对手，一度是最具威胁性的拳击手之一。

神速愈合

那位生来就是演员胚子的漂亮女星，遭到坏人的猛烈打击。在接下来的一幕场景中，她用一副太阳镜遮住了明显的乌黑眼圈，但随即，再次登场的这位女演员，就恢复了宛如瓷娃娃般的精致妆容。

事实上，在第一幕中被打成熊猫眼的角色，可能会在今后的两个星期都是这副德行，而这很可能会让你在电影结束后再等上一阵子。因此，这个角色在第二幕那天晚些时候的样子，看起来多少有些不太正常。

黑眼圈是一种挫伤（瘀伤），由破裂的微小血管中的血液泄漏造成。对于被击中后出现的淤伤，人体需要大约两周的时间来清除淤伤组织中的所有残存物质，再用两天左右的时间让痕迹变淡，然后伤痕会在接下来的四五天内逐渐消失。在瘀伤消失之前，会阶段性呈现青色、褐色和病态的黄色。然而，你已经看到，英雄的黑眼圈在第二天早上就明显变好，第三天就消失得无影无踪。我想，演员们可不喜欢被人看到自己是熊猫眼的样子。

可以把这种超人般的瘀伤减轻，称为"极速愈合"的一部分。一个从楼梯上摔下来背部受伤的人物角色，不能在第二天就敏捷逃离、追赶敌人或与新情人"翻云覆雨"。在现实世界中，人需要几天的时间来疗伤治愈，而在此期间，能做的只有一瘸一拐地到处抱怨。手臂骨折，至少需要四周的时间来恢复，但因为一部电影片长只有两个小时左右，所以受伤的角色必须快速恢复如初。

速效毒药

喝了被投入砒霜的热茶没几秒钟，被害人的脸上就开始出现了一丝担忧，然后表情变得极为惊恐，双手紧紧抓住自己的喉咙，翻倒在地立马死去。这一幕非常戏剧化，而且可能性极小。但这并没有阻止其在过去几十年成为好莱坞电影的主打桥段。

急性砷中毒不会这么快致死。事实上，中毒而死的过程可能需要几天的时间。患者突然出现腹痛、恶心、呕吐，并可能出现血性腹泻。这一幕看起来绝不会令人赏心悦目，所以最好的办法，就是将其简化为被害人抓住喉咙，然后崩溃倒地。

氰化物和其他代谢毒物会阻碍人体细胞利用氧气或其他人体所需化学物质的能力。这个过程会导致严重的呼吸短促和胸部或喉咙的收缩。而且由于其起效速度很快，受害者可能真的会抓住自己的喉咙，然后崩溃。各位可能已经熟悉了其他几种快速起效的毒素：如沙林和 VX 毒气。然而，这些物质很难入手。毒物获取越容易，其见效就越慢，一般不会导致突然崩溃和死亡。但是在高度戏剧化的影视作品中，缓慢致死显然并非首选，所以电影业界对几乎所有类型的毒药都使用了速效进程。查看本书第十六章了解更多关于毒药的信息。

无形剧毒

大屏幕上狡猾的恶棍，会选择用一种不留下任何痕迹的毒药让自己摆脱谋杀的指控。没有这种好事！在本书第十六章中，各位读者会发现法证鉴识毒物分析人员通过仔细搜索，可以发现几乎任何化学物质或其代谢物的痕迹。有了像气相色谱——质谱这样的奇特装备，法证科技工作者几乎可以确定任何化学物质的标志性信息。因为好莱坞电影中的毒药是无法追踪的，所以没有必要进行昂贵而耗时的全面毒理学检查。

另外常见的一幕便是，法医在 20 分钟内便甄别出一种奇怪且不寻常的毒药。对不起，伙计们，这样不行。首先，法医必须使用筛选测试来确定是否存在毒药，如果存在，则确定是哪种毒药。其次，法医会通过更明确的测试——如使用气相色谱——质谱等工具来准确地确定存在哪种毒药。而这个过程需要一定的时间。

速成健将

电影中的英雄侠客沿着街道、桥梁、隧道、楼梯、梯子、篱笆和屋顶追逐坏人，根本不出一丁点儿汗，更不会气喘吁吁、头发凌乱。现实中，身为警察或私家侦探的英雄可能会酗酒、抽烟，很少睡觉，经常吃甜甜圈。你看到的英雄，身上胡乱套着一身衣服，而不是健身行头。你可以看到英雄坐在酒吧里，而不是在推杠铃，或者是走跑步机。然而，当一个人身材走形时，肾上腺素只会保证你最多跑这么远——一个街区，也许两个街区，还是在最佳状态下。对坏人来说，也是如此。

电影《霹雳钻》(*Marathon Man*)[1]中有一个桥段，说明了如何正确处理这种情况。还记得达斯汀·霍夫曼(Dustin Hoffman)[2]饰演的贝比·勒维(Babe Levy)吗？面对劳伦斯·奥利维尔(Laurence Olivier)[3]饰演的克里斯汀·斯泽尔博士(Dr. Christian Szell)和他手下的纳粹坏蛋们永无休止的追捕，勒维一路奔逃。在电影的开篇，你会发现勒维是一个每天绕着中央公园的水池训练的长跑运动员。所以你知道，这位主人公的确可以靠双腿“逃”命。

惊天科技

俊男靓女漫步在一个又一个高科技感十足、外观时尚的实验室，用最新最好的设备和闪电般的速度侦破刑事案件(涉及更多俊男靓女)。电视剧集所呈现的，就是这样。但现实世界的实验室可不像《犯罪现场调查》描述的那样。参观当地的犯罪实验室，你看不到等

〔1〕《霹雳钻》，又译为《马拉松人》，1976 年上映的一部美国电影。

〔2〕达斯汀·霍夫曼(1937 年出生)，美国著名男演员，曾荣获奥斯卡最佳男主角等多项大奖。

〔3〕劳伦斯·奥利维尔(1907 年至 1989 年)，英国电影演员、导演和制片人，奥斯卡奖得主。

离子屏幕电视、顶配电脑或漂亮的主人公。大多数法证鉴识实验室的工作人员之所以很吸引人，不一定是因为长着一副漂亮脸蛋，而是因为他们做的工作令人难以置信，而且常常吃力不讨好。

真正的实验室很可能位于警察局没有窗户的地下室里，那里的标准配置是墨守成规的绿色墙壁和拼凑来的二手设备，以及满地的痰迹和口香糖。同样不足的，还包括大多数实验室的经费预算。

与热播剧集《犯罪现场调查》中的猛男靓女能在纽约用一分钟时间得到试验结果不同，在现实中的法证鉴定实验室工作的技术人员，需要夜以继日才能得到真正的结果。在大屏幕上几乎瞬间完成的一个测试，在真正的实验室可能需要几天甚至几周的时间。虽然你可以快速地进行筛选或预测试，但大多数验证性测试都需要时间。现实中，实验室很少能在几分钟内得到关键结果，更遑论让剧中的英雄人物赶在犯罪分子登上飞机潜逃哥伦比亚之前，凭借这些结果将其绳之以法。

第二十二章

十大法证鉴识职业

» 在法证鉴识领域寻找工作机会

» 弄清工作职责

» 确认相关工作的教育要求

如果各位钟情于科学和执法，或许会在法证鉴识领域找到自己的职业定位。不过有一点需要提醒：如果此前有过犯罪记录，最好另谋高就。

在本章中，作者将为读者提供一些关于如何涉足相关领域的有用信息，以及一些更为有趣的法证鉴识方向。下面提到的许多职业，在本书中都有说明，其中在第二章详细描述了这一行当最为常见的工作类型。

所列内容绝对称不上完整，而仅仅为诸君提供了一般信息。美国各个司法管辖区都有自己的行事方式，包括官方职位描述和各种工作的具体受教育要求。同样，所有的法证鉴识办公室和实验室工作复杂程度不同，受到预算支持的规模也不同。较小的部门往往无法提供全面服务，而规模较大的地区办事处和实验室，则可能会从所有鉴识专业中选聘雇员。

某些法证鉴识工作需要接受严格的教育培训，但另外一些只需要从事者具有强烈的兴趣即可。有些职位需要得到专门委员会的资质认证，而另外一些则没有任何认证要求。部分职位需要从业者具备丰富经验，但有些职位则被视作为“菜鸟”准备的入门级职位。

无论如何，在走上这些道路之前，希望各位对自己感兴趣的方向与领域稍加研究，调查一下自己想工作的地方情况究竟如何。这样做可以让你清楚自己到底想要什么，甚至可以为自己提供建议，即报考哪些学校、参加何种培训，此为第一种方法。另一种方法，就是可以与本地提供法证鉴识专业教育的大学取得联系，咨询其可以提供何种法证鉴识课程，他们也许能告诉各位想从事的领域最需要什么人才。这两种方法最好双管齐下。

技侦人员

技术侦查人员是一个现代名词，可以将诸多法证鉴识领域的工作者悉数囊括在内，但其最常指代的是在犯罪现场和法证鉴识实验室工作的技术人员，即技侦人员。如果各位喜欢执法活动及实验室工作，这个领域的工作可谓理想选择。技侦人员的职责取决于此前所受教育以及个人的经验和兴趣。作为一名技侦人员，其可以专门负责指纹、枪支、工具、存疑文件、痕迹证据或犯罪现场分析等某一领域的工作。许多技侦人员拥有执法经验或直接来自执法部门，这一背景显然在上述任何领域都会有所助益。

成为一名基层技侦人员的唯一真正要求，便是需要获得法医学、生物学或化学等实验科学的学士学位。许多学院和大学提供完整的法证鉴识专业教育。可能需要选修化学、生物学、微生物学、数学、物理、药理学和其他科学领域的专业课程。拿到学位后，就可以申请进入法证鉴识实验室工作，不需要更高学位就可以得到初级技侦人员的职位，而且能够在今后的工作中获得大部分所需知识和技能。

但是，如果有人想专攻某一特定领域，就需要攻读相关领域的研究生学位或去相关机构实习。例如，如果想成为一名火器专家，最好先在该领域获得研究生学位，然后再寻找就业机会。否则，就需要在法证鉴识实验室的枪械部门工作至少一到两年。在那之后，寻找一份火器检验人员的工作。不过，请注意，和只具备学士学位且具有一定工作经验的人相比，具备相同工作经验，但受过更高教育者，更具吸引力。

犯罪现场调查员

犯罪现场调查员或犯罪现场技术人员(在某些司法管辖区也称为技侦人员)负责前往犯罪现场收集证据。进入这个领域,不难想象,很可能会在午夜时分工作,因为罪犯一般不会按照朝九晚五的时间表作息。犯罪现场调查员还要帮助警方保护现场,保护、保存和收集证据。

你必须清楚如何在犯罪现场工作,识别、收集和运输证据,并维持证据的保管链条。更具体地说,需要知道如何使用专门的光学及化学技术来暴露、拍摄和收集潜在的指纹。简言之,犯罪现场技术人员负责在现场处理各种各样的证据。通常可以凭借法证鉴识学专业学位或通过成为一名警官来获得这份工作。有些司法管辖区只会雇佣有警察工作经验的人担任技侦人员。有意者可以加入警队并获得法证鉴识学专业学位,从而提高在这一领域的就业竞争力。精通犯罪现场摄影也会有所帮助。记住,大多数司法管辖区不可能为每一份工作都雇佣专人,因此拥有的技能越多越好。

法证调查员

与将犯罪现场调查视为法证鉴识实验室的现场扩展一样,也可以将"法证调查员"(Forensic Investigator)或"验尸调查员"视为验尸官或法医的助手。选择这个领域,不出所料,需要做好不分昼夜开展工作的准备。

法证调查员,需要走访死亡发生现场,并负责处理尸体;犯罪现场属于警察的管辖范围,但尸体属于验尸官的管辖范围。尽可能通过收集个人物品以及采访死者家属、朋友和证人来确认死者身源。法证调查员负责检查并收集尸体上的证据,准备运输,可能还必须编撰关于自身开展活动和发现的报告,并在法庭上就上述发现和观察作证。

从事这一专业，至少需要高中文凭或同等学历、在执法或调查工作方面有两三年的经验，以及对医学术语和犯罪现场调查标准流程，包括证据收集和保存、证据保管链条和适用法律的基本知识具有基本了解。成为一名警官并获得法证鉴识学或物理科学学位，是为这项工作所做的最佳准备。

法证病理学分析人员

法证病理学分析人员，处于法证鉴识调查系统的金字塔顶端，可以说是最顶尖的职位。但是这种工作显然不适合心脏病患者。仅仅是喜欢反复观看《神勇法医官》(*Quincy M.E.*)[1]，并不意味着你就适合这份职业，因为，坦白地说，这个行当肮脏、恶臭、怪诞。但这也很吸引人，也很值得一个人为之奋斗。

法证病理学分析员有资格担任法医或验尸官，或在法医或验尸官办公室工作，其具体工作包括：检查尸体以评估死亡原因和方式、进行尸检、监督病理实验室、也许监督整个犯罪实验室、检查犯罪现场、协助执法人员进行尸体解剖及复原程序、在法庭上提供专家证词以及在各种公共和法律领域代表验尸官办公室。要履行这些职责，必须拥有行医资质和解剖学、病理学、人类学、牙科学等专业知识熟练进行显微镜、X射线和实验室测试，熟练运用证据规则和法庭程序并进行犯罪现场评估，以及掌握联邦、州和地方法律的专门知识。

从事这项工作需要接受漫长而艰苦的专业教育。必须(至少)大学毕业，然后攻读四年的医学专业，完成历时一年的医学实习和四年的病理学住院医生实习。之后，一年或两年的法证病理学见习工作经验或许会对你有所帮助。有些地方要求必须有一年或两年的法医病理学实验室工作经验。然而，大多数领导职位需要获得解剖病理学和

---

〔1〕《神勇法医官》，又译为《法医昆西》，1976年上映的一部美国影片。

法证病理学专业委员会做出的资质认证。相关认证还需要经过美国病理学委员会（American Board of Pathology）[1]的核查。

法证病理学技术人员

如果对法证病理学感兴趣，但对攻读医学专业和多年的专业培训"不感冒"，或许可以考虑成为一名法证病理学技术人员。凭借这种身份，可以与法证病理学分析人员并肩工作，协助其完成所有职责。法证病理学技术人员帮助并实际执行部分尸检，还可以拍摄尸体的X光片并提取样本，用于毒理学（药物和毒物）、组织学（组织显微镜检查）、血清学（血液）、微生物学（感染性材料）、指纹和微量物证分析。法证病理学技术人员可以协助从尸体中找到子弹和其他异物，拍摄尸体，取出标本，并帮助维持证据链。技术人员甚至可能被要求与受害者的家人、执法人员和太平间工作人员讨论尸检程序和结果。

对于这份工作，经验比教育更重要。大多数实验室只要求从业者具有高中文凭或同等学历，但在任何实验室，拥有科学技术相关专业的本科教育经历定会有所助益。此外，拥有在医学实验室——甚至更好的是在法证病理实验室——一年或两年的经验，会让你得以立足。关键是了解一般和专业医学实验室的工作流程，熟悉相关的医疗器械和设备的工作原理，并了解实验室安全和感染控制程序。

法医人类学分析人员

如果一个人喜欢生物科学、历史学、人类学和考古学，法医人类学分析员可能是非常适合的职业。其主要职责是帮助法医或验尸官

〔1〕 美国病理学委员会，创建于1937年，是美国24家经过认证的专业医学委员会之一。

恢复和鉴定遗骸。这项工作包括估计骨骼遗骸的生物特征(年龄、性别、身高、种族等)和评估骨骼创伤的原因。为了确认死者身份并帮助确定可能的死亡时间和死因,法医人类学分析人员可能需要访问拘留所,帮助挖掘和检查尸体组织或骨骼遗骸。

作为一名法医人类学分析人员,需要进行大量的教育准备,要求具备化学、生物学、解剖学、生理学或人类学等学科的学士学位,以及硕士研究生学位,最好是人类学或人类生物学的博士研究生学位。申请者一般需要具备相关博士研究生学位以及至少三年的法医人类学实践经验,并获得该领域相关专业理事会的资质认证。

尽管可能缺乏在这一领域的从业资历,但拥有研究生以上学历会使你成为一个更有吸引力的候选人。大多数法医人类学分析人员都在大学工作,同时兼任法医办公室或法院的顾问。

法证毒物学分析人员

毒理学结合了化学、药理学、生理学和生物学。如果一个人具有科学天赋并对化学着迷,法证毒理学可能会让其产生兴趣。

毒物学分析人员需要对死者进行毒理学评估,而这往往与犯罪现场和工作场所的死因调查及药物/毒品测试有关。分析人员可以检查缴获的材料(大麻、可卡因、海洛因和其他非法药物)以确定其化学性质。要进行此项检查,需要熟悉用于药物检测的样本采集程序和实验室设备。毒物学分析人员的实际职责可能是助理或主管,这取决于一个人的学历与经验。大多数法证毒物学家在警局、政府或私人实验室工作。

想要获得工作机会,申请者至少需要获得化学、毒理学或药理学等实验室科学的学士学位,但实验室可能更喜欢硕士和博士研究生学位获得者。你可以凭借较低的学历进入这个领域,但后续仍需要通过接受该领域的研究生教育来增加升迁的机会。例如,在许多领域,法医毒物学家被分为三个不同的级别。一级，也就是入门级，只需要学士学位和很少的经验即可(如果要求经验的话)。在完成两年或两年以上的实验室工作后，就可以升为二级。但要想晋升为三级，则需要四年的工作经验或两年的毒理学研究生学习经历。你可能需要一个硕士或博士研究生学位和四年的经验，才能成为首席法医毒物学分析专家。

指纹检测员

指纹检测员是大多数犯罪实验室的重要组成人员。如果进入这一领域，就需要负责把从犯罪现场获取的指纹证据与从嫌疑人和大型数据库获取的类似证据进行比对。还可以进入犯罪现场，帮助暴露、拍照和提取指纹，这意味着检测人员必须熟悉所有暴露潜在指纹的光学和化学方法，以及保护和收集这些指纹的所有程序。

在本章前面的“技侦人员”部分，作者曾说过，技侦人员可以接受指纹分析方面的额外教育或积累相关经验，并成为指纹检测员。尽管此言非虚，但这样做并不是达成这一目标的唯一途径。如果一个人有高中文凭或同等学历，并且修过几门化学、生物或数学的大学课程，就可能会在一些司法管辖区找到受雇机会，求职者可以尝试与潜在雇主确认一下。走上这条路的时候，不出所料，需要在取得任何进步之前积攒足够的工作经验。

文检鉴定员

如果你喜欢书籍和信件，这项高度专业化的法证鉴识工作可能就是为你准备的。文检鉴定人员的主要职责是检查文书和其他纸质及印刷材料，以确定其真实性、制作年份和书写者身份。鉴定员必须具备良好的视力、极度的耐心、对细节的专注，以及长时间独自工作的能力。此外，还需要一些语言、摄影和实验室检验程序方面的技能。

进入这一领域不需要满足任何特定的教育要求，但如果希望获得美国法证文检鉴定委员会（American Board of Forensic Document Examiners, ABFDE）[1]的认证，就必须满足某些标准，包括获得大学文凭和积累该领域的工作经验。和其他法证鉴识学领域一样，获得法医学或实验室科学的学士学位，特别是化学学士学位，将会很有帮助。因为化学测试是文检鉴定人员工作的日常组成部分。

此外，从事文检鉴定员工作也需要具备在存疑文书鉴定实验室的工作经验，在那里申请者作为学徒见习相关操作。一些联邦机构拥有这样的实验室，包括烟酒枪支和爆炸物管理局、联邦调查局、中央情报局、国税局、美国邮政局、美国特勤局以及武装部队的某些分支机构。许多州和地方犯罪实验室也提供存疑文书的鉴定服务。

法证脱氧核糖核酸分析人员

如果对科学感兴趣，一个人可能会被脱氧核糖核酸分析这一相对新兴且令人兴奋的领域吸引。脱氧核糖核酸分析系统利用从犯罪嫌疑人、被害人和犯罪现场获得的生物检材，着眼于获得检材中的脱氧核糖核酸序列，并将其与其他脱氧核糖核酸证据匹配。这项工作需要耐心，以及对细节一丝不苟的关注，如果要获得可用的证据，就必须遵守严格的操作流程。

要进入这个领域，至少需要获得生物学、化学、遗传学、法医学、分子生物学或生物化学学士学位。许多雇主要求申请者获得其中一个学科的高级学位（硕士或博士学位）以及具备至少两年的全职案件分析工作经验。

---

〔1〕 美国法证文检鉴定委员会是创建于1977年的一个非营利机构，主要负责为美国等普通法国家提供第三方文件鉴定及相关认证服务。

致　　谢

感谢杰出的经纪人金伯利·卡梅伦（Kimberley Cameron），及以其名字命名的代理机构多年来的辛勤工作。感谢她总是能够为我提供有益的建议。谢谢，老卡，你是最棒的。感谢本书的编辑克里斯蒂娜·古思里（Christina Guthrie）和特蕾西·博吉尔（Tracy Boggier）以及出版社的其他专业人士。是你们，让本书的再版不再痛苦。感谢挚友、合作者，以及“犯罪和科学电台”的主持搭档简·伯克（Jan Burke）对本书的帮助。就这本书的撰写而言，伯克慨然提供的研究材料和建议可谓不可或缺。感谢我的左膀右臂南·欧文为本书提供的堪称艺术品的插图。

译后记：普通法中的“南顿”规则

普通法中的精神疾病司法测试可最早追溯到1582年，“林肯律师学院”(Lincolns'Inn)[1]的威廉·兰帕德(William Lambard)宣称，如果是天生的精神疾病之徒在其癫狂之际，抑或根本不可能明辨是非的顽童，所实施的危害他人生命的行为，不可被认为犯罪行为，因为毕竟不能说其具有意志和理解能力。由此产生了“兽性测试”(Wild Beast Test)[2]，用以开释那些被认为丧失理智的人的刑事责任。更有研究者将其总结为：“19世纪中叶之前，精神疾病抗辩的发展亦步亦趋于之前流行的科学以及公众对于精神疾病、责任或所谓‘可责性’的论说。这个期间，精神疾病实质抗辩的发展经历了如下三个阶段：‘善恶辨别测试’(Good and Evil Test)、‘兽性测试’以及‘是非辨别测试’(Right and Wrong Test)。每种测试都反映了某种文化或者社会‘神话’、某种压制了理智和智慧的迷信邪说或盗用科学名义来强行推销自身的某种行为准则。上述观点反映了公众对于一种‘非此即

---

〔1〕 内殿律师学院、中殿律师学院、林肯律师学院和格雷律师学院是英国古代的四大律师学院，均为自愿成立、没有法人资格的自愿性组织。

〔2〕 “布莱克顿(Bracton)于13世纪首创这个概念。其基本理念即如果行为人缺乏辨别和推理能力，不知所为的话，那么其与动物的差别其实不大。”See Jerome Hall, *General Principles of Criminal Law*, Indiana Polis: The Bobbs-Merrill Company(1947), p.494.

彼'(All-or-nothing)式的精神疾病辨别方式的渴望。"[1]而"19世纪后期,即爱德华一世统治时期,精神疾病开始成为一种独立的刑事抗辩事由"。[2]在上述若干实体独立抗辩事由的基础上,出现了作为后来美国刑法中精神疾病检验规则模本的所谓"南顿"(M'Naghten)规则。

不难看出,作为一种实用性的检验标准,"南顿"规则的产生绝对不是偶然,而是某种社会文化背景和价值传统互相作用的产物,是一种在既有认识轨道上的不断前行。有些研究者甚至认为:"正如对前'南顿'规则时期的评论进行研究所显示的那样,'南顿'案本身并没有产生以其命名的判断规则。相反,其只不过是固定了先前就已存在的若干规则而已。"[3]无论何种观点,都不能否认判断标准(规则)和与其并生的社会主流观点与流行学说之间的互动关系。

"作为精神疾病抗辩原则出现的'南顿'规则,建构在1843年前后的医学知识基础之上。"[4]而据有关研究者考证,在"南顿"规则出现之前,"骨相学"(Phrenolog)和"偏执症"(Monomania)的研究得到了发展,并且对善恶测试产生了很深的影响。换句话说,如果不能理解引领立法和司法对精神疾病抗辩发展的社会和文化态度的话,就根本不可能理解精神疾病抗辩的话语权。同样,不理解引领经验和行为假说的社会和文化假说的话,也就无法理解这种现象。

根植于如此复杂的司法背景之中,面临伴随工业革命而飞速发展的现代科技和医学知识,特别是急遽冲突变化着的社会文化和价值观,人们很自然地认为"南顿"规则会像在其之前出现过的几种判断标准一样,在变化了的社会现实和文化、法律的作用之下渐渐褪色,

〔1〕 Michael L.Perlin, Unpacking the Myths: The Symbolism Mythology of Insanity Defense Jurisprudence, 40 *Case W.Res.L.Rev*.599(1989-1990).

〔2〕 Andrew M.Levine, Denying the Settled Insanity Defense: Another Necessary Step in Dealing with Drug and Alcohol Abuse, 78 *B.U.L.Rev*.75(1998).

〔3〕 Benjamin B.Sendor, Crime as Communication: An Interpretive Theory of the Insanity Defense and the Mental Elements of Crime, 74 *Geo.L.J*.1371(1985-1986).

〔4〕 C.R.Williams, Criminal Law: Development and Change in Insanity and Related Defenses, 24 *Melb.U.L.Rev*.711(2000).

而仅仅作为某一历史片段存在。但事实恰恰相反，“南顿”规则不仅没有在百年之后退出历史舞台，反而仍然作为一种基本判断标准而被广泛承认，并随着时代的进步而不断发展完善。

“截至1979年，美国的五十个州以及联邦政府都已承认精神疾病抗辩。然而，在1979年至1983年这一段时间内，爱达荷州、蒙大拿州和犹他州立法机构制定了成文法将精神病学证据限制于反驳起诉指控中的犯意，从而很大程度上使精神疾病丧失了正面证据的职能。因此，截至目前，其余的四十七个州、联邦政府、英国以及《模范刑法典》都仍在考虑刑事责任的时候承认某些形式的精神疾病抗辩，爱达荷州等三州仅仅允许运用精神疾病证据来反驳犯意。美国司法系统现在在判断法律意义上的精神疾病时采用五种不同的标准：（1）‘南顿’规则；（2）‘不可抗拒冲动’（Irresistible Impulse）规则；（3）‘杜尔汉姆’（Durham）规则；（4）《模范刑法典》规则；（5）联邦成文法规则。”〔1〕

虽然看起来纷繁复杂，但实际上其他几种判断标准在很大程度上都和“南顿”规则有关。或者可以说是建立在其基础之上的。正如有些研究者所言，“自其伊始，‘南顿’规则就被普遍接受，同时，也被激烈反对着”。〔2〕其对错型刑事责任测验模式备受批评。很多研究者和司法实务部门都认为这种测试过分注意被告人的认知能力，而不考虑其行为特征及其他精神特质。

具体而言：“‘南顿’规则遭诟病的一个原因就是其关注认知或者说理性理解而忽视了控制要素。例如，如果行为人认识到了其行为的谬误性，但无法控制，则根据本原则，其不能被认为是精神疾病。”〔3〕

---

〔1〕 Andrew M.Levine, Denying the Settled Insanity Defense: Another Necessary Step in Dealing with Drug and Alcohol Abuse, 78 *B.U.L.Rev*.75(1998).

〔2〕 Laura Reider, Toward a New Test for the Insanity Defense: Incorporating the Discoveries of Neuroscience into Moral and Legal Theories, 48 *UCLA L.Rev*.289(1998).

〔3〕 Megan C.Hogan, Neonaticide and the Misuse of the Insanity Defense, 6 *Wm.& Mary J. Women&L*.259(1999).

尽管如此，大多数司法实务仍然在评价被告人基于精神疾病进行抗辩的有效性时沿用“南顿”规则，并不断对其进行改良。“有些法域将‘不可抗拒冲动’测试增添到‘南顿’规则中来，在‘不可抗拒冲动’测试中，被告人即使已经意识到了其行为性质的谬误性，但由于其精神状态导致其丧失了压制支配自己从事犯罪的内心冲动的能力，也可以免于承担刑事责任。”[1]“亚拉巴马州是屈指可数的几个对‘南顿’规则加以修正应用的州，该州法庭提出了‘不可抗拒冲动’规则，用以修正其所认为的‘南顿’规则过于狭窄的弊端。”[2]

针对精神疾病抗辩的判断标准还有其他一些具有较强相对独立性的尝试：“1954 年至 1972 年，哥伦比亚特区联邦上诉法院采用了杜尔汉姆案中所创规则，行为人的非法行为如果是精神疾病或者精神缺陷所导致的话，其将被免除刑事责任。但‘杜尔汉姆’测试没有得到广泛适用。”[3]事实上只有“新罕布什尔州采用此标准”。[4]

和这种适用范围较窄，但独立性较强的做法不同，另外一种也被广泛适用的判断标准是《模范刑法典》规则。其前身是“美国法学会”（ALI）于 1955 年提出的一个替代方案，即 ALI 标准，随后其被《模范刑法典》采纳。[5]最后必须要提及的是“南顿案”发生 100 多年后，对于试图刺杀里根总统的约翰·辛克利（John Hinckley）的审判。此次审判显示了公众、政界以及学界对于精神疾病相关争论的态度已

---

〔1〕 KevinThompson, Criminal Appellate Procedure–Insanity Defense–the Proper Standard of Appellate Review when Reviewing a Jury Decision on Sanity, 70 *Tenn.L.Rev.* 1213 (2003).

〔2〕 Jessie Manchester, Beyond Accommodation: Reconstructing the Insanity Defense to Providian Adequate Remedy for Postpartum Psychotic Women, 93 *J.C rim.L.L.&C riminology* 713 (2003).

〔3〕 Anne S. Smanuel, Guilty but Mentally Ⅲ Verdicts and the Death Penalty: An Eighth Amendment Analysis, 68 *N.C.L.Rev.* 37 (1989–1990).

〔4〕 Andrew M.Levine, Denying the Settled Insanity Defense: Another Necessary Step in Dealing with Drug and Alcohol Abuse, 78 *B.U.L.Rev.* 75 (1998).

〔5〕 See Kelly A. Herten, Downward Departure under the Federal Sentencing Guidelines: Lack of Self-Control as Grounds for Departure after United States v. McBroom, 102 *Dick.L.Rev.* 649 (1998).

经有了些许变化。辛克利被无罪开释的消息一经公布就引起了轩然大波。报纸和电视媒体对于此项判决及其依据的法律都大加口诛笔伐。稍后进行的民意调查显示，接近九成的民众支持废除以精神疾病为由抗辩刑事责任。很多政要，包括时任总检察长以及时任总统里根，都发表声明谴责陪审团的意见以及精神疾病抗辩这一法律规则本身。

尽管国会对此并没有正式作出回应，但其司法委员会的一个下属委员会仍将陪审团成员当中的五人传来进行听证，用以澄清陪审团如此判断的背景原因。迫于公众压力，很多政票提出立法建议，要求对以精神疾病为由的刑事抗辩进行修正或干脆加以废止。三个州对其加以废止，也有几个州相应地作了若干修正。司法部组建了工作小组来游说对此种抗辩进行根本性修改。而里根政府则坚称应对此加以取消。“辛克利案”发生后两年，美国国会通过了《精神疾病抗辩法修正案(1984)》(Insanity Defense Reform Act of 1984, IDRA)，该修正案限制了此种抗辩在联邦管辖案件当中的应用范围，并重新建构了“南顿”规则。[1]“1984 年修正案在以下四个方面对‘南顿’规则进行了修改：(1)被告人须以一定数量的清楚无误且有说服力的证据来履行举证责任；(2)其第一次提出了一种类似于‘南顿’规则严格解释版本的实质性检验方法，由此放弃了先前在联邦巡回法庭所普遍适用的美国法学会——《模范刑法典》检验标准；(3)对于其他不能接受庭审的精神病人强制医疗以及取消强制措施的程序进行了严格规定；(4)严格限制精神疾病案件当中专家证人证言的适用范围。”[2]

尽管当今美国社会，包括各级法院在内，对于精神疾病抗辩微辞颇多，如“第九十七届国会正在考虑的几项议案反映的各种不同措施

---

〔1〕 Ira Mickenberg, A Pleasant Surprise: The Guilty but Mentality Ⅲ Verdict has both Succeeded in Its Own Right and Successfully Preserved the Traditional Role of the Insanity Defense, 68 *N.C.L.Rev.*37(1987).

〔2〕 Michael L. Perlin, Unpacking the Myths: The Symbolism Mythology of Insanity Defense Jurisprudence, 40 *CASE W.Res.L.Rev.*599(1990).

(取消精神疾病抗辩；犯意限制解释；判处有罪但同时承认其精神疾病，以将其作为精神疾病抗辩的一种补充；以判处有罪但同时承认精神疾病来作为精神疾病抗辩的替代；修改精神疾病抗辩的罪责标准；举证责任转移以及修改审前程序等)”，[1]但现实情况是，几乎所有的存废之争和修改意见都是围绕“南顿”规则展开的。那么，如此关键的一个规则究竟规定了些什么？为什么会对其有如此多的支持者和反对者？是什么原因能够使其在历史的发展过程中保持重要地位并不断得到完善发展？

1843年，英国根据精神病人南顿刺杀首相秘书的案例，制定了著名的“南顿”条例。“丹尼尔·南顿，一位妄想被害症患者，企图刺杀英国首相罗伯特·皮尔(Robert Peel)爵士。尽管首相本人侥幸逃生，但被南顿误认为首相的秘书爱德华·多蒙德(Edward Drummond)却遭其杀害。对于‘南顿’的审判具有里程碑意义，事实上在本案当中被告人第一次被允许大量采用从心理学这一崭新领域当中援引的科学证据来进行无罪抗辩。”[2]在审判当中，辩方向陪审团列举了大量作为精神病学先锋和颅相学之类伪科学批判者的伊萨克·雷(Isaac Ray)爵士的有关论说。其理论成功说服法庭接受这样一种观点，即如果没有此种精神疾患，行为人完全可以明辨是非，但影响了被告人性格中某一部分的精神疾病却足以压制其他健康的人性特征。主审法官认为此种学说非常有力，由此授意陪审团以此为由开脱了“南顿”的刑事责任。

具体而言：“本案中，法官引导陪审团接受这样一个意见，如果行为人能够辨别其所实施行为的对错与否，则其应当承担刑事责

---

〔1〕 Peter Arenella, Reflections on Current Proposals to Abolish or Reform the Insanity Defense, 8 *AM.J.L.&MED.*271(1982).

〔2〕 Ira Mickenberg, A Pleasant Surprise: The Guilty but Mentality Ⅲ Verdict has both Succeeded in Its Own Right and Successfully Preserved the Traditional Role of the Insanity Defense, 68 *N.C.L.Rev.*37(1987).

任。"[1]判决一出，舆论哗然。毕竟南顿是在光天化日并有一名警察在场的情况下射杀多蒙德的。虽然"此案审判的最初目的似乎是，试图在'南顿'的精神疾病与枪击案之间建立某种联系。但这一切并没有到此结束，由于女王不满审判的结果，十五名法官就将某些传统观点和做法加以发展，使之成为刑事抗辩中精神疾病的判断标准。此项原则规定了成功的精神疾病抗辩所必须符合的三条标准：(1)行为人行为时必须丧失理智；(2)此种丧失必须由精神疾病引发；(3)基于理智的丧失，被告人不知其在实施何种行为，或者虽然知道其实施的行为，但不知行为的性质是错误的"。[2]下面这段话就是"南顿"案中最为重要，也为后人经常引用的部分："如欲以精神疾病为基础建构抗辩理由的话，就必须清楚无误地证明在行为当时，被告方正因为精神疾病而丧失理智，从而不能了解其行为的本质（Nature and Quality）；或者即使其有上述了解，仍不知所实施的行为是错的。"[3]

以上介绍了"南顿"案件的基本史实，以及对于该案判决中包含的基本语义的初步解读。那么，究竟什么又是所谓精神疾病抗辩呢？

一般认为："美国司法领域都是通过特定要素来定义犯罪的。基本上这些要素包括自愿行为、危害结果、因果关系、行为人行为时主观心理状态及其他成文法或普通法所需要的情节要素。所有州及联邦法院都认为只有在被告人具备了构成要件的该当性之后，才可以进一步讨论其刑事责任问题。并且宪法规定在定罪之前所有要素都要被排除合理怀疑。"

具体而言，"'犯行'是犯罪定义中明确的客观行为，'犯意'是犯

〔1〕 Megan C. Hogan, Neonaticide and the Misuse of the Insanity Defense, 6 *Wm.& Mary J.Women & L.*259(1999).

〔2〕 Richard, Lowell Nygaard, On Responsibility: Or, The Insanity of Mental Defense And Punishment, 41 *Vill.L.Rev.*951(1996).

〔3〕 Jerome Hall, *General Principles of Criminal Law*, Indiana Polis: The Bobbs-Merrill Company(1947), p.479.

罪的主观状态。有些犯罪需要‘随附情状’(Circumstances)[1]的出现来进一步廓清范围”。[2]围绕犯罪成立和精神疾病抗辩之间的关系，在美国刑法理论界主要有如下四种观点：

一是并列式。该观点认为精神疾病抗辩是在行为人满足某一犯罪包括犯意在内的所有构成要件的基础上，从社会后果、刑罚必要性等方面考虑，对已构成犯罪的行为人不予责罚。这种观点与大陆法系刑法递进式的犯罪构成理论中犯罪构成要素该当性与有责性的规定较为类似。如有研究者认为：“首先，抗辩是建立在犯罪构成要素该当的前提之上的，也就是说如果构成要素缺失，那么被告人并不构成犯罪，更无从谈及所谓的抗辩问题。其次，抗辩的成立并不能等同于社会对该行为的认同。相反，社会政策认为此特定情况下，被告人不被判有罪完全是因为其行为达不到由刑事判决来体现的某种道德责难的程度。换句话说，在某些情有可原的情况下，这些人可以被免除刑事责任。”[3]依此种观点，“精神疾病抗辩是一种正面抗辩，也就是说，即使行为人具备了犯罪所有条件，仍然可以被无罪开释。尽管有些司法体系要求检方举证，但大多数情况下由被告人提起此项抗辩，并因此承担举证责任，否则，其将被认为是正常人”。[4]

二是契合式。该观点认为精神疾病抗辩主要针对的是犯罪构成要素中的犯意部分，行为人实施行为时若处于精神疾病状态下，就不能再承认犯意的存在。最终，由于犯罪构成要件的不齐备，犯罪不成立。例如，有的研究者认为：“基本上，由于美国刑法要求犯罪必须具

---

〔1〕“附属情状、事件或者条件”，参见 Black, H.Campbell, *Black's Law Dictionary*(5th Edition), West Publishing Co.(1979), p.220。

〔2〕Lynnette S. Cobun, The Insanity Defense: Effects of Abolition Unsupported by a Moral Consensus, 9 *Am.J.L. & Med.*471(1984).

〔3〕Ira Mickenberg, A Pleasant Surprise: The Guilty but Mentality Ⅲ Verdict has both Succeeded in Its Own Right and Successfully Preserved the Traditional Role of the Insanity Defense, 68 *N.C.L.Rev.*37(1987).

〔4〕Chet Kaufman, Should Florida Follow the Federal Insanity Defense? 15 *Fla. St.U.L.Rev.*793(2017).

备犯意，而这种要求的结果之一，就是如果行为人属精神病人的话，那么其就不具备犯罪所需的主观罪过这一前提要求。”〔1〕持此种观点者强调理解犯意要素和精神疾病抗辩之间的微妙区别十分重要。“在没有精神疾病抗辩的情况下，如果行为人有意导致他人死亡的话，其将会被以谋杀的罪名起诉，即使这种意图是基于某种妄想型的精神疾病而产生。精神疾病抗辩为那些犯行已经被证明，但对其加以处罚没有实际意义的人提供了某种开脱理由。”〔2〕换句话说，精神疾病者被免于刑事责任的原因在于其不具备犯罪成立所需要的犯意要件。也就是说，无罪判决的理由是被告人从事了危害行为，但同时其并不具备犯意，由此无罪可罚。

三是隐含式。该观点认为精神疾病和未成年一样，属于一类独立的免责身份。具备了此种身份，在非例外情况下即无刑事责任能力，而不用考虑包括犯意在内的犯罪成立问题。有研究者将精神疾病、未成年以及醉酒统称为免责身份，认为：“这些抗辩都是关于被告人的整体身份特征，而与行为当时行为人的主观情况没有关系。例如，受胁迫就是一种真正的免责事由，因为这种免责的尝试是建立在能够解释为什么被告人实施被禁止的某一特定事件或者威胁基础之上的。相反，未成年就不是一种真正的免责事由，因为这种免责事由是建立在被告人的身份基础之上的。未成年人作为一个整体因为其年龄较小被认为不能实施犯罪。与之类似，非自愿醉酒构成免责事由是因为被告人的醉酒状态，而不是由于无知或者欠缺其他的犯意。至于精神疾病，对于其究竟是属于真实免责事由还是身份免责事由尚有争议。这里暂且将其归于身份免责一列。”〔3〕

四是不定式。该观点认为在考虑精神疾病和犯罪成立之间关系

---

〔1〕 Jerome Hall, *General Principles of Criminal Law*, Indiana Polis: The Bobbs-Merrill Company (1947), p.479.

〔2〕 Chet Kaufman, Should Florida Follow the Federal Insanity Defense? 15 *Fla. St.U.L.Rev*.793 (2017).

〔3〕 Michael S. Moore, Causation and the Excuses, 73 *CAL.L.Rev*.1091 (1985).

的时候，不能一概而论，而应该具体问题具体分析。在某些情况下，可以适用并列式模式；在有些情况下，可以适用契合式模式。如有研究者认为，“精神异常的证据可以依据特定的犯罪事实和罪名而被应用在如下两种情况当中。假设某种成文法中谋杀罪被定义为故意导致他人死亡。如果某一精神病患者误认为自己攻击的对象是动物而不是人，从而剥夺他人生命，可能依此提出一种反向的精神疾病抗辩：如果陪审团相信上述证据的话，检方指控的故意杀‘人’就不能成立。如果精神病患者幻想上帝命令其伤害某人并且从事该行为，这并不能构成一个反向的精神疾病抗辩：即使陪审团采纳了上述证据，但这并不影响其得出行为人意欲剥夺他人生命的结论”。〔1〕

无论哪种主张，基本都反映了美国刑法学理论研究的一种基本态度，即在思索精神疾病抗辩，认识其本源，考量其社会结构的优劣、合法与否、理智与否时，“一方面要认识到精神疾病抗辩对于这种社会张力表达的满足，另一方面也要认识到其对于法律系统承受能力的考验”。〔2〕

除了从一个较为宏观的角度来考虑上述关系之外，作为精神疾病抗辩的一种典型形态，对“南顿”规则本身所包含信息的研读就显得更为重要。应该说，自“南顿”规则产生后，基于不同的立场和需要，对其具体内容曾有过很多不同的解读。而争论的焦点也往往集中在对于本案判决中最为经常被引用的那部分中某些关键词的不同理解上。而这就又涉及了一个刑法学中的基本问题，即刑法解释。

美国有研究者指出：“无论是法律原则还是法律规则都是主要针对那些司法官员以及法律门外汉而言的，后者作为公民不仅仅是批

〔1〕 Daniel J.Nusbaum, The Craziest Reform of them all: A Critical Analysis of the Constitutional Implications of “Abolishing” the Insanity Defense, 87 *Cornell L.Rev.* 1509 (2002).

〔2〕 Michael L.Perlin, the Borderline Which Separated You from Me: The Insanity Defense, the Authoritarian Spirit, the Fear of Faking, and the Culture of Punishment, 82 *IOWA L.Rev.* 1375 (1997).

评者，更是案件事实的审理者。”[1]这种提法在美国这个特定的司法环境当中应当说是具有一定说服力的。陪审团成员进行判断时所主要依据的的确是某种朴素的感觉，而不是复杂精密的法律原理和逻辑推论。

笔者认为，综合美国刑法学界的不同论说，所谓的争议焦点主要集中在以下四个方面：第一，何为“精神疾病”？本规则要求被告人罹患“心理疾病”，但又未对此加以详解。美国司法的实际情况是：“心理疾病通常指精神疾病，而那些患有非精神性疾病的违法者通常被认为不能提起精神疾病之抗辩。例如，暴力型变态者就不能提起精神疾病抗辩。这种限制既是‘南顿’规则的长处，又是其软肋所在。狭义解释论的支持者支持精神抗辩的限制适用，而另外有些人则主张某种宽泛的解释以包容多种精神疾病。对于究竟哪些犯罪可以被包括进入‘南顿’规则之中的争论的实质部分在于如何解读规则当中的认知要素。”[2]

如今，一般认为，所谓的精神疾病本身在整个“南顿”规则中并没有实际意义，而且正如有些研究者所指出的那样：“本源意义上的这种测试要求证据证明精神疾病或者精神缺陷导致了对于行为人行为本质的认知障碍。但实际上这是一个循环论证，因为需要反过来从结果来判断作为原因出现的精神疾患是否适格，所以精神疾病的状况要由其引发的认知结果来决定。实践中，精神疾患除了用于排除行为人自身导致的精神症状之外并没有任何独立意义。”[3]

第二，何为“明知”？根据相关学者的解说：“1843 年版‘南顿’规则中需要特别注意的是使用了明知一词：(a) 明知一词可采认识之

---

〔1〕 Jerome Hall, *General Principles of Criminal Law*, Indiana Polis: The Bobbs-Merrill Company (1947), p.489.

〔2〕 Laura Reider, Toward a New Test for the Insanity Defense: Incorporating the Discoveries of Neuroscience into Moral and Legal Theories, 48 *UCLA L.Rev.*289 (1998).

〔3〕 Ellen Byers, Mentally Ⅲ Criminal Offenders and the Strict Liability Effect: Is there Hope for a Just Jurisprudence in an Era of Responsibility/Consequences Talk? 57 *Ark L.Rev.*447 (2004).

意，也就是说行为人能正确地认识其行为的客观特征，如我在开枪这一行为，或者(b)'明知'一词可以包含更为主观的意蕴，即行为人是否能够充分理解其认识观察的意义，即理解其所知行为。"[1]而在刑法理论界，"有的研究者认为这个规则的第一部分仅指对于行为客观情节或者结果的认知，另外一些研究者则对此作了较为广义的解释，即将其看作是一种理性能力。还有研究者提出'南顿'规则当中的认知能力应当包括对于行为结果的感性理解，即如果对'明知'作较为宽泛理解的话，这就意味着要求被整个人性所同化了的保护后果在内的所有知识，这就意味着行为人能够辨别其所意欲侵犯的受害人"。[2]

第三，何为"行为的本质"？在司法实践中，有判例将"南顿"规则当中对于行为本质的认识严格解释为对于行为外在特征或者客观结果的认识。有些法庭却对其作了较为宽泛的解释，使之包括诸如行为人对于自己和别人关系的理解能力、理性理解行为的本质和结果的能力、理性理解行为意义的能力等。

第四，何为"行为的罪过性 / 错误性"？一般认为，"罪过"一词需要证明被告人不能从一个道德观点的角度理解其行为的错误性，或者不能认识到其行为是法律所禁止的。英国上诉法院在判例中采用了较为严格的第二种标准。后来这一解释又被推翻，上级法院认为"罪过"的依据在于统领普通民众行为的内在根据。更有研究者对此加以细分，指出："(a)狭义上'罪过'一词可以代指某一特定犯罪；或者(b)广义上讲，罪过可以将行为人对自己行为的希望作为个人意志加以考虑。"[3]而在美国的司法实践中，"部分法庭将'南顿'规则中的

---

〔1〕 Cynthia G.Hawkins-Leon, Literature as Law: The History of the Insanity Plea and A Fictional Application within the Law & Literature Canon, 72 *Temp.L.Rev.*381(1999).

〔2〕 Benjamin B.Sendor, Crime as Communication: An Interpretive Theory of the Insanity Defense and the Mental Elements of Crime, 74 *Geo.L.J.*1371(1986).

〔3〕 Cynthia G.Hawkins-Leon, Literature as Law: The History of the Insanity Plea and A Fictional Application within the Law&Literature Canon, 72 *Temp.L.Rev.*381(1999).

第二部分，即行为性质的谬误性的认识限制解释为对于行为非法性的认识。而其他一些法庭则将其解释为对于行为违法性以及其悖德性的双重理解。根据后一种解释，被告人可以因为没有认识到双重理解中的任何一种而被无罪开释。进一步而言，有些法庭认为应当包括对于行为谬误性的情感或者精神层面的理解，而不仅仅是僵化于字面理解本身”。[1]

正如前文所述，尽管产生于一个多世纪之前，并且所依据的是现在看来相当过时的心理学和精神病学观点，“南顿”规则却一直作为一种行之有效的精神疾病检验方式而被延用至今，更为重要的是，当今美国几乎所有的精神疾病检验方式都与“南顿”规则有直接联系，或者说都是从这个规则演化出来的。从这个角度出发，在明晰其历史沿革和基本内涵的前提下，如何对其加以评价，或者说如何理解和认识这个具有十分重要价值的精神疾病规则呢？首先，一般认为，“南顿”规则是作为一种“正向抗辩”(Affirmative Evidence/Proof)[2]存在的。亦即其存在本身即可被认为构成了肯定或否定某种法律状态的存在。但如果进一步研究就会发现，对于“南顿”规则性质的争论基本上集中于道德说与法律说之间。从历史的角度考察，道德说和法律说之间本身就有千丝万缕的关系，正如有的研究者指出的那样：“如果被告人的精神疾病导致了其失去辨别是非的能力的话，可以免除其刑事责任。类似的论说可以追溯到布莱克顿和黑尔时代，并在其后的发展过程中变化甚小。实际上，在过去的几个世纪，相关的学说不下百种，其中的绝大多数都自认为其是道德论说，而不是法律原则。”[3]这里所说的道德和法律之区别，除了作为精神抗辩本身是否为某种形

---

〔1〕 Benjamin B.Sendor, Crime as Communication: An Interpretive Theory of the Insanity Defense and the Mental Elements of Crime, 74 *Geo.L.J.* 1371(1986).

〔2〕 “在辩论中通过压倒性证据来建构事实。” See Black, H.Campbell, *Black's Law Dictionary* (5th Edition), West Publishing Co.(1979), p.1094.

〔3〕 Ira Mickenberg, A Pleasant Surprise: The Guilty but Mentality Ⅲ Verdict has both Succeeded in Its Own Right and Successfully Preserved the Traditional Role of the Insanity Defense, 68 *N.C.L.Rev.* 37(1987).

式的法律或者惯例所固定之外，主要还是指在“南顿”规则内部作为认识或者明知对象的范围。应该说，从本源意义上来讲，“南顿”规则中对于明知，或者所谓辨认的对象范围仅仅限于道德或者道义，道义辨认能力丧失主要是指有妄想的精神病人，他们病理性地坚信自己受到迫害，出于自卫，他们伤害了妄想对象。他们的这种行为，在病理的角度是道义的，因为他们一直坚信自己是受害人。还有很多人从一个较为客观的角度出发，认为明知或者辨认的对象应当是其行为的违法性，而不是所谓的悖德性。有美国研究者就这个问题指出：“神智清楚是一个规范性概念，意指对于外在世界的一种理解性、规范性的能力。精神病学证据常常在庭审过程当中被提出来帮助陪审团决定被告人是否神智清楚或者具有法律要求的某种意图。然而，在‘南顿’规则当中对行为人对于自己行为本质谬误性的认识的精神病学判断的依据却很大程度上在于人的自我控制的社会标准。”这种所谓的社会准则，如果具体而言，就是现代知识表明认识并不是推进社会化行为的唯一动力。进一步说，这种测试被解释为将法律知识作为判断行为谬误性的充分条件。所以，即使行为人患有精神疾病，但其仍能了解其行为是被法律禁止的，仍应对其行为负责。

笔者认为，无论是所谓的道德说还是后来出现的规范说或者法律说，都是一种基于经验产生的对于某种事实状态的判断标准的尝试：“事实上在判断究竟何为精神疾病这一问题上并无特定的法律理论，相反，大量传统的普通法意义上的经验事实往往被作为判断标准。”[1]而在美国司法实际当中，“很少有法庭会对被告人的情感因素有丝毫的重视。一般大多数法庭并不去定义什么是‘明知’，而将其留给陪审团和他们的常识来判断。由于情感在决定产生过程中的作用现在来说还不甚明了，要想让其在审判过程中发挥更大作用似乎不是很现实。进一步而言，认为‘南顿’规则可以被无限制宽泛解读的

〔1〕 Jerome Hall, *General Principles of Criminal Law*, Indiana Polis: The Bobbs-Merrill Company (1947), p.478.

观点也是错误的。有很多种方式可以让行为人合乎‘南顿’规则中的认知要素，而同时又不能满足其暗含的理性原则”。[1]如果是由陪审团来判断所谓明知或者辨别对象的话，那么在考虑“南顿”规则的性质时，就会存在这样一个先天的矛盾，陪审团必须借助精神疾病专家的意见来作出判断，但同时精神病研究者的证言往往与其被问及的行为人是否明知其行为的谬误性相关。而这样的问题就涉及了与医生的专业知识之外的价值判断问题。但同时，这恰恰又是陪审团最为关注的问题。

从一个比较极端的立场看，笔者认为在讨论“南顿”规则中作为关键词存在的认知或者辨认对象的性质时，如果在一个历史区间考察，如在美国刑法体制下，不可能存在一个具有绝对固定意义的性质存在。正如有些研究者指出的那样，“‘南顿’规则被几乎所有美国法院奉若神明超过一个多世纪，这很大程度上是因为法庭将其认为是最好的兼顾刑事责任和社会民众情感的标准”。[2]在一个民意表达畅通、利益集团游说影响巨大的国度，不难理解上述提法的深刻性。法制和民意的妥协就意味着某种暧昧状态的存在。在研究对于“南顿”规则的优劣评断时，我们必须认识到，“对于与精神疾病和刑事责任等问题的批评必须建立在对如下问题的认知基础之上，即对于精神之类问题加以认知的困难性，与之相关经验事实的缺乏和有限，以及相关语言的粗陋与失范”。[3]基本上可以认为“南顿案开创了一种基于某种道德标准的狭义认知型的测试，这是一种关于对错的非黑即白型的测试。其无视意志因素，并且丝毫不同情那些虽然知道自己行为性

〔1〕 Laura Reider, Toward a New Test for the Insanity Defense: Incorporating the Discoveries of Neuroscience into Moral and Legal Theories, 48 *UCLA L.Rev.*289(1998).

〔2〕 Michael L. Perlin, Unpacking the Myths: The Symbolism Mythology of Insanity Defense Jurisprudence, Vol.40 *Case W.Res.L.Rev.*599(1990).

〔3〕 Jerome Hall, *General Principles of Criminal Law*, Indiana Polis: The Bobbs-Merrill Company(1947), p.490.

质的谬误性，但失去控制能力的人”。[1]而这种对于行为人意志能力或者控制能力的蔑视恰恰成为其被人诟病最多的“七寸”所在。最为常见的批评就是其不现实地将认识能力缩小为一种单纯意义的认知功能。

在评判者看来，这种观点太过狭隘。事实证明很多患有严重精神疾患的行为人能够理性地认识到其行为是不对的。而且事实上很难，或者说事实上基本不可能区分理性能力与其他非认知能力。[2]批评意见认为：“‘南顿’规则的主要缺点在于其建构在一个过时的理论基础之上，即理智控制社会行为。当今心理学和精神病学认为人的行为更多是社会习得，而不是基于其对于其行为的理解或者掌控。”[3]在美国研究者看来：“人性中的控制要素，包括动机、欲望、目的以及感情要素，如感觉、情感以及情绪等。意志要素的缺乏使行为人丧失了抗拒其行为性质是错误的认识能力。感情要素的缺乏使行为人不能感受某些情感体验，如自责，自责一般能够阻止普通人从事某些危害行为。由于‘南顿’规则对于上述因素较少涉及，其在缩小精神疾病范围的有效性上的效果就被打了折扣，根据这种判断规则，有些对于一般人来说实属患有精神疾病的人却无法被免责。或许是迫于压力，‘南顿’规则在后来增加了作为无知替代项出现的意志要素。修正了的‘南顿’规则后来演化为另外两种测试，即‘不可抗拒冲动测试’以及‘美国法学会测试’。”[4]

以上尝试反映了一种对于“南顿”规则普遍的态度，即认为其仅限于被告人对于对错的认识，而排除了被告人的主观心理状态的认

---

〔1〕 Chet Kaufman, Review of Florida Legislation; Comment: Should Florida Follow the Federal Insanity Defense? 15 *Fla.St.U.L.Rev*.793(1987).

〔2〕 Laura Reider, Toward a New Test for the Insanity Defense: Incorporating the Discoveries of Neuroscience into Moral and Legal Theories, 48 *UCLA L.Rev*.289(1998).

〔3〕 Cynthia G.Hawkins-Leon, Literature as Law: The History of the Insanity Plea and A Fictional Application within the Law&Literature Canon, 72 *Temp.L.Rev*.381(1999).

〔4〕 Catherine A. Salton, Mental Incapacity and Liability Insurance Exclusionary Clauses: The Effect of Insanity upon Intent, 78 *Cal.L.Rev*.1027(1990).

识，不承认陪审团可以准确刻画被告人的心理状态。但对此也有不同声音，即认为“在对错测试中，陪审团依据被告人的行为或者其他一些证据来认定其是否罹患精神疾病或者精神缺陷。对于陪审团来说，从意志的角度出发来认定被告人能否依法行事，或者是否由于不可抗拒冲动行事则是完全不同的另外一回事”。[1]即使存在这样的支持意见，美国司法界仍普遍认为：“‘南顿’规则本身过于狭窄，没有保护到那些丧失了控制自己行为能力的人的权利。如田纳西州最高法院就认同了上述批评意见，认为‘处罚缺乏控制自己行为的实质能力的人丝毫无助于达成实施刑罚的三个目的，即惩罚（Retribution）、教育（Rehabilitation）和阻却犯罪（Deterrence）’。”[2]“基于这些批评，有些法庭将‘不可抗拒冲动’测试加到‘南顿’规则当中。如此命名可能不太准确，因为即使清楚无误适用该规则的法庭也并没有明确使用过‘不可抗拒冲动’这样的词句。然而，总体而言，陪审团发现被告人无法控制其自身行为的话，应当对其免于处罚。”[3]这样做旨在在原来“南顿”规则的基础上进行改良，即通过附加意志因素的考量，弥补原来公式中对于某些极端情况[4]判决不公的缺陷。

虽然后来在所谓的“不可抗拒冲动”测试之后又出现了一些其他针对“南顿”规则的修正意见，如 1954 年，美国哥伦比亚地区联邦上诉法院提出了一种新的精神疾病检验标准，即“杜尔汉姆”规则。该规则将思维过程看作一个紧密联系的功能整体。法院认为：“被告人的非法行为如果是由于其精神疾病或者精神缺陷所导致的话，那么

---

〔1〕 Harry J. Philips, Jr., The Insanity Defense: Should Louisiana Change the Rules? 44 *LA.L.Rev* 165 (1983).

〔2〕 Kevin Thompson, Criminal Appellate Procedure-Insanity Defense-The Proper Standard of Appellate Review When Reviewing a Jury Decision on Sanity, 70 *Tenn.L.Rev.* 1213 (2003).

〔3〕 Judith A. Morse, Gregory K.Thoreson, United States v. Lyons: Abolishing the Volitional Prong of the Insanity Defense, 16 *Notre Dame L.Rev.* 49 (1984).

〔4〕 所谓的“极端情况”，就是前文所指的在某些情况下，行为人虽然意识到了自己行为的谬误性，但由于极其特殊的原因，其缺乏对于行为的控制能力，由此任由行为发展并导致危害结果的发生。一般认为，此种情况下的行为人没有刑事可责性。

可以免其刑事责任。”[1]而在此之后，美国很多司法机构开始适用创立于1962年的美国法学会规则。此种规则提出，如果行为当时，行为人由于精神疾病或者神智缺失，不能理解其行为的错误本质，或者不能依法行事，则可免于承担刑事责任。由此可知，美国法学会规则融合了认识因素和意志因素（选择或者控制的能力）。而“南顿”规则当中仅仅包含了认识因素。[2]事实上，有研究者总结“南顿”规则与美国法学会测试的区别主要在于以下三点：第一，美国法学会测试使用的是“理解”（Appreciate）而不是“明知”；理解需要对于行为谬误性的更深了解，例如，一个四岁的孩子可能知道不应该去碰火炉，但不能真正理解不这样做的原因在于炽热的火炉可能使其烧伤。第二，美国法学会测试要求被告人缺乏理解其行为谬误的“实质能力”（Substantial capacity），而“南顿”规则则仅要求此种能力的丧失。因此，被告人较少因为“南顿”规则而被认定精神疾病。第三，美国法学会测试包括了意志要素。如果被告人的精神疾病导致其丧失了使其依法行为的“实质能力”，则其可以被认为精神疾病抗辩成立。而“南顿”规则则仅仅关注认知能力，也就是说行为人是否知道其行为的谬误性，而美国法学会测试则包含了认知要素和控制要素。[3]

在不断对以“南顿”规则为核心的精神疾病抗辩进行修改完善的同时，也有研究者尖锐地指出干脆直接取消精神疾病抗辩了事：“在他们看来，做这样的抗辩所需社会成本过高。经常出现的情况是精神病学医生所作证据中对于精神疾病的定义迥异于法学中的对应概念。精神疾病抗辩也会纵容对于某些被告人的相对快速开释，从而使

〔1〕 Judith A. Morse&Gregory K.Thoreson, Criminal Law–United States v. Lyons: Abolishing the Volitional Prong of the Insanity Defense, 16 *Notre Dame L.Rev.*49(1984).

〔2〕 Jessie Manchester, Beyond Accommodation: Reconstructing The Insanity Defense to Providian Adequate Remedy for Postpartum Psychotic Women, 93 *J.C rim.L.L.& C riminology* 713(2003).

〔3〕 Megan C. Hogan, Neonaticide and the Misuse of the Insanity Defense, 6 *Wm.&Mary J.Women&L.*259(1999).

之逃避刑事惩罚。"〔1〕而观察家们也指出："联邦法院可能很快就会迫于压力而取消基于意志测试的精神疾病抗辩请求。国会也正在酝酿通过取消意志测试并且缩小精神疾病抗辩范围的法案。这种努力也得到了诸如'美国律师协会'等组织以及某些知名研究者的响应和支持。"〔2〕

具体而言，"犯罪成立中犯意的要求可以排除某些真实的意外情况。爱达荷州允许利用某种精神状态的证据来否定犯意的存在，但不承认因为某种精神状态的缺乏而产生的所谓精神疾病抗辩"。〔3〕从上面的介绍可以看出，"南顿"规则在当今美国刑事抗辩中的地位似乎尚不可撼动，基本上其后的各种适用标准都是在其基础上发展完善而来。究竟是什么使一个不属于严格精神病学范畴的判断标准得以受到如此关注，并可以使其与时俱进？

笔者认为，首先，精神病学与刑法学所处领域、适用对象以及适用目的皆有不同，因此作为刑法学中抗辩理由出现的所谓精神疾病判断标准与经典精神病学中的相关概念不吻合亦可理解。值得注意的是，精神疾病是一个法律词而非医学词。实际上，在医学术语中找不到严格意义上的精神疾病一词。和精神疾病意义最为接近的医学术语可能就是"精神错乱"(Psychosis)，其包含的范围很广，诸如心理疾病、精神创伤和变态等。在判断时精神疾病不应与时下流行的精神病学概念相混淆，反之亦然。在得克萨斯州有很多种精神错乱没有被包含进精神疾病的范围之内，诸如：(1)脑外创引发的精神疾病；(2)醉酒；(3)情感问题；(4)不可抗拒冲动。因此，一个人可以在医学上精神错乱，但在法学上被认为神智健全，这无疑是正确的。因为无

---

〔1〕 Harry J.Philips, Jr., The Insanity Defense: Should Louisiana Change the Rules?, 44 *LA.L.Rev.*165(1983).

〔2〕 Judith A. Morse, Gregory K.Thoreson, Criminal Law–United States v. Lyons: Abolishing the Volitional Prong of the Insanity Defense, 16 *Notre Dame L.Rev.*49(1984).

〔3〕 Harry J.Philips, Jr., The Insanity Defense: Should Louisiana Change the Rules?, 44 *LA.L.Rev.*165(1983).

论专家证据被如何认定，最终还是由法庭和陪审团来作最终决定。这种不同就决定了“南顿”规则不能完全依赖于单纯意义上的精神病学，而要在很大程度上兼顾社会公众的反应、政府的政策导向等非科学要素。从一个功利的角度来看，这种非科学要素的存在就决定了基于过时心理学知识的“南顿”规则可以直面各种新知的挑战并从容面对。

其次，维系“南顿”规则存在发展的内在原因如下。作为一种供陪审团成员适用的判断规则，“南顿”规则有其自身的优势。毕竟其简便易行，且较为符合社会公众的价值判断标准。因此，对于那些寄希望于废除精神疾病者可以免于刑罚的人而言，“这种取消意志测试的尝试，似乎可以理解为法庭对于社会呼吁的一种回应。随着如此判决的作出，精神疾病抗辩案件的数量，包括伴生于被告可责性的道德错误的数量都将随之下降。尽管可能会博得公众的满意，但法庭这样就会导致对本应当被判无罪的人的刑罚处断”。[1]而且，如果“南顿”规则本意与行为人的精神状态无关呢？如果其意指的是行为人和守法以及国家之间的关系呢？例如，立法所面临的危险：那种将精神疾病看成一种不成理由的观点，如果推而广之，将让社会容忍那些持反主流观点的人，换句话说，担心精神疾病抗辩是一种人为的开脱不良标准的尝试。从这个角度而言，对控制或者意志因素（通常被认为是当今精神疾病抗辩与早期抗辩的区别所在）的关注将会让位于对社会主流标准沦丧的危险的考量。亦即，如果更关注社会主流规范的话，自然会较少关注对行为的控制能力。在一个包含上述担心的世界当中，“南顿”规则中的标准要素和认识要素就显得很有道理。不能理解社会和法律规范的被告人被认为不在立法考虑的范围之内，如果对其加以考虑，就是承认了对于不良规则的保护。而对错测试恰恰就是为了确保没有规范判断包含在内。

---

〔1〕 Judith A. Morse, Gregory K.Thoreson, Criminal Law–United States v.Lyons: Abolishing the Volitional Prong of the Insanity Defense, 16 *Notre Dame L.Rev.*49(1984).

笔者认为，目前尚没有统计数字等权威资料来证明精神病学对于刑法学中某一特定问题的准确认识程度。例如，“现代心理学理论认为不能把认知因素与其他心理因素截然分开。相反，个体应当被看作一个精神整体，其所患的精神疾病会导致不同的后果，包括认知能力、情感体验以及意志和控制能力等障碍”。[1]但或许真实的情况与此完全相反，或者并不相关。因此，即使有与当时精神疾病相关的背景情况出现，也不能完全认为包括“南顿”规则在内的判断标准就必须紧跟当今精神病学发展的前沿。相反，笔者认为，之所以“南顿”规则能够历久弥新，是因为其在刑法学和社会学(注意不是精神病学)，准确地说是在社会公众意见之间寻找到了某种意义上的平衡关系。而这种微妙的平衡目前尚不能被后续出现的种种相关规则取代。也就是说还没有其他类似规定可以在法理与人情之间达到“南顿”规则所能达到的程度。

李立丰

2020年5月21日于沈阳万科四季花城

---

〔1〕 Suzanne Mounts, Malice Aforethought in California: A History of Legislative Abdication and Judicial Vacillation, 33 *U.S.F.L.Rev.* 313(1999).

图书在版编目（CIP）数据

极简法医鉴识手册：第2版 / (美)道格拉斯·莱尔著；李立丰译. -- 北京：法律出版社, 2023
书名原文: Forensics For Dummies, 2nd Edition
ISBN 978-7-5197-6332-9

Ⅰ. ①极… Ⅱ. ①道… ②李… Ⅲ. ①法医学－通俗读物 Ⅳ. ①D919-49

中国版本图书馆CIP数据核字（2022）第023579号

极简法医鉴识手册（第二版）
JIJIAN FAYI JIANSHI SHOUCE (DI-ER BAN)

作　　者：［美］道格拉斯·莱尔
译　　者：李立丰
责任编辑：张心萌
装帧设计：鲍龙卉
出版发行：法律出版社
编辑统筹：学术·对外出版分社
责任校对：王晓萍
责任印制：陶　松
经　　销：新华书店
开　　本：A5
印　　张：15.375
字　　数：387千
版　　本：2023年6月第2版
印　　次：2023年6月第1次印刷
印　　刷：三河市龙大印装有限公司
书　　号：ISBN 978-7-5197-6332-9
定　　价：79.00元

销售电话：010-83938349　客服电话：010-83938350　咨询电话：010-63939796
地　　址：北京市丰台区莲花池西里7号(100073)
网　　址：www.lawpress.com.cn
投稿邮箱：info@lawpress.com.cn
举报盗版邮箱：jbwq@lawpress.com.cn
凡购买本社图书，如有印装错误，我社负责退换。电话：010-83938349